心理學系列叢書 ⑦

金錢心理學

The Psychology of Money

作　者　Adrian Furnham &
Michael Argyle
譯　者　許晉福
校閱者　董旭英

弘智文化事業有限公司

序 言

　　我們有豐富的人類學文獻，探討天賦本能的本質與意義；我們也有重要而有趣的社會學文獻，研究富人與窮人的行為，以及兩者間重大差距對社會的影響。我們雖然非常了解性的心理，但錢的心理卻是整個心理學領域遭到嚴重忽視的主題之一。比起性和死亡，錢更是一項「禁忌」，爲什麼呢？這本迷人的書將會加以探討。

　　Adrian Furnham 與 Michael Argyle 這兩位極受敬重的心理學名作家，他們將在本書當中各項極具吸引力的主題，包括：金錢與權力；道德與課稅；財富如何影響行爲和自尊；性別差異；哪些原因會讓一個人變的揮金如土，或者變成守財奴；爲什麼對某些人來說，施捨金錢比保有更讓他們快樂。

　　「金錢心理學」是一本全面性的跨文化著作，不但整合了多個學科散亂但引人入勝的文獻，而且涵蓋了最新的資料。無論是心理學家、人類學家、社會學家，還是對商業和經濟學有興趣的人，相信都

會對本書感到好奇。

Adrian Furnham 是倫敦大學心理系教授。著作等身，包括「文化衝擊」(Culture Shock, 1986；與 Stephen Bochner 合著)、「新教工作倫理」(The Protestant Work Ethic, 1990)、「另類療法」(Complementary Medicine, 1997) 以及「工作行為心理學」(The Psychology of Behaviour at Work, 1997)。

Michael Argyle是牛津布魯克斯大學心理系名譽教授。著作超過25本，包括「日常生活心理學」(The Psychology of Everyday Life, 1992)、「社會階層心理學」(The Psychology of Social Class, 1994) 以及「宗教行為、宗教信仰及宗教經驗之心理學」(Psychology of Religious Behaviour, Belief and Experience, 1997；與 Benjamin Beit-Hallahmi 合著)。

譯　序

　　金錢心理學？大多數人在聽到這樣的書名時，免不了都要感到驚訝與好奇——即使是唸心理學、研究心理學的人，恐怕也是如此。錢不過就是錢嘛！它跟心理學有什麼關係？讀了本書之後，你將明白，錢不只是交易媒介而已，它事實上被人們賦予了許多象徵意義。然而，由於本書涵蓋的主題範圍甚廣，而且學術味相當濃厚，讀者如果畏懼其學術性而放棄閱讀的機會，將錯失書中許多寶貴的資訊與想法，實在相當可惜。於是嘗試為本書寫了這樣一篇簡單的導讀，點出每一章所探討的主題，或許可以為讀者伴讀，讓各位在搜尋寶藏的過程中，不至於迷失方向。

　　在第一章裡，作者對心理學之外的其他學科對金錢所作的研究進行一番概述，讓我們了解經濟學、人類學、社會學以及女性主義如何看待金錢。對於經濟學家的基本立場——人的經濟行為是理性的——作者也提出了不少的質疑與批評。不過，本書的目的並不僅為了挑戰經濟學家的此項假設；對心理學家而言，金錢心理學這個課題的宗旨

在於，對於一般人在日常生活中所表現的金錢態度、金錢信念與金錢行為進行描述與探討，並進而了解背後的意義。

第二章則明白告訴我們，金錢是象徵性的，它被人們賦予了各種道德與情感上的意義；有人認為金錢邪惡，有人則認為金錢代表個人成就。不少學者試圖以各種量表來測量人們的金錢態度，並以心理計量的方法探討金錢態度背後的基本面向。研究並顯示，金錢態度並不單純，它跟政治信念和投票意向等等都有密不可分的關係。

然而，除了成人與金錢的關係之外，我們同樣關心兒童和青少年在這方面的認知與行為。我們很好奇，兒童和青少年對金錢的瞭解有多少？他們的經濟概念又是如何發展的？第三章批露的研究顯示，經濟知識的獲得除了有其漸進的發展階段之外，尚取決於性別、社會階層、文化與個人經驗等因素。不過，對於為人父母而言，他們可能更關心子女的經濟教育：該不該給零用錢？該從幾歲起開始給零用錢？給多少？怎麼給？這些問題相信是許多家長共同的疑問。本章或許能夠提供他們一些指引。不過，除了父母以外，學校、銀行以及其他金融機構也都在經濟教育上扮演了重要的角色。

談到消費、儲蓄與納稅，三者都是我們日常生活中常見的金錢行為，但是，儲蓄與消費有哪些型態？什麼樣的人會賭博？他們為什麼賭博？人們對課稅有哪幾種不同的態度？再者，逃稅與避稅行為有哪些心理意義？這些都是第四章探討的問題。

第五章探討重點是病態的金錢行為之主要類型。這方面的研究多半採取精神分析取向，並以個案研究為基礎。就此種研究取向來看，金錢只是某種象徵物，它可以滿足我們對安全、保障、愛與自由的心理需求。不過，這些理論有其侷限，因為它們往往都把金錢問題歸因為童年時期的問題，而忽略了其他的心理、社會或經濟因素。

第六章的主題是財產。人們花了許多錢購買財產——有些財產是必需品，用來滿足生存的各種基本需求；有些財產雖然不具實用價

值，卻極受人們重視。由此可見，金錢並非衡量財產之價值的唯一指標。此外，本章還就性別、社會階層及年齡等變項描述各種群體在財產擁有情況方面的差異。再者，我們也瞭解到財產如何反映一個人的社會階層、個性以及身分認同，以及服飾之類的流行又是如何創造出來的。

家庭是一個特殊的經濟單位，它有其異於市場經濟的現象與規則。第七章帶領我們探討家務分配、家庭的財務控制、金錢移轉、家庭的儲蓄和消費等經濟課題。由於送禮是經常發生於家庭成員之間的一項行為，本章也將探討送禮這個現象，並試圖回答一些相關的問題，例如：人們花了多少錢送禮？錢適合用來當作禮物嗎？禮物的意義何在？

不可諱言，賺錢是我們工作最主要的原因之一。第八章告訴我們，財務誘因不但可以提高人們工作的努力程度，也會影響工作滿意度、曠職率以及流動率等等。對組織的決策者而言，本章探討了一個極為重要的課題，就是如何有效地將報酬與績效連結起來。無論如何，人們最在意的倒不是絕對的薪資水準，而是比較後的薪資：報酬公平與否，將對員工產生不同的心理反應和行為反應。再者，就職業的選擇而言，錢並非最重要的因素，興趣可能是更重要的考量。此外，除了金錢這項外在報酬以外，其他的內在動機也非常重要。

第九章談金錢捐贈。這裡提供了一些描述性的研究，讓我們瞭解英國、美國以及其他一些歐洲國家的捐贈概況，包括捐贈金額、捐贈對象、以及捐贈與收入、年齡、性別等變項之間的關係。那麼，人們為什麼會捐錢呢？是為了謀求經濟利益？出於同情？或是宗教與道德的影響？本章還談了一個極有趣的題目：小費。人們為什麼給小費？小費的多寡又取決於哪些因素？而如果你是服務生，你可能會問：如何做會讓客人給更多的小費呢？本章或許能夠提供你一些靈感。

發大財是多數人夢寐以求的，但遺憾的是，畢竟只有極少數的人

能當上億萬富翁，對我們這些發不了大財的人來說，或許只能過過乾癮，想像一下大富翁的生活。然而，他們的生活方式跟一般人究竟有何不同？他們又是如何致富的？第十章或許能夠滿足讀者這方面的好奇心。

第十一章試圖回答一個常有人提出的基本問題：錢能夠帶給人們快樂嗎？作者整理了多項研究，讓我們得以從休閒、工作、婚姻、健康等多種角度，來探討金錢跟生活滿意度以及幾種正負面情緒之間的關係。透過作者在書末對前面各章所做的總結，我們也清楚地瞭解，經濟學家所謂的「理性經濟人」，在真實生活中恐怕找不到幾個吧！

目 錄

目錄

第一章 金錢心理學

金錢非萬能，並且時常不夠用。

--Anon.--

美國人尊敬會賺錢的人，因為那代表他具備了某些才能。然而在法國、義大利和英國，賺錢的人所獲得的尊敬卻比不上有錢的人。

--Jacques Maisonrouge--

錢是奇怪的玩意兒：如同愛，它是人類喜樂最大的泉源；卻也如同死亡，是人類焦慮最大的來源。

--John Kenneth Galbraith--

一塊錢的價值是社會性的，因為這項價值為社會所造。

--Ralph Waldo Emerson--

美國人膜拜萬能的金錢。喔！因為金錢這位神祇比天賦人權更
值得信仰。

--Mark Twain--

金錢的真實性，不下於天佑之三位一體。

--Monsignor Ralph Brown--

金錢從來就不只是硬幣和紙鈔而已，它不斷地轉換為日常生活
的舒適。金錢可以化為生活的美適、潦倒時的依靠、教育或未
來的保障。然而，金錢同時也可以化為悲苦的來源。

--Sylvia Porter--

錢像是一條臂膀，也像是一條腿－－不用就會退化。

--Henry Ford--

貧窮並非恥辱，只是不太方便。

--Sydney Smith--

美國人談錢，因為它象徵握在手裡的成就、智慧與權勢；但就
錢本身而言，他們不管是賺錢、賠錢、花錢或捐錢，倒都輕率
得很。

--George Santayana--

一項被忽視的主題

　　心理學家對人類各式各樣的行為與努力一直深感興趣。相關的書
籍、文獻與報導，在主題上五花八門，諸如耶誕節心理學、中國人心

 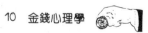

理學。我們有大量關於憂鬱、死亡或吸引力的心理學文獻，但負債心理學的文獻卻付之闕如。我們對於性、選擇（無論是選擇配偶或選擇員工）、甚至歌唱的心理學都非常了解，然而對於儲蓄、購物以及消費的心理，我們卻幾乎一無所知。

儘管心理學自傲為「人類行為之科學」，但在整個心理學領域，金錢心理學卻是遭到最嚴重忽視的一個主題。不管你翻閱哪一本心理學教科書，錢這個字大概都不會出現在附錄裡——無論是概論性或專門討論組織行為的教科書都是如此。許多人期待探討職業或組織行為的心理學教科書，應該會討論金錢作為工作誘因的效力或薪資的象徵意義；但是，這樣的書少之又少。

為什麼心理學家會一直忽略金錢這個主題呢？我們有豐富的人類學文獻，探討天賦本能的本質、意義與作用。我們也有重要而有趣的社會學文獻，研究富人與窮人的行為，以及兩者間重大差距對社會的影響。社會學家一直關注不同社會階層的消費與儲蓄方式，以及人們在與他人比較後，獲得相對貧窮的認知所帶來的影響。

但事實上，並非所有的心理學家都忽略了金錢這個主題。像佛洛依德就讓我們注意到金錢具備的多種無意識象徵，而這些象徵也許可以解釋一些異常不理性的金錢行為。**行為**學家則試圖披露金錢行為發生與維持的方式。認知心理學家告訴我們，專注力、記憶力及資訊整合如何導致使用金錢之系統性錯誤。某些**臨床**心理學家感興趣於一些較病態的金錢行為，諸如強迫性的儲蓄、消費與賭博。**發展**心理學家關注兒童介入經濟世界的時間點與方式，以及他們如何習得金錢的概念。近年來，**經濟**心理學家開始關切人們使用金錢的各個面向，例如儲蓄的理由、逃稅和避稅的策略等等。

然而，金錢心理學一直遭到忽略仍是不爭的事實。個中原因也許不少。錢一直是個禁忌的話題；在許多西方國家，性和死亡儘管已自社會研究的禁忌名單中除名，但錢這個話題一旦討論與爭辯起來，似

乎仍顯失禮。就某種程度而言，金錢行為一直被心理學家視為理性的行為（如同經濟學家一樣），因此不在他們的關切範圍之內。他們甚至可能認為，相較於其他更為迫切的課題，像是對腦部構造解剖以及精神分裂症起因的了解，這個課題顯得微不足道。關於金錢，經濟學一向可以告訴我們大量的知識；然而對於個人的行為，它卻幾乎啞口無言。其實，經濟學家和心理學家都已經注意到日常金錢行為中明顯的非理性現象，卻都加以迴避。

Lindgren (1991) 指出，心理學家之所以未從上述的角度來研究金錢的相關行為，原因在於他們認為任何跟錢有關的題目都屬於經濟學的領域。然而經濟學家卻也迴避這個主題；事實上，他們對這樣的金錢不感興趣，他們感興趣的是：貨幣如何影響價格，如何影響貸款與利率的需求等等。就像社會學家一樣，為了了解國家、社群及特定人群如何用錢、花錢和存錢，經濟學家也是在宏觀層次上研究大筆資料的總和。

當然，貨幣經濟學的理論範圍廣博，內容繁雜，本書無法詳其究竟。儘管經濟學家與心理學家對試圖了解和預測人們使用金錢的方式目標一致，但雙方還是存在兩點主要的差異。經濟學家感興趣的是宏觀層次上總體性的資料－－他們關注的是各個階層、團體以及國家在各種特定情況下如何用錢、花錢和存錢。他們有興趣替價格行為、薪資行為等等提出模型，而不是替人的行為提出模型。就此而言，經濟學家與社會學家的共同點較多，因為心理學家關心的是個體差異和小團體差異。因此，經濟學家的目的也許在於了解單一國家或一洲的貨幣供給、貨幣需求、貨幣變動，並提出其經濟模型。但心理學家更積極於了解，由信仰不同、背景不同的個人所組成的不同團體，他們在金錢使用上有何差異？這些差異又從何而來？事實上，被經濟學家視為「誤差變異」的個體差異正是社會心理學的研究對象。其次，經濟學家試圖從那些對經濟有相當知識與理解的人所做的理性決定來了

解貨幣的使用，然而心理學家認為，人並非必然理性，人也並非必然會運用邏輯（無論任何形式意義或客觀意義的理性與邏輯）——儘管其行為可能前後一致。事實上，令心理學家著迷的，正是那些決定人們如何使用金錢的**心理**因素，而非**邏輯**因素。

Lea 與 Webley 如此寫道：

> 我們無須深思就可以了解這個課題為什麼受到忽視。心理學家之所以不去思考金錢的相關現象，是因為那屬於另一門社會學科——經濟學——的領域。經濟學家能夠告訴我們金錢所有的相關知識——他們是這樣告訴我們的。他們承認，金錢行為可能出現些微的不規則，理智也可能出現疏失，心理學家如果認為這些不規則與疏失很有趣，他們可以試著去了解，但這些是無關緊要的，身為經濟心理學家，我們並不認可經濟學家的自滿與心理學家的怯懦。

> (1981, p.1)

市面上已經出現幾本名為「金錢心理學」的書（例如 Lindgren, 1991）。這類書籍的宗旨大多在於公開各種賺錢的「秘訣」，不過，有個秘訣他們倒是會加以保留，就是撰寫此類書籍的動機。然而，著迷於尋找發財秘方或發財「七步驟」的人，往往最不可能發財。一心一意地追求金錢固然可能成功，但財富往往是人在意外中發現的。因此，要發財，除了意外（機運），更需要智慧；最重要的是，知道如何及何時利用個人的發現或洞見。

許多著名的學者都曾經思考金錢的相關現象並提出論述。比方說，由於人們製造了他們並不需要的東西卻又賦予它特定的意義，馬克斯 (Marx) 於是討論資本社會的「拜物主義」。魏伯倫 (Veblen) 認為，某些商品因為價格昂貴，卻被大眾視為地位的象徵而變得炙手

可熱。但由於大眾對此種特權式商品需求甚殷，結果供給增加，價格跌落，有身份的消費者對這些商品的需求反而降低，而將注意力轉向它處。著名的經濟學家 Galbraith 也同意，社會性的強大力量能塑造慾望，進而影響人們花錢的方式。

本書試圖整合並理解多個學科中紛陳雜蕪而片段的文獻，並且嘗試為金錢及其所有相關意義和行為提出一個完整的社會心理學與實驗心理學的觀點。這當中有一個貫串全書的主題，此主題並非描述人們在金錢的獲取、儲存和花費上是多麼的冷靜、理性、有邏輯——事實上，恰恰相反。

以金錢為題的社會科學研究或理論——特別是心理學——幾乎都具備一個主要特徵，就是批評經濟學為人類之金錢行為所提出的模型。從實驗性遊戲 (Vlek, 1973) 到簡單訪談 (Haines, 1986) 的各種研究，都證實了一般人所表現的金錢信念和金錢行為常常極不理性。消費心理學家也告訴我們，消費市場中的價格與品質呈現何種關係，消費者的行為又是如何的不理性。的確，我們無法確知消費者的行為是否依據嚴謹的理性模型來運作 (Hanf and von Wersebe, 1994)。某些經濟學家甚至也質疑此種理性模型；他們指出，「理性」的消費者也有可能違反預期效用模型的某些基本原則 (Anand, 1993)。Stanley (1994) 指出，對實驗經濟學家而言，非理性行為的認定是有困難的，因此，他們甚至可能將「愚蠢」的行為視為理性。從接下來的心理學文獻當中，我們將再三看到，經濟學家長期以來所抱持的這個冷靜、有邏輯、追求效用及利益最大化的模型，與人的行為有多大的出入。

此外，我們也將跨越人類學家、經濟學家以及社會學家關切的範圍，提出（並且希望能夠回答）下列這些問題：錢帶給人快樂嗎？人們對錢經常抱持的好奇態度是怎麼來的？為什麼有些人會捐出所有的錢？為什麼人們最珍愛的財產常常不值錢？簡而言之，本書闡述人

們賦予金錢的心理意義、相關信念與態度生成的緣由，以及成年人使用金錢的方式。

金錢心理學

　　發財夢非常普遍；許多文化都流傳著關於財富的童話、民俗故事以及各種家喻戶曉的故事 (Wiseman, 1974)。此類金錢夢有幾種主題。一是，金錢帶來保障。二是，金錢帶給人自由。另外，財富可以用來炫耀個人的成就，報復昔日瞧不起自己、排斥自己、羞辱自己的人。眾多的文學主題包括：弱勢之人，財富賦予他力量；不被愛的人，財富讓他變得可愛。財富是一偉大的改造者，它具備了治癒一切傷痛的力量。正因如此，人們才會普遍渴望發財，才會爲了追求無窮的財富而表現出那些極端的行爲。

　　不過，其實我們可以說，與金錢相關的童話大概有兩種相當不同的版本。其一是，財富不過爲美好的生活錦上添花罷了，我們應以增進全人類的福祉爲目的，善用這些錢財。其二是，一個人爲了錢，不惜犧牲愛，犧牲幸福，並無情地毀滅他人；最後財富到了手，他卻發現，原來錢一點用處也沒有。結果他所能做的卻是把錢給捐出去——以他原本累積財富時同樣的狂熱。請注意故事中的道德教訓——往往跟錢有關。

　　在人們的想像中，錢的力量是如此美妙。可以想見，金錢的欲望是多麼強大的一股驅力，於是它造就了各式各樣的人：有人想從地底挖得金礦，有人專門找有錢女人結婚；另外，金融鬼才、強盜貴族、賭場贏家和電影明星也都是這樣的例子。如同古老的煉金術士或現今的鑄匠，錢的確可以製造（印製、鑄造、或透過電子的轉移）。透過天然資源（如石油、黃金），金錢可以被發掘和利用；透過專利或產品，金錢可以增加；以及藉由成功的投資，金錢也得以累積。

本世紀以來發生了大規模的移民遷徙：包括從發展中國家移民到已開發國家，以及從鄉村遷徙到都市 (Furnham and Bochner, 1996)。這些人夢想著更富裕的新生活；他們離鄉背井，聚集在一起，目的就是賺錢。一般人處在這樣的環境裡，都必須提高金錢意識：像是如何避免受騙；如何善用各種機運等等。然而，本世紀末以來，某些賺錢的方式已經不再那麼令人著迷了；英國前保守黨內閣總理 Edward Heath 就提到了「資本主義難以見容的醜惡面貌」。

對於公開而得意地追逐金錢，以及不計一切代價、無情地追求財富的情況，人們的接受度似乎隨著不同的歷史時期而有所變化。在80及90年代，某些社交圈似乎頗能接受，甚至鼓勵你談論對金錢的欲求；此時你可以談論貪婪、權勢以及「金錢遊戲」。然而，這樣樂觀的談話似乎只在經濟繁榮、股市看俏的時期才會出現，才會獲得社會的認可。在本世紀幾經經濟崩潰之後，「向錢看」的輕率談話被認為是粗鄙不當的表現，而且被認為缺乏社會良知。然而，一個人若要尋求經濟成就的個人秘方，儘管國家特定的經濟狀況之影響無可避免，但終究是阻止不了他的。

錢本身並無動力，然而不管在哪裡，它都被賦予特別的意義，被注入特別的力量。種種的金錢觀、人類的金錢行為發生的原因和方式、以及金錢對人類關係的影響，在在都是心理學家感興趣的對象。

金錢在現今社會中的有效性，取決於人們對金錢的期望，而非金錢的內在特徵或物質特徵。由於金錢是種社會慣例，因此人們的金錢態度部份取決於人們對其他人會如何反應的集體想法。貨幣一旦因為價值的變動或高度不確定而發生問題，交易障礙便會產生，人們甚至可能回復到以物易物的型態。在這樣的「變動」時期，人們長期視為理所當然的理念就會遭受質疑，而原本一些隱晦的想法與假設此時也會得到表明。

Carruthers 與 Babb (1996) 檢視了美國內戰後兩套貨幣制度的

爭議：當時，金銀通貨論者 (bullionist) 主張使用金元基礎 (gold-based) 之貨幣，綠鈔論者 (greenbacker) 則主張使用紙鈔。如今，貨幣的議題已經不像上個世紀那麼眾所矚目了；貨幣再度被視爲一種中立、無關政治的輔助交易工具。不過，在兩種貨幣方案彼此較勁的綠鈔時代，人們反倒有機會對貨幣的本質做一番深刻、集體而具爭論性的省思。當時許多人儘管不是金銀通貨論者，他們也相信，貨幣制度會對分配產生重大的影響，也會創造出明顯的贏家和輸家。此外，綠鈔時代也見證了下述事實：當一套社會制度出現問題，其正當性開始遭到質疑時，接下來便極可能發生徹底的變革。事實上，以上所述也許正是今日歐洲共同體的狀況，某些國家如今正在考慮放棄自己的貨幣（如：英磅、馬克、法朗），改採新歐元。

那麼錢是什麼呢？新牛津類語〔彩色〕辭典 (The New Oxford [Colour] Thesaurus) 做了如下的定義：

money名詞 ；富裕、欠款、資產、鈔票、 麵包、資本、現金、零錢、支票、硬幣、銅幣、信用卡、信用轉移、貨幣、損壞、負債、股利、嫁妝、盈餘、捐贈、房地產、費用、融資、財富、基金、補助金、收入、利息、投資、法幣、貸款、錢、利益、抵押、存款 (留窩蛋)、票據、開支、祖產、支付金；薪俸；報酬、退休金、零用金、利得、利潤、準備金、收益、薪資、儲蓄、銀、稅、旅行支票、工資、財富。

上述定義點出了本書將會討論的各項與金錢相關的議題。錢這個字不但有許多定義，它的意思和用法也不少。

目前尚未出現主流的金錢心理學理論，倒是有多種心理學派與傳統被應用在金錢心理學的研究上。包括：精神分析論、皮亞傑發展理論、行爲主義學習理論，以及晚近從經濟心理學發展出來的一些有

趣的概念。行爲主義研究所關切的是，金錢如何成爲一項制約增強物 (conditioned reinforcement)，以及如何因此而被認爲有價值、有意義。此項學術傳統一向侷限於動物研究；研究中，多種動物（老鼠、黑猩猩、貓）必須執行某項作業以獲得代幣（撲克牌、紙船、鐵球、卡片）；這些代幣一如金錢，可以用來交換牠們想要的東西，像是食物。由此可見，金錢之所以受重視，在於它代表了各種欲求物，或跟這些欲求物有關。

如同動物研究一樣，「代幣經濟」的文獻也很豐富。這些是行爲學派之「金錢」理論在臨床對象上的成功應用。臨床對象包括：精神病人（尤其是精神分裂症患者）、有精神困擾的青少年，以及某些罪行上的慣犯。所謂「代幣經濟」是一個自給自足的經濟體系。在此，案主（或病人）如果表現出適當的行爲（社交活動、工作），將可以獲得報酬（得到增強）；於是他們也可以買到許多他們想要的商品（食物、娛樂、香菸）。也就是說，奢侈品（事實上是生活必需品）是必須賺取的 (Ayllon and Azrin, 1968)。

儘管已有不少研究證實了「代幣經濟」的優點 (Ayllon and Roberts, 1974)，它也遭致不少實證上的批評，包括：由於缺乏比較研究（即不做治療的控制情境，即對照組），我們難以確知，代幣經濟究竟優於或劣於其他狀況；代幣經濟所針對的往往是制度的需求而非個人的需求；代幣經濟侵犯了整體制度下許多個人的權利；而最重要的也許是，制約行爲無法類化到非代幣經濟運作的新環境 (Bellack and Hersen, 1980)。

最後我們必須指出，在行爲學派的研究傳統當中，有相當多的文獻討論金錢誘因對認知的影響 (Eysenck and Eysenck, 1982)。這些文獻大多顯示了，動機透過金錢報酬控制了注意力以及學習，學習接著又影響了記憶。

Lea等人 (1987) 已經注意到一套實驗及社會金錢心理學的存在，

也注意到探討這個主題的不少重要的心理計量研究。他們主張發展一套新的、考量金錢象徵價值的金錢心理學理論。最後，他們認為心理學家不應侷限於論證人們在金錢上究竟是明顯的不理性或無關理性；他們更重要的任務應該是，詳加研究許多接受、認可、甚至鼓勵較不理性之經濟行為的制度或儀式。的確，由於社會心理學家一直視為己任的是，將心理學社會化以及將社會學個人化。因此他們現在的立場鮮明，就是——了解社會團體、社會組織與社會制度如何能夠深切地影響一般人的金錢信念和金錢行為。

經濟學家論貨幣

在大多數的圖書館裡頭，書中出現貨幣這個字眼的書大概都有幾百本，但幾乎都歸類於經濟學下。這些書的主題包括：貨幣理論；貨幣政策；貨幣與資本市場；內部貨幣；貨幣、政治與公共政策；金錢、收益與資本的關係。經濟學家提到，貨幣可依其質料加以分析：有銅質、銀質、金質、紙質，或者什麼質料都不是。此外，銀行存款具備數項重要的優點，例如：方便性、完全的同質性、以及本身的無價值性，而且它所代表的僅僅是「紙上的錢」。

儘管存在著一些理論上激烈的爭論與政策上的意涵，經濟學家們倒有相當的共識。Coulborn (1950) 所提出的一些格言式的論點大概無可爭議：貨幣可以被定義為評價與支付的工具，也可以被定義為一種計算單位以及一個被普遍認定的交易媒介。貨幣是一種抽象的計算單位，我們用這項「數學工具」來表示價格，因此它是一個以精確計算為目的之共同工具。貨幣確實具備了法定地位，但受到普遍認定的「商業性」概念是任何一種定義不可或缺的。貨幣還應該具備可攜帶、耐久、可分割、可辨識的特性。作為計算的單位，它的大小應該適中。現今的貨幣不再需要具備本身的價值了。在以物易物的經濟

型態中，僵化的慣例所決定的交易比率會阻礙經濟的進步。然而以貨幣為基礎的經濟制度則不同，它能夠將購買力普及化以達成交易的高度滿足。而隨著時間的推移，貨幣會出現瑕疵，於是任何耐久財（如黃金）都可能被當作現在價值與未來價值的一個連結。貨幣指的也可以是金錢的借貸，於是這樣的貨幣市場將會出現，在其中，有人借貸金錢，而貨幣的價格指的便是金錢借貸的利息。此外，實質資本、名義資本、法定資本三者之間通常是有差異的。實質資本是實際的商品與服務(像倉庫的存貨)；名義資本指實質資本的公認現值；法定資本則是公司支付固定利率與股利的金額。

以下是貨幣的一些專門用語：

1. 法幣（*legal tender*）：支付的一種合法形式。

2. 通貨；貨幣（*currency*）：鑄幣、票據、以及整個實體的交易媒介。

3. 現金（*cash*）：任何用於支付的慣用工具，與交易媒介同義，尤指鑄幣和鈔票。

4. 商品貨幣（*commodity money*）：如金屬價值相當於面額的金幣（全值的貨幣）。

5. 輔幣（*token money*）：通常是賤金屬製成的鑄幣，且曾經作為商品貨幣之用。

6. 象徵性貨幣（*representative money*）：即票據，可以自轉換成全值的商品貨幣。

7. 法幣；不兌換紙幣（*fiat money*）：即錢，政府規定為法幣。

8. 銀行貨幣（*bank money*）：由個別銀行所發行的票據與存款憑證。

9. 替代貨幣（*substitute money*）：所有的存款，包括國庫券與票據。

10.信用貨幣（*credit*）：關於支付與清償的一種信念，因此所有的銀行存款都屬信用貨幣。

11.透支（*overdraft*）：這也是信用貨幣的一種形式；即提領金額多於存款金額。

　　貨幣的功能眾所皆知。它是交易的媒介：儘管紙鈔與塑膠貨幣本身不具價值，它們卻是價值的保證，可以用來交換商品與服務。貨幣也是計算的單位：透過錢的使用，我們得以判斷商品是廉價或昂貴。第三，貨幣可以儲存價值。因為它不像消耗品會腐爛；不過貨幣的價值還是會隨著時間而改變，尤其在政治不穩定時期。最後，貨幣是遞延給付的一項標準：買賣行為可於商品真正上市之前發生（例如期貨交易）。

　　那麼，良好的貨幣應具備哪些特性呢？這基本上包括：第一，**可攜帶性**，也就是說，它應該便於攜帶。不過，電子錢或塑膠貨幣的移動太過容易，司法機關或許反而不易掌握。第二，良好的貨幣應具備**耐久性**：它必須禁得起磨損。像紙幣由於會磨損，因此也許只能維持六個月的壽命，然而鑄幣的壽命卻可能長達二、三十年，即使發生了通貨膨脹的問題。鑄幣可用各式各樣的材料（包括塑膠）來製造，但我們通常依黃金、白銀、青銅的象徵排定其價值。第三，良好的貨幣必須具備**可辨識性**：一項貨幣的價值，我們應該能夠馬上精確地辨識。第四，它必須具備**同質性**：任何一張鈔票或一枚鑄幣都必須跟其他的鈔票或鑄幣一樣，是人們願意接受的。只要是法定通貨，即使是不常見的鑄幣，都應該能夠用於支付與償債。第五點，貨幣自然必須具備**穩定性**：貨幣的價值不應發生大幅度、不規律、或不能預期的改變。最後，貨幣應該**受到限制**：貨幣供給必須加以控制，過多或過少都會嚴重影響貨幣的穩定性。

貨幣史

在人類最早期的記錄中，我們可以找到亞當斯密所謂「交換、易貨與交易」(truck, barter, and exchange) 的證據。在今天，儘管某些沒有現金或想要避稅的人還進行以物易物式的交易，但這項制度卻有明顯的缺點，包括：**需求的雙重符合**是必要條件—交易雙方擁有的的東西都必須正好是對方所需要的。此外，以物易物制無法幫助我們建立價值**衡量**的標準。而且交易物品的**價值**是相對的—儘管我們能夠以多項價值較低的物品換取單項價值較高的物品，可是在這些價值較低的物品裡頭，也許只有一項是另一方所需要的；換言之，如果東西無法分割，這項制度便無法良好運作。最後，以物易物有**遞延**上的困難，因為某些會腐壞的物品必須儘早消耗掉。

因此，當以物易物交易制度發展得更為成熟時，人們漸漸養成的習慣是－－以某種物品作為衡量「價格」的標準，而這個標準物品後來就成為交易的媒介 (Morgan, 1969)。牛隻、奴隸、妻妾、布料、穀物、貝殼、油、酒、以及金、銀、鉛、銅都曾經被當作交易的媒介（見表 1.1）。此外，宗教物品、裝飾品、鑄模或小畫像的工具也經常成為交易的媒介。德國在戰後時期，咖啡和香菸也變成交易媒介。80 年代在戰爭頻仍的安哥拉，罐裝啤酒也扮演了此項功能。本世紀中期之前，子安貝（還有豬隻）則是亞洲一項流行的交易媒介。

以牛隻交換其他貨品是一項累贅的制度，一旦交易雙方達成協議，必須要花不少時間來進行交易。其次，牲畜的品質並不一致，而牠們被用以交換的貨品也是如此。如果把牛隻當作貨幣來使用的話，牠們固然可以攜帶，可以辨識，但是卻不具備耐久性、可分割性與同質性。

當地中海周邊的貿易國家開始為了交易的目的而使用金屬時，貨幣的發展就進行到下一個階段。當時所使用的金屬包括：金、銀、

銅，這些金屬能讓一般人接受，是因爲它們本身足夠珍貴，品質亦不會隨著時間而改變，同時也具備足夠的用處與裝飾性。同時，有些人相信，最早使用金屬貨幣的人是卡帕多西亞 (Cappadocia) 的亞述人——他們的浮雕銀錠可追溯到西元前2100年。亞述人甚至已經發展出一套原始的銀行制度，這套制度包括我們現在所謂的「利息」。

到了西元前 11 世紀，商人開始交易起金條和琥珀金條 (electrum)。琥珀金是一種天然的金銀合金。琥珀金條或琥珀金塊並非鑄幣，因爲重量各自不同。但相較於以物易物或者將牲畜當作貨幣來使用的交易方式，它們有較多的優點。金條不會腐爛，不會敗壞，所以遞延支付行得通。然而，這些金屬條卻十分笨重、不方便轉手，並且難以分割。金屬的質與量會因不同的金屬條而有所差異；琥珀金的金銀比例也並不一致。此外，來自世界不同地區的貿易商使用不同重量的金屬條，所以所有的金屬條在進行貨物交易之前都必須先秤重。

由於這些金屬需要秤重以確定正確的價值，商人們便嘗試標記這些金屬以供辨識。後來還有人製造攜帶方便的小塊金屬，上面所做的記號同於之前較大的金屬塊以利於商人們辨識。

起初，人們並不清楚要以多少金屬來換取牛隻，最後他們才制訂出一套標準，規定一隻公牛的當地價值相當於多少數量的黃金、多少數量的白銀、或者多少數量的銅。希臘人稱這個度量單位爲塔藍頓 (talanton) 或塔倫特 (talent)：一塔倫特的銅重達 60 磅。巴比侖人則使用雪克爾 (shekel) 爲重量的計算單位：60 個單位的雪克爾等於 1 個單位的瑪那 (manah)，60 個單位的瑪那等於 1 個單位的比爾突 (biltu)，一個比爾突則大致相當於希臘一塔倫特銅的重量。

這些小塊金屬的標記過程也許正是鑄幣的起源。西元前 700 年，小亞細亞的利底亞人開始鑄造硬幣，他們在琥珀金塊的正面鑄上獅頭，背面鑄上獅爪。此種鑄幣的使用方式後來從利底亞流傳到其他

地方。在愛吉納島 (Aegina) 以及雅典、科尼斯 (Cornith) 這些城邦，還有昔蘭尼加 (Cyrenaica)、波斯、馬其頓。另外，中國、日本以及印度也大概在同時開始使用鑄幣。

表 1.1　曾經作為貨幣的特殊物品

物品	使用地
珠串	非洲與加拿大部份地區
啤酒	今日的安哥拉
野豬	新海布里地群島
牛油	挪威
香菸	戰俘集中營、戰後的歐洲
可可豆	墨西哥
子安貝（貝殼）	全世界（南太平洋諸島、非洲、美洲、古英國）
漁鉤	吉爾柏特群島
飛狐毛皮	新喀里多尼亞島
黑山撥鼠毛皮	俄國
穀物	印度
鋤頭、擲刀	剛果
鐵條	法國
刀劍	中國
鼠（可食的）	復活島
鹽	奈及利亞
貝殼	所羅門群島、泰國、新不列顛、巴拉圭
皮革	阿拉斯加、加拿大、蒙古、俄國、斯堪地那維亞
石頭	南太平洋諸島

煙草	美國
鯨魚齒	斐濟

　　原本有些交易媒介需要秤重，有些則需要計數。而鑄幣則是這兩個原則的折衷，其特徵（面值與鑄記）保證了重量與純度而無需再秤重。

　　在中東和中國，我們都發現了可追溯自西元前十世紀的金屬圓盤。西元前七世紀時，人類開始懂得如何在錢幣的正反面鑄記，以保證其品質，並分辨錢幣的不同面額。如此一來，一國的錢幣才能夠——事實上也必須如此——在其他國家使用。

　　由於貨幣可以作為支付薪資的工具，它可以造福一個社群中的多數人。即使奴隸都可以支領定額津貼，而不必依賴奴隸主養活他們。貴金屬鑄幣可追溯到西元前407年的伯羅奔尼撒戰爭 (Peloponnesian Wars)；當時，金幣被用於大型交易，青銅幣則用於極小型的交易。亞歷山大大帝不但在其帝國內推廣貨幣的使用，他的臉孔也首度被鑄記在錢幣上。由於政治目的，羅馬人不斷更換錢幣的面貌，他們也為了因應國家的財政需求而操控貨幣的價值。比方說尼祿皇帝，他就曾經減輕貨幣的重量而導致貨幣信心發生危機。

　　直至本世紀以前，除了極少數的例外，商業社會的支付工具若非貴金屬鑄幣、鈔票，則是可兌換成鑄幣的銀行存款。不兌換鈔票 (inconvertible paper note) 以及此鈔票的可償付存款 (deposit repayable) 則是很晚近的發展。而這樣的發展在世界上高度發展的經濟體系裡頭，已經取代了國內交易所使用的貴金屬。只要大眾對它們有信心，這樣的新制度固然很好，因為它們確實非常方便；然而它們也可能遭到濫用，事實上，在其短短的歷史裡頭，它們已經崩潰了好幾次。在許多西方國家，不少銀行已經因為呆帳、經營不善、或事先沒預期到的財務危機而導致破產。至於投資者，儘管他們偶爾可以獲

得政府部份的補償，但是通常並非如此。因此，採行不兌換貨幣制的政府責任重大，因為他們必須維持貨幣的價值。在今天，紙幣（paper money；指的是文件而非實際的鈔票）可以透過電子轉帳的方式，讓一個人得以飛過千山萬水來到國外一家從未造訪過的銀行，然後再提領這個國家的鈔票和鑄幣離去。

　　貨幣史的探討有多種取向。最常見的從原始貨幣開始，接著是鑄幣的首度使用，然後會談到銀行制度、信用制度、以及金元／銀元本位制，最後則是不兌換紙鈔與塑膠鈔票。Chown (1994) 便解釋了貨幣的一些相關概念。把金銀鑄造成錢幣需要成本，因此造幣機構會收取佣金（這通常包括了利潤）。但是如此一來，貨幣發行機構便有詐欺的機會，他們有可能會降低貨幣成色來賺取額外的利潤。一旦被識破了——事實上通常如此——大眾也許便會以鑄幣的金銀內涵 (in specie)，而非官方的法定價值 (in tale) 來判定其價值。然而，即使錢幣的成色沒有降低，其購買價值還有可能改變，因為用來鑄造錢幣的金屬本身，售價可能波動。貨幣制度不但面臨銼邊 (clipping) 與偽造的威脅，而且即使君民都誠正無欺，鑄幣本身還是得面臨相當程度的耗損。

　　在中古世紀以及近代早期，人們預期鑄幣會含有適當重量的金屬（不過在某些地區、某些時期，只有天真、輕信之人才會如是想）。由於當時使用一種以上的金屬鑄造硬幣，問題便隨之而來。這些問題有時候被合稱為「三本位制」(tri-metallism)，不過我們通常將問題更方便地區分為兩個個別的問題，即「複本位制」（bi-metallism；金銀之間的關係）與「小額輔幣」（small change；黑市鑄幣扮演的角色）的問題。隨著鑄幣的演進與日趨複雜化，新的問題——「幽靈貨幣」(ghost money) 與「計算用貨幣」(money of account)——自然接踵而至。在中古世紀晚期，一國流通的鑄幣種類往往不只一種；結果這給現代的歷史學者帶來極嚴重的困擾，對於當代的會計師應當也

是如此。所謂的「幽靈貨幣」會出現在某些帳目當中，而這些帳目所包含的一些名稱，竟然是已經不復流通的貨幣。之所以如此，當然是源於貨幣貶值以及複本位制與小額輔幣的現象。

　　貨幣除了作為交易的媒介、價值的儲存工具，它也可以當作「計算的單位」。為了記錄與清償債務，為了方便商人記帳，人們確實需要某種制度。因此，計算用貨幣為人們帶來了不少方便。此種貨幣或許基於金銀複本位制，偶爾則基於黑市貨幣；兩種制度往往並行使用。當我們以適當的計算用貨幣來計算時，實際鑄幣的價值可能有漲有跌，而這往往基於過去的一項幽靈貨幣。貨幣可以當作現金使用，也可以存在銀行裡。

現金

　　英文的 cash 這個字源於法文的 caisse，本意為錢筒或木箱；我們通常把現金理解為「預備 (ready) 或流動 (liquid)」的金錢。現金的傳統形式有兩種：鑄幣與鈔票。

一、鑄幣

　　標準鑄幣 (standard coin) 指的是金屬價值相當於面額的鑄幣；這種鑄幣除了供作收藏，一般我們很少使用。輔幣 (token coin) 就普遍多了，其金屬（或者其實是塑膠）內涵的價值低於（或遠低於）其面額。猶太人的雪克爾原先是金屬的一種重量單位，後來則演變為特定鑄幣的單位。修道院是最初的造幣廠，因為當時的人們認為，這個地方不會發生偷盜。

　　戰爭或政治危機常常導致一國貨幣的貶值。此時，貴金屬鑄幣可能會遭到剉邊、降低純度、或被輔幣（非金屬鑄幣）取代。因此即使原本是標準貨幣，最後可能還是沒能落個好下場。曾有一些胡作非為的國王為了籌措戰爭經費，因此銼下金幣邊緣的金屬，或者在銀幣

裡摻入鉛質。在亨利第八時代，1544年所發行之錢幣的銀質含量，比 1543 年所發行的錢幣少了 1/7。由於這樣的行徑持續不斷，到了 1551 年發行錢幣時，其銀質含量只剩下原先的 1/7。

標準鑄幣的概念在於，其金屬之重量與純度應該有保障。一直到了輔幣取而代之時，這個概念才被打破，此時，金屬價值不再等同於貨幣的面額。

二、紙鈔

人們開始使用紙鈔的主要原因是，這樣比較便於處理大筆的款項。其次，世界貿易量自十七世紀以來大幅擴增，而鑄幣製造的數量尚不足以應付這樣的需求。第三，人們透過貿易不免發現到，金屬除了作為交易媒介，還有其他的用途更有利可圖。第四，有人主張，由於紙幣（以及支票、信用卡）減少了在途現金的數量，所以能夠降低遭竊的機率。

現金貨幣 (Cash money) 的發展或許源於這樣的行為：昔日的金匠或銀匠在受託保管黃金或白銀時，他會簽發收據給對方，這張收據本身儘管不具實質價值，後來卻演變為識字人可以用來清償債務的工具。二十世紀時，由銀行印製的鈔票首度出現。第一次世界大戰爆發之前，英國的鈔票一直被稱做可兌換的紙鈔 (convertible paper)，因為它可以被用來兌換黃金。可是啊！現今的鈔票都無法兌換黃金了。可兌換紙鈔有一項明顯的缺點，就是鈔票的供給與發行跟商品的供給無關，反倒跟發行機構（即政府、銀行）持有的黃金數量有關。另外一項缺點則是，其價格不僅決定於黃金的供給，更決定於世界市場，因此政府若要控制其內部價格，就必須考量世界各地的狀況。同樣地，政府如果草率行事，想要多少鈔票就印製（發行）多少鈔票，結果將出現「過多貨幣追逐過少商品」的情況，接下來，幣值的重挫便在所難免了。

中國首次印製紙鈔是在明朝 (1368-1644)，而瑞典則是第一個發行紙鈔的歐洲國家，時間在1656年。由於紙鈔沒有一定的面額，因此國內的變異與國際間的變異都相當大。至於紙鈔的形狀、大小、顏色與花樣，也相當不一致。任何紙貨幣只要能夠被立即接受為償債工具，即符合貨幣的定義。此外，支票、郵政匯票、信用卡、電子轉帳等等都是一種「貨幣請求權」(claims to money)，因此有時被稱做準貨幣 (near money)。

三、銀行

金匠是最早的銀行家。他們很快就學會了變成所謂保留部份準備金 (fractional reserve) 的銀行，意思是說，他們只保留一部份的受託黃金，其它的則用於投資。然而就像本世紀的銀行一樣，許多金匠也因為手頭上沒有足夠的準備金或「流動現金」，無法立即償還客戶對受託黃金的追索而破產。銀行所維持的**現金比例**、或實質現金的**數量**，大概是銀行所有存款的 6% 到 10%，另外尚有 20% 到 5% 的存款則以「準貨幣」的形式預備著；這裡所謂的準貨幣，指一些幾乎可立即轉換成現金的投資。

基督教會反對高利貸，因此開發這門行業的放債者－－特別是猶太人－－並不見容於基督教會。對於利息一事，回教同樣持否定的態度，而且甚至比基督教更熱衷於打壓這樣的行為。隨後，某些基督徒則發展出一套新的作法：他們提供短期的無息貸款，一旦債務沒能在約定日期前清償，教會的法令似乎允許人們收取延遲償付的利息。十字軍東征與工業革命時期，由於大眾對資本需求甚殷，大大地刺激了銀行的發展。此外，藉著對投資者與工業家的放款，金匠、富有的地主與生意興隆的商人則成了現代銀行業的先驅。

銀行藉著操縱流動比率及其所偏好的放款方式，自然而然地成為勢力極為龐大的機構。不過，銀行並非從事放款業務的唯一機構。在

英國，房屋建築協會 (building society) 會貸款給購屋者，融資機構會針對分期付款的交易提供融資，保險公司也有多種基金可供借貸。貨幣相對於收益與資本的關係大致可以總結如下。第一，貨幣的流通，即貨幣從甲方轉移到乙方，是用以支付：(a)商品與服務——這構成了國家收入的一部份；(b)轉帳與中間性支付——這些則屬於收受人的收入而非國家收入；(c)實存之房地產的交易——此為國家資本的一部份；(d)財務求償權的交易——這屬於求償者的資本而非國家資本。

此外，貨幣也可以存起來。然而，就儲存時間的長短及儲存的動機而言，有各種截然不同的狀況。儲存的貨幣屬於所有人的部份資本，並不屬於國家資本的一部份，除非此種貨幣可以在國外承兌。再者，銀行借款的淨增加可以創造新的貨幣，而銀行貸款的淨支付則消減了貨幣。就一個封閉的社群而言，收入與支出是相等的；對個人來說則非如此。一個人的支出如果少於收入，他的金錢或其他資產的存量就會增加；然而，如果他減少金錢或其他資產的存量，又或者他向人借錢，支出便會多於收入。

對大多數英國人而言，「大街上的銀行」是金錢的主要來源；他們不但向銀行借錢，也借錢給銀行，而且銀行也被他們視作提供建議的重要來源。據估計，英國有超過3/4的成年人有銀行帳戶或支票帳戶，五年來，這些帳戶以及房屋建築協會的帳戶都有顯著的增加。

大約三百年前，支票就從收據或本票的交換當中直接發展出來。它一開始尚屬違法，而且被視為極不道德。然而它的便利性很快便超越道德的考量，不久便取得合法的地位。直至1931年，政府有責任不得發行超過其黃金存量的強勢貨幣，也就是說，在那之前，如果每個人都拿出支票要求兌現，是有足夠的黃金應付。然而，在今天的英國，要是大家都要求兌換與貨幣面額等值的黃金，政府將於一夜之間破產，因為目前英國銀行金庫裡的黃金存量大概只能應付貨幣發行量

的 1/3。要兌換與貨幣面額等值的黃金，事實上已經不可能。

　　直至不久前，英國銀行與美國銀行最大的差異在於：在英國，要到銀行開戶不但要有錢，還要有朋友，因為在開立新戶頭之前，他們必須準備一個銀行帳戶持有人的證明書，整個過程耗時約兩個禮拜；然而，在美國以及大多數的已開發國家，任何人只要走入銀行便可當場開戶；在拿到支票簿之後，他就可以使用支票——只要他在戶頭裡存入足以讓支票兌現的錢。之所以有這樣的差異，個中的一個原因是，在紐約州，開立無法兌現的支票會觸犯刑法；然而在英國，支票跳票並不會讓人坐牢。

　　此外，在美國，到一些競爭激烈的銀行開戶並存入一定金額的錢還可以獲得免費的禮物。英國銀行也已仿效這種趨勢，以特別吸引年輕人（也就是學生）到他們的銀行開戶。

　　全球的銀行之間有一種彼此借貸的制度，即所謂銀行同業拆放制度 (interbank lending system)。這套制度之所以產生，是因為所有的銀行每天都必須結帳，而較大的銀行持有較多的存款，彼此便相互借貸。因此假若你每天都在戶頭裡保留大筆的金錢，銀行雖然不支付你利息，他們卻可以透過隔夜的銀行同業拆放市場利用你的錢來賺取利息——在英國，年息大約11%。在美國，幾乎所有帳戶的所有存款都可以賺取利息，儘管利率可能很低；這套制度慢慢地也被英國以各種不同的名目加以採行，但銀行並未因此而蒙受損失，因為它們只不過為了吸引更多的顧客而稍稍降低利潤罷了。

信用卡

　　許多銀行信用卡的年利率都在25%以上，利潤幾乎超過其他各種形式的貸款。根據巴克萊信用卡公司 (Barclaycard) 暨英國銀行家協會 (British Bankers Association) 於1995年所做的估計，在英國，持有信用卡的人數將近有兩千六百萬人。這些人數依各個銀行細分如

下：

Barclays	900 萬
National Westminster	440 萬
Trustees Savings Bank	380 萬
Midland	330 萬
Lloyds	130 萬
Bank of Scotland	130 萬
Royal Bank of Scotland	90 萬
Co-operative Bank	90 萬
Giro Bank	60 萬
Halifax	40 萬

　　各銀行在90年代中期所做的內部研究顯示，英國現在約有半數的成人持有信用卡，1/3的人預期，信用卡會成為未來的主要支付方式。在接受調查的成年人中，每六個人裡頭就有一個人說，信用卡的速度與便利確實影響了他們選擇商品、選擇服務以及支付的方式。有1/5的持卡人指出，商店接受信用卡與否，會影響他們消費的地點與意願——這一點我們並不意外。

　　1996年9月，英國信用卡的消費金額出現了有史以來最高的成長率，消費金額為七十三億英磅，比前一年同月份成長了31%。此外，用於展期信用證 (extended credit) 以及認購帳戶 (subscription account) 等商店卡成長迅速，數量大概超過六百萬張。手上有信用卡欠款的人自然為數不少，而且其中許多要負擔極高的利息。此類貸款的信用隨時在浮動出入，但超過一個月而未繳信用卡欠款的人數卻少得驚人。各種卡的使用率雖然一直以等比級數而非線性的速度成長，市場卻似乎尚未飽和。

　　塑膠貨幣的最新發展概念是以下這種信用卡：它的控制方式十分

經濟，有能力辨識個人的指紋，並且即付即存 (pay-and-store)。這樣的卡片可能在本世紀末被廣泛使用，大小相當於現在的信用卡。卡片將附上一個小型的液晶顯示幕，透過這個顯示幕，攜帶者將可以查閱他的信用額度；由於它直接與銀行帳戶連線，因此每當他買東或從機器提款時，馬上可以從銀行帳戶直接付款或提款。這張卡片是透過短波傳送的方式與電腦連線，連線電腦則負責記帳及支付每一次使用的款項給信用卡公司及商店，因此大大節省了收款成本。此外，這張卡片還是一台計算機、一套辨識系統及一具方向指引器；它或許也可以有限地取得旅遊、通貨或地方消息等一般資訊。

將來，這種卡片只有在持有者的觸碰下，透過塑膠表面的次微感應細胞 (sub-microscopic sensor cells) 才得以運作，其他人自然無法使用。整套裝置將由密度極低的原料以及含有發射器、微電腦（或計算機）與液晶顯示器的微晶片構成。

如今，有些人會利用個人電腦上在家進行金錢的處理。而且，由於我們現在已經可以破天荒地以電子的方式移動金錢、花費金錢，許多累贅的銀行分支機構免不了要關門大吉。因此，自動櫃員機處理金錢的方式與電子通訊皆意味著，親自造訪銀行的人將愈來愈少。

經濟人類學與原始貨幣

不同於心理學，人類學長久以來一直關注著經濟學與消費這兩個題目 (Douglas and Isherwood, 1979)。經濟人類學探討人類社會關係中的經濟面。事實上，經濟人類學有標準教科書 (Thurnwald, 1932; Herskovitz, 1952; Dalton, 1971)。不過，儘管此領域已經出現了數本地位穩固的權威著作，最負盛名的可能還是Polanyi的研究成果。長久以來，人類學家一直意識到，所有的經濟概念、想法與理論都建立在唯一的一種經濟型態上，即工業資本主義。有的學者主張，這些現

代的經濟概念（最大化、供給、需求）同樣適用於原始社會，但其他學者並不苟同。

　　發掘人類社會的經濟通則是經濟人類學的主要任務之一；方法是，對經濟通則於不同文化中所顯現的多種形式進行抽樣。比方說，在某些文化當中，以儲蓄或投資的方式來遞延需求被視作正當的行為；但多數的原始文明卻規定，資源應當用來填飽肚子，用來遮風避雨。

　　首先，我們應該指出所有經濟體系的共通處。Dalton (1971) 提示了三項特徵：對於物質與服務的取得和製造，所有經濟體系都具備了一套強制執行的規則來做結構性的安排；它們有一些結合天然資源、人際合作與技術的規則，以便不斷提供物質與服務；所有的經濟都有一些表面相似的制度慣例，例如市場、金融物品、會計工具與對外貿易。然而，更吸引這位學者注意的，卻是各個經濟體系在組織、運作、改變、成長與發展上的差異。

　　經濟活動的各個面向都是人類學家所關切的，像是以物易物、市場、商品與財富的分配、所有權以及財產等等。他們注意到，不同的原始社會有一些經濟行為上的相似性。Thurnwald (1932) 指出，大多數的原始經濟有一項典型的缺失，就是他們沒有意願藉由生產或交易行為來牟取利潤。有許多研究則探討價值的各種象徵、貨幣發展的各個階段、以及多種作為以物易物交易單位的物品數量與種類，包括：貝殼、犬齒、鹽以及銅製手鐲。這些交易物有多種類別：有的被視為值得收藏的珍寶；有的被當作日常用品；有的被認為是可以生產利潤的資本；有的則被認為是同種物品增殖的可能來源。人類學的貨幣研究之所以有趣，當然不只是因為有多種物品被當作貨幣使用，更重要的是，原始貨幣並不具備現代貨幣的許多功能。

　　經濟學家似乎只關心貨幣的非社會性面向，如貨幣的價值與可分割性等等；相對的，人類學家則從個人角色及交易行為之社會情境的

角度，來探討貨幣如何被使用於互惠、再分配的交易行為當中。任何具備貨幣功能的物品，無論是臂環、豬的長牙、貝殼或石頭，其交換、取得與處置都是具結構性的重要事件，其道德與法律的責任及意涵皆十分重大，並有可能改變地位權力及社會角色。在原始社會當中，貨幣是互惠及再分配的支付工具，它並不常被用來履行社會責任，因此方不方便攜帶、能不能夠分割，並不是那麼重要。於是，西式貨幣的引進不僅會取代當地貨幣，也難免會影響一個族群的社會組織。這是因為，有了西式貨幣，人們於日常市場交易中所賺取的貨幣就能夠用來因應商業性支出及非商業性(傳統的)支出。如此一來，購買者與年輕的族人就能夠隨意地賺錢與用錢，於是家族與氏族的長老或領導者對他們的掌控力便減弱了。

人類學訊息的精髓在於：除了使用，貨幣別無其他實質；至於如何使用，則由一個文化之經濟體系中的傳統交易模式來決定。什麼是貨幣？貨幣就是它的用處，別無其他。人類學家 Douglas (1967) 認為，貨幣儀式將內在狀態化為可見的外在表徵。貨幣也是社會經驗的中介物，它提供了一個價值的衡量標準，而且連結了現在和未來。但是，貨幣要能夠扮演強化經濟互動的角色，大眾就必須對它有信心，此種信心一旦動搖，貨幣的用處就蕩然無存。唯有掌握大眾對它的信心，貨幣的象徵才能夠發揮效用。由此看來，所有的貨幣，無論真偽，都取決於信心這項秘訣。因此所謂的偽幣不過就是，它不像另外一種貨幣一樣，可以完全被人接受。所以原始的儀式只要掌握了公眾的同意，它就一如良好的貨幣，而非偽幣。

因此，相對於經濟學家自商業行為的角度來看待貨幣的起源，人類學家則強調貨幣的非商業起源，諸如聘金、獻祭式與宗教式的貨幣、地位象徵、以及罰金與稅金的繳納。因此，貨幣在使用於商業目的之前，似乎已經被用於非商業性的支付行為；也就是說，人類學家的貨幣起源理論可能是正確的 (Lea et al., 1987)。

人類學家已經強調了任何文化中貨幣的多樣性，換言之，有不少物品都可以發揮貨幣的功能。因此在今天，偉大的藝術作品也被視為一種投資，而非純粹展現美感的物品。人類學家一向敏於觀察貨幣的象徵與儀式財產的象徵性價值，而且這樣的觀察在一個國家決定變更通貨（鑄幣與鈔票）時更是顯而易見——即使價值沒有變動。同樣地，在歐元被採用了之後，我們也看到，鈔票與鑄幣的象徵（或者缺乏這些象徵）確實是許多狂熱與投機的根源。

　　由於這麼多的東西都具備了各種不同的價值——象徵的、情感的、交易的——人類學家確實讓我們更加了解金錢。鑄幣與鈔票不過是社會上廣泛使用的一種具備儀式與象徵意義的貨幣。近年來，人類學家這些關於金錢的洞見終於逐漸被心理學家察覺到。

金錢社會學

　　經濟學、政治學與社會學之間的界線幾乎總是曖昧不明。一如心理學有經濟心理學這樣一個子學科，社會學也有所謂的經濟社會學。早期的社會學家，如史賓賽 (Spencer)、涂爾幹 (Durkheim) 和韋伯 (Weber)，他們都注意到分工的社會學意涵，也注意到社會如何透過法律、習俗與規約來試圖管理經濟行為人 (economic agent) 之間的合作與公平交易 (Smelster, 1963)。多數的經濟社會學也都曾經對高度發展的資本主義社會進行探討。

　　經濟社會學家對社會組織特別感興趣，無論是正規的（企業、醫院）、非正規的（鄰居、幫派）、或分散性的組織（族群）。個人在其中所扮演的角色，組織所發展出來的行為標準，組織所抱持的價值觀（無論是內隱的或外顯的），組織在人身上所強加的結構，在在都是經濟社會學家之制度化概念的重點。

　　社會學家尚且感興趣於貨幣與經濟的意識型態，這些意識型態可

以用來對既存制度進行道德的辯護或抨擊。不過，在經濟社會學家看來，貨幣不比創造與控制貨幣之機構的本質來得重要。另外，工資差額、工資議價等課題當然也令社會學家感興趣，只不過這些都是站在社會團體的層次上來探討的。

提到亞當斯密司、卡爾馬克斯之類的社會理論家與政治經濟學家，社會學家們都樂得宣稱他們為同路人。除了達爾文與佛洛依德之外，馬克斯－－他或許是當代最具影響力的思想家之一－－也提出了金錢方面的論述。他宣稱，金錢將**人類與自然的實質能力**變形為僅是抽象的表徵。他還認為，金錢的力量儼然**瓦解**了個人與社會的聯結，因為它使忠貞變為不忠，它讓愛變成了恨，恨變成了愛，它使美德轉為罪惡，罪惡轉為美德，而奴僕成了主人，愚蠢取代了智慧，智慧淪為愚蠢。

社會學家所關切的是貨幣網絡，以及網絡所賴以運作的各種科技、制度與社會的機制 (Dodd, 1994)。他們研究貨幣政策、貨幣制度、以及經濟理論和經濟狀況對社會造成的影響。

社會學家通常拒絕接受物質式的貨幣定義。就像人類學家，他們比較強調貨幣交易所牽動的社會關係。有一個經濟概念是社會學家拒絕接受的，即現代貨幣，可以發揮所有可能的貨幣功能；社會學家認為，沒有一種貨幣可以同時發揮所有的功能。例如作為法幣的鈔票，它實際上很少用於儲值。鈔票與鑄幣雖然代表標準的價值單位，它們卻並未將價值具象化，而且事實上真要如此，它們的價值將比等額的法幣高出許多。至於支票、信用卡與銀行匯票，它們只能作為支付工具。必然地，這些不同種類的貨幣各自發揮不同的功能。

社會學家對控制很有興趣，特別是貨幣供給、通貨膨脹、通貨緊縮及經濟蕭條的控制。他們也關切貨幣網絡－－此網絡為訊息的網絡。Dodd (1994) 指出，貨幣網絡有五項必備的要素。第一，此網絡必須具備一套標準化的會計制度，在這套制度之下，各種貨幣都必須

能夠以此會計制度表示，以便用來交換任何以此制度定價的物品。第二，此網絡所仰賴的資訊必須讓我們得以對未來作預期：要知道，我們之所以接受貨幣為支付的工具，幾乎只有一個理由，就是我們假設日後能夠再使用它。第三，此網絡還將依賴有關貨幣之空間特質的資訊：特定貨幣形式可以使用的領域有限，這些限制最初可能源於為杜絕偽造而訂定的措施，然而最終則都跟控制支付系統之運作的制度架構有關。第四，此網絡必須以法令資訊為基礎，其形式通常為一些跟契約關係狀態有關的規定：支付貨幣事實上就是清償行為。最後，網絡的運作預設人們知曉他人的行為及預期。這樣的知識一般來自於經驗，但也可以經由付錢來獲得。要讓人們信賴貨幣的抽象特質，此類資訊非常重要。貨幣交易通常是非個人化甚至隱密的，一個網絡必須能夠做到這一點。再者，網絡是一個抽象、集合的概念，它反映了社會學典型的分析層次。

　　社會學家都同意，一個社會裡頭，人們如何使用、看待與了解貨幣會影響貨幣網絡的運作方式，反之亦然。在一個社會裡頭，貨幣的存在有助於減低以物易物制固有的各種不確定性。這些不確定性在在都屬社會問題，包括：特定商品之供給與需求的不平衡，關於未來供給與需求之資訊的缺乏，關於他人是否值得信賴的不安全感，交易商品的真偽，以及人們所訂定的契約；而各個不同的社會皆以建立制度的方式來因應這些問題。然而，產生經濟不確定性的各種社會、政治與文化現實是貨幣網絡存在的最初條件。正因為如此，貨幣自然成了社會學研究的焦點，換言之，社會為了控制貨幣所發展出來的制度便是社會學研究的主要對象。

　　Zelizer (1989) 寫了一篇既精彩又具全面性的文獻，名為「貨幣之社會意義」(The Social Meaning of Money)，當中她駁斥了以下這種功利主義式的貨幣概念：即貨幣為最終的客體化工具 (objectifier)，它將所有質的差別同化為一種抽象的品質。Zelizer認

爲，有太多的社會學家已經接受了經濟學家這樣的假設：貨幣本身與市場歷程不受社會的影響，且免於文化與社會的約束。

然而，文化及社會因素如何影響金錢在現代社會中的用途、意義與影響範圍，所有社會學家都已經進行過辯證。Zelizer (1989) 相信，在現代的經濟制度中，金錢之額外的經濟性與社會性力量，跟它在原始及焦慮社會中一樣強大。社會學裡核心的貨幣概念有以下幾個重點（人類學與心理學也是如此）。第一，儘管貨幣是現代經濟市場中一項主要的理性工具，它也存在於市場領域之外，且深受文化與社會結構因素的影響。第二，貨幣的種類繁多，每一種特定的貨幣都共享一組特定的文化與社會因素，因此與其他貨幣有質性上的差別。第三，古典經濟學所認定的貨幣功能與特徵過於狹窄，因為其背後的假設源於普遍性用途 (general-purpose) 之單一貨幣。傳統經濟學的觀點僅視貨幣爲市場現象，於是貨幣作爲非市場媒介的許多複雜特徵便遭到忽略。我們必須採取一個更全面性的不同觀點來理解貨幣，因爲某些貨幣也許不可分割（或雖然可以分割，但分割後的大小無法以數學的方式加以預測），也許無法攜帶，或極度主觀，因此具備了質性上的異質性。第四，將功利主義的貨幣與非金錢的價值斷然劃分是錯誤的，因為在某些情況下，貨幣就像最私人、最獨特的物品一樣，也許是獨一無二，無法交換的。最後，所謂貨幣之自由與無法遏止的力量是站不住腳的假設；當我們嚴密控制及限制貨幣的流動與可變現性時，貨幣化過程將受限於文化及社會結構。

額外的經濟因素會有系統地限制與影響(a) 貨幣的**用途** －－例如，將某些貨幣指定於某些特定的用途；(b) 貨幣的**使用者**－－規定不同的人處理不同的貨幣；(c) 各種貨幣的**分配**制度；(d) 各種貨幣的**控制**；(e) 貨幣的**來源**－－把不同的來源跟各種特定的用途連結起來。

爲了說明特殊貨幣或現代貨幣之社會學，社會學家還探討了家庭

貨幣 (domestic money)——即丈夫、妻子和子女的金錢，以及家庭生活與兩性關係的改變如何影響家庭貨幣的使用（這個主題稍後將做更詳細的探討）。家庭貨幣顯然是一種非常特殊的貨幣。無論從哪裡來，一旦進入了家庭，它的分配（包括分配的時間與數量）和用途就受制於某些異於市場規則的規則。惟有改變性別角色與家庭結構，才能夠影響貨幣的意義與使用。家庭貨幣的使用與態度也顯示了，工具式、理性化的貨幣模型以及市場經濟並不完整。社會關係的結構以及每個家庭的獨特系統都會改造家庭貨幣。同樣地，機構的金錢、慈善捐贈、禮物及不義之財都有其獨特的社會意義。

　　社會學家與人類學家、心理學家的共通處在於，他們都關心個人、團體、社會與文化對貨幣所賦予的意義，以及這些意義如何影響貨幣的使用。此外，社會學家尤其關心：機構是如何使用各種貨幣？

一項女性主義的金錢觀

　　在本書稍後的章節裡頭，我們將討論過去與現在兩性在金錢使用上的差異，以及兩性在金錢的取得、儲蓄與消費風格上的差異。近來，女性主義者相當專注於女性與金錢這個議題。這是個激進、獨特而具煽動性的議題。Randall (1996) 認為，金錢虐待——而非性虐待——「到處肆虐，破壞力十足，我們甚至可名正言順地稱之為傳染性的恐怖主義」（第11頁）。她認為女人被鼓勵避談金錢的話題，因此這個話題讓女人產生羞恥感與罪惡感，她們甚至因此謊報自己的所得及東西的成本。

　　論者以為，對於賺多少錢，需要多少錢，花了多少錢，存了多少錢，以及擁有多少錢，女人往往十分難以啟齒。女人——女性主義者如是說——是支配的貨幣 (currency of domination)。關於家庭的財務，例如支付帳單、報稅、申請銀行支票簿，女孩和女人總是被刻意

地蒙在鼓裡。部份女性主義者相信，直至不久之前，女性的自我價值感和她家有多少錢，她如何看待與處理自己跟金錢的關係，以及她所發展出來的金錢觀有直接關係。女性主義者也認為，女人在工作上特別容易遭到剝削，因為她們比男人更有可能以一種服務與照顧的意識型態來工作。無論是職業類別、職業被談論的方式、以及職業報酬，都產生了嚴重的失衡。舉例來說，建築、精密儀器操作、修水管之類的勞力工作以及其他典型的男性工作，薪水大多不錯；然而一些適合女性的職業類別，例如在學校教書，薪水仍然不高。

女性主義者相信，薪水多寡影響重大，它不僅影響社會如何看待女人，也影響一個女人如何看待自己。此外，職業描述 (job description) 也很重要，以下有幾組前後相互對應的職業描述：心理治療師——心理學家或諮商師，醫師——醫師助手或護士，管理員——工友，演員——演藝人員，教授——老師，零售店員——售貨員。每組前半所指的職位大多由男性擔任，後半則為女性的典型工作。上述立論儘管略顯過時，但畢竟有其歷史的真實性，許多團體也因此試圖要改變這些刻板印象。

論者以為，家庭主婦（或家管）遭受經濟的剝削，女性義工也是如此；貧窮的女性化 (the feminisation of poverty) 可視為財富的男性化 (the masculinisation of wealth) 之結果。「在錢的語言當中，儘管我們一直以你的錢、我的錢、我們的錢這樣的語彙來描述，然而在你的錢當中，女人通常缺席；在我的錢當中，女人往往隱形；至於在我們的錢當中，她所佔的一席之地卻太小太小了」(Randall, 1996, 第 23 頁)。倒是在論及結婚與離婚時，財務問題總是會浮上檯面。

許多學者指出，病態的金錢觀往往摻雜了關於性和食物的態度，因此，暴飲暴食、刷爆信用卡以及性濫交，可能都源於同樣的心理需求，或許是為了行使控制，消除不安，或為了填補內心的空虛。藉酒澆愁的行為——有時又稱做零售療法 (retail therapy)——被視為是社

會性而非個人性的病態。一個女人如果支票跳票，犯下信用卡詐欺，或在商店裡順手牽羊，她往往要在牢裡服刑數年；然而一個男人如果犯下一樁大型的詐欺案而危害成千上百個人，他卻反而可能獲得「獎賞」，只需在度假村一般的開放監獄裡服個短短的刑期。

女性主義者承認，證據顯示，社會已經發生了一些變化，許多女性已經跟金錢建立起較健康的關係。但是，強大的社會傳統意味著，女性仍是父權社會下的受害者。

女性主義的理論儘管未能獲得實證研究的證實，但也顯示了兩性在使用金錢上的一些顯著差異。Price (1993) 曾對美國女性及男性進行深度晤談，結果發現，男性在金錢方面表現了較高的自信，行動較為獨立，較願意冒風險，也較敢一賭；相對的，女性的嫉妒心與貧窮意識較強。此外，男性的自我認同、自尊及力量感似乎都與金錢密不可分；但對女性而言，金錢不過是一種手段，目的是為了獲取她們當下得以享受的東西和經驗。

文學中的錢

曾經提過錢的劇作家、詩人、小說家以及機智的才子，早已不計其數，他們所說的話足以出一本完整的大部頭選集 (Jackson, 1995)。選集的編者提到，這樣的一本書本身算不上經濟學的研究，「不過，沈悶的經濟學界也出了幾位散文作家，其優雅尖刻的文字風格足以讓他們與詩人並駕齊驅」（第 vii 頁）。

凡夫俗子的金錢經驗裡充斥著種種幻想、瘋狂與恐懼，而這些都清楚地呈現在文學裡。有人甚至說，除了愛與死，最吸引作家的題材大概就是錢吧！

喬叟 (Chaucer) 詩中的騙子與詐徒，狄更斯 (Dickens) 小說中的人物Scrooge，許多人都耳熟能詳。學者們挖苦譏刺人性的貪婪，也

著力描寫有錢人的狂妄自大，對於愛錢的人，他們甚至大吐其憤慨、鄙視與唾棄。Jackson (1995) 認為，現代小說大大得力於錢的觀念，因為以下這些往往是小說描述的對象：揮霍無度者、賭徒與慈善家；盜用公款者、敲詐者與騙子；銀行與銀行家；商人與薪資的奴隸；對財產的狂熱與渴望賺大錢的鄉下小伙子。透過小說典型而鮮明的探照，我們看到了金錢的機制如何從社會各階層喚出各式各樣的人物，金錢的機制又如何引領這些人或將他們推向自身的命運。

作家與文學往往被視為反物質主義者：他們抗拒資本市場冷酷無情的精打細算，並英勇捍衛人的價值。有個意象相當常見：摒棄世俗的詩人對抗邪惡的資本家。然而這樣的想像多半出自理想型的讀者，而非務實的作家；事實上，作家們由於經常要面臨經濟拮据的狀況，他們可世俗得很。

許多作家感於自身文化在金錢上的不一致與相互矛盾的價值觀，於是將之付諸文字。因此，單為藝術目的而創造的藝術不過是自我耽溺，而且微不足道；然而為了錢而創造的藝術卻又顯得廉價而庸俗。但人們寧願相信，偉大的作家是錢買不到的，文學的道德良知應該要抗拒金錢的誘惑。

顯而易見的，貨幣與文學這兩種約定俗成的系統都是用來表徵本身之外的東西，也就是表示 X 即 Y 。一首詩要我們相信，它代表了一隻夜鶯或烏鴉；一枚硬幣則要我們相信，它代表了一籃小麥或數個鐘頭的勞力。若不是人類的心智有能力理解到一物也許可以代換另一個不相似之物，貨幣與書寫都不可能存在，換言之，這兩套約定俗成的系統源於我們創造譬喻、理解譬喻的能力。於是，我的愛人是玫瑰花瓣，一條麵包等於四便士銀幣。

（ Jackson, 1995, 第 xiii 頁 ）

許多作家也對金錢有如下的省思：

「金錢是會說話的」，因為錢是一項隱喻，一種轉換，一
道橋樑。如同文字和語言，金錢是座倉庫，貯存了社群所成就
的工作、技術與經驗。然而，金錢跟寫作一樣，也是一項專門
的技術：如同書寫強化了言語及秩序的視覺特徵，也如同時鐘
以視覺的方式分割了時間與空間，金錢則將工作自其他的社會
功能分離出來。即使在今天，金錢還是一種「轉換」用的語
言，它將農人的工作「轉換」成理髮師、醫師、工程師或水管
工人的工作。作為一項龐大的社會譬喻，作為一道橋樑或一名
譯者－－好比寫作－－金錢不但加速了交易，也強化了任何社
群內互賴的聯結。透過它，如同透過寫作與曆法，政治機構得
以獲取強大、螺旋式的延伸性與控制力。金錢是有距離的行動
(action in distance)－－既是空間的距離，也是時間的距
離。在識字率普及且高度分工的社會，「時間就是金錢」；同
時，金錢也是貯存他人時間與辛勞的棧房。

(McLuhan, 1964)

相較於社會科學家的著作，作家與小說家對人們使用金錢與濫用
金錢的觀察，一向更為明晰，更有諷刺意味，並且更具洞察力。一如
人類學家與心理學家，小說學者對於金錢的象徵、金錢的魔力、以及
人為了取得金錢所做的各種光怪陸離的行徑，總是著墨甚多。

大眾情緒、消費者情緒及民意調查

多數的已開發國家都會定期進行社會調查或民意調查，調查的主
題或屬一般性，例如大眾對經濟的樂觀或悲觀程度；或特定性，例如
特定物品的消費金額。這些調查一般由政府機關、報社、製造商、廣

告公司或研究者委託進行，目的都是爲了對全國民眾（或特定團體）的消費行爲有整體性的了解。

四十年來，心理學家一直感興趣於消費者在金錢方面的情緒 (Katona, 1960)。因此，消費者情緒指數 (Index of Consumer Sentiment)，或任何其他的名稱，一直爲美國政府所密切注意。對經濟學家而言，這類資料也許不過是所謂的軟性資料 (soft data)，卻能有效預測消費者的消費狀況。事實上，這種關於心情與情緒、以樂觀或悲觀的程度來表達的軟性資料往往解釋了爲什麼某些政府無法獲得連續執政的機會――即使有證據顯示了經濟的成長。

一項突如其來的經濟衝擊可能會對大眾的觀感造成威力強大且具持續性的影響。在人們對經濟感到悲觀的時期，要如何投資手頭上的現金，他們自然謹慎萬分。然而，此時經濟上的壞消息往往遭到誇大，好消息反而遭到懷疑或遺忘。因此，不景氣的情緒常常讓民眾忽略了許多顯示經濟好轉的正確指標，以至於阻礙了經濟進展的速度。

同樣地，在大眾對經濟感到樂觀並且信心滿滿的時期，人們開始輕率地消費，甚至任意揮霍，因而快速提高貨幣的流通量。消費一旦增加，利潤便得以提昇，就業機會因而增多，對經濟也可以產生刺激以及自我實現的效果。有時即使經濟狀況已經改變，這樣的情緒卻還流連不去。

經濟學家偏好使用硬性資料 (hard data) 來預測未來，像是通貨強度 (strength of currency)、貨幣成本 (cost of money)、以及貿易差額 (trade-balance) 等數字。相對地，經濟心理學家強調，金錢的相關行爲有部份取決於人的態度、感覺、信念，甚至一時的心情――所以他們重視消費者情緒指數。要知道，我們有時候花錢或存錢是爲了滿足一些我們不了解或沒有意識到的內在驅力。這是團體性的現象，因此當大眾耳聞大規模的裁員或政治不穩定的消息時，他們可能會開始恐慌，這顯示，人們確實有可能表現出極不理性的經濟行爲。金錢

或許是社會的奴僕，但卻也可能成為社會的主人。

　　透過美國一些大規模的調查，Katona (1975) 證實了，消費者情緒、預期與希望的測量數字可以讓我們事先預測到消費者在消費與儲蓄上的變化，以及他們在持續性消費上的重大改變。更重要的是，消費者對經濟波動的影響，遠遠超過消費者所得的變動（這些所得的變動則來自經濟體系中企業部門與政府部門在支出上的變化）所造成的影響。

　　因此，我們必須承認，態度與預期在經濟預測中是舉足輕重的。人的預期是穩定的，從樂觀變成悲觀或從悲觀轉成樂觀都要花上一段時間。研究顯示，消費者部門會對經濟趨勢產生決定性的影響。此外，消費者的態度和預期不見得會依收入或經濟數字發展。因此，有時候即使所有的經濟指標都顯示了經濟的衰退，那所謂「感覺不錯」的因素可能還徘徊不去；同樣地，有時候即使所有的指標都顯示了強勢的正面趨勢，那個「感覺不錯」的因素卻還沒回來－－此時政府可能會覺得特別受挫。

　　Katona 透過他驚人的資料庫證明了，集體的金錢態度不會無緣無故發生重大變化，而且，變化的原因或許事後才能確知。因此，特定時間之所有客觀變化的經濟資訊並不能讓我們預測到其所引發的態度改變。何況，造成態度改變的主要特定因素（新聞、法令等等）會因時間、因團體而有所不同。因此，即使我們這次可以用各種客觀的變項成功地解釋特定時間的態度改變，下一次再這樣做卻不見得會成功。

　　消費者情緒指數可以迅速捕捉到一個社會的經濟情緒。它同時是經濟狀況的因與果，雖然難以捉摸，但並非毫無規則。此外，它也為政府、企業以及研究者提供了極為有用的資料，讓他們可以將它納入用來預測個體與團體之金錢行為的模型中。

金錢的社會心理學

　　社會心理學的概念、方法與理論已經被用來描述金錢行爲。當然，社會心理學的核心在於態度的測量（無論是關於金錢或其他任何東西的態度）。社會心理學家的主要問題是：態度如何形成？如何改變？態度和（金錢）行爲之間又存在著何種的關係（見第 2、3、5 章）？他們尙且感興趣於：一個人對社會世界的理解如何影響他對金錢行爲各個面向（貧窮、富裕、儲蓄、投資、賭博），（見第 4 章）的解釋與歸因？此外，社會比較歷程 (social-comparison process) ——即個人有意識地將自己與他人做比較的歷程——也是社會心理學家十分關切的。社會比較歷程這個現象十分普遍：「別被鄰居比下去」的心態是許多人之金錢行爲的基本特徵。

　　在金錢態度與金錢行爲的研究中，無疑地，個別差異與人格特質扮演著重要的角色。即使一般普羅大眾都能夠描述各種不同而明確的金錢信念與金錢行爲；然而這些描述往往受限於某些特定的類型，例如小氣鬼、揮金如土的人、炫耀財富的人、時髦的受害者等等。不過，人格理論學家與社會心理學家更感興趣於描述人格特質的源頭、這些源頭與行爲特徵間的關係、以及產生個體差異的各種認知、心理與社會歷程。此外，對於人格與金錢這個題目，許多出身於各種不同傳統 (精神分析、心理計量) 的人格理論學家也都十分感興趣。

　　部份社會心理學的研究在實驗室進行，不過截至目前爲止，最透徹的研究方式是訪談、觀察與問卷調查。其中有一項心理實驗十分特殊；實驗的方式是「縮影經濟」(miniature economy)，流通其中的並非「實際貨幣」，而是「代幣」——比方說流通於監獄（或戰俘集中營）、學校或精神病院裡的香菸。透過這樣一個完全封閉的小型社會，我們得以觀察其中各種的貨幣（或代幣）行爲與經濟過程。此外，針對大眾樂觀／悲觀程度所做的大規模調查，以及針對購物行

為所進行的實地觀察研究，都極具價值。至於心理治療師那裡，長椅上的案主也提供了豐富的資料，待我們整理爲可供檢驗的假說。

　　如同 Lea 等人 (1987) 在其經濟心理學教科書中指出，日常生活中有許多涉及金錢，在在需要經濟心理學與社會心理學的研究。舉例來說：金錢的報酬（薪資）與工作的選擇、工作的滿足感、工作的生產力之間有何種關係？在購買意圖、實際購物行爲與習慣性購物行爲背後，主要的金錢因素是什麼？人們爲什麼儲蓄？爲什麼某些文化視節儉爲美德？爲什麼人們有利他行爲，會捐錢給別人？捐獻背後的因素是什麼？這是理性的經濟行爲嗎？至於賭博，有許多有趣的問題：小賭與狂賭的差異在哪裡？是什麼因素決定了誰在賭？賭些什麼？爲什麼而賭？除了賭博這個稍屬禁忌的研究主題之外，避稅與逃稅的研究也十分有趣：課稅是否會削弱工作的動機？課稅是否影響我們對不同工作種類的選擇？

　　不可避免地，金錢的態度與信念跟其他經濟概念關係密切。諸如交換、財產、所有權以及工作。然而，後者又跟社會的權力基礎有關。因此，一個人的金錢觀與他的政經意識型態之間有相當緊密的關係。

　　金錢社會心理學所關切的主要課題是：金錢概念與金錢態度是如何習得的？各種貨幣的象徵和意義是如何被賦予的？金錢概念與其他社會象徵以及金錢的使用之間又有何種關聯？就心理層次的探討而言，經濟學家根據總和數據所提出的理性（效用最大化）研究取向用處不大；社會心理學家有興趣的是，平凡的個人如何看待自己與他人在金錢方面的信念、行爲與動機。然而，金錢動機的理論必須整合所有其他動機方面的論題，因此，這樣的研究必然工程浩大。

　　經濟制度與社會制度影響著個人，個人也影響著經濟制度與社會制度。經濟現象背後的最終原因不只是個人的態度、人格與動機，但個人也並非強大經濟力量下無助的典當品或木偶。

一項金錢心理學理論

　　Lea 等人 (1987) 發展了一套他們所謂的金錢心理學「理論」，
稱之為理論或許言之過早，但他們至少已經嘗試說明社會心理學家與
經濟心理學家如何探討這個主題。這些學者認為，金錢不僅代表它可
以購買的東西，也象徵著它的來源以及取得的方法。此外，金錢的意
義也來自它的形式。這些學者認為，金錢表達價值的功能有數種不同
的計量層次。

1. 名目上 (nominal) 在此，金錢僅在等值的層次上運作，換言
   之，你可以用某種特定的貨幣購買某種特定的商品或服務。

2. 次序上 (ordinal) 在此，貨幣有數種不同的形式，各種形式可
   以按等級的高低排列。

3. 間距／比例上 (interval/ratio) 意即，我們有一個真正的零點
   與一套比例式的量尺；藉此，我們得以知道並認定「20 英磅
   與 30 英磅間的差距相當於 70 英磅與 80 英磅間的差距」。這
   套系統正是我們現今所使用的。

　　這些學者的理論重點在於，貨幣極具象徵意義，惟有透過歷史與
發展的觀點才得以理解貨幣行為。貨幣的主要功能在於，它是一種交
易行為的評價工具；但貨幣還具備了許多次要的意義，這些意義不但
影響貨幣的使用方式，甚至可能會限制貨幣的普遍適用性。

　　貨幣的非經濟特徵對銀行之類的大型機構而言，也許無關緊要，
但對個人來說卻絕對息息相關。貨幣的象徵意義儘管會因不同的人、
不同的團體而異，但是由於這些象徵意義為數有限，而且相當穩定與
持續，因此可加以描述和歸類。不過，與其探討貨幣具備了哪些心理
特徵，還不如探討這些特徵如何影響人的貨幣行為。比方說，有些人

之所以會先把某些鑄幣或鈔票用掉，可能是由於它的新舊程度、重量或者乾淨程度。同樣地，以鑄幣取代鈔票可能有刺激小額交易的效果，然而特定面額的鈔票（如 10 英磅、5 英磅的鈔票）似乎又不可或缺，因為那能夠代表一日的平均工資。因此，你我之所以努力賺錢，也許是為了同時滿足多種不同的需求；事實上也經常如此。

我們還不清楚 Lea 等人 (1987) 的論述是否真正揭示了一套新的貨幣理論；但是，他們起碼已經注意到了某些在個人的心理分析層次上，與貨幣相關的重要事實。

首先，在發展成熟的社會中，貨幣的種類是十分多樣化的。一張信用卡、一張紙鈔、一張個人支票或一張禮券可能都代表等額的金錢；然而，人們看待與使用這些等額貨幣的方式卻不盡相同。雖然我們覺得信用卡很方便，但它的成本可能很高（高利息的關係），而且安全性堪慮。但另一方面，信用卡的顏色與種類卻也可能成為一種強而有力的地位象徵。至於鈔票，它的普及度高，儲存又方便，然而一旦變舊變髒，用起來就不那麼賞心悅目了。鈔票的優點在於它的消費與取得比較不容易被追蹤（例如被稅務機關追蹤）；但是相對的，偽鈔可就一文不值了。個人支票或許較為安全，然而，它的可交換性比鈔票低，而且一旦面額太小，銀行所收取的手續費可能就抵銷了支票的價值。此外，若缺乏某種特定的辨識工具，支票可能不被接受。最後，禮券大概是「最棒」的貨幣了，因為它畢竟是禮物。然而，它的用處大概也是最低的。因為它或許只能在某些商店使用，或許只能兌換某些禮物，而且如果兌換商品的價值低於禮券的面額，商家恐怕不找零。

鑄幣與鈔票具備了象徵價值這個事實或許意味著，它們在經濟體系中的流通率也許會因實際面額的高低而有所不同。接受度高、好看、乾淨、便於儲存、以及安全的貨幣，人們比較樂於收藏。此外，通貨的變動可能會遭到激烈的反對，也可能會得到立即採用，反應如

何取決於人們所賦予鑄幣和鈔票的象徵意義。

　雖然我們也許能夠把各種貨幣的象徵性聯想整理出一張完整的清單，我們甚至可能記錄下各個團體所偏好的象徵，但是若要建立一套有用的貨幣心理學理論，我們勢必得找出象徵與行為之間的關係。

　根據 Lea 等人 (1987) 的看法，理想的貨幣心理學理論包括下列三種因素：

1. 與象徵發展有關的因素對特定文化中的特定個人而言，各種形狀、顏色與肖像都代表了各種特定的價值與重要性，因此，各國通貨的大小、形狀與肖像各有不同。值得注意的是，政府的重大變化往往會帶動這方面的改變，我們從香港、南非、前蘇聯與南斯拉夫這十年來的狀況便可窺見一般。

2. **象徵**本身的因素指的是各種貨幣——無論是傳統貨幣（鑄幣、鈔票、支票）或較現代的貨幣，包括單純以投資而非審美樂趣為目的所購買的新藝術品——被賦予的象徵範圍與意義（包括正面、負面及中性的意義）。

3. 與貨幣**使用**有關的因素——為什麼人們會儲蓄某些種類的貨幣而消費其他種類的貨幣？為什麼某些貨幣被認為比較安全？為什麼某些被視為比較私有而更具價值？為什麼錢不適合當禮物？為什麼賭場使用籌碼而不用現金？透過貨幣的使用，確實，貨幣的意義愈形顯著。

　不過，除了以上所列，我們還試圖在本書解答更多其它的問題。

　心理上，貨幣是不可互換的。它不但有價值，而且是價值的衡量工具。由於個人與社群所賦與的特定意義，貨幣成為複雜的象徵，而這又部份決定了經濟力量使用它的方式。即使是天真的心理學家與經濟學家，也都注意到迴路般多重因果關係的問題；是這些迴路情境塑

造與描述了個人，並將這些塑造與描述回饋給個人所身處的社會。我們應該認知到：個人的金錢行為是重要而一致的。個人確實會影響經濟；因為集體行為（有時候這個集體僅由少數人組成）塑造了經濟事件。另一方面，個人的經濟地位與個人在社會中的經濟狀況不只決定了他擁有多少錢，也決定了他如何看待那些錢。我們塑造經濟，經濟也塑造我們。而一個特定經濟體系(比方說西歐)的律法與歷史，確實會對所有民眾的意識行為與無意識行為產生或多或少的影響。

在幾個關切金錢課題的主要社會學科（人類學、經濟學、心理學與社會學）之間有一項最基本的差異，這項差異關係著一項基本假設：對於自己的金錢，人們抱持著理性、符合邏輯的信念。經濟數學家與理論家針對經濟行為（總是跨團體的總合行為）發展出高度精緻的數學模型，但他們幾乎向來都接受這樣一項基本法則：人是理性的。相對的，心理學家則樂於讓我們看到，一般人在經濟方面的判斷犯了多少邏輯的謬誤。而社會學家與人類學家也說明了，在各種既存社會力（規範、儀式、習俗與法律）的影響之下，團體與個人的行為並非不理性(irrational)，而是無關理性 (a-rational)。

理性的相反是：衝動、善變、難以捉摸。經濟學家並不否認，有些人確實知識不足、智力有限、眼光短淺。他們也知道，做生意如果不是出自理性的動機，如果不運用理性的程序，事業終將失敗，無法維持下去。但是經濟學家認為，反映人類缺失與理性不足的經濟行為只是一種短期的異常現象，長期來說對經濟發展毫無影響。

人類究竟是否理性？這實在是個棘手的議題。從事不支薪的工作，從事慈善捐贈，買彩券——這些也許都可以視為不理性的行為；但這樣看待理性未免太過狹隘。顯而易見地，工作可以造福社會，賭博也帶給人不少刺激。然而經濟學家所謂的理性，指的大多是求取最高收入的行為。

理性有不少同義詞，像是效用最適化 (optimising)、最大化

(maximising)。然而,如同 Lea 等人 (1987) 所說,「藉由分析人類真實的選擇行為,我們如今已經看到,理性這項假設最多不過是個未獲驗實的假設,一般來說它毫無用處,有些時候則顯然是個錯誤」(第127頁)。他們相信,經濟學家使用「理性」假設仍有其道理。不過他們也指出,經濟心理學家如果不斷在理性與否的問題上打轉,不過是白費力氣。與其窮究個人行為是否理性,是否尋求最大化,是否追求最佳效用,還不如轉移注意力,看看是什麼被最大化了,原因何在。研究者如果執迷於理性的問題而忽略了行為的內涵,實無多大意義。

關於「理性」的爭論,基本上有四種探討層次:

1. 經濟理性上最嚴格且最不為人接受的定義是:人的行為幾乎完全取決於物質動機,他能以其完備的知識與冷靜的邏輯判斷,在各種物質滿足中做出理性的選擇。這種定義不管在理論上或實證研究上都遭到質疑。

2. 第二種意義是:絕大多數的時候,人對於經濟狀況抱持著理性的信念,社會與　個人是追求經濟效益的。這個想法的問題在於——儘管我們也許能夠證實,原始人與現代人在商品的製造與定價上都表現出理性的行為,但是人們在送禮時的商品交換行為卻經常是不理性的。就此種意義而言,所有的個人與社會既是理性,同時也是無關理性的。

3. 第三種立場則單純視理性為一組用來建構理論或模型的暫時性假設。也就是說,理性是某種簡化的概念,一旦不具效用,或者數據與理論不符,則可加以修改或放棄。這個層次的分析大概可以讓許多社會科學家滿意。

4. 後一種層次的分析則將經濟理性視為一種「制度化的價值」(Smelser, 1963)。它不僅是心理學或社會學上的假定,更是

個人與組織期望達到的行為標準。這個標準眾人可能符合也可能違背，因此它涵蓋了社會控制的概念。

一如Katona (1975) 所指出的，問題的癥結不在於消費者理性或不理性，而在於：消費者的選擇是由態度、習慣、社會／文化標準及其所屬團體所塑造的。人們偏好認知捷徑、經驗法則與例行公事；但這些並非善變而難以捉摸的，心理學家不至於永遠無法理解。同樣的，整個團體的行為也依循著邏輯的模式，但這些模式與各種假定的理性行為可能極為不同。少有消費者會謹慎考量所有可能的選擇；對於做過的選擇，細節往往不復追憶；至於這些選擇與其他參照選擇之間的差異，他們未必總是了然於心；至於最新經濟資訊的取得，他們也往往落後了一大截。簡而言之，消費者行為所顯現的是心理上的邏輯性。從贈予和賭博這一類金錢行為中，人們其實獲得了多重利益，但要獲得這些心理利益是要付出代價的——代價便是他們所表現的那些不符合收入最大化的行為。

心理學研究已經再三地讓我們看到，人們的金錢行為並不具備經濟上的理性。人們儲蓄與消費的方式、不儲蓄不消費的方式、處理賦稅的方式、借錢與贈予的方式、以及透過工作賺錢的方式，在在違背了經濟學家的基本原理。可見在貨幣和經濟事務方面，大多數人所接受的教育尚顯不足，儘管沒有幾個人會承認他們是不合邏輯，是不理性的。當然，一些極端的案例是存在的。譬如成癮者與精神官能症患者，他們明知自己的行為於己有害卻無能為力。大多數人都相信自己在金錢上是明智的，他們會思考判斷已知的選擇，並懂得效法他人。

心理學的金錢理論並不假設金錢上的理性，而心理學家雖然發現了無數的例子顯示一般人在金錢上的不理性或無關理性，但他們並不因此而沾沾自喜。他們為自己所設定的任務是，試圖去了解一般人如

何習得與表現他們日常生活中的金錢態度、金錢信念與金錢行為。

本書主題

由於學者對金錢心理學的興趣時起時落，而且研究者的興趣所在是人們的金錢態度及使用方式上的特徵，因此心理學並未像經濟學那樣發展出各種宏大的貨幣理論。儘管如此，本書仍將涵蓋某些十分有趣而重要的理論。

首先是關於貨幣的基本態度，也就是，貨幣之心理意義與象徵的研究。貨幣具備多重的意義，有神聖的，有世俗的。此外，有些道德議題關係著金錢的取得與使用，這意味著金錢的態度確實跟其他的意識型態以及宗教信仰有所關聯。近年來，心理計量學家則更關注於發展並驗證多因素之金錢態度的測量方式。這些問卷是研究的一個良好起點，這讓我們得以特別確立貨幣態度與貨幣信念在社會中的傳播方式。

其次，發展心理學家開始非常關切一個問題：兒童與青少年如何獲得對社會與經濟世界的理解？這方面的研究重心在於：關於貨幣意義、貨幣價值與貨幣起源的知識，孩童是怎麼樣、什麼時候學到的？他們又是什麼時候開始了解到銀行、定價、利潤、財產、所有權及儲蓄等特定概念？多數的父母對於如何幫助他們的子女習得貨幣知識以及養成合理的金錢習慣，都很感興趣，而且也都試圖透過發放零用金的方式教育他們。此外，其他的一些機構，例如銀行、學校以及商家也有興趣了解孩童的金錢習慣，個中部份的原因在於，他們想知道孩童的購買力有多少。

第三，研究者愈來愈有興趣了解人們在日常生活中使用金錢的方式，例如成年人的消費與儲蓄習慣、賭博的時間與原因、以及他們對納稅的反應。這些習慣反映了很多事情，比方說早期童年的教養狀

況、人格、個人與國家的特定經濟狀況等等。此外，政治家、銀行或其他的一些機構所關心的，顯然是消費與儲蓄的控制，而這些他們確實也已經在做了，方式是課稅或控制利率的各種機制。然而這些手段成效卻是有限的，畢竟，有許多因素他們無法掌控。儘管病態性賭博、逃稅、個人破產是實用性研究的重要題目，但我們對於日常生活的消費與儲蓄行為，還是很有興趣從心理學的觀點來了解。

第四，我們預期心理學家會感興趣於各種與金錢有關的瘋狂行徑以及古怪特異的案例。特別是精神分析師，他們已就金錢病理的情緒性因素，創造了豐富的文獻。精神分析師相信，由於金錢的象徵意義因人而異——像是自由、愛、權力與安全——每個人的病理反應方式也就不一樣。有人拼命存錢，有人到處討價還價；有人蒐藏成痴；有人不斷遭受經濟剝削；有人則建立起龐大的企業帝國；有人購買愛，有人販賣愛；還有人把錢當作生命中唯一的解放。這方面的治療師都強調幼年訓練及家庭經驗的重要性、也強調社會態度如何鼓勵或遏止各種病態行為。此外，也有不少學者嘗試測量金錢病理。

第五，我們之所以用錢去購買財產，部份是為了滿足實際的需求，部份是為了拓展生命的活動，部份則具備了象徵的意義 順——為了加強自尊，提高身份。從最近關於財產之個人意義的研究可以看到，財產被賦予了多少非貨幣性的意義。

第六，我們將思考金錢在家庭內的運作狀況：家人如何共同擁有金錢？父母怎麼樣給子女金錢？個人又如何控制家中的金錢？家計單位是個迷你經濟體系的象徵，為了確保其中成員遵守某些行為，往往有各種規則的制訂。而透過社會學對家庭的研究，我們將可更清楚地看到，從過去到現在，家庭是如何儲蓄、如何消費，又如何分配金錢的。

第七，經濟學家主要的關切一向是人們取得、貯存與儲蓄金錢的方式，心理學家則開始感興趣於這樣的問題：人們什麼時候會捐錢？

 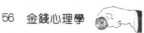

原因何在？許多人會定期地捐獻，而且捐贈金額常常就是一大筆。此外，人們會在生日或耶誕節這樣的日子大方地餽贈親友；親友有急需的時候，他們也大力鼎助。有的人是進獻香油錢給寺廟；有的人則為了決定財產繼承的對象，而在遺囑上費盡心思。上述行為，從經濟學的觀點看來，同樣又是不理性的。

第八個主題，想當然耳，是人人都關心的工作報酬：人們什麼時候，又為什麼會為了錢而罷工？人們喜歡何種薪資給付的方式？我們甚至要探討，人們為什麼給小費？對大多數人而言，錢幾乎全部得自於工作，然而就薪資多寡來看，有些現象卻相當奇怪而不合常理。比方說，資本家的利潤報酬及經理人員的薪水，數目之高（尤其在跟護士或教師等行業比較起來時），往往引起關切。另一個有趣但教人感到訝異的主題則是，薪水與工作滿足感之間的關係其實非常薄弱。

最後，我們將思考一些基本問題。比方說：錢是否帶給人快樂？有錢人是否造福了社會？人們如何面對一夜致富？另一個基本問題則是，關於人的經濟模型，究竟正不正確，有沒有用？

第二章　金錢態度

再怎麼懂得花言巧語的情人，他的千言萬語也敵不過鈔票的三言兩語。

--Henry Fielding--

錢是窮人的信用卡。

--Marshall McLuhan--

錢是什麼？是唯一比信用卡方便順手的東西。

--Anon--

金錢並非萬能，但要是沒有它，很多事不可能成真。

--Sir Edmund Stockdale--

我不會說百萬富翁吝嗇，他們只不過對錢保有一份健康的敬意
罷了！我反而注意到，不尊敬錢的人一毛錢也沒有。

--J. Paul Getty--

有錢就好比有一頭金髮，有趣是有趣，但無關緊要。

--Mary Quant--

金錢不同於汽車、情婦或癌症的地方在於，對有錢和沒錢的人
來說，它同樣重要。

--John Kenneth Galbraith--

有錢等於有道德、正直、美麗、慧黠；沒錢就是醜陋、無趣、
愚蠢、沒價值。

--Jean Giraudoux--

雜貨商反對偽造支票，因為這對他們的生意不利；偽造果醬他
們就不那麼反對了，因為這可為他們的荷包帶來鈔票。

--Robert Lynd--

我不相信錢不是問題，因為它本身就是個目的。

--James Gulliver--

下面這項事實說明了錢的主要價值：在我們所生活的世界，錢
的價值被高估了。

--H. L. Mencken--

引言

本世紀初以來，多個學門的社會科學家都開始思索人們對金錢所賦予之社會的、情感的價值與意義 (Wiseman, 1974)。金錢負載了情緒並具備高度象徵意義的這項事實，學者們業已述及。而金錢的本質正在於：承載意義。舉例來說，要在通貨中加入或刪除一種鑄幣時往往招致群眾極大的反對聲浪。此外，相對於現金，信用卡的使用已經改變了人們使用金錢及看待金錢的方式。

花錢比賺錢容易，賺錢當然也比定義金錢來得容易。定義金錢就好比定義雨傘或開罐器，主要的依據在於它的用途。金錢不過是一項媒介，我們用它來表示價格，償付商品與服務，也用它來清償負債，提撥銀行準備金。至於人們的金錢態度與信念，倒有可能加以測量。對於金錢，人們抱持了各種截然不同的看法，而種種觀念又和年齡、社會階層、財富、政治信念及其他許多因素息息相關。

本章我們將要探討的主題有：金錢態度，如何測量金錢態度，金錢的意義，以及我們如何看待鑄幣與鈔票等等。

金錢的意義

所有的研究者與思想家都注意到了人們如何深陷於某種心理上的煉金術，認為錢可以轉化為各種物品、服務與幻想。如同我們將在第五章所看到的，錢就是有辦法激發我們內在的不理性，它似乎能夠匍匐爬行到我們人格最偏僻的角落，釋放出那些貪婪、嫉妒、憎惡與恐懼。「心理上烙有金錢傷疤的人已經與鈔票最初的目的與用途失去了連繫」(Forman, 1987, 第 2 頁)。

從 Wiseman 以下這段話我們便可以清楚地看到，金錢被賦予了多麼廣泛的心理意義：

我們不免想到竊盜狂或榨乾男人財產的女人；對這些人而言，他們千方百計不斷想要奪取的金錢，象徵著他們所未能擁有而將之內射的各種東西。我們或者也會想到抑鬱人格者，由於對餓死的恐懼，他們將錢視為可能的食物。此外，還有人將錢視為力量的象徵，任何財務損失都被他們經驗為一種閹割；有人則容易在遇到危險時，以某種「預防性自我閹割」的方式犧牲他的錢。此外，有人無視於金錢真正的意義，他們以十分強迫性的方式儲蓄、消費、或變換於儲蓄與消費之間－－視他當時對賺錢、儲蓄或消費所抱持的態度而定－－結果往往傷害到自己。

　　錢表面上看起來都一樣，但其背後卻隱藏許多不同的意義。血腥錢與聘金所買得的東西大不相同；國王的贖金也迥異於樂透彩券所帶來的財富。金錢那了不起的可交換性是會騙人的；儘管它讓我們得以購得東西的表相和物質形式間－－如同我們可以購買一個女人一樣－－然而，一件我們自以為已經買得的東西，其實往往不在我們的掌握之中。

Wiseman, 1974,(pp.13-14)

　　Snelders 等人 (1992) 認為，金錢具備了多樣的形式及多重的意義。在一連串實驗室實驗裡頭－－其中之一是跨文化的實驗－－這些學者試圖評估金錢概念的原型性 (prototypicality)。結果發現，儘管我們無法精確地定義金錢，也無法精確地劃分金錢的界線，金錢的使用還是一致而有效率的。對現代人和古代人來說，金錢都帶有一種魔力，因此儘管煉金術士始終未能融合魔法、宗教與科學，金錢卻仍保有其攝人的魔力。根據民意調查及處理金錢問題之臨床心理學家的說法，大多數人都相信，只要擁有足夠的金錢，日常生活的許多問題便能迎刃而解。隨著社會的現代化，環繞金錢的各種迷思、寓言及儀式

反倒增加了；如今甚至產生某種勢力龐大的金錢祭司職，包括會計師、精算師、股東、友愛會 (friendly society) 以及房屋建築協會 (building society)。

金錢的「神聖」意義或特殊意義

對經濟學家而言，金錢幾乎就是世俗；並非他們以不敬或無禮的態度處理金錢，只不過，錢是很普通的東西，沒什麼大不了。但是對其他人而言，錢卻是神聖的——他們顯然畏懼它，敬仰它，崇拜它。Belk 與 Wallendorf (1990) 指出，是那些與金錢之獲得和使用有關的迷思、玄秘與儀式冒瀆了它的神聖性。

在所有的宗教裡頭，都會有某些特定的人物、地點、物品、時間以及社會團體被集體地界定為神聖的。神聖的東西殊異非常，它全然的獨特，被劃分於世俗的世界之外，並與之對立。神聖的物品或人物擁有良善或邪惡的力量（見第六章關於財產的討論）。「禮物、假期旅遊、紀念品、家庭相片、寵物、收藏品、祖傳物、家庭、藝術品、古董以及與名人相關的物品都可能被很多人視作神聖物」(Belk and Wallendorf, 1990, 第39頁)。基本上，這些東西會得到妥善的保管，並且被認為是特殊的。像藝術品及收藏品就成了許多人的私有聖像。同樣地，祖傳物被當作是與先人之間一種神秘而脆弱的連繫；其所具備的可能不只是「情感的價值」，有些人甚至相信，祖傳物如果遭到輕忽或毀損，邪惡的力量將獲得釋放，厄運便要臨頭。

世俗物不同於神聖物，它是可以交換的。世俗物的價值主要在於其世俗性的用途，神聖物則缺乏功能性的用途，也無法透過交易轉換成世俗物。再者，將神聖物用於金錢交易將褻瀆其神聖的地位，因為這使得神聖物與世俗世界發生了不當的接觸。

儘管錢被定義為可達成所有目的之交易媒介，但在西方社會，它

還是有特定的使用目的。錢太空洞貧乏、太稀鬆平常，並不適用於某些特殊場合。在西方社會，無法用錢來買新娘，也無法用錢為犯罪行為或政治職責贖罪。而且如同我們將在本書所看到的，金錢之所以被人認為不適合用來當禮物，有各種的理由：它對愛的衡量可能過度精確，而且也沒有禮物包裝等等。

令人好奇的是，猶太－－基督教在金錢方面的道德觀顯得自相矛盾。正正當當賺錢的人被視為是優越甚至謹守美德的，但是一個人若摒棄了累積金錢的欲望卻又遭致譴責。於是，信眾一方面被要求要利他、克己與無私，一方面又被要求要勤奮工作，累積財富，做個坦白的資本主義者。因此，神聖與世俗很容易混淆不清 (Furnham, 1990)。

Belk與Wallendorf (1990) 還相信，金錢的神聖意義與性別和階層有關。他們認為，女性看待金錢的方式是：它可以被轉換成什麼樣的東西？男性看待金錢的方式則是：它暗示著什麼樣的權力？簡而言之，女性所處理的金錢全都屬於世俗性的(除非用於個人享樂，但這卻是邪惡的)，男性對金錢的使用則有部份屬於神聖性的。類似的情況是，在傳統的勞工階級家庭，男人把所有工資都交給太太打理世俗的家務需要，然後再拿回一小筆零用錢以供個人享樂，而這些大部份當然一點也不神聖。過去中產階級家庭的典型狀況則是(不過現在也偶爾如此)：男人只給太太一筆零用金 (這只是他們收入的一小部份)以供家庭集體支出之用。同樣地，後面我們將會看到，如今中產階級的夫妻大多共享金錢的使用權。

Belk 與 Wallendorf (1990) 表示，用來賺取金錢 (收入) 的工作如非內在愉悅的來源，這樣賺來的錢始終是世俗的；相對的，熱情所帶來的收入則確實神聖。所以一名藝術家可能一方面從事商業性的工作以賺取世俗的金錢，一方面又從事靈魂的工作以賺取神聖的金錢。自古希臘到20世紀的歐洲以來，賺錢這件事已經受到污染，儼

然變成暴發戶的活動，不再是可貴的「古老金錢」。

　　因此，義工的工作是神聖的，同樣的工作如果支薪則變得世俗。付錢僱人擔任褓姆或管家的想法，對某些人而言顯得十分荒謬，因為那世俗化了神聖的工作。像娼妓的行為就是把一件神聖的行為轉變為一項正式的商業交易。某些工藝師與藝術家儘管也確實在販賣服務，但是服務的價格卻很低廉，甚至低於一般市價，因為他們的目的不在聚積財富，而在於賺取合理的收入，並且不讓他們的工作成為負擔。

　　　一個人若不囤積大量的財產，那麼，他以勞力賺來的錢則是神聖的；為了實現熱情而賺得的錢（尤其數目不大時）也是如此。不勞而獲的錢則被認為是邪惡的，這些錢的所有人可能會遭到這股邪惡力量的迫害——即使他努力要把錢用於神聖的用途。一個人即使是以世俗金錢為目的而工作，如果他能夠避免過度的貪婪與慾求，他的工作或許可以得到某種程度的神聖化。

　　　　　　　　　　　　　　　　　　（Belk, 1991, p.55）

　　最後，Belk (1991) 思考金錢的神聖用途。一個人如果太過在乎價錢，那麼神聖的用途——譬若禮物——就會遭到「去神聖化」。一般來說，神聖化的機制包括：購買禮物，購買紀念品，捐獻給慈善團體，以及購買一項已被神聖化的東西；這些行為都是為了將金錢轉化為具備特殊意涵或意義的物品。顯然，當金錢被當作祭品或禮物時，都比作為商品的金錢來得更為神聖。然而，捐獻要成為一項神聖的禮物，必然會牽涉到個人的犧牲，一旦捐獻人因為知名度或減稅而獲取利益，那便算不上神聖。此外，用來贖回或修復特殊物（如珍稀的藝術品及宗教物）的金錢也可視為神聖的。

　　因此，將金錢全部留供己用被認為是反社會、自私自利、小氣吝

嗇而且邪惡的。若將神聖的金錢（禮物）變換爲錢（把禮物賣了），那更是罪大惡極。許多人拒絕變賣某些特定的東西，寧願把它們送給別人，因爲金錢將東西商品化，褻瀆了物品的神聖性。同樣地，人們也拒絕接受他人主動提供的金錢援助，所謂「好心的撒馬利亞人」(good Samaritans) 即以送禮的方式而非世俗交易的方式助人。因此，以送禮的方式助人可能會獲得另一樣禮物作爲回饋。

此處的論點在於：主流的金錢觀著重於金錢的世俗意義。以此種功利主義的觀點來看，金錢交易是非個人化的，所謂神聖性的金錢並不存在。然而當我們思考收藏者、送禮者與捐獻者的非邏輯行爲之後，我們會清楚地發現，金錢可能具備各種善與惡的神聖意義，事實上也確實如此。此外，正是這些神聖的意義對我們的金錢態度產生了深遠的影響。

金錢倫理

Tang (1992, 1993, 1995) 以及他的同事 (Tang and Gilbert, 1995; Tang et al., 1997) 針對他所命名的金錢倫理量表 (Money Ethic Scale, MES) 做了不少實證研究。他認爲金錢態度具備情感的成分（善、惡）、認知的成分（金錢與成就、尊重和自由間有何種關係）以及行爲的成分。他致力於發展及驗證一套明晰直接的多向度量表。最初他以 50 個項目讓 769 個受試者測試，後來這些項目則縮減爲 30 個簡單的陳述，其中涵蓋了五個明白的因素。這些問題與這些因素的標記列於表 2.1。

這份量表具備足夠的內在信度，更重要的是，多項假設都得到檢驗與證實。因此，控制預算的能力確實與年齡及性別（女性）相關。高收入者比較會認爲金錢顯示了一個人的成就（要素三），而且並非那麼邪惡，年輕人則較有可能視金錢爲邪惡的。

具有高度基督新教倫理 (High Protestant Ethic, PEs) 傾向的受試者表示，他們能夠適當地控制預算，而且通常認為：錢是邪惡的，它代表著自由／權力；高度休閒倫理 (High Leisure Ethic, LEs) 傾向的人則比較會認為；錢是好的，並不是那麼邪惡，而且代表成就以及自由／權力。此外，如研究者的預期，經濟價值和政治價值與成就、尊重／自尊以及權力呈正相關，社會價值和宗教價值則與成就及權力呈負相關。

Tang (1993) 翻譯這個量表之後，把它拿到台灣使用。他發現，台灣學生的金錢態度與他們的內在價值、他們的「參照體系」、文化以及個人經驗是一致的。此研究結果顯示，相對於金錢期望高的人，金錢期望較低的人表示，他們生活得比較快樂，比較沒有壓力。換言之，反物質主義普遍與自我陳述的快樂相關。

Tang 與 Gilbert (1995) 還發現到，內在的工作滿足感跟「金錢象徵自由與權力」這個概念相關，外在的工作滿足感則跟「金錢並不邪惡」的這個概念相關。他們發現，壓力較低的（心理健康）工作者傾向於認為金錢本善。此外，表示自己謹慎控制金錢預算的人，通常年紀較大、收入較低、自尊較高、壓力較低。一如先前的研究結果，認可休閒式工作倫理的人比較會認為，金錢代表成就，本質是好的。

透過一個本量表的簡化版本，Tang (1995) 發現許多整體金錢倫理量表的相關變項，它們顯示了人們對於金錢的一般正面態度：金錢代表成功，金錢不是壞事，謹慎的計畫預算是重要的。他發現，對金錢表現出高度正面態度的人往往也表現出強烈的經濟及政治價值觀，而未表現強烈的宗教價值觀；他們年紀通常較大，薪資滿足感也較低。因此，較重視金錢的人似乎比較不滿足。這也難怪，因為他們比較會注意到實際薪資與期望的落差。Tang (1995) 認為，生產力的酬賞有多種來源，包括：工作的再設計、目標設定、可能的報酬、

以及決策過程的參與。至於認可金錢倫理的人，他們的動機通常來自外在報酬，而且他們最感興趣和滿意的往往是利潤、利益、紅利的分享、或者其他可能的補貼方案。顯而易見的，認可金錢倫理的人是物質主義的，他們非常在意金錢的報酬。

在一項更新的研究中，Tang 等人 (1997) 對金錢倫理簡化問卷做了一項跨文化的分析，他們比較美國、英國以及台灣的工作者。在控制年齡、性別與教育程度之後，美國的工作者認為「錢是好的」，而且他們「預算控制得很好」。在金錢倫理簡化量表、自尊、以及內在工作滿足感上，他們的得分都最高。台灣的工作者最為認可新教式工作倫理，他們對金錢的尊重程度最高，但他們的內在工作滿足感卻最低。英國的工作者則認為，「金錢就是權力」，他們的外在工作滿足感最低。

在高度「自我導向」的項目上（「善」與「預算」的因素，以及金錢倫理簡化量表的測量），美國人通常得分較高。可見，相較於集體主義文化裡頭的人，生活在美國這種個人主義社會的人通常在強烈「自我導向」或者「以自我為心理領域中心」的量表或項目上得分較高。

表 2.1　金錢倫理量表之因素負荷量

項目
因素一：善
1　錢是每個人生命中一樣很重要的東西
2　錢是好的
17　錢很重要
46　我非常重視金錢
24　金錢是有價值的
36　錢不會長在樹上

27 金錢可以爲你買到奢侈品

14 錢很吸引人

45 存錢非常重要

因素二：惡

15 錢是萬惡的根源

4 金錢是邪惡的

21 花掉的錢等於是丟掉了（浪費掉了）

32 錢令人蒙羞

19 錢沒有什麼用

37 存了一毛錢就等於賺了一毛錢

因素三：成就

5 金錢代表一個人的成就

9 金錢是我生命中最重要的東西（目標）

8 金錢是成功的象徵

3 有了錢，什麼都買得到

因素四：尊重（自尊）

20 有了錢，周遭的人就會看得起你

31 錢是體面的

25 錢可以幫助你表現自己有能力、足堪重任

12 錢可以給你帶來許多朋友

因素五：預算

47 我用錢非常謹慎

48 我善於控制我的預算

43 我總是立即繳交帳款，免得要支付利息或罰金

因素六：自由（權力）

11	金錢給了人自主權和自由
7	有了銀行存款，就有了保障
29	有了錢，你就有機會做你想做的事
30	金錢即權力

資料來源：Tang (1992)
附註：樣本數 = 249

　　台灣的工作者最認可新教式工作倫理。由於經濟的成就，他們似乎也愈來愈意識到金錢所可能得到尊重的重要性。此外，「成就」與「尊重」兩項因素也呈現顯著的相關；台灣的工作者最相信，「金錢代表成就」。上述的發現支持了一個看法，就是競爭可以有效地刺激經濟成長。根據馬斯洛 (Maslow) 的需求層級理論，低層級的需求一旦獲得滿足，高層級的需求就益形重要。台灣已經享受了長期的和平與經濟成長，如今也成為世界經濟的要角，因此，台灣人民比過去更感興趣於把金錢當作成就與尊重的象徵。可見，在人們的金錢信念上，經濟與文化環境確實可能扮演著舉足輕重的角色。

　　在上述所有的研究發現當中，沒有一項與直覺有所牴觸，而Tang也以實證的方式證明許多人的觀察所得：東南亞這些成功的經濟都是高度物質主義式的，它們都強調努力工作與經濟報酬。

金錢態度的結構

　　金錢態度的測量一向是社會心理學家與心理計量學家特別感興趣的。Luft (1957) 發現，一個人的每週所得決定同儕看待他的方式。研究者假設：在現今的美國，有錢人會被認為較健康、較快樂，而且適應良好；相對的，窮人會被認為適應不良、不快樂。然而，接下來在世界上其他地區所進行的研究並未獲得同樣的發現。此外，Rim

(1982) 探討性格與金錢態度的關係：相較於不穩定的內向性格者，穩定的外向性格者對於金錢好像比較開放，比較自在，沒有太多的憂慮。不過，要預測金錢態度與金錢行為，性格變項似乎不是非常有效的指標。

為了了解不同的人為金錢賦予了什麼樣的意義，Wernimont 與 Fitzpatrick (1972) 運用了語意差異法 (semantic differential) 進行研究（以七點量表評量 40 個形容詞詞組）。在超過 500 名美國人的樣本中，受試者形形色色，有秘書、工程師，也有看護、保姆、技術指導人員。因素分析顯示好幾個可供解釋的因素，這些因素被標示為：**可恥的失敗**（缺錢暗示了失敗、丟臉、墮落）、**社會的接受**、**輕視的態度**（錢不重要，無法令人滿足，也不吸引人）、**道德之惡、安適感、社會的不接受、保守的企業價值**等等。回答者的工作經驗、性別與社經階層似乎都影響了他們對金錢的知覺。舉例來說，我們從就業狀態可以看到：就業者對金錢抱持比較正面的態度，他們認為錢是合意、重要而有用的；反之，失業組的金錢態度上則表現出緊張、焦慮、不快樂。

其他研究者也試著要設計各種金錢態度的測量方式。像 Rubinstein (1981) 就為《今日心理學》設計一套金錢方面的調查，用來探究讀者的金錢態度與感覺，他們想要了解：金錢在讀者的生活中具備什麼程度的重要性？金錢引發了哪些聯想？金錢又如何影響他們最親密的關係？其中一些問題後來被納入一份 Midas 量表中。不過，統計數字並未發表。隨性的消費者——即分類在「我非常喜愛花錢」，「無論花多少錢，我大概都是想要什麼就買什麼」這些問題下的人——表示，他們比自我克制的守財奴還要健康，還要快樂。至於在吝嗇程度得分較高的人，他們的自尊較低，也比較不滿足於自己的財務狀況、個人成長、交友以及工作狀況。對於個人和國家的未來，他們顯得較為悲觀；其中許多人甚至表現出典型心身症

(psychosomatic) 的症狀，像是焦慮、頭痛、對性行為缺乏興趣等等。此項調查儘管收到兩萬份以上的回覆，其來源的母體也大致分配良好，但是調查的結果僅有一些簡單的數據分析，而且也只考慮了少數幾個個體差異的變項。

Rubinstein (1981) 的資料揭露一些驚人的發現。譬如說，樣本中有一半的人表示，他們的父母和朋友對他們的收入一無所知；會告知兄弟姊妹的，更是不到1/5。可見，儘管他們好像隨時都會想到錢，他們卻很少談到錢，即使談的話，對象也是少數幾個人。因此我們可以預測，收入愈高，隱密性與掩飾財富的欲望也愈強。再者，從這個來源廣泛的資料庫，我們可以把人分類為「財務滿足者 (money contented)」（極滿意或大致滿意其財務狀況）、中庸者、以及「財務煩惱者 (money troubled)」（不滿意或極不滿意其財務狀況），前後兩者在其他許多問題上也大相逕庭。（見表 2.2）

結果，財務滿足者似乎能掌控其金錢而不為金錢所掌控；比方說，他們想要買的東西如果太貴，這些人最有可能為此而儲蓄或者打消購買的念頭。相對的，財務煩惱者更有可能以信用卡來購買。值得注意的是，財務煩惱者似乎也罹患更多心身症疾病。

這份問卷的幾個問題所要問的是，人們對自己財務狀況的滿意程度、憂慮程度，以及金錢是否會讓他們聯想到恐懼或焦慮。評分後，最高的 25% 被標定為「財務滿足者」，最低的 25% 則標定為「財務煩惱者」。

表 2.2 財務滿足者與財務煩惱者

	財務 滿足者(%)	財務 煩惱者(%)
通貨膨脹是否對你過去這一年的生活方式造成實質的改變？		
沒錯，確實改變很大	5	40
是的，有某種程度的改變	26	45
沒有，改變不大	46	12
不會，完全沒有改變	22	2
我想我大部份的朋友擁有的錢：		
比我多	17	59
跟我差不多	42	32
比我少	41	9
跟目前的收入比較起來，你的負債狀況如何？		
債臺高築	0	12
負債多得我有點不舒服	4	44
負債不多	37	26
負債很少或者沒有任何負債	59	17
似乎總是有些東西是我想要而無法擁有的		
非常同意	7	50
同意	35	42
不同意	37	7
非常不同意	20	2
你主要的恐懼是什麼？		
沒有任何恐懼	24	6
錢不夠用	10	63

失去我所愛的人	43	56
沒有盡情的享受生命	19	52
事業沒有進展	14	40
生病	41	51
下列哪一項曾在去年給你帶來困擾?		
持續的擔心與焦慮	7	50
疲勞	24	49
孤獨	16	47
覺得自己沒有價值	6	34
頭痛	10	33
失眠	10	28
有罪惡感	6	26
體重問題	13	25
「性」趣缺缺	12	25
感到絕望	4	24

資料來源:Rubinstein (1981)

附註:由於受訪者被要求圈選所有合適的選項,故百分比的加總超過
　　　100%

　　此外, Rubinstein 也探討性別差異。在覺得「我的錢就是我的
錢」的人當中,就業婦女是已婚男性的兩倍。妻子所賺的錢如果超過
他們的丈夫,一半以上會因此而吵架。與大眾預期相反的是,對於工
作、愛、親職以及財務狀況在生命中的重要性,男女雙方不相上下。
不過,對於金錢,男性比女性顯示了更強的信心與自信;他們比女性
更滿意於自己的財務狀況,對金錢的自覺掌控力較高,他們對於賺錢
的可能性也有較高的預期。

　　在對金錢的情緒反應上,兩性間也顯現某些有趣、可預期的差異

（見表 2.3）。

　　Rubinstein所做的這一類調查精彩地捕捉特定人口在特定時間的金錢態度、金錢信念以及金錢行為。可惜的是，此類調查的結果並未進行更透徹、更縝密的統計分析。所幸，尚有其他研究者專注於發展有效的工具，以利於本領域之心理學研究。

　　Yamauchi與Templer (1982) 就致力於發展一套純屬心理計量的金錢態度量表 (Money Attitude Scale, MAS)。此量表原有 62 個項目，因素分析顯示它包含了 5 個因素：權力－地位 (Power--Prestige)、保有時間 (Retention Time)、不信任 (Distrust)、品質 (Quality) 以及焦慮 (Anxiety)。其中 29 個顯示具備了信度的項目則被選作量表的組成項目。此外，這份量表與其他既存的測量——像是馬基維利主義 （權術主義)(Machiavellianism)、地位關注 (status concern)、時間能力 (time competence)、強迫行為 (obsessionality)、妄想 (paranoia) 與焦慮－之間的相關則提供了部份的效度，此效度顯示，本問卷跟其他一些類似的理論建構是相關的。最有趣的是，這兩位作者發現，金錢態度與個人收入基本上並不相關。他們主張，金錢態度量表可以在臨床上用來檢視伴侶之間的態度差異。

表 2 . 3　　對於金錢，男性和女性在情緒反應上的差異

就您記憶所及在過去這一年當中，下列有哪一個項目跟金錢 有關？		
	女性 (%)	男性 (%)
焦慮	75	67
沮喪	57	46
憤怒	55	47
無助	50	38
快樂	49	55
興奮	44	49

嫉妒	43	38
憤慨	42	31
恐懼	33	25
罪惡感	27	22
恐慌	27	16
不信任	23	25
悲傷	22	20
尊重	18	19
冷淡	16	16
羞恥	13	9
愛	10	13
憎惡	8	7
怨恨	9	8
敬仰	2	5
無	2	5

資料來源：Rubinstein（1981）

附註：由於受訪者被要求圈選所有合適的選項，故百分比的加總超過
　　　百分之百

　　　Gresham 與 Fontenot (1989) 便運用金錢態度量表來研究兩性在
金錢使用上的差異。他們並未證實原本的因素結構，反倒發現不同、
但類似的因素，包括：**權力－－地位**（用錢來左右他人、炫耀）、
不信任－－焦慮（因為花錢和不花錢而感到緊張）、**保有－－時間**
（指的是為將來作計畫、作準備的金錢行為）、**品質**（購買高品質的
產品為其中一項主要的行為）。除了「保有－時間」這項因素之外，
其他因素都顯示了顯著的性別差異。叫人意外的是，儘管存在著許多
相反的論點，女性似乎比男性更傾向於將金錢當作權力鬥爭的工具。

而與先前文獻一致的則是，資料顯示，女性一般來說比男性更容易對金錢產生焦慮，而且她們也比較在意產品及服務的品質。

在一項更新近的跨文化研究當中，Medina 等人 (1996) 使用金錢態度量表來探究墨裔美國人及盎格魯美國人在金錢態度上的差異。在進行了一次有效的文獻回顧之後，他們提出四項跨文化的假設，接著再加以檢驗，這四項假設是：相較於盎格魯美國人，墨裔美國人在權力－－地位以及保有－－時間兩項的得分較低，而不信任－－焦慮以及品質的得分則較高。結果，只有兩項假設證明有統計上的顯著性，另有一項則與假設相反；墨裔美國人在保有－－時間以及品質上的得分皆較低。於是，作者們認為，以往的西裔消費者行為文獻中對於墨裔美國人的討論令人質疑。然而，我們可以更清楚地發現到，不同族群與不同國家的文化確實對金錢抱持著不同的態度；至於相關的行為，諸如儲蓄、消費與賭博，他們的態度大概也不盡相同。顯然的，在文化上，人們對時間和命運（控制）的態度是金錢態度的重要相關變項。

McClure (1984) 曾對 159 名美國人作問卷調查，這份問卷總共有22個項目，相關的主題包括：消費習慣、自覺對財務的控制、金錢在個人生命中的重要性、金錢隱私權方面的偏好、以及金錢所帶來的衝突。另外，研究者也進行三種人格測驗。他發現，相對於內向性格者，外向性格者一般較奢侈、較不吝嗇。對金錢控制感較強的人表示較少的焦慮，他們的性格則傾向於外向。而相較於穩定的外向性格者，神經質的內向性格者較看重金錢在生命中的重要性，他們也比較注重這方面的隱私。然而，儘管性格表現了顯著的關聯，研究結果也顯示，問卷中所測量的態度跟人口統計學上的差異(例如性別、教育程度、職業與宗教）無關。

Furnham (1984) 曾經進行一項研究，此研究的目的有三：(1)發展一套有效、多向度的工具，用以測量英國境內的金錢態度與金錢行

爲；(2)探究各種人口統計學上以及社會／工作信念與人們的金錢態度和金錢行爲間的關係；(3)檢視人們在過去和未來於金錢信念與金錢行爲上的決定因素。研究中所使用的態度敘述列於下面的表中。這些敘述取自於多種來源，像是：討論「金錢瘋子 (money maniac)」的書籍（見第 5 章）、調查研究（如 Rubinstein 於 1981 年所作的研究）、金錢態度方面的晤談以及現有文獻的回顧。研究者希望這些態度、信念與價值觀能夠完整涵蓋所有與性格、人口統計學上的狀態以及生活方式相關的種種因素。他並未試圖先驗地將這些項目分類，因爲這可以用統計的方式來進行。

1. 我常買一些我不需要或不想要的東西，只因爲它們是減價品或拍賣品。
2. 我把錢看得比享樂還重要。
3. 我偶爾會買一些我並不需要或不想要的東西來吸引別人的注意，原因在於，在那時，那些東西是我應該擁有的。
4. 即使錢夠用了，我還是常常會因爲花錢買了衣服之類的必需品而感到內咎。
5. 每次我在買東西時，我「知道」他們很可能想要佔我便宜。
6. 我常把錢花在別人身上，即使那樣很傻。可是要把錢花在自己身上時，我就心不甘情不願了。
7. 我常常說「我付擔不起」，不管我到底能不能付擔。
8. 我隨時都知道自己皮包、皮夾或口袋裡有多少錢－－甚至幾毛錢都知道。
9. 花錢時，不管多少，我常常優柔寡斷。
10. 我幾乎買每一樣東西時都有想要爭論或討價還價的衝動。
11. 不管吃飯或看電影什麼的，我總是堅持要付多過我　（我們，如果你已婚的話）那一份的錢，因爲我必須　確定我不欠任何人。

12. 如果能夠選擇的話，我寧願支領週薪而非月薪。

13. 我比較喜歡付現，但比較不喜歡刷卡。

14. 我隨時知道自己的存款帳戶（銀行帳戶或房屋建築協會）裡頭有多少錢。

15. 如果到了月底（週末）手邊還有錢，除非把它用光，否則我通常會覺得很難受。

16. 如果我希望某個人喜歡我，我有時候會用慷慨來「買」友誼。

17. 比我有錢的人常常讓我感到自卑，即使我知道他們並未付出什麼代價來得到這些錢。

18. 我經常把錢當作一項武器，用它來控制或恐嚇那些讓我受挫的人。

19. 我有時候會覺得自己比那些沒我有錢的人優越，不管他們有什麼樣的能力或成就。

20. 我堅信錢可以解決我所有的問題。

21. 當人家問到我的財務狀況時，我通常會感到焦慮或者想要自我防衛。

22. 在購買每一樣東西時，不管目的是什麼，成本都是我的優先考量。

23. 我認為探詢別人的工資（薪資）是不禮貌的。

24. 如果我比鄰居花了更多錢買一樣東西，我會覺得自己很愚蠢。

25. 我經常鄙視金錢，也瞧不起有錢的人。

26. 我寧願把錢給存起來，因為我不知道哪天會不會時運不濟而急需現金。

27. 我存的錢總是不夠。

28. 我覺得錢是我唯一可以依靠的東西。

29. 我相信錢是萬惡的根源。

30. 若要談錢能夠買什麼東西，我的信念是，付出多少就能夠得到多少。

31. 我相信錢給了人相當大的力量。

32. 我的金錢態度跟我父母非常相似。

33. 我相信，一個人能賺多少錢，跟他的能力和努力有很大的關係。

34. 我總是迅速繳交帳單（電話費、水費、電費等等）。

35. 我常常給我喜歡的服務生很多小費。

36. 我認為，時間要是沒有用在賺錢上，那就是浪費了。

37. 有時當我在餐廳或商店裡付帳時，即使我覺得自己被坑了，我還是照付不誤，因為我怕服務生或店員會對我發脾氣。

38. 沮喪時，我常常會把錢花在自己身上。

39. 我不敢向欠我錢的人討債。

40. 除非必要，我不喜歡跟別人借錢（銀行例外）。

41. 我比較不喜歡借錢給別人。

42. 我的經濟狀況超過我大數朋友的想像。

43. 為了錢，任何合法的事我都願意做，只要酬勞夠高。

44. 與其把錢花在食物、鮮花這種會腐壞的東西上頭，我寧願用它來買耐久的東西。

45. 我對自己的財務成就——像是薪資、財寶、投資等等——感到自豪，而且這些東西我會讓朋友們知道。

46. 我的經濟狀況比我大數朋友的想像還要糟糕。

47. 我大部份的朋友都比我窮。

48. 我認為，對親友隱瞞自己財務的細節，一般來說是明智的。

49. 我跟我的伴侶（配偶、情人等）常常為了錢吵架。

50. 我認為一個人的薪資很適合用來衡量他的智力。

51. 我相信，就我的工作而言，我目前的收入大致相當於我應得的。

52. 我大多數的朋友比我有錢。

53. 我相信，就我的工作而言，我目前的收入遠低於我應得的。

54. 就我是否有能力改變經濟狀況而言，我認為自己幾乎完全無法掌控。

55. 相對於我所認識的大多數人，我認為自己比他們更常想到錢。

56. 我總是為自己的財務狀況感到擔憂。

57. 我時常幻想到錢，以及有了錢我能夠做什麼。

58. 我很少施捨金錢給乞丐或醉鬼。

59. 我對自己的儲蓄能力感到自豪。

60. 在英國，人們用錢來互相較量。

　　統計結果顯示了六項明確的因素，標示如下：(1)強迫行為（項目 28、43、45 等）；(2)權力／消費（項目 3、16 等）；(3)保有（項目 7、9 等）；(4)保險／保守（項目 14、55 等）；(5)匱乏（項目 27、32）；(6)努力／能力（項目 51、53、54）。

　　調查結果一如預期，年紀較大、教育程度較差的人認為，他們的幼年生活比教育程度較高的年輕人來得貧窮，這不但反映出生活水準的普遍提昇，也反映社會的階級結構。整體而言，受試者在對於過去貨幣的知覺上相差無幾，然而在對於未來貨幣的知覺上卻大相逕庭。相較於年紀較輕的人，年紀較大者對未來更容易感到憂心，可能的原因則是，他們對家庭、子女以及抵押品肩負著更大的財務責任。較富有的人比起較貧窮的人更關切未來。保守黨的支持者（右派人士）相信，國家的經濟前景看好；工黨的支持者（左派人士）以及

抱持高度疏離與保守社會態度的人則相信，國家的經濟將每下愈況。這些問題儘管看似模糊，卻不至於無關緊要，因為人們對於未來的儲蓄、消費與投資趨勢的信念可能會影響他們的行為。換句話說，一個人如果若相信未來的經濟走勢將對他不利，他可能會採取預防措施。

Hanley 與 Wilhelm (1992) 運用 Furnham 在 1984 年研究中所用的測量方式來探討自尊與金錢態度的關係，結果一如預期：比起「正常的」消費者，強迫性消費者 (compulsive spender) 的自尊相對較低，而他們的金錢信念則反映了，金錢象徵著提高自尊的能力。兩位研究者如此寫道：

> 從描述的角度來看，本研究的發現顯示，在我們所探究的六個金錢態度與金錢信念的向度中，強迫性消費者與「正常的」消費者在五個向度上表現出顯著的差異。相較於「正常的」消費者，強迫性消費者比較強調以金錢來解決問題，他們也更容易把金錢當作一種比較的工具。此外，強迫性消費者比較可能表示他們需要以一種反映地位與權力的方式來花錢。而且與「正常的」消費者相較之下，強迫性消費者比較不可能以傳統保守的方式來處理金錢。強迫性消費者也比較可能會表示他們的金錢不敷需要，尤其在跟朋友比較時。最後，對於花錢這件事，強迫性消費者也比「正常的」消費者更容易感受到矛盾衝突。

> （Hanley and Wihelm, 1992, 第 16-17 頁）

Lynn (1991) 同樣也運用了 Furnham (1984) 量表中的部份項目來探討金錢態度的國際差異，本研究涵蓋了 43 個以上的國家。他提到，各種研究都顯示，財務誘因會促使人們更賣力工作。然而，由於人們對金錢可能賦予了不同的重要性，因此他們為了賺錢而提高的努

力程度可能也不一樣；此外，不同的國家對金錢的重視程度大概也不盡相同。

多數的國家在對金錢的重視程度與個人所得之間都呈現了幾項統計上顯著的負相關。在較富有的國家，人民對金錢的重視程度通常較低。兩性之間也顯示了一項普遍的差異：即男性比女性重視金錢。男性的得分超過女性的，有40個國家，唯有印度、挪威和特蘭斯凱共和國 (Transkei) 呈現相反的趨勢。之所以存在著這樣的性別差異，一個可能的解釋是：男性一般來說比較喜歡競爭。而各國在金錢重視程度與競爭性之間也呈現了高度相關。

上述結果與美國的相關研究 (Rubinstein, 1981; Yamauchi and Templer, 1982) 相去不遠。金錢態度絕對不是只有單一的向度：因素分析的結果便顯示了六個可以明確解釋的因素，這些因素近似Yamauchi與Templer (1982) 的發現，像是權力、保有以及匱乏；跟心理分析理論所導出的幾個假設性的因素也大致相同。在這些因素當中，部份與臨床的焦慮及執迷特徵有顯著的關聯，其他則與權力及獲得金錢的方式更密切相關。此外，某些因素證實了與人口統計及信念的變項相關，比方說，金錢的執迷程度在不同的性別、教育程度、收入、以及所有信念的變項（疏離、新教式工作道德、保守主義）之間都呈現顯著的差異，而匱乏這項因素在這些項目上並未呈現顯著的差異。此外，這些因素並不是心理分析理論所能夠預測的。尚值得注意的是，疏離感所造成的差異並不明顯，因此我們不禁懷疑，以臨床方法來研究金錢信念與金錢態度是否過於狹隘。

上述這些研究確實顯示了，人口統計學上的因素、國家因素以及性格因素與金錢信念及金錢行為是相關的。然而，由於這個領域尚缺乏龐大母群體以及可供比較的研究，所以儘管呈現某些一致的型態，我們仍難導出任何確切的結論。不過，比較可以確定的是，女性、年長者、社會——人口統計階層較低者、以及顯示較多神經質症狀的人

表 2.4　實證研究:方法學上的特徵、影響及不影響金錢態度之人口統計學上的因素與人格特質

實證研究	使用量表	樣本數	受訪者	地點	影響金錢態度的因素	不會影響金錢態度的因素
Wernimont 與 Fitzpatrick (1972)	語意區分修正量表 (MSD)		大學生、工程師、教會姊妹等	美國中西部大城	工作經驗、社經階層、性別	態度
Yamauchi 與 Templer (1982)	金錢態度量表 (MAS)	533	從事不同職業之成年人	加州洛杉磯及佛雷士諾		收入不會影響金錢態度
Furnham (1984)	金錢信念態度量表 (MBBS)	300	大學生	英格蘭、蘇格蘭、威爾斯	收入、性別、年齡、教育	
Bailey 與 Gustafson (1986)	金錢信念與行為量表	256	大學生	美國西南部城市	性別	
Gresham 與 Fontenot (1989)	金錢態度修正量表	未知	大學生及其父母	美國西南部城市	性別	
Bailey 與 Gustafson (1991)	金錢信念與行為修正量表	557	大學生	美國西南部城市		
Hanley 與 Wilhelm (1992)	金錢信念與行為量表	472	未知	鳳凰城、土桑、丹佛市、底特律	敏感度與情緒穩定度	
Tang (1993)	金錢倫理量表 (MES)	143	大學生	臺灣	強迫性行為	
Bailey 與 Lown (1993)	過去與未來金錢量表 (MFFS)	68 及 249	大學生及其他專業人員	美國西部各州	年齡	
Bailey 等人 (1994)	金錢信念與行為量表	654；344、291 及 328	與大學生有親屬關係之受雇成人	美國阿肯色斯州及猶他州;澳洲維多利亞及新南威爾斯;加拿大溫哥華及英屬哥倫比亞	地理位置	

資料來源:Medina et al. (1996)

似乎都比較容易為金錢而憂心。

　　從這許許多多研究者所發展出來的金錢問卷與其背後可能的影響因素中，Medina 等人 (1996) 選取其中的一部份作成圖表（見表2.4）。對於未來的相關研究，此表將助益良多。它證明心理計量學這二十五年來對金錢態度的關注。本表也顯示，一個人如果對於這方面的研究感興趣，他有若干不同的問卷可供選擇。至於如何選擇，大概有三項決定因素：一，研究者有興趣想要測量的是什麼？最重要的測量向度又是哪些？二是，問卷的心理計量性質，尤其是信度和效度。最後是一些實際的考量，例如問卷的長度、問卷的來源國等等。然而，本表並未顯示出各問卷的因素結構以及問卷間的重疊之處。多份問卷皆涵蓋了類似的向度，諸如對金錢的執迷，對於保有金錢的擔憂，視金錢為權力的來源等等。

經濟信念之測量

　　金錢信念是包含在一般性經濟信念之內。然而，用來評估經濟信念的良好工具仍付之闕如。儘管存在有若干測量保守主義與獨裁主義的問卷，這些問卷所試圖要測量的都是一般性的社會態度。再者，這些測驗也因為各種理由遭致批評。譬如說，這些測驗的分數通常全都是單向的評量；其次，當中不少題目語意模糊，題意不清，或者專屬於某特定的文化。因此，研究者已試圖要發展一些簡短、精確、平易，並且具備信度、效度與經濟性的測量工具。

　　Furnham (1985a) 便著手於發展一套測量經濟信念的新工具。這套測驗的依據是 Wilson 與 Patterson (1968) 用來測量保守主義的一套標語式的測驗 (Wilson, 1973; Eysenck, 1976)，此種測量方式過去已顯示極為成功：

此處我們提議一種解決之道：放棄以命題式的方式呈現題目，僅以簡短的標題或標語呈現各種為人熟知而富爭議性的議題。我們假設，問卷回覆者在先前談論與論辯這些議題的過程當中，已將自己安置在一般母群體中的某個位置之上，因此能夠馬上以最低的評價反應類別（*minimal evaluation response category*）暗示其立場。此種題目格式減低了來自認知過程、作業衝突、語法混淆以及社會可接受度的影響，因此算得上是一項進步。

　　　　　　　　　　　　　　（Wilson and Patterson, 1968, 第 174 頁）

　　此種格式並非毫無缺失。比方說，由於時效的限制，此類測驗必須不斷地更新 (Kirton, 1978)，而且它所顯示的是來自多向度量表的一項單一分數 (Robertson and Cochrane, 1973)。然而本格式顯然也具備多項優點，畢竟這套測驗編制迅速，反應組的數目也隨著減少。

　　Furnham 從多種來源蒐羅大量的題目，這些來源包括：政黨的宣傳小冊子與政治宣言、現代英國政治的教科書、以及調查政治信念與政治看法的問卷。研究者從這大量的題目中選取 50 個項目作爲量表的基礎，其中代表左派與右派的政經觀點大約各半，因此反應類別的偏差 (bias) 是受到控制的。在經過進一步審愼的檢覈之後，這些項目又再縮減爲表 2.5 所示的 25 個項目。一如預期，這些項目確實能夠區分政治信念差異極大的人。這份經濟信念量表所測量的是政經方面的信念。由於金錢及其相關議題跟政治明顯相關，這份簡短的量表便試圖要衡量左派人士或右派人士在經濟信念上如何改變。左派/右派經濟信念的人口比例通常隨著社會政治狀況而改變。然而，儘管本量表的心理計量效度已獲得證實，它似乎還未被用在金錢的相關研究上。

表 2.5　經濟信念量表：指導語、項目、格式與計分

經濟信念
您比較贊成或者相信下列哪一項？
請圈選「**是**」或「**否**」，如果完全不確定，請圈選「**？**」
答案無所謂正確或錯誤；請勿討論這些題目；圈選您初始的反應即可。並請回答所有的項目。

1.	國有化	是？否	11.	罷工	是？否
2.	自給自足	是？否	12.	非正式地下經濟	是？否
3.	社會主義	是？否	13.	遺產稅	是？否
4.	自由創業	是？否	14.	保險方案	是？否
5.	工會	是？否	15.	國營住宅	是？否
6.	儲蓄	是？否	16.	私立學校	是？否
7.	排外性雇用制	是？否	17.	派置糾察人員	是？否
8.	貨幣主義	是？否	18.	利潤	是？否
9.	共產主義	是？否	19.	財富稅	是？否
10.	私有化	是？否	20.	削減公共支出	是？否

資料來源：Furnham（1985a）

附註：計分方式：奇數項－－是＝3，？＝ 2 ，否＝1；偶數項－－是＝ 1 ，？＝2，否＝3。得分愈高者，經濟信念愈接近左派人士（社會主義者）。

關於鑄幣與鈔票之實驗研究

　　藉由探討大眾對實際通貨的反應，學者們也嘗試在一個更具體的層次上來進行金錢態度的研究。這樣做的原因之一是，大眾對貨幣的了解與使用是有錯誤的，而且他們往往極力抗拒通貨制度的變動。儘管紙鈔與鑄幣正為「塑膠」及「電子」貨幣所取代，但對大多數人來說，紙鈔與鑄幣仍是金錢的具體化呈現。因此，探究人們對國家貨幣的態度必然能夠幫助我們更深刻地了解人們的金錢態度。

　　許多有關各國鑄幣心理的研究源於1947年的一項實驗，Bruner 與 Goodman (1947) 主張，價值與需求在心理知覺上扮演了極其重要的角色。他們提出幾項一般性的假設：一件物品的社會價值愈高，它所受到的重視程度可能也愈高；而一個人對有社會價值之物的需求愈高，行為之決定因素的作用也會更加顯著。實驗中，一群有錢人家與窮人家的10歲小孩被要求要根據自己的估計，將一系列大小不同的光圈與一系列鑄幣進行配對；控制組所做的則是將光圈與大小相當於鑄幣的硬紙板圓盤進行配對。研究者的發現如同預期，鑄幣的大小被認為大於灰色的圓盤，而且，鑄幣的價值愈高，估計尺寸與實際尺寸的差距就愈大。其次，他們發現，窮人家小孩對鑄幣的高估程度遠超過有錢人家小孩的估計。此外，不管就現存的鑄幣或記憶中的鑄幣而言，上述的發現都成立。

　　本實驗證實，主觀價值與客觀需求確實會影響我們對物體的知覺。不少學者的研究興趣因此受到激發，進行許多仿效實驗。這些研究有的在不同國家進行 (McCurdy, 1956; Dawson, 1975)，有的使用不同的鑄幣 (Smith et al., 1975)，有的則在鑄幣之外，還使用撲克牌 (Lambert et al., 1949)；不同的研究發現固然有所不同，其效果卻是可以類化的。Tajfel (1977) 注意到，大約有 20 個實驗是針對「高估效應」(over-estimation effect) 而做，其中只有兩者獲得明確否定

的結果。幾乎所有的研究者都發現，會引發動機或者有價值的刺激都會影響受試者對重要性、大小、重量以及亮度的知覺判斷。

另外有兩項研究則使用不同的方法來檢視這個價值－大小的假設。Hitchcock 等人 (1976) 為了確定「貧窮國的人民是否比富有國的人民有更強烈的主觀需求，而此需求程度是否能夠透過一國的鑄幣得到制度化的呈現 (institutional expression)？」（第 307 頁），他們比較了 84 個國家的個人所得與其通貨的平均大小。結果發現，一國的個人國民生產毛額與其所有鑄幣的平均大小之間，相關係數為 -0.19 (p<0.05)；而個人國民生產毛額與最低面額鑄幣的大小之間，相關係數為 -0.25 (p<0.025)。研究者於是下結論說，這些資料顯示了，在面對制度化層次的資料時，心理學也許可以提供我們一個非常有用的觀點。其間的差異在我們比較最低面額的鑄幣時，尤其顯著。在較貧窮的國家，他們的政府似乎運用了一項原則：低面額的鑄幣(窮人較富人經常使用者)儘管買不到什麼東西，但是如果有足夠的大小和重量，那至少可以讓人獲得一種心理上的滿足。

Furnham (1985a) 針對小額鑄幣的知覺價值 (perceived value) 做了一項非介入性的研究。本研究假設，當一個人發現到一枚鑄幣時（無論有沒有把它撿起來），他此時的行為顯示了他當時對這枚鑄幣的價值判斷。說得更精確一點，本研究作了如下的假設：鑄幣的價值跟它被撿起來的次數呈線性相關。研究者把四種面額最小的英國鑄幣扔在街上，觀察者則記錄那些看到鑄幣的人如何反應。在 200 名以上的研究對象當中，看到最小額鑄幣（半便士）而置之不理的人有 56 名，不理會 1 便士的有 44 名，2 便士的有 16 名，5 便士的有 10 名。研究結論是：由於金錢是個禁忌，人們又對它投注了太多的情緒，此種非介入性的測量便顯得特別有效，尤其在高通貨膨脹、高失業率的時期，以及在通貨制度發生改變的地區，更是如此。

與實際鑄幣及鈔票相關的心理因素已然獲得一些關注。當英國把

兩種相對價值較低的新鑄幣引進其通貨制度時，就引起了Bruce等人 (1983a) 的興趣。政府之所以鑄造這些新鑄幣，原因在於小鑄幣的製造成本較低，較便於攜帶，而且這使得英國的貨幣制度得以和其他國家一致。研究者便以大眾為對象做了一些研究。在一連串初步的研究當中，學者們發現，會讓鑄幣看起來更有價值的，並非鑄幣的顏色（金色或銅色或銀色），而是它的厚度與精緻的邊緣。此外，在英國，「七邊形」的鑄幣比純圓形的鑄幣被認為更具價值。在主要的研究中，他們發現到，成人受試者對於價值賦予的貨幣特徵，似乎遵循著某些特定的「原則」；這些原則可歸因於鑄幣的形狀、顏色、邊緣以及邊數。

之後在第二個系列的研究中，Bruce 等人 (1983b) 則探究了 1 英磅新鑄幣與現有鑄幣會造成多少程度的混淆。他們在一連串的研究中發現，有一種鑄幣很容易跟新鑄幣產生混淆，這種鑄幣的額度是新鑄幣的 1/20，它們顏色相異，然而周長差不多。一旦兩種鑄幣的形狀與周長一致，鑄幣的厚度就非常重要了，面額較大的鑄幣必須有足夠的厚度以便區辨兩種鑄幣的額度差異。學者因此下了這樣的結論：要將新鑄幣引進通貨制度之前，必須做更多人體力學的研究以探討它是否會對大眾造成混淆。

Bruce 等人 (1983a, b) 所做的兩項研究都是跟人們如何辨識自己國家的貨幣有關。不過，其他有一些研究則探討人們如何辨識他們所不熟悉的鑄幣。在 Furnham 與 Weissman (1985) 的一項實驗當中，他們讓超過 60 名的美國人 (在美國) 看所有英國的鑄幣—這些美國人未曾到過英國，也從未見過英國的貨幣。結果只有一名受試者能夠依照它們的價值將這些鑄幣排序，超過半數的受試者能夠辨識出兩種最小額鑄幣是比較沒價值的，然而只有不到三分之一的受試者能夠正確地辨認前五種鑄幣的次序。在接下來的一個研究當中，研究者讓若干 4 到 5 歲以及 9 到 10 歲的孩童看所有英國的鑄幣，並問他們

一些問題，諸如「用哪一種硬幣你可以買到最多東西？」，「指出 10 便士的硬幣」等等。結果發現，9 到 10 歲的孩童大多能夠答對（90% 以上），而 4 到 5 歲的孩童卻常常答錯。這些 4、5 歲的孩童似乎跟前述的美國成年人一樣，依循著某種相同的法則。也就是說，在可以選擇的情況下，這些孩子們（以及外國成年人）假設，大小（周長而非體積）與價值呈正相關，而且銀幣的價值高過銅色或金色的硬幣。

此外，有兩項研究探討通貨膨脹對貨幣知覺的影響，其中一項研究使用鑄幣，另一項則使用鈔票。實驗者先令受試者看一些依圓形鑄幣或長方形鈔票剪裁而成的紙片，然後要求他們估計其正確的尺寸。Lea (1981) 的研究顯示，由於通貨膨脹的關係，受試者傾向於高估相同鑄幣的大小。這是說，當受試者被告知的是採十進制前的舊有名稱（兩先令）而非新名稱（10 便士）時，他們會把鑄幣估計得更大。這我們儘管可以提出若干不同的假設加以解釋，其中最完備的說法似乎是：由於通貨膨脹減低了同樣大小鑄幣的實際價值，它們因此看起來較小。同樣的現象在 Furnham (1983) 使用鈔票所做的研究中也獲得了佐證。實驗中，受試者被要求辨認與兩種鈔票形似的長方形，一種是 1979 年後便不再流通的 1 英磅紙鈔，一種是當時使用的紙鈔；兩種鈔票在顏色、形狀以及設計上稍有不同，但大致上相似。結果一如預期，受試者傾向於高估舊鈔的尺寸（10.71 公分相對於 9.69 公分）而低估新鈔的尺寸（8.24 公分相對於 9.05 公分）。

總結來說，上述的研究都佐證了價值／需求之金錢知覺的假設以及通貨膨脹對於知覺實際貨幣大小的影響。這些研究結果不僅適用於實際的鑄幣與鈔票，也可以引申至抽象模糊的金錢概念。此外，它們也確實支持這方面一些非實驗性的觀察，譬如，較窮的人會高估金錢的力量。

結 論

　　無論是實質的貨幣或是金錢的抽象概念，每個人都抱持著十分複雜的態度－這樣的陳述相信沒有多少人會反對。金錢顯然是象徵性的，它被賦予了道德與情緒的意義。顯而易見的是，這些態度在人們使用金錢上扮演了某種角色－－無論這些人是難以自制地儲蓄或揮霍無度；無論這些態度裡包含了痛苦還是快樂；無論金錢是神聖或世俗。豐富的人類學、社會學與心理學文獻傳達了一個再清晰不過的訊息：金錢絕對無法獨立於人的價值觀之外，至於能夠以冷靜沈著，公平客觀並具經濟的理性態度來使用金錢的人，畢竟少之又少。

　　本領域的研究者試圖透過自我陳述式問卷來了解金錢態度的基本結構。25年來，學者建立了將近十數個研究工具，他們並以心理計量的方式加以檢驗，目的都爲了探討金錢態度背後的基本向度。至於基本因素有多少？應如何加以描述？學者們尚未達成共識；儘管如此，我們仍然可以找到某些共通處。舉例來說，許多測量結果都顯現了關於權力、地位以及消費的態度，在這樣的態度底下，錢被視爲可以用來影響他人、吸引注意的工具。其次，大多數的測量也都發現了保有因素的證據－所謂保有，指的是儲蓄、投資以及謹慎規畫金錢的使用。

　　除了這些嘗試測量金錢態度的自陳式問卷之外，有一些研究則探討諸如金錢倫理之類更特定的概念，或者探討諸如經濟信念之類更一般性的概念。種種的研究都顯示，金錢態度與政治信念和投票意向等都有密不可分的關係。

　　除了問卷式的研究之外，實驗社會心理學家也探討孩童與成人對一國鑄幣及鈔票的反應方式。當中有些發現非常一致。比方說，鈔票的價值與對其尺寸大小的估計間存在著某種關係。因此，一項重要的議題自然是：人們如何使用（消費、儲存）其貨幣？如何辨識其貨

幣？如何對其貨幣做出反應（尤其在貨幣制度產生變動時）？研究顯示，金錢被人們賦予了強烈的情緒，此一事實也正契合這所有研究的主題。

第三章 年輕人、社會化與金錢

要讓孩子了解什麼是錢，最簡單的辦法是：讓他一毛錢也沒有。

--Katharine Whitehorn--

要教導孩子認識金錢，最難教的部份是：錢真的很重要。

-- 無名氏 --

我年輕的時候一向認為，錢是生命中最重要的東西；如今我老了，我知道確實如此。

-- 王爾德 (Oscar Wilde)--

我的父親告訴我，只要辦得到，永遠別借錢給別人，否則，要他們不恨你很難。

--Lord Rothschild--

財富不會腐化人心，但也無法讓人變得高貴。然而財富確實控制了特權人家小孩的心智；那賦予他們一種特別的認同，此種認同永不磨滅，無論他們長大後成為股票經紀人還是公社居民，無論他們過的是健全的生活還是不安定的生活。

--Robert Coles--

*12*歲以前我一直由衷地相信，每個人都擁有一棟座落於第五大道（*Fifth Avenue*）的華屋、一幢建於新港（*Newport*）的別墅、以及一艘讓他們可以逍遙海上的蒸汽遊艇。

--Cornelius Vanderbilt, Jr--

我對金錢的了解全是辛苦學來的，方式就是：擁有它。

--Margaret Halsey--

要讓你的鈔票「加倍」（*double*），一個安全的方式就是：把它對折，然後放進口袋。（譯註：*double* 一字，在此一語雙關：除了加倍之意，尚可解釋為折疊之意。）

--Frank 'Kin' Hubbard--

過日子永遠要量入為出，即使必須為此而舉債度日。

--Josh Billings--

「執著」是沒有任何東西可以取代的。才幹取代不了它－君不見多少才子一事無成。天賦取代不了它－失敗的天才太普遍了。教育取代不了它－落魄的讀書人到處都是。惟有執著與決心無所不能。

--Ray Kroc--

口袋裡有錢就等於擁有智慧、姣好的容貌，甚至等於擁有一副好歌喉。

-- 猶太諺語 --

引言

直到不久以前，探討年輕人之經濟信念與經濟行為的研究仍寥寥可數 (Furnham and Lunt, 1996)。相對於此種知識基礎 (knowledge base) 之內容的研究，探討人們如何習得這些知識與信念的研究為數更少 (Berti and Bombi, 1988; Haste and Torney-Purta, 1992)。同樣地，研究者也是最近才開始探討年輕人對各種經濟課題的了解，包括：消費、儲蓄、行銷以及工作的相關知識等等。

然而，教育學家其實對於上述問題關心已久。事實上，本世紀初便有一系列的論文探討兒童與金錢這個主題 (Kohler, 1897; Dismorr, 1902)。自此，學者們在兒童的金錢知識與工作經驗知識這類主題上便一直保持著熱切的研究興趣 (Witryol and Wentworth, 1983; Mortimer and Shanahan, 1994)。

對兒童與青少年之經濟社會化 (economic socialisation) 詳細進行檢視，同時具備了學術上與應用上的重要性。英國在1996年，14至16歲的未成年人每週約有 10.53 英磅的可支配現金 (disposable cash)，包括4.62英磅的打工收入、3.07英磅的零用金，其他則是親友所餽贈的金錢。即使是5到7歲的兒童，他們平均一個禮拜也有2.41 英磅可供消費 (Walls Monitor, 1996)。西德在 1988 年，7 至 15 歲者所獲得的零用金與金錢餽贈總計為 75 億德國馬克（190 億英磅），而12至21歲者的全年消費能力甚至高達330億德國馬克（820億英磅）。此外，在大多數的西方民主國家，年滿18歲即可持有銀

行帳戶，也可以從事投資，累積負債。

我們應多方了解年輕人對經濟的了解與認知、他們對金錢和財產所抱持的態度以及他們的消費習慣，這些現象與學校如何教導經濟法則，跟心理學家、教育學家以及行銷人員如何進行他們的研究都息息相關；對經濟學家而言，甚至也不例外 (Furnham and Stacey, 1991; Lunt and Furnham, 1996)。

兒童經濟概念的發展

兒童對經濟有什麼樣的了解？他們如何習得這些知識？何時習得？而這些金錢知識和金錢信念的差異有多少可歸因於性別、年齡、國籍、社經階層以及金錢經驗？這方面最重要且最具計畫性的研究也許來自兩位印度女性 (Berti and Bombi, 1988)，她們採取皮亞傑的觀點來探討問題，像是兒童如何解釋工作、金錢、商品、生產方式與所有權。透過一系列極具想像力的晤談與遊戲研究，她們嘗試描述兒童如何以及何時了解到經濟概念（如利潤）與經濟機構（如銀行）。

Lunt (1996) 主張，經濟社會化的研究歷史可劃分為三個階段。在第一階段，少數描述性的研究確立了這樣的看法：兒童對經濟生活的理解是逐步發展的。在第二階段，研究者試圖把學者對兒童理解經濟事務的描述對應到皮亞傑的認知發展階段理論，於是發展出古典階段式理論。在第三階段，學者嘗試把社會因素納入他們對發展經濟理解的解釋。此「第三波」的研究方式顯示，自80年代中期以來，經濟社會化的研究是方興未艾。

Strauss (1952) 是第一位探討金錢相關概念之發展的學者。他在1952年的研究當中與66名兒童進行晤談：這些兒童男女皆有，年齡在4歲半至12歲半之間。根據皮亞傑的觀點，兒童的發展是階段式而非連續式的，因此他將兒童的回答歸到9個不同的發展階段。

Strauss 認為，兒童金錢概念的發展大致如此：一開始他們認為，什麼東西都可以用錢買，到了青春期左右，他們的發展就進入了下一個階段，此時，他們的理解程度通常與成人相當。Danziger (1958) 則在六年後進行了另一項研究；他對 41 名 5 至 8 歲的兒童提出一些關於金錢、窮人、富人以及「老闆」的問題，以探討兒童社會概念的發展是否能夠應用到皮亞傑認知發展的理論架構上。

Danziger 認為，第一手經驗有助於兒童進入下一個概念發展階段。研究中的兒童對經濟交易的理解程度，似乎都高過他們對製造生產的理解程度；研究者將此歸因於這樣一項事實：兒童有買東西的經驗，但沒有工作的經驗。

Sutton (1962) 在研究中與 85 名 6 至 13 歲的兒童進行晤談，晤談的主題是金錢及資本的累積。結果，不論年齡、智力與社經背景如何，其中大多數的回答都處於概念化的初始階段，因此這項研究同樣強調第一手經驗在經濟概念發展上的重要性。

Jahoda (1979) 則進行了一項角色扮演的研究，其中，120 名 6 至 12 歲、勞工階層背景的蘇格蘭兒童扮演店主的角色，晤談進行者則扮演顧客與供應商的角色。兒童是否理解買價與賣價之間的差異則被作為反應分類的依據。結果顯示，多數兒童大約要到 11 歲才開始了解利潤的概念。接下來的進行晤談則顯示，利潤概念的理解要經過三個發展階段：在第一階段，兒童從不知利潤為何物，轉變為把利潤視為人們所遵循的儀式；在第二階段，兒童原先將「買」與「賣」視為兩個獨立的行為系統，如今則慢慢察覺到兩者之間有所關聯，然而他們尚未意識到這兩種活動之間存在著價格差異；在最後一個階段，他們開始了解到，店主付出與收取的價格間所存在的差異即為利潤。

Burris (1983) 從 32 名處於不同階段的兒童所做的回答當中（運思前期、具體運思期及形式運思期），發現他們大致符合皮亞傑式的觀點：即知識的發展歷經一連串質化的認知階段。這樣的研究發現

在更晚近的一些研究中也都獲得支持，諸如Leiser (1983)、Schug與Birkey (1985)、 Sevon 與 Weckstrom (1989)。而一如 Danziger，Schug 與 Birkey (1985) 也強調，兒童對經濟的理解程度多少取決於他們本身的經濟經驗。

Sevon 與 Weckstrom 把年紀較輕的兒童對經濟的知覺形容為社會人種的觀點（受道德與社會標準的驅使），而把年紀較大的兒童對經濟的知覺形容為經濟人種的觀點（追求私人享樂的滿足）。受試者的年齡有三組：8歲、11歲及14歲。最年輕的一組在被問到關於經濟行為人的思考與行為時，他們覺得首先要決定的是這些行為人會變得快樂還是不快樂，接下來才會考慮事情的原因（比方說，「鞋商會樂於降低鞋價，因為『這樣人們可以省錢』……」）。他們的回答事實上可以用來形容有道德精神或「基督精神」的人（關心他人，他人是否認可自己的行為是事關重大的）而非經濟性的思考（他人是自我滿足的手段、限制或阻礙）。相對的，在一些年紀較大的兒童看來，經濟制度比較像是一種工具，個人行為的主要動機則在於尋求增加財富的機會。

如此看來，已有不少研究聲稱，皮亞傑式兒童經濟概念發展的觀點已獲得證實；然而有多少個發展階段，這些研究卻得出不同的結果。之所以如此，可能有下列幾個原因：受試者年齡範圍不同、人數不同（有的人數太少，或許代表性不足）、年齡界限定義的精確度不一等等。

表 3.1 數份經濟知識發展之研究的日期、樣本數
及其所發現的階段數

研究者	年代	受試者	年齡範圍	階段數
Strauss	1952	66	4.8-11.6	9
Danziger	1958	41	5-8	4
Sutton	1962	85	1 年級－6 年級	6
Jahoda	1979	120	6-12	3
Burris	1983	96	4/5, 7/7, 10/12	3
Leiser	1983	89	7-17	3

　　透過表3.1我們可以看到，對於階段數、轉換點以及每個階段的
理解內容，學者們意見紛歧。不過，較新近的研究則出現一項趨勢，
就是把次階段加以整合而定義出三個範圍較廣的主要階段：(1)毫無
理解階段；(2)理解某些個別概念的階段；(3)聯結個別概念而獲致完
整理解的階段。這些階段絕非意味著，兒童對不同經濟概念的理解必
定是同時進展的。因為如同Danziger (1958) 所強調的，由於兒童可
能具備了買賣經驗而無工作經驗，因此他對前者的了解可能勝於他對
後者的了解。

　　所有階段式理論似乎都隱含幾項假設：發展的次序是固定的；兒
童與青少年都必然朝向一個理想的最終狀態邁進；由於某些行為與先
前的能力有顯著的不同，我們因此能夠辨別一名兒童或青少年是否尚
停留在某一階段或者已脫離了這個階段。相對的，非階段式理論的觀
點則是：人不見得會朝向某單一的最終階段邁進，因為環境因素的影
響力更大，它得以創造各式各樣的發展反應。另外還有一種極端的看
法：一個年輕人可能會長期停留在數個特定階段中的某一個，而階段
間的轉換則是短暫而突然的。

經濟因素（如財產）有一項特質，就是形成社會與人際關係中的權力基礎。因此兒童所發展出來的概念（或意識型態）是教育學家與政治家十分關切的對象 (Webley, 1983, 1996)。 Cummings 與 Taebel（1978）以更為激進的方式表達了經濟概念之發展跟其他概念之發展的相異處可能在於：它必須跟社會的經濟結構有所連結。再者，它強調描述兒童環境的重要性（比方說，透過參與以獲得經濟經驗）。如此看來，兒童對經濟學的理解就好比他們對歷史學與政治學的理解，而不同於他們對物理學、化學，或比方說，氣象學的理解。由於社會價值及意識型態是跟前者而非後者有密切的關係，於是便大大影響了他們對前者的理解。

認知階段式的研究取向如今遭到了愈來愈多的批評。Dickinson 與 Emler (1996) 認為，認知－發展式的研究取向隱然將公眾視為一個未分化的整體，因此忽略了社會階層這個經濟知識的決定因素。他們認為，經濟交易參與者扮演著各種不同的社會角色。由於經濟與社會彼此糾結，所以在兒童被社會化以進入的這個更廣的社會世界當中，我們無法劃出一塊純屬經濟知識的領域。不同的社會團體具備了不同的經濟知識。財富知識會有發展上的落後現象；但環境效應所反映的並非認知缺陷，而是經濟知識的社會分配。研究者表示，由於階層間存有系統性的差異，所以勞工階層兒童強調應以個人努力作為工資差額的基礎，而中產階級兒童則注意到資格的重要性。此種歸因差異造成了一種利己式的偏差 (self-serving bias)，透過這樣的偏差，社會的不公得到了辯解，因而也強化了經濟資源在社會分配上的現狀。

Leiser 與 Ganin (1996) 發表了一個類似的研究，主題是選擇分配制度的社會性決定因素。結果顯示，各種人口統計變項、社會變項及心理變項間的關係相當複雜。經濟參與度愈高的人，愈支持自由企業。中產階層青少年支持某一派的自由資本主義，而勞工階層則比較

關注不公平的問題。因此，社會狀況確實影響了家庭內的財務分配制度，財務分配制度則創造了對經濟抱有某種特定看法的消費者，接著這些消費者再度複製現存之經濟社會組織。

顯然地，父母的社會化訓練、學校教育、日常生活經驗以及智力動機所帶來的金錢經驗，決定了一名兒童或青少年能多快了解到經濟世界。而一個重要的學術問題則是：在這許許多多的因素當中，哪一項才是最強而有力的「教育工具」？其運作方式又是如何？

經濟思考發展之研究

為了探討兒童對經濟世界各個面向的了解，學者們已進行了大量的研究，然而這些研究似乎只偏重某些主題 (Berti and Bombi, 1988)。舉例來說，如今尚少有研究探討年輕人對於打賭、納稅、利率、經濟變動（繁榮、不景氣、蕭條、復甦等等）或通貨膨脹的了解。個中原因可能在於，他們認為這些概念太難，兒童無法理解。然而從Zabukovec與Polic (1990) 於前南斯拉夫所做的一項研究當中，我們可以發現，兒童的回答清楚地反映了當時經濟狀況的某些面向（如通貨膨脹）；可見，一項概念難不難，其實依情況而定（與經濟世界的接觸）。相對的，關於財產與所有權、財富與貧窮、企業精神、價格、薪資、金錢、買賣、利潤與銀行這些主題，就有許多詳盡和重覆的研究。不過，由於金錢在西方世界是所有經濟活動的共同要素，因此對金錢的理解自然成為了解其他所有概念的先決條件。

金錢

臨床醫師Matthews (1991)曾經記錄下一些成年人得自其父母的「訊息」。這些訊息他們記得非常清楚，也對他們日後的行為產生深遠的影響；可見，早期社會化的力量多麼強大。

- 我的母親曾說，只有窮人上得了天堂。
- 我的父親曾說，只有罪犯是富有的。
- 我的父母曾經告誡我，別讓任何人知道我們有錢，否則我會倒大楣。
- 我的爸媽曾經告訴我，我小時候之所以受歡迎，是因為他們買得起有網球場的房子。他們明白地告訴我，一個人要是沒錢就交不到朋友。
- 我的父母曾經告訴我，長大後要出人頭地，否則經濟狀況不好的他們，老來就要靠人接濟度日了。
- 以前我母親總是說，聰明的女人絕不讓男人知道她有能力賺錢。
- 以前我父親總是說，男人永遠別讓女人知道他有錢，因為她一定會想辦法取得這些錢。
- 我的父母說，賺錢是有秘訣的，但這個秘訣是什麼，家裡沒人知道。看來，賺大錢只有「別人」辦得到。
- 小時候父母的經濟狀況算是小康，不過他們從不准我花半毛錢，除非我苦苦哀求。他們要我永遠別忘記，我們有可能「一覺醒來卻發現自己家徒四壁」。所以我偶爾會在睡覺的時候不敢闔眼，焦慮地難以成眠，深怕醒來時就要飢寒交迫了。

（Matthews, 1991, 第 70-71 頁）

現今的經濟活動幾乎都以金錢為基礎，因此充分了解金錢自然成為了解其他更抽象概念（如賒帳或利潤）的先決條件。兒童在很小的時候便已經開始接觸金錢（看父母買東西、賣東西，領零用金等等）。但是研究顯示，這不見得代表他們已經完全了解金錢的意義與重要性了——即使他們自己已經開始用錢。對年紀很小的兒童來

說，把錢交給售貨員不過是一項儀式；他們並未意識到硬幣有各種不同的價值，也尚未意識到交易的意義，更遑論金錢的來源。因此，在兒童有能力掌握更抽象的概念之前，他們必須先了解金錢的本質以及金錢所扮演的角色。

為了探究兒童對工作報酬的概念，Berti 與 Bombi (1979) 曾與100 名 3 至 8 歲的幼童（每一年齡層各 20 名）進行晤談，詢問他們對金錢來源的想法。兩位作者同樣發表了一套階段式的理論，不過此理論特別以金錢為重點。受試者的反應類別有四種。在層次一，兒童不曉得金錢的來源－－他們以為錢來自爸爸的口袋。在層次二，兒童認為金錢的來源與工作無關－－誰要錢就有人（或者銀行）會給他。在層次三，受試者認為，購物時售貨員找給我們的零錢就是金錢的來源。惟有在層次四，兒童才會說：有錢是因為工作的關係。4、5 歲兒童的回答大多屬於第一層次，然而大多 6、7 歲以及 7、8 歲兒童的回答則屬第四層次。因此，工作報酬的概念是從層次二及層次三的各種自發的錯誤信念發展而來的，此時兒童尚未了解工作的概念；但是惟有先了解工作的概念，他們接著才能夠了解金錢的來源。在這樣的層次上，儘管兒童們偶爾會注意到父母從事家庭外的活動，但他們並不會稱之為工作，也不知道有那樣的需要。

兩年後，Berti 與 Bombi (1981) 進行了另外一項關於金錢概念與金錢價值的調查（受試者有 80 名，年齡在 3 歲到 8 歲之間）。根據 Strauss (1952) 及其他學者的研究，他們挑出了六個階段。階段一：沒有意識到支付行為；階段二：義務性的支付－－無法分辨不同種類的貨幣，並認為什麼東西都可以用錢買；階段三：有能力分辨不同種類的貨幣－－不再認為所有貨幣都是等值的；階段四：開始了解到錢可能不夠用；階段五：金錢與物品之間有嚴格的對應－－支付的金額必須正確；階段六：能夠正確地使用零錢。前四個階段顯然尚處於運思前期，至於在最後兩個階段，兒童已能成功地運用算術。

Pollio 與 Gray (1973) 曾以「找零錢的策略」爲題，對 100 名
受試者進行了一項研究；受試者可分爲下列幾組：7歲組、9歲組、
11 歲組、13 歲組以及大學生組。結果發現，唯有在 13 歲以上的組
別當中，全體受試者才有能力找對零錢。年紀較輕的受試者偏好以小
額硬幣（這些他們比較熟悉）找錢，年紀較長的受試者則會使用所
有用得上的硬幣。此外，一些更新近的研究則檢視了兒童實際的貨幣
行爲。比方說，Abramovitch 等人 (1991) 發現，在 6 至 10 歲的加
拿大兒童當中，領有零用金的兒童與未領有零用金的兒童比較起來，
領有零用金者有比較成熟的金錢態度。之後，我們將詳細討論這個主
題。

價格與利潤

在兒童可能參與的經濟活動中，購買行爲是最早的一種。兒童若
要了解買賣行爲以進一步了解價格與利潤，有好幾項先決條件，他必
須了解許多概念，包括：金錢的功能與來源、零錢、所有權、員工的
薪資給付、商店的費用、以及店主對收入（私有金錢）的需求－而
這些都證明了，單單買賣這件行爲其實就相當複雜。Furth (1980) 指
出，買賣概念的習得有三個階段：(1)對支付行爲毫無所知；(2)了解
顧客的支付行爲，但不了解店主的支付行爲；(3)了解以上所有的行
爲。

Jahoda (1979) 的研究運用了角色扮演：兒童必須先向供應商進
貨，然後再賣給顧客。受試者的反應可區分爲三類：(1)尚不了解利
潤的概念－－此時進價等於售價；(2)轉換階段－－不同的反應混合
出現；(3)已了解利潤的概念－－此時售價一致高於進價。

站在以漸進方式整合子系統的立場上，Berti、Bombi 與 de
Beni (1986) 這幾位學者指出，8歲兒童對於商家利潤與工廠利潤所
具備的概念並不一致。儘管這些兒童在接受訓練之後可以更進一步了

解商家利潤，他們卻無法把這樣的理解轉移到工廠利潤上，而認為價格是任意訂定的。不過，Berti、Bombi 與 de Beni (1986) 的研究顯示，兒童對利潤的了解是可以透過訓練來加強的。無論是批評式的訓練課程（當兒童的預測與實際結果相互抵觸時，鼓勵他們找出解答）或一般性的教學指導課程（藉由一些類似的買賣遊戲所組成的課程，把訊息傳授給兒童），結果都證明頗富成效。然而，事後測驗的結果卻顯示，這兩種經驗都不足以引導兒童建立起正確的利潤概念，其中的部份原因可能在於他們缺乏算術能力。儘管如此，Berti 等人還是認為，算術能力固然重要，「但如果讓兒童談論一些他們尚未能掌握的經濟課題，不但不會妨礙他們學習，還可能有助於他們的進步，因此本身就算是一種訓練方式。這一點，Jahoda (1981) 在不同的情境下也發現到了。」(Berti *et al.*, 28 頁)。

在一項以 11 至 16 歲青少年為對象的研究當中，Furnham 與 Cleare (1988) 也發現到理解商家利潤與工廠利潤上的差異。「在 11、12 歲的少年當中，有 7% 的人可以理解商家的利潤。然而有 69% 的人提到，今天如果有人要開工廠，追求利潤可能是他的動機；20% 的人則認為，利潤可以解釋既存的工廠為何存在。」（第 475 頁）。要理解利潤這個抽象的概念，必須先理解「買」與「賣」這些基本概念；而且，利潤概念的理解歷經數個不同的發展階段。年幼的兒童（6 至 8 歲）對任何制度似乎都沒有概念，在他們看來，交易行為「不過是人們所遵循的一項儀式，並無其他目的」（Furth *et al.*, 1976, 第 365 頁）。年紀較大的兒童（8 至 10 歲）則開始了解到，店主在賣出商品之前，他必須先花錢買進這些商品。不過，他們不見得了解：這些錢來自顧客，而且進價必須低於售價。可見，他們把「買」與「賣」視為兩種無關的制度。一直要到 10 歲、11 歲，兒童們才能夠整合這兩套制度，並理解進價與售價的差距。不過當然，由於經驗因素也會影響兒童對經濟概念的理解，所以上述年齡層

也許會因人 (或文化) 而有些許差異。此外，因為利潤與定價的概念有明顯的政治意涵，所以我們特別感興趣的不只是年輕人何時 （以及如何 ） 了解這些概念，還包括他們如何以這些概念進行思考。

銀行業務

Jahoda (1981) 曾以銀行利潤為題與 32 名 12 歲、 14 歲及 16 歲的受訪者進行晤談。晤談的問題是：一個人在銀行存了錢之後，他能夠拿回更多、更少、或一樣多的錢？而一個人在向銀行借了錢之後，他必須還更多、更少、或一樣多的錢？在這些問題的基礎上，作者將受試者的理解區分為六類：

1. 不曉得有利息這回事（以為拿回來的錢或歸還的錢跟原先一樣多）。
2. 僅知存款利息（拿回更多錢；但還的錢跟借的一樣多）。
3. 知道有存款利息與貸款利息，但以為存款利息高於貸款利息。
4. 認為存款利息與貸款利息相當。
5. 認為貸款利息較高 （但無法證明自己已經了解）。
6. 知道貸款利息較高－－此為正確的理解。

儘管大多兒童已完全了解商家利潤的概念，很多人卻不把銀行視為營利機構 （在 14 及 16 歲的受訪者中，僅有四分之一理解銀行利潤的概念）。「他們認為，銀行業務的基本原則類似朋友間的交換行為：向朋友借了什麼，到時候就歸還這件東西－－不多，不少，不然就是『不公平』」（第 70 頁）。

Ng (1983) 在香港進行了重複性的研究，並發現相同的發展趨勢。然而，這些華人兒童比較早熟，10 歲時便已完全了解銀行利潤的概念。從本研究當中，研究者還發現，除了 Jahoda 原先所提出的

6 個階段,此外尚有兩個 (0 = 無概念階段,2b = 僅知貸款利息階段－－但無關利潤)。

這位研究者在紐西蘭也進行了一項研究 (Ng, 1985),證實上述兩個額外階段確實存在;而且,紐西蘭兒童的發展大概落後了香港兒童兩年。 Ng 將此歸因於香港「高度的經濟社會化、大量的消費活動、以及整體社會的企業風氣……簡而言之,這些兒童的成熟提供了一項例證,說明社會經濟的現實(至少部份地)塑造了人們對社會經濟的理解。」(第 220 至 221 頁)。這樣的對比也顯示,不同的國家,發展趨勢不見得相同－即使許多時候可能證明如此。這其中有一個可能的決定因素,那就是兒童與經濟活動的隔離、接觸、或甚至參與的程度。在亞洲及部份非洲國家,許多兒童年紀還小就被鼓勵到店裡幫忙,有時候大人甚至允許他們獨力顧店,而這些商業經驗自然會影響他們的發展。

在一項更新的研究當中,Takahashi 與 Hatano (1989) 則調查了 8 至 13 歲的日本兒童對銀行制度的理解。多數兒童都了解銀行的存款與貸款功能,但是銀行如何生產利潤,他們卻一無所知。年紀較輕的兒童會把銀行視為保險箱,卻無人將它視為股份公司。兩位研究者於是不免要問:社會認知為何如此困難?答案,他們相信有四:第一,兒童參與政治及經濟活動的機會有限;第二,學校並未教導兒童銀行的相關知識;第三,人類並不具備任何用來了解人類組織的「預設認知器官」(pre-programmed cognitive apparatus);第四,銀行本身並未嘗試教育消費者認識銀行的功能。不過,如今在大多數國家,銀行業者卻都急著要教導年輕人進入銀行的世界。

財產及所有權

財產及所有權這個主題顯然與政治和經濟有關,然而,這方面的研究大多是由對經濟理解有興趣的心理學家所完成的。 Berti 等人

(1982) 曾經研究兒童對生產工具及其所有者的概念。研究者與120名4至13歲的兒童進行晤談，以了解他們對以下三方面的概念有什麼樣的了解：(a) 生產工具的所有權，(b) 產品的所有權（包括工業及農業產品），(c) 產品使用的所有權。從他們的回答當中，研究者得出了 5 種理解水準。

1. (a)與生產工具發生空間接觸的人即其所有人（因此公車為乘客所有）。

   (b)一項工業或農業產品若不為任何人所有，則任何人皆可佔有。

2. (a)能夠對一件物體加以適當使用或行使直接控制的人即其所有人（因此工廠為工人所有）。

   (b)最接近一件物體或使用（建造）一件物體的人即所有人。

3. (a)所有人可使用生產工具並透過他人控制生產工具的使用（老闆）。

   (b)生產工具的所有權可以解釋產品的所有權（老闆必須與員工分享產品）。

4. (a)區分所有人（下命令的人）與雇主。

   (b)產品屬於「老闆」的。

5. (a)區分所有人（層級最高者）與老闆（介於所有人及工人之間）。

   (b)產品屬於生產工具所有人的，受雇人則收受薪資報酬。

兒童在生產工具所有權這個概念的發展上，不同生產工具的概念歷經相同的發展次序，只不過速度有異。以「老闆——所有人」這個概念為例，如果對象是工廠，它大概出現在8、9歲時；如果是公車，大概出現在 10 歲、11 歲；如果是鄉間土地，則出現在 12、13 歲時——之所以如此，或許是因為研究中有85%的受訪者先前未曾

直接體驗鄉村生活。雖然也極少有人直接體驗過父親的工作環境，但是至少，他們常常聽到父親談論自己的工作，因此可以獲知相關的訊息。在紐西蘭，Cram 與 Ng (1989) 則觀察兒童會以什麼樣的屬性來認定所有權的具備與否，以探討他們對私有權 (private ownership) 的了解－受試者有172名，包括三個年齡組：5／6歲、8／9歲及11／12歲。結果，年紀愈大，愈傾向於以高層次屬性（契約屬性）而不以低層次屬性（外在屬性）來認定所有權；不過，以上只是一種趨勢而已。在最低年齡組中，已有89%的兒童不以「喜愛」來認定所有權，然而在中間年齡組及最高年齡組中，此比例卻升高到98%；不過，其他兩個層次之間的差異更為顯著。以上顯示了一項令人驚訝的事實，5、6歲的兒童大多已意識到個人欲望與所有權的不同。這樣的結果未必否決了先前的研究，但我們因此勢必得對更年幼的兒童進行晤談－－這樣我們才知道，在更早的發展階段中，自我中心式所有權的屬性是否便已獲得認定？若是，那麼又在幾歲的時候呢？

對各個年齡的兒童來說，財產最最重要的特徵似乎是：支配、接近與使用一件物品。在年紀較大的兒童看來（他們本身也從事較多的消費行為），財產通常暗示著權力、地位、以及個人自由與安全的提昇。而這似乎是說，在所有權為眾人所共享的社會或團體（譬如以色列集體農場）當中，兒童學會所有權概念的方式是相當不同的。

生產工具的相關概念與買賣的相關概念在發展上似乎頗為類似。兩者皆從「不了解任何制度」階段開始，接著發展到「了解個別不同制度」階段（知道生產工具的所有人銷售產品，但不了解他怎麼樣取得金錢以支薪給工人），最後則發展到「制度整合」階段（把員工的報酬跟售貨的利得做聯結）；一個兒童處於哪個階段，則取決於個別的邏輯運算能力。不過，儘管這些概念都依循同樣的發展次序，然而各個相同的因素（實驗因素、成熟因素、教育因素）是否

對每一個概念的發展都發揮了相等的助力，助力有多大，如何發揮助力，這些我們都尚無定論。

貧窮與財富

Zinser 等人於 1975 年進行了一項研究，目的是探討受贈者的富裕程度對學前兒童的分享行為 (sharing behavior) 會產生多大的影響。結果，多數兒童都比較願意同貧窮的受贈者分享，而比較不願意同富有的受贈者分享；而且無論受贈者是富有還是貧窮，他們都比較願意分享低價值的東西，而比較不願意分享高價值的東西；上述發現，一致出現在三個年齡組（4-6 歲）中。這有兩種可能的解釋：(a) 社會價值：社會也許已經向兒童傳達了一個信念，就是窮人比富人更應當獲得施捨；(b) 同理心：當兒童知覺到別人有需求的時候，他內在的情感反應便會受到激發，這促使他表現出分享行為，而此分享行為則又回過頭來減弱他的情感反應。

在 Winocur 與 Siegal (1982) 的一項研究當中，96 名青少年（年齡分別是 12 至 13 歲以及 16 至 18 歲）要就四個人口狀況不同的家庭將報酬分配給男性工作者及女性工作者，結果顯示，對需求的關切會隨著年齡而遞減。年紀較長的受試者偏好以同工同酬的基礎來分配報酬，年紀較輕的受試者則贊成報酬應反映家庭需求；不過在經濟配置的知覺上，並未出現性別差異。此種結果支持了 Sevon 與 Weckstrom (1989) 的主張：較年幼的兒童會從社會人的角度來下判斷，而較年長的兒童則以經濟人的觀點來下判斷。

在 Leahy (1981) 的一項研究當中，有 720 名兒童與青少年被要求描述富人與窮人，並指出兩者之間的相異處及相似處。受試者分屬四個年齡組（5 至 7 歲、9 至 11 歲、13 至 15 歲、16 至 18 歲）以及四個社會階層。他們的回答可劃分為幾種描述人的不同方式：(a) 周邊型 (peripheral)——財產、外表、行為；(b) 中央型 (central)—

——特質與想法；(c) 社會中心型 (sociocentric)——機運與階級意識。隨著年齡的增長，使用周邊型特徵來描述的情況會顯著減少。因此，未成年人會比較強調中央型與社會中心型的描述類別；至於窮人與富人間的差異，他們所認定的不僅在於可觀察的特質，也包括人格特徵。較低階層的受試者比較會在描述中提到窮人的想法與機運，也比較能接受他們的觀點；然而中產或上層階級的受試者則傾向於描述窮人的特質，且視他們為「異類」。整體而言，在對富人與窮人的描述上，階層間與種族間都顯現了一致性。

要解釋上述這些發現，我們有兩種理論模型可供選擇：(1)認知——發展模型——此種理論主張，青少年晚期有一個顯著的特徵，就是更能夠意識到社會制度複雜的本質；(2)一般的功能主義模型——此種理論主張，社會化帶來了各個階層與種族內部在社會階層制度本質上的一致性，社會制度因而得以保持穩定。

Stacey 與 Singer (1985) 曾對 325 名 14 歲半及 17 歲、勞工階層背景的青少年進行一項問卷調查，主旨是他們對貧窮及財富的屬性與影響的認知。結果，不分年紀或性別，所有的受訪者在為貧窮及財富作歸因時，都把家庭狀況評定為最重要的因素，而把運氣評定為最不重要的因素。儘管對貧窮與財富的內在歸因及外在歸因都相當重要，這些發現與 Leahy (1981) 的研究結果卻稍有出入，因為本研究的青少年顯然認為，社會中心型的描述類別比其他兩種類別來得重要。個中原因可能在於，本研究的所有受訪者都來自勞工階層，而且一如 Furnham (1982) 的發現，來自較低社經階層的受試者通常認為社會性的解釋比較重要，而來自較高社經階層的受試者則傾向以個人化的理由（如奢侈、理財不當）來解釋貧窮。

多數研究者都同意，外在刺激（社經環境、個人的金錢經驗、正式教育、父母的作法）對兒童經濟思考的發展影響深遠，而且可能促成知識的及早獲得。舉例來說，Wosinski 與 Pietras (1990) 研

究了 87 名 8 歲、11 歲及 14 歲的波蘭籍受試者，結果發現，最年輕的受試者在某些方面（例如：薪資的定義、人人同酬的可能性、設立工廠的可能性）的經濟知識優於其他兩組。研究者將它歸因於一項事實：在這些兒童出生與成長的年代，波蘭正歷經一項經濟危機，因此他們體驗過物資短缺、價格攀升與通貨膨脹的狀況，也耳聞了家人與電視節目討論這些事情。這也再次地「提供一項例證，說明社會經濟的現實（至少部份地）塑造了人們對社會經濟的理解。」(Ng, 1983, 第 220 至 221 頁）。

儲蓄

兒童如何儲蓄？他們又為何儲蓄？ Sonuga-Barke 與 Webley (1993) 認為，誠如所有的經濟行為，兒童的儲蓄行為及他們對儲蓄的理解也是在社會團體內建構起來的，而完成此行為的特定個人則又得力於某些制度及社會的因素和設備。兩位學者認為，研究者需要一種以兒童為中心的經濟活動觀點，以檢視兒童本身作為經濟行為人時，是如何解決像資源分配這類典型經濟問題的。他們還認為，相關文獻雖然數量極少，但是都有一種想法：兒童之所以年紀愈大存愈多錢，可能只是因為較大的兒童比較有錢。當然，這樣的行為應該是自發的，但也有可能是自行決定式的或契約式的。

探討兒童儲蓄的研究為數甚少 (Dickins and Ferguson, 1957；Wardel *et al.*, 1977)，而 Webley 及其同事在本領域所做的研究 (Webley *et al.*, 1991) 則甚具開創性。

Sonuga-Barke 與 Webley (1993) 主張，儲蓄可用一組行為（例如到櫃檯存錢）的特質來加以定義－這些行為則跟某種機構有關（銀行或房屋建築會）。此外，儲蓄也是一項解決問題的練習；更精確地說，是針對收入限制這個問題所做的一項適應反應 (adaptive response)。兒童必須學會：消費是有限度的，錢花掉就沒了，如果要

消費，等有了錢再說。因此，所有的購買行爲都是一種決策——或在不同種類的產品之間做決策，或在同類之不同產品之間做決策，又或甚至在消費與不消費之間做決策。

Sonuga-Barke 與 Webley (1993) 曾經進行一系列方法多樣化而富高度想像力的實驗研究。結果發現，兒童已經認識到，儲蓄是一項有效的理財方式；他們也已經意識到，把錢存在銀行可以發揮保障與生產的功能。然而，父母與銀行或房屋建築會並不熱中於教導孩子們金錢的功能意義。但兒童們是重視儲蓄的，因爲儲蓄似乎可以帶來社會的認可與酬賞。在他們看來，儲蓄是正當、有價值的行爲，而非一項經濟功能。不過，一旦年紀漸長，他們似乎就可以了解並質疑這些假設——即使他們必然也看到了儲蓄的實質利益。

文化間、階層間與性別間的差異

學者們儘管已在不同國家（以西方國家爲主）進行各種研究，然而專門探討文化差異的研究卻是少之又少。Furby (1978, 1980a, b) 比較美國兒童與以色列（集體農場和都市）兒童對財產的態度，結果發現，美國受試者與以色列受試者之間的差異，大過集體農場兒童與其他兒童之間的差異。

其中，最完整而全面的研究是最近由 Leiser 等人 (1990) 所提出的一項跨文化研究計畫，名爲「天眞經濟學研究計畫」(Naive Economics Project)。研究樣本來自十個國家：阿爾及利亞、澳大利亞、丹麥、芬蘭、法國、以色列（包括城鎮及集體農場）、挪威、波蘭、前西德、以及前南斯拉夫。受試兒童有 800 名，年齡包括 8 歲、11 歲與 14 歲。研究主題則涵蓋了：(a) 理解：誰做了什麼決定？他如何、爲什麼做這個決定（關於價格、薪資、儲蓄與投資、鑄幣廠）？(b) 推論：兒童對全國性經濟事件的影響能了解多少？(c) 態度：他們如何解釋個人的經濟命運？一如各國先前的調查，這些都

會隨年齡的增長而明顯地進步。不過，在這些參與研究的國家當中，受試者的答案出現了一些差異；可能的原因是，不同的國家具備了不同的政經制度，並表現了不同的經濟景氣。而由於政府頻頻出現在兒童的答案中，可見政府是一項顯著的可見經濟因素。再者，不同社會在價值觀與態度上的差異（例如，西方民主國家比較個人主義的態度、宗教、工作倫理、基督教與無神論或回教國家不同的道德標準等等），以及晤談狀況的些微不同，都可能造成各國答案的不一致。此外，由於樣本數可能不夠大（每國90名受試者），因此此種跨文化的比較或許不具代表性。不過，誠如社會學習模式 (social-learning model) 的主張，這些差異至少告訴了我們，兒童環境當中的各種因素都可能會影響他們對經濟制度之運作方式的了解。

關於階層差異，各國研究者的報告非常不一致。某些研究儘管顯示階層差異，但整體而言，階層差異的顯著性卻低於年齡差異。不過當然，要在各國找到可比較的受試者確實相當困難（比方說，「中產階層」的意義，在西德和在阿爾及利亞可能不同）。Roland-Levy (1990) 認為，經濟社會化的比較文獻的確證實了年齡、性別、社會、文化與國家的差異。她提到：「下面這個問題或許是有意義的：究竟哪一個變項能夠真正解釋經濟知覺方式的差異？如果不是年齡，那麼應該就是人們日常的生活方式、已有的經驗、與他人（如同儕和家庭）的關係、或者與社會的制度背景的關係。」（第 480 頁）。

Burger 等人 (1989) 則倣效 Emler 與 Dickinson (1985) 在蘇格蘭所做的一項研究，在西德進行了一個較小型的研究。受試者為140名中產階層與勞工階層背景的兒童（年齡分別有8歲、10歲、12歲）以及67名父母，研究中他們要估計醫師、教師、公車司機與清道夫的職業收入，還有一些消費品的成本。在 Emler 與 Dickinson (1985) 的蘇格蘭樣本中，作者們發現了社會階層差異，卻未發現年齡差異。然而在西德，年齡差異是顯著的，社會階層差異基本上卻不存在一父

母與兒童皆然。這有一種可能的解釋，就是西德社會的社經差異不比英國顯著。此外，父母對收入的估計與兒童的估計並無關聯。這一點，作者認為，讓人不禁懷疑 Emler 與 Dickinson (1985) 的主張是否正確，他們認為：「與階層相關的社會表徵比發展上的改變更為重要」（第 285 頁）。

同樣地，數份研究也呈現了性別差異。有些學者一開始就專門測量這些現象，而 Kourilsky 與 Campbell (1984) 則設計一項研究，目的是為了測量(1)兒童在理解企業家身分以及職業性別刻板印象上的性別差異；(2)兒童在冒險性、毅力與經濟成就上的差異（第 53頁）。研究中，共有 938 名 8 至 12 歲的兒童參與一項為期十週的經濟教育指導計畫。在一項名為「迷你社會」(Mini-Society)的遊戲開始之前，企業家身分被認為是一個以男性為主的領域。遊戲結束之後，受試者對於所謂企業家的看法儘管仍有些刻板，但刻板印象已經減少。在職業性別刻板印象方面，同樣可以發現這種趨勢。在迷你社會裡頭，女孩比較有可能增加她們認為適合女性從事的職業。至於在成就（迷你企業的獲利）、毅力（堅持把工作完成）、以及冒險性（甘冒遭受損失與不利的風險）的評量上，男孩女孩的成績差不多，不過女孩在前兩個類別上還稍稍領先。在這個以 8 至 12 歲兒童為對象的研究當中，兩性在成功企業家相關的主要特徵上並無差異。可見，現實社會之所以找不到幾名女性企業家，必定有不同的原因（例如傳統的性別社會化）。

性別差異最有可能起因於不同的教養方式以及女性在社會中所扮演的角色。雙親之中，如果有一位待在家裡或只從事兼職工作，通常是母親。年幼的兒童把父親視為金錢的來源（「把錢從工作上帶回家」），兒童認為重要的人多半是男人（總統、老闆、校長、牧師等等）。因此，在成長的過程中，他們便已自不同的角色來看待男性與女性。不過同樣地，上述情況的顯著性在不同的國家會有程度上

的不同。比方說，Wosinski 與 Pietras (1990) 將研究中所發現的性別差異明白地歸因於傳統的性別社會化，因為在波蘭，傳統上經濟問題是交給男人而非女人來處理的。然而其他的研究也清楚地證實，在西非這樣的地區，「控制」金錢的是女人。

一如 Kourilsky 與 Campbell (1984) 的研究所示，教育有助於改變兒童對「現實」（例如性別角色）的知覺，並且能夠提昇他們的經濟知識（見第三部份）。

經濟之社會化：零用金

Stacey 在回顧了經濟社會化的文獻後做了以下的結論：

在生命的頭十年，兒童本身的社會背景似乎不會對他們的經濟社會化產生太大的影響，除非他的家庭極為富裕或者極為貧窮。但在生命的第二個十年，發展上的社會差異似乎就顯著多了。

（1982, 第 172 頁）

父母對子女進行金錢或經濟社會化的一種重要方式便是，發放零用金，可能一個禮拜給一次，也可能一個月給一次；父母可能無條件給予，也可能要孩子以某些工作來交換。提到零用金，美國人通常用 allowance 這個字，英國人則說 pocket money。一直到最近，這方面的學術研究一向屈指可數，大多的資料都來自行銷研究。比方說，英國的 Bird's Eye Walls 就定期地進行零用金的調查研究。調查顯示，1989 年的每週平均零用金是 1.40 英磅；年紀愈大，零用金愈多；而且平均來說，男孩的零用金比女孩多。此外，蘇格蘭的零用金金額最高，其平均金額幾乎是英國西南部的一倍半。零用金

表 3.2、3.3、3.4 及 3.5 呈現了英國十七年間的資料：

表 3.2 1975 至 1996 年間之每週平均零用金

年度 （以 1 月爲期末）	金額（便士）	% 變動	年度通貨膨脹率 %
1975	33	—	—
1976	36	＋ 9	16.5
1977	45	＋ 25	15.8
1978	62	＋ 38	8.3
1979	78	＋ 26	13.4
1980	99	＋ 27	18.0
1981	113	＋ 14	11.9
1982	95	－ 16	8.6
1983	122	＋ 29	4.6
1984	105	－ 14	5.0
1985	109	＋ 4	6.1
1986	117	＋ 7	3.4
1987	116	－ 1	4.1
1988	123	＋ 6	4.9
1989	140	＋ 14	7.8
1990	149	＋ 6	7.7
1991	169	＋ 13	9.3
1992	182	＋ 14	4.5
1993	187	＋ 1	1.7
1994	205	＋ 6	3.5
1995	205	＋ 1	3.3
1996	240	＋ 30	3.5

資料來源：Walls（1991）*Pocket Money Monitor*（由蓋洛普民調公司進行調查）；通貨膨脹率的資料則來自零售物價指數（所有產品）

表 3.3　1987 至 1996 年間，親友所致贈之禮物的平均金額
（以便士為單位）

年度	整體	男孩	女孩	5-7 歲	8-10 歲	11-13 歲	14-16 歲
1987	53	51	55	43	44	54	73
1988	53	54	52	49	55	55	53
1989	72	70	75	57	71	74	95
1990	77	78	77	59	67	63	133
1991	88	96	80	71	70	105	116
1992	91	99	82	61	93	107	106
1993	100	111	91	89	113	99	103
1994	104	101	107	95	104	100	118
1995	115	96	135	134	95	105	125
1996	110	91	135	116	97	93	134

資料來源：Walls（1991）Pocket Money Monitor

表 3.4　1987 至 1996 年間，週六打工之每週平均所得
（以便士為單位）

年度	總數	男孩	女孩	11-13 歲	14-16 歲
1987	53	60	46	32	183
1988	43	44	40	49	124
1989	68	68	67	49	276
1990	86	88	83	60	348
1991	118	127	108	61	465
1992	101	104	97	87	372
1993	103	94	112	64	424
1994	113	132	94	52	444
1995	88	95	81	52	338

| 1996 | 122 | 111 | 134 | 44 | 462 |

資料來源：Walls (1991) Pocket Money Monitor

表 3.5　1987 至 1996 年間之每週平均所得
（依年齡及性別區分；金額以便士爲單位）

年度	總數	男孩	女孩	5-7 歲	8-10 歲	11-13 歲	14-16 歲
1987	220	219	220	84	121	228	458
1988	208	213	201	100	154	236	351
1989	271	273	269	124	161	280	605
1990	354	323	385	129	190	353	916
1991	396	411	381	148	235	401	920
1992	386	411	359	127	249	428	851
1993	415	428	403	167	272	404	977
1994	430	452	408	198	263	395	946
1995	418	408	428	214	234	430	890
1996	485	451	526	241	281	432	1053

資料來源：Walls (1991) Pocket Money Monitor

的增加率在某些年度高於通貨膨脹率，在某些年度則低於通貨膨脹
率，但整體而言，如果零用金在 1975 年到 1989 年間一直以通貨膨
脹率的比率增加，那麼 1989 年的實際零用金金額還是高出了 25 個
百分比 (Walls, 1991)。

　　法國的調查結果大致相同，不過，父母所告知的零用金金額卻低
於子女所告知的金額，這主要的原因是，父母僅針對零用金的部份作
答，而子女則把所有他們拿到的錢都包括在內 (Micromegas, 1993)。
這讓我們大概了解到，零用金在什麼時候可能會是一項重要的社會化
作用力，因爲零用金在 4 至 7 歲兒童的所得當中占了 100%，然而在

13 至 14 歲的青少年當中，它僅占收入的 14.5%（在 14 歲的法國青少年當中，有半數從事例行性的工作）。

相對地，相關的學術研究則缺乏堅實的基礎。儘管如此，許多指導父母如何對孩子進行經濟社會化訓練的手冊與文章仍然出版不誤；然而到底怎麼做才適當，相關理念百年來已有重大的改變。本世紀初，父母被鼓勵要把零用金金額和孩子的工作聯結起來，當前的理論則贊成與工作無關的定期零用金制 (Zelizer, 1985)。

30、40年代似乎出現過一股探討兒童理財訓練的研究熱潮，因此產生了不少相關的文章。舉例來說，Prevey (1945) 曾經研究 100 戶家庭，以了解他們如何對青少年進行財務訓練。這些研究者從研究結果中獲得一個結論：就兒童的理財訓練來看，男孩比女孩獲得了更多寶貴的經驗，這一點尤見於兩件事情上：一，父母對子女獲得賺錢經驗的鼓勵；二，父母與子女在家庭的財務狀況、問題、支出與目標上的討論。研究發現，父母如何訓練子女使用金錢，通常跟他們日後在成年初期時運用財務資源的能力成正相關。再者，子女日後的財務習慣也跟父母在下面兩件事情上的作法有明顯的相關：一，父母是否鼓勵他們賺錢；二，在他們上高中的時候，父母如何跟他們討論家庭的財務問題和支出。

整體而言，由於幼時用錢經驗與日後理財能力間的關係獲得了研究的證實，可見父母的規畫是很重要的，他們應該儘可能地提供寶貴的經驗給他們的子女。因此，提供賺錢經驗及幫助中學生熟悉家庭整體財務狀況似乎相當重要。

然而，是否有證據顯示，父母的這些訓練確實可以產生他們所期望的效果呢？最早的相關研究大概數 Marshall 與 Margruder (1960) 的研究，他們專門探討父母的金錢教育與子女的金錢知識及金錢使用間的關係。本研究檢視許多假設，包括：「父母如果發放零用錢給子女，他們會更了解如何用錢。」以及「孩子們如果儲蓄，他們會

更了解如何用錢。」研究者的發現一如預期，兒童的金錢知識與金錢經驗的廣度成正相關，這裡的金錢經驗包括像是：他們是否有錢可供花用？他們是否有機會賺錢、存錢？父母花錢的態度和習慣爲何？因此，社會化活動與教育似乎大大影響了兒童或青少年對於經濟事務的了解。然而，研究者並未發現兒童會因爲父母給了零用金而更了解如何使用金錢。而且兒童即使有機會賺錢，他們的金錢知識也並不會超過缺乏這類經驗的兒童。

Marshall (1964) 在後來的一項研究中發現，在財務知識及財務責任上，領有零用金與沒有零用金的兒童之間並無差異。（在十項財務知識與財務責任的測量上，有零用金與沒有零用金的兒童平均得分並無差異）。給子女零用金的父母跟以其他方式提供子女所需花費的父母比較起來，他們在其他金錢的使用及態度上則有所差異。相較於不給零用金的父母，給零用金的父母則：(a)提供子女較多種用錢經驗；(b)讓子女比較清楚花錢的目的；(c)表示他們的子女領有較多的錢可供花用；(d)允許或鼓勵他們的子女出外賺錢。至於其他的作法與態度，兩組父母並無不同。雖然這些早期研究確實有一些相互抵觸的發現，不過這卻不足爲奇，畢竟樣本都太小。

在更近期的一項研究裡頭，Abramovitch 等人 (1991) 則探討兒童的金錢經驗如何影響他們在實驗商店裡的消費行爲。實驗中，每位參與者（6 歲、8 歲及 10 歲）都拿到了 4 塊錢美金（信用卡或者現金）供他們在實驗玩具店裡消費；這家玩具店所提供的商品種類不少，價格從 50 分錢到 5 塊錢不等。沒用完的錢，受試者可以帶回家。對領有零用金的兒童而言，他們在現金情境與信用卡情境中花費相當（2.32 元相對於 2.42 元），但是在未領有零用金的兒童當中，信用卡消費費（2.82 元）就高於現金消費（1.76 元）。結束了玩具店內的消費之後，兒童還必須接受一項估價測驗，測驗中他們必須回答一些熟悉商品（如慢跑鞋、電視）的價格。結果，領有零用金的

兒童得分較高，年紀較大的兒童亦然。這些結果似乎都顯示，領零用金確實有助於金錢能力的發展。由於零用金組與無零用金組之間並無收入上的差異，於是我們可以排除這樣一項可能性，即上述結果是源於他們金錢經驗上金錢多寡的差異。

這些有限的證據儘管顯示了零用金的有效性，但父母們似乎卻未充分利用這項經濟社會化工具。Sonuga-Barke 與 Webley (1993) 的研究便特別針對了這個問題：父母是否利用零用金來教導子女儲蓄的相關概念？他們發現，大多父母認為，零用金是拿來消費而非儲蓄的。儘管有父母嘗試要孩子培養儲蓄的習慣，但他們的嘗試並不積極，而且大多父母並未好好把握這樣的機會。

關於親子間金錢的移轉，分析得最詳盡的也許是 Newson 與 Newson (1976) 的研究。本研究的範圍甚為廣泛，對象是超過700名的7歲兒童。研究者發現，樣本中多數的受試者都能夠期望領取某一基本金額的零用金，其中某些金額則是以一套複雜的誘因制度所計算出來的。有些兒童在領零用金的同時，他們的父母似乎也規定了一個明確的目的，就是他們可以對其零用金處以罰金（沒收）；有些兒童的零用金則是薪資的替代；還有一些兒童則必須以「工作」來賺得。樣本中有一半以上的兒童在固定的收入之外還從父母那裡賺取金錢，而且在這一點上並無性別或社會的差異。這也就是說，要算出這些兒童每個禮拜得到多少錢並不容易，因為變異的程度相當大。不過，研究者確實發現到，就兒童的非賺得收入 (unearned income) 與儲蓄而言，社會階層的差異是存在的。中產階層兒童所領得之非賺得收入少於勞動階層兒童（18 便士相對於 30 便士），但中產階層兒童的儲蓄則較多（90% 相對於 48%）。換言之，在第五階層（非技術性的勞動階層）的兒童當中，52% 的兒童總是在一個禮拜之內就花光所有的錢；然而在第一階層（專業性）或第二階層（半專業性）的兒童當中，只有 10% 的兒童這樣做。兩位作者於是下了這樣的結

論：「有錢在手就等同於享受舒適的生活：金錢與享受之間的關係是特定而直接的……勞動階層兒童在零用金的使用上已然落入傳統生活型態的窠臼」（第244頁）。

Furnham與Thomas (1984a) 所致力研究的則是，在零用金的發放與使用上，有何種年齡、性別與階層的差異。他們對超過400名的7歲至12歲兒童進行了測試。他們預測：年紀較長的兒童領有較多的零用金，並參與了較多的「經濟活動」，諸如儲蓄與借貸——結果確實如此。明顯的階層差異是存在的：相較於中產階層兒童，勞動階層兒童領到的錢較多，存下來的錢卻較少。此外，有比較多的中產階層兒童表示，他們必須做家事來賺取零用金，他們也比較會讓父母來保管他們所存下來的零用金。不過，整體而言，階層差異其實少得教人訝異。

另外，Furnham與Thomas (1984b) 還調查了成人如何看待「以零用金對兒童進行經濟社會化」的作法。有超過200名的英國成人完成了一份問卷，這份問卷調查了他們的一些信念，諸如：應該給孩子多少零用金？多久給一次？是否應鼓勵他們以工作的方式來換取零用金？是否應鼓勵他們把這些錢存下來？等等。結果，女性比男性更贊成事先與孩子們商量零用金所應涵蓋的支出項目，更贊成每個月發放零用金給年紀較長的兒童，她們也贊成對零用金進行年度的覆核。上述種種差異顯示，女性比較樂意把子女視為負責任的個體。而其中的原因可能在於，女性——無論是職業婦女或家庭主婦——傾向於與子女作較多的接觸，因此對子女的能力有更清楚的了解。

而且就如預期一般，年齡的差距顯示了，相較於年紀輕的成年人，年紀較長的成年人較希望子女把錢用在閱讀而非娛樂上。另一項符合預期的則是，相較於年紀輕的成年人，年紀較長的成年人比較不反對給男孩較多的零用金（相較於女孩）。較年輕的成年人比較贊成把零用金與作家事連結起來，他們也比較傾向於把零用金視為成人

與兒童間的契約式協議。此外，比起勞動階層成人，中產階層成人比較贊同零用金的發放，他們也比較贊同早一點開始發放。有超過90%的中產階層成人認為，孩子從八歲就應該開始領零用金，但只有70%的勞動階層成人這麼想。所有的中產階層成人都認為，孩子從十歲就應該開始施行零用金制度；但只有84%的勞動階層成人這麼想。事實上，某些勞動階層的受訪者根本不相信零用金制度。此外，在關於子女領零用金的時間上也出現類似的階層差異。91%的中產階層認為，子女應每週領取零用金（4%的人則認為，有需要再領）；然而只有79%的勞動階層成人這麼想（16%的人則認為，有需要再領）。此外，明顯地有較多的勞動階層成人認為，男孩應比女孩領更多的零用金。

這些階層差異的研究發現符合了先前關於兒童社會化的研究(Newson and Newson, 1976)，也符合了一般階層差異方面的數據。換言之，相較於中產階層的父母，勞動階層成人開始發放零用金的時間較晚，發放的方式也較不規律。不過，Furnham 與 Thomas (1984a) 的研究所顯現的差異則少得多，這可能是因為，本研究所考量的年齡範圍較廣之故。

Miller 與 Yung (1990) 則把研究焦點放在美國青少年對零用金制度的知覺，以及他們所告知的作法上。結果發現，與成人的概念相反，並無證據顯示青少年把零用金視為一種提昇財務決策與理財自主性的教育機會。相對的，多數的青少年不是把零用金視為受撫養的基本權利，就是把它視為賺得的收入。學者們因此認為，對青少年而言，零用金的意義不在於金錢本身的收受，而在於他們對領取條件如何評價、工作責任的範圍、以及各種關於這筆收入在數目上、使用上與保留上的限制。在家庭裡頭，零用金與所有其他社會化活動是有系統性相關的，例如青少年的自我概念、晚婚的打算、平等的性別角色等等，都與作成決策和零用金實施上的社會關係及階層式參與互有關

聯。學者們於是論道：「零用金無法被歸類為是對子女有益的或對子女有害的；反之，是零用金制度的管理方式將價值與信念灌輸到他們身上……我們可以說：當零用金制度讓他們得以自我指導、得以用平等的方式與他人互動時，此種制度便有助於他們的發展，並進一步鼓勵他們追求更高的成就」（第157頁）。

所有這些關於零用金的研究似乎都在提醒我們，零用金在童年期的經濟社會化上固然可能扮演十分重要的角色，我們卻不應單獨視之。因為父母還提供了其他各種資源（假期活動的開銷、漫畫等等），所以我們應該考量的是整體的「父母套件」。特別是：孩子們如何使用他們從他處取得的金錢？青少年的賺錢經驗又如何影響他日後的個人理財方式？事實上我們也不禁好奇，各種不同的心理概念（見第4章的討論）有多少是源於童年期的不同收入來源？

近來，研究者在其他一些國家也針對零用金這個主題作詳細的研究。在澳洲，Feather (1991) 便檢視親職理由及親職價值與父母如何分配子女零用金之間的關係。他發現，父母很自然地認為，零用金金額與子女的年紀是相關的；父母也認為，要發展一個穩固和諧的家庭單位，零用金金額也有其重要性。對年紀較大的孩子來說，父母認為訓練他們獨立以及滿足他們的需求是比較重要的因素；此外，也有證據顯示母親與父親之間存有差異。雙親的工作倫理並不影響他們所給予的金額，然而有證據顯示，零用金與父母的其他價值觀和作法息息相關。

在加拿大，Pliner 等人 (1996) 所關切的則是家計分配的零用金制度。他們認為，儘管零用金制度為多數西方社會家庭的偏好，卻少有研究討論其背後的學習機制。於是他們進行了數個實驗，把領有零用金的兒童與未領有零用金的兒童作了一番比較。結果發現，領有零用金的兒童比較有能力使用信用和定價。此外，這些技能會隨著年齡而進步，而且似乎是零用金制度促進消費技能的習得。Pliner等人因

此認為零用金制度是有效的，因為它帶動了一種信任與預期的關係，在這樣的關係當中，兒童必須具備財務的知識與經驗。

在法國，Lassarres (1996) 則發現到一項最佳的分配策略：在發放零用金的同時討論家庭預算。此種零用金制度之所以非常有效，是因為它讓家庭成員有機會在家中討論財務事項。Lassarres 建議，父母應隨著子女的成長而改變零用金的各種發放理由。由於零用金的目的之一是用它來控制子女漸增的需求，因此零用金制度在開始實施的時候往往是簡單明瞭的，往後則逐漸發展，成為了一套包括雙方義務的完整零用金制度。

Lunt 談到：

> 關於它對經濟社會化所可能產生的正面影響與潛在危險，我們能夠從現有的研究當中推演出什麼樣的建議提供給家長與教育工作者呢？文獻中已逐漸浮現這樣一個共識：零用金制度的優點在於它讓兒童得以及早獲得財務規畫的經驗，並且讓他們能夠參與一種與父母的信任關係－在這樣的關係當中，他們有所期望，同時也肩負著一些義務。

（1996, 第八頁）

顯然地，零用金制度的建立提供了父母一個絕佳的機會，讓他們得以教育子女金錢的意義與功能。研究結果顯示了顯著的階層差異，同時也提示了我們，討論金錢如何取得與消費跟零用金的金額與實施時機同等重要。

經濟教育

　　正式教育是年輕人了解經濟世界的一種途徑。Whitehead (1986)
曾經探討，學生在上了兩年A級（12年級）經濟課程之後，對經濟
議題的態度會產生什麼樣的改變。研究對象為16至18歲的青少年，
檢驗組有523名，控制組有483名。問卷所要測試的並非經濟知識，
而是經濟態度（比方說，同不同意「私有企業是最有效的經濟制
度」；或者，同不同意「資本主義是不道德的，因為它對勞工的生
產性勞動並未付出足夠的代價，造成了剝削現象」）。在一些多數人
的態度不是保守就是激進的題目上，實驗組與控制組的答案相當地一
致（就絕對分數來看）。整體而言，這兩組僅在三道題目上抱持著
完全不同的觀點。不過，在量表的十八道題目當中，修習過A級經
濟學的學生在六道題目上顯示了重大的改變—他們的經濟態度變得更
傾向資本主義。

　　在一項類似的研究當中，O'Brien 與 Ingels (1987) 也證實他
們的假設：正式的經濟學教育會影響學生的經濟態度。兩位研究者還
設計了經濟價值量表 (economic-values inventory, EVI) 來測量年輕
人在經濟事務上的價值和態度。因此，經濟學教育不僅讓兒童更加了
解經濟學的某些特定背景，或許也可以幫助他們檢驗自己的價值觀和
態度—這些多半受到父母的影響，或者甚至直接得之於父母，因此，
這樣做或許能夠幫助他們質疑各種偏見，進而提高他們的成熟度。

　　大多國家的經濟學課程是開設在大學以上的學校，只有某些國家
始於中學階段。然而多數的青少年在接受了九年、十年的教育之後，
由於不再接受學校教育，因此從未學過經濟學。但經濟學的知識顯然
不是透過觀察就能夠學會的（買東西、填寫支票或許能夠以這樣的
方式學會，但其他經濟交易的領域當然就不可能了—譬如銀行的運作
或甚至政府的融資與支出），經濟學教育顯然有其必要。

然而，Kourilsky (1977) 卻證明，要培養懂經濟學的公民，即使從幼稚園開始都不嫌早。在一項名為「幼兒經濟」(Kinder-Economy) 的教育方案當中，兒童們會逐漸熟悉各種經濟概念：匱乏、作決策、生產、分工、消費、分配、需求 / 供給、企業、貨幣與易貨。研究中，作者調查了 96 名 5 到 6 歲的受試者。結果顯示，幼兒經濟之受試者與控制組間有顯著的差異，證明教學可以帶來顯著的進步。在測驗所涵蓋的九個主題當中，受試者在四個主題上表現了 70% 以上的精通水準，總平均為 72.5%。研究者先前已對 40 名小學教師進行同一個測驗，平均成績為 68.5%，因此便將精通水準定在 70%。由此可見，一些所謂兒童年紀太小無法學會的概念，他們事實上是有能力學會的。換言之，兒童要成功地作出經濟決策，光長大是不夠的，教育或指導更為重要。另外有個問題研究者也十分感興趣，就是，什麼樣的學校、什麼樣的家庭、什麼樣性格的父母及兒童最能夠預測經濟決策能力？作者檢視了六個預測變項：父母的陳述、口語能力、成熟度、一般能力、社交能力與行動力。結果顯示，前三個變項是預測經濟決策能力之成就的最佳指標；其中又以父母的陳述最具預測力，它解釋了 62% 的總變異。

　　對於幼稚園教經濟學這件事，父母的態度是極為肯定的：96% 的父母表示贊成；此外，有 91% 的父母認為，經濟學的教育方案應該要持續到往後各個年級。有些父母甚至提到，當他們發現孩子比自己更懂經濟學時，他們覺得十分慚愧，因而鼓勵他們增進相關的知識。從上述這些發現，以及大人小孩普遍不了解經濟互賴與經濟環境的情況來看，儘早進行經濟教育的重要性似乎不言而喻。

　　Webley (1983) 指出：「行為的實際參與是我們理解部份經濟世界的主要途徑，這不像我們理解物質世界一樣，可以兩種方式來進行－既可直接學習，也可透過他人的教導來學習－因此其建構的本質或許並不相同。」

「經濟教育期刊」(Journal of Economic Education) 是一份專門研究經濟學教學的刊物，在這份期刊當中，Davidson與Kilgore (1971) 提出了一個評估小學經濟學教育成效的模式。研究對象是504名來自24個班級的二年級學生，他們的社經背景各自不同，在研究中被分為一組控制組與兩組不同的實驗組。控制組的學生仍接受一般的社會學科課程，第一實驗組是以「兒童所面臨的各種選擇」(The Child's World of Choices) 為教材進行教學，第二實驗組的教師則接受額外的在職訓練。根據分析，兩組實驗組在經濟理解度初級測驗 (Primary Test of Economic Understanding；PTEU) 的後測成績上皆顯著優於控制組，不過，這兩種實驗方法的效果似乎不相上下。社經背景較低（目標學校）的學生在 PTEU 的前測與後測成績上皆顯著低於非目標學校的學生。因此我們可以下這樣的結論：基本的經濟概念是可以教導給小學生的，而對這些概念之理解力的進步也是可以測量的。此外，儘管經特別設計的教材可以促進學生的理解力，額外對教師所進行的全面經濟教育方案卻似乎無助於學生的進步。

那麼要如何把經濟學的概念教導給兒童呢？Waite (1988) 建議，教師應以學生為教學活動的中心，因為已有不少個案研究顯示，有數種不同的策略可以加快兒童對概念的理解。由於課堂外的各種資訊管道是兒童經濟意識的來源，因此個案研究似乎是教導兒童認識經濟的一個不錯的方式。此外，Ramsett (1972) 則建議教師揚棄傳統的講授方式，而改採下列的方式：以課堂上的日常事件為基礎，然後作進一步的討論和說明，無論這些事件跟經濟是直接相關或間接相關（比方說，如果一名學生的父親或母親因為接受了一份新的工作而必須搬家，教師便可利用這個機會來討論職業與收入之類的主題）。

在一項更新的研究中，Chizmar與Halinski (1983) 則描述了「交易」(Trade-offs) 這個節目對基本經濟測驗 (Basic Economic Test; BET) 成績的影響——「交易」是針對小學經濟學教學所設計的一系

列電視/電影特別節目。研究結果顯示：(1)隨著教學週數的增加，利用「交易」節目進行學習的學生，成績進步的幅度顯著地較大；(2)在利用「交易」節目進行學習的學生當中，性別差異並不存在；然而在以傳統授課法進行學習的學生當中，性別卻成了具統計顯著性的成績預測變項（女生的表現優於男生）。此外，年級與教師的經濟學訓練也是決定基本經濟測驗成績的重要正面因素（尚可參考McKenzie, 1971; Walstad, 1979; Walstad and Watts, 1985）。這些研究似乎顯示了，這方面的性別差異或許可歸因於授課的方式，因為男孩在「交易」中的表現優於他們在傳統授課方式中的表現。在這樣的前提之下，我們不禁好奇，在其他研究中所發現到的性別差異究竟原因何在。

由於意識到小學經濟學教育的成效，Hansen (1985) 要求教育當局把本科目切實納入小學課程裡頭。關於兒童與經濟教育這個課題，我們已有一些基本的了解，Hansen 簡單歸納如下：早年經驗（小學畢業以前）對兒童所帶來的影響會持續到成年；兒童在上幼稚園的時候便已具備一些有經驗基礎的經濟知識；兒童不但能夠習得經濟的概念，而且習得的時間比人們過去所認為的還早；有多種有效的經濟學教材與教學方法可供利用；我們已有評估程序可供使用，而且新的評估程序也在制訂當中－即使它們必須不斷修正；只要有老師擅長經濟學，經濟教育計畫會為學校招收到更多的學生。

目前，經濟學這個科目被認為機會成本過高（在現今的小學裡頭，閱讀與數學兩科的授課和考試仍然比其他科目更為優先），以至於無法將它納入小學教育裡頭。不過如果我們不把它當作一個單獨的科目（這樣做會犧牲掉其他科目的教學時間），而是把它跟數學（個案研究）之類現有的科目聯結起來，上述問題或許可以避免。

商業研究

　　銀行、房屋建築會、保險公司等金融機構也開始對兒童的金錢行為產生興趣，這大概是因為，這些機構認為，人們極少改變他們的財務制度。許多機構還針對教師及學齡兒童製作了一些教材。譬如，英國就有：

1. 西敏寺國家銀行 (National Westminster Bank) 所製作的教師手冊、錄影帶及學生教材，目的是教導 10 歲、11 歲的兒童學習一些相關的概念，例如預算、金融服務、儲蓄以及借貸。

2. 珍珠保險 (Pearl Assurance) 所推出的「機會與改變」(Chance and Change)，這套教材是以高級光面紙製成，對象為 14 至 16 歲的青少年。裡面解釋了貨幣成本、風險等概念。

　　財務識字能力 (financial literacy) 一向受到銀行與房屋建築會的關切；所謂財務識字能力，指的是針對金錢使用做出明智判斷、並採取有效決策的能力。關於財務的課題，年輕人必須找出：什麼是他們必須知道的？到哪裡去找出這些資訊？如何處理這些資訊？他們還必須了解：

- 貨幣制度：例如以物易物、貨幣的鑄造、貨幣的功能。
- 金融服務：例如各種金融機構（銀行、保險公司、房屋建築會）、帳戶種類、支付方式、借款利率。
- 所得：例如所得的來源（受雇、創業、投資、減稅）。
- 所得的處分：例如投資、購買、儲蓄、直接及間接課稅。
- 主要的經濟概念與經濟課題：例如供給與需求、貨幣價值、

機會與成本、通貨膨脹。

許多財務機構都知道，一個具備財務知識的受教育人口會帶來什麼樣的益處，因此主張把它納入學校課程當中。他們認為這具備下列這些優點：

- 培養兒童對個人理財做出明智判斷的能力，藉此可以幫助兒童發展特定的技能與知識，而這些對他們的日常生活以及從學校生活過渡到成年生活都將有所助益。
- 培養可轉移的程序技巧，例如選擇方案的評估、後果式思考 (consequential thinking) 等等。
- 提供一些跟學生日常生活關係更為密切的主題，學生可以把這些主題當作一個有用的起點，向外擴展到更廣的概念範疇（如經濟意識）。
- 提供一個培養基本技能（如計算、解決問題、做規畫）的實用工具。

此外，有的機構則自己進行研究。英國的Halifax房屋建築會擁有一個會員將近50萬名的 Halifax Quest 俱樂部（這是個儲蓄俱樂部），它就定期出版他們的調查資料。例如，他們在1991年做了一項調查，對象為 2000 名以上的 9 至 11 歲兒童。結果發現，當年平均每週的零用金為1.4英磅，比1990年增加了30便士；增加的部份原因可能在於，有愈來愈多的兒童表示，他們自己賺取所有或部份的零用金。與 1990 年相同的是，每 10 名兒童當中，有 8 名會定期領到零用金。北部兒童每週仍然領到最多的零用金（1.8英磅），而東南部與西部兒童所告知的零用金則少了很多（分別是 1 英磅及 1.1 英磅）。所得方面——有51%的兒童靠做家事來賺取他們全部或部份

的零用金（自前年的44%攀升），尤以蘇格蘭（59%）和北愛爾蘭（57%）為最。其中，兒童最常做的家事有洗碗、打掃以及整理自己的床鋪。在**儲蓄趨勢**方面——Halifax LittleXtrat俱樂部（年輕存款者的俱樂部）中有近半數的會員儲蓄多於消費，其中甚至有23%的人表示，他們把全數的錢都存下來了，特別是在東南部與大倫敦地區（27%）。至於會把錢全部花光的小孩，僅有9%。此外，當年度兒童的儲蓄目標也較為多樣化，包括有購買腳踏車與電腦（兩者皆有7%）。不過，最受孩子們喜愛的儲蓄目標還是度假與玩具（43%）。再來談到**消費習慣**——糖果依然是主要的消費對象，儘管此種趨勢可能已經降低（相較於前年的48%，當年度僅有42%）。此外，女孩比較不會把零用金花在玩具上（25%相對於36%），而這或許表示，女孩比男孩早熟。

再來看看13至16歲的青少年。當年，他們的打工收入平均提高到12.7英磅（前一年度為9.8英磅）。在16歲的青少年當中，約有62%每週平均賺得18.2英磅；相較之下，在12歲青少年當中，平均僅有11%的人能夠賺到5.1英磅。女孩的週收入平均比男孩高出30便士，不過跟1990年比較起來（當時，女孩的收入平均高出男孩1.3英磅），兩者間的差距已經大幅縮短。至於他們所從事的兼職工作，最常見的是送報(31%)和商店的工作(25%)，其他還有嬰兒看護(12%)、家務工作／整理花圃(9%)及侍應工作(9%)。另外，北愛爾蘭青少年的工作時間較長——每週平均11個小時，全國性調查的平均工時則為7.5小時。

在這些青少年當中，儲蓄多過消費的人僅過半數，另外有9%的人則表示，他們存下了全部的收入。就這一點而言，男孩的情況似乎比女孩稍微要好一點（11%相對於7%）。不過，相較於更年幼的兒童，十來歲的青少年似乎具備了不同的儲蓄習慣。

在16歲的青少年當中，為了買車而儲蓄的人變少了（從40%降

到 22%），更多青少年想要的是腳踏車與摩托車（從前年的 5% 提高到 7%），尤其是越野車。至於其他青少年，他們儲蓄則是為了購買電腦設備和軟體（8%）、音樂／音響設備、衣服或者禮物（各6%）。另外可以預期到的是，有百分之五的 14 歲青少年為了買雙新的運動鞋而儲蓄。

整體而言，最流行的消費方式是社交、衣服和書報雜誌。較低年齡層的人比較會把錢花在電腦設備、食物和飲料上，較高年齡層者則喜歡把錢花在社交、衣服、錄音帶／CD、錄影帶以及化妝品上。至於下面的情況，我們一點也不意外：有較多的女孩子會花錢買化妝品（女孩的 28% 相對於男孩的 2%），相反的，有較多的男孩子會花錢買電腦設備（男孩 29%，女孩 3%）。

如何對兒童與父母進行金錢教育

由於人們已察覺到兒童與青少年理解經濟世界的重要性，如今市面上已出現了幾本以年輕人及其父母為對象的書籍和文章。

給兒童的書

在一本名為《兒童的聰明指導手冊：實用的儲蓄與消費之道》(A Smart Kid＇s Guide to Savvy Saving and Spending) 的書中，Wyatt 與 Hinden (1991) 如此標榜：本書提供了一個完美的、「實際演練式的理財介紹」。本書顯然是針對中產階級、物質主義的美國兒童所寫；而為了有助於學習，本書還作成了一個撲滿的形狀。書中鼓勵兒童就零用金跟父母討論，至於要討論哪些問題，書中作出一些建議，例如：我會拿到多少零用錢？你們希望我用零用錢來買什麼東西？零用錢多久領一次？我必須做事（做雜務）來換取嗎？我如果不做這些雜務會怎麼樣？我可不可以多做一點雜務來賺得更多的零用

錢？我是不是一定要存下部份的零用錢？其他的錢我可不可以隨意花掉？

作者們也提供了兒童一些如何賺錢的建議，像他們對 8 至 13 歲兒童的建議就包括：洗車、耙葉、鏟雪、割草、遛狗以及送報。孩子們也被鼓勵要記錄他們的花費，計畫每週的預算，並且要懂得儲蓄。作者們還提供購物及儲蓄的訣竅。此外，他們也考量了負債的後果、賭博的荒唐及課稅的必要。

Rendon 與 Kranz (1992) 的書則針對十來歲的青少年而寫。本書兼採教育學及心理學的取向；其中有一半是歷史性的介紹與教學式的呈現。書中解釋一些基本的概念，例如資本主義經濟與社會主義經濟的差別、通貨膨脹與經濟蕭條的本質、證券市場的運作方式（引起股價漲跌的因素）以及政府在經濟上所扮演的角色。不過，本書也極具心理學色彩，像兩位作者就主張，金錢態度可能取決於若干不同的變項。Rendon 與 Kranz 相信，有各種不同的因素會影響年輕人的金錢態度，包括：他們跟同一社群的其他人比較起來，是比較有錢、比較沒錢、還是一樣有錢？他們跟其他貧窮得多或富有得多的人住得有多近？關於這些人的狀況，他們聽到了多少？父母目前的財務狀況是否非常不同於他們的成長環境？此外，當他們－－以及他們的家人－－把自己的狀況與電視、電影或教科書上所看見的許多人相較之後，他們作何感想？

Rendon 與 Kranz 的論點是，上述這些因素都會影響我們對貧窮與富裕的反應方式。比較而來的貧窮可能會帶來羞恥感或憤怒。學者們注意到，每個社會裡頭都有一些關於金錢的訊息，而這些訊息往往是明確而孤立的。比方說，無法養家的人必定是個失敗者；衣著品味差代表自尊心低落；難過的時候，為自己買份禮物可以讓自己好過一點。

Rendon 與 Kranz (1992) 認為，金錢態度與政治信仰之間有明確

的關聯。兩位學者在沒有明顯偏袒任何政黨的情況之下，為保守主義者、自由主義者與激進主義者建構出他們的典型信仰。他們提醒讀者，電影或電視上對金錢所描繪的通俗印象，應謹慎看待。此外，書中也針對朋友間的金錢進行探討，這對青少年來說自然是一個相當重要的主題。他們還邀請青少年來思考下列這些訊息的真實性：如果朋友負擔得起的東西你負擔不起，你就算不上他的朋友；某甲比某乙有錢這類的事情絕對不能公開談論；比別人窮代表有些地方不對勁。

本書也告誡讀者，金錢是一項禁忌的話題，而社會所發出的相關訊息則混淆不清、曖昧不明。不過作者們也針對一些事情給了讀者一些明確有用的建議，包括：如何透過刊登廣告或回覆廣告找工作以及得到工作；如何面對一些可能碰上的雇主；雇主與受雇者各有什麼樣的預期（心理契約）。此外，本書也告訴讀者什麼是「編制預算成功的秘訣」、什麼是信用卡的本質、他們又應該如何儲蓄等等。

兩位作者也正確地指出，青少年的主要財源當然是他們的父母（監護人）。他們還指出，父母的金錢信念與金錢行為可能對青少年產生重大的影響，而且事實確實如此。首先，他們引導青少年讀者嘗試去了解父母所可能承受的財務壓力，比方說：害怕丟掉工作；因為一件無聊或令人討厭的工作而感到挫折，但是又覺得找不到另一件報酬夠優渥的工作；怕錢不夠用而感覺焦慮；因為無法提供孩子們更好的生活而覺得內咎；擔心晚年的財務沒有保障；因為存款不足，買不起一項特別的東西而感到挫折；擔心因為信用卡、個人貸款或抵押（即以房屋或財產作為貸款的擔保品）而負債。在上述這些背後的訊息則是，父母的特定金錢信念及其特定壓力可能會使他們的行為反覆無常、違背理性、或者充滿挫折感。本書也鼓勵青少年讀者試著去找出父母金錢行為中最令他們感到沮喪的地方，然後可以找父母談一談。不過，如果他們認為自己的父母是強迫性的賭徒、消費者或鐵公雞，書中也提供了可供求助的諮詢專線。

給父母的書

有幾本相當有趣的金錢書是專門針對父母而寫的。Davis 與 Taylor (1979) 這兩位作者都是股票經紀人，他們寫了一本名爲「孩子與現金」(Kids and Cash) 的書。此書所設定的讀者是下面這樣的父母：「他們想獲知關於零用金的解答……他們希望自己的孩子能夠賺錢和存錢……他們相信工作可以教導孩子什麼是責任……他們關切著如何教子女爲成人世界的現實做準備」。作者認爲，父母有兩種困境要面對：一是，在處理家庭財務時，如何讓子女參與其中，並告知適當的訊息，以讓他們覺得父母的處理方式是公平合理的；另一種困境則是，如何確保子女能夠習得必備的基本金錢技能與金錢態度，以成爲既有責任感又具生產力的成年人。作者們相信，所有的兒童都必須對經濟現實具備基本的理解，而且工作是一項非常重要的教育及社會化經驗。

兩位作者也注意到，有多種錯誤的用錢方式將不當的訊息傳遞給兒童。譬如我們都知道，有些父母會把金錢（禮物）當作是**愛**與「**天倫時間**」的替代品，這會產生一種極負面的效應，就是剝奪了孩子培養自立能力的機會。父母有時候會以**賄賂**的方式來禁止或鼓勵子女表現某些特定的行爲，然而賄賂的效力會隨著運用次數的增加而減弱，而且會在子女往後的成長過程中造成嚴重的衝突。此外，讓**第三者**－－如親戚、鄰居或老師－－來決定財務討論事項可能是很不智的行爲。而在金錢規則的行使上，如果**缺乏**一致性，自然也是不智的，因爲這製造了某種混淆，而且也使得經濟生活變得太過捉摸不定。另外有一種情形也很常見，就是父母爲了不讓子女知悉家裡的任何財務狀況而保持其**神密感**，然而這可能會導致兒童對現實產生極端扭曲的觀點。最後，如果父母的金錢態度是怪異或神經質的（見第5章），他很可能會做出一些非常愚蠢的行爲，而爲子女提供了一個壞榜樣。

對於經濟認知的發展，Davis 與 Taylor (1979) 採取了一個較廣義的皮亞傑式觀點，不過他們並未提出任何證據加以支持。他們認為所有兒童都必須學習一些十分特定的金錢技能，包括：

- 花錢：了解一些概念，諸如缺乏 (scarcity)、價格差額、選擇之必要性。
- 預算：規畫金錢計畫，並確實執行。
- 儲蓄：遞延滿足的重要性與利益。
- 借錢：借錢的概念與成本。
- 賺錢：賺錢的途徑包括有出賣能力，學習冒險，了解競爭等等。

兩位作者十分強調零用金制度的重要性，認為這是教導孩子金錢價值與責任基礎的最佳方式。在父母所使用的幾種制度當中，他們認為有五種是無效的，只有一種有效。幾種無效的制度具備下列幾項特點：(1)需要的時候就給錢：因此是不定期的、未規畫的、多變的；(2)佣金制度——實際上就是一種「做多少給多少」的制度；(3)責任式零用金——以完成家務事為條件；(4)無附帶條件的零用金——定期發給零用金，但無家務責任；(5) 無附帶條件的零用金，但花費受到監督；(6) 無附帶條件的零用金，但需負擔家務責任。

至於什麼樣的制度值得推薦？作者們明確指出了 13 項要點：

1. 在開始採行一套零用金制度之前，應向孩子說明之。
2. 發放零用金應該從子女 6、7 歲的時候開始。
3. 金額應當合理，並隨子女年齡的增長而提高，以負擔他們更多樣的支出。
4. 關於零用金可用於哪些支出，親子間應事先達成共識。
5. 對年紀較輕的兒童來說，零用金的發放應以一個星期為單位，在每週的同一天發放；至於十來歲的孩子，則以一個月為

單位。

6. 零用金應持續發放，而不應決定於家務事的表現。絕對不要為了教訓孩子或為了左右他們的行為而扣留零用金。

7. 零用金的金額一旦確立，父母就不應該給他們更多的錢，即使他們花光了所有的錢。

8. 應該允許子女自己決定如何花錢。

9. 應該指定子女一項（或數項）他們同意做的家務事，讓他們為全家的利益負一份責任。

10. 不要因為子女做家務工作就給錢，也不要讓他們有此期待。

11. 父母不可因子女未完成指定的家務而減少或取消其零用金。

12. 當子女做了額外的家務工作時，父母如果有能力給予報酬，他們便應該這樣做。

13. 每年應於子女生日的時候進行一項年度審核，以決定來年的零用金金額及子女所應負擔的家務工作。

(Davis and Taylor, 1979, 第 50 頁)

　　Davis 與 Taylor (1979) 認為，讓子女參與家庭預算有很大的幫助。父母應當謹慎解釋預算，因為無知絕非子女之福。Davis 與 Taylor 所深感興趣的，顯然是幫助父母教育子女，讓他們得以進入經濟的世界。舉例來說，孩子們倘若問及利潤的概念，父母該如何回答？孩子們可能問到以下這些基本問題：利潤是什麼？利潤跟兒童有什麼關係？多數企業所賺取的利潤有多少？利潤到哪兒去了？毫無疑問的，由於兩位作者都是自由市場資本主義者，他們自然採取一種極貨幣主義、極亞當斯密 (Adam Smith) 式的觀點來解釋工作的來源，並解釋競爭的益處在於提供了合理成本下可能的最佳產品與服務。他們以非常直接了當的方式說明了：人們為什麼納稅？稅賦為什麼這麼

重？此外，他們也解釋了為什麼對有錢人課以重稅會降低效益。

作者們以簡要的語言說明：需求的拉力與成本的推力如何造成通貨膨脹？通貨膨脹對兒童有何影響？如何才能抑止通貨膨脹？對於一些關於儲蓄（儲蓄的金額、地點、原因）或甚至投資（購買證券與股份）的問題，他們也提供了父母明確的答案。不過，本書將近有一半把重點放在協助孩子們找工作上面，因為他們認為，打工的益處比賺來的錢更為重要。Davis 與 Taylor 提出了六項論證，說明工作可以帶給兒童們什麼樣的益處：(1)工作教導兒童守時的重要；(2)這是個競爭的世界；(3)創新可以帶來經濟成就；(4)所有的消費決策都是種選擇；(5)挫折是正常的；(6)挫折可以是有用的學習經驗，它並非災難。

此外，Davis 與 Taylor (1978) 也試圖要消除父母以下的疑慮：鼓勵孩子工作會不會影響他們的學業？他們會不會因此而忽略了其他重要的活動？兩位作者認為，父母應當鼓勵與指導子女找工作，但不應提供過多的幫助，因為找工作是一項非常正面的學習經驗。孩子們應當被鼓勵去發掘賺錢的點子，去創造前所未有的工作機會，甚至成立求職社團。作者們熱切地教導父母如何鼓勵子女創業、如何鼓勵子女推銷產品與服務等等。最後，作者們甚至建議父母把孩子帶到辦公室「跟監」他們，以幫助孩子了解他們的工作內容與賺錢的方式。

在一本更近期的類似著作當中，Godfrey (1995) 則著力於幫助父母教導子女金錢的價值與用處。本書作者是一位銀行家，她成立了一家兒童銀行，並在電視節目中討論「財務功能不良的家庭」(monetarily dysfunctional family)。作者談道：

> 孩子們對金錢的無知是有可能傷害他們的。兒童期不良的財務習慣可能會在他們成年後衍生出更嚴重的問題。
>
> 過多的債務可能會瓦解掉一個家庭－－有90%的離婚案例

可溯因於財務問題。它甚至可以令你萬劫不復——小則讓你失去信用評等（無論別人怎麼說，信用是永遠無法完全恢復的），大則讓你失去家庭。如果你不了解金錢的價值，你便很容易受騙——這類事件可是屢見不鮮。要幫助孩子對未來生命中各種難以逆料的無常變化做好因應的準備，最好的辦法之一便是，教導他們深入理解財務的現實。你我都知道，人生並不公平；然而一旦這種不公平發生在我們身上，我們仍然震驚不已，此時我們必須站穩腳步才不會崩潰。……金錢不僅僅是男女關係中的關鍵，財務上的誤會往往也成為離婚的主因。在所有的事業以及雇主－受雇者的關係當中，金錢自然是重點，不過它在友誼中也具備了一定的重要性——小至「午餐錢誰付？」這類單純的交易行為，大至學齡兒童與朋友間一些令他們手足無措的借貸行為。

（Godfrey, 1995, 第 17 頁）

在一份針對三萬四千名美國人所做的調查裡頭，Godfrey (1995) 發現了表 3.6 中的結果。

正由於這些結果，作者相信這個領域有進行研究的必要。作者認為，區分需求（必需品）與欲望（奢侈品）以及區分固定支出與變動支出有其根本的重要性。有了這樣的區分，行為準則便也有了可商量與不可商量的分別。作者並思考了如何對學前兒童、學齡兒童以及十來歲的青少年進行經濟／金錢教育。

表 3.6 美國人對兒童與金錢的態度

問題	是(%)	否(%)
在我的成長過程中，我知道父親一年賺多少錢	23	77
過去我知道家裡的抵押／房租是多少錢	30	70
我知道家裡的投保項目有哪些	23	77
我知道父母要花多少錢讓我上小學	26	74
我會希望自己的子女更了解財務現實	91	9
我願意更加了解如何進行子女的金錢教育	73	27

資料來源：Godfrey（1995）

　　學前兒童的部份，作者建議了數種遊戲；像是購物者的扮演，或者如購物研究所運用的遊戲，讓兒童們在商店裡頭進行角色扮演。此種教育策略同樣也見於零用金的推薦方案當中。

- 應以對特定工作支薪的方式發放零用金給學前兒童（三歲兒童）。
- 為了報酬而工作代表：零用金是根據某些特定的家務事而發放，他們自己應做的事情並不包括在內（例如幫忙擺碗筷、收碗筷相對於刷牙）。
- 三歲兒童每週領三塊錢零用金，六歲兒童每週則領六塊錢零用金；換言之，每長一歲就可多領一塊錢。

　　關於學齡兒童部份，Godfrey (1995) 建議要對他們的零用金課稅。學齡兒童應當被告知，身為一名「家庭公民」(Citizen of the Household)，他們零用金的15%是要課稅的。另外有10%則應作為捐款之用。此外，如果孩子把錢存下來，這些存款也應當付以利息。Godfrey並且大力建議舉行家庭會議以公開誠實地來討論經濟事務；

會議中，成員應遵守書面議程，並加以記錄。可供討論的議題則可能包括：產品測試、重要物品的購買、旅遊規畫、樂捐與送禮等等。書中也建議設置一個她稱之爲家庭銀行的家庭金錢庫，其管理與使用金錢的方式則透過全家的討論來訂定。此外，這個家庭銀行應明文規定其信用政策；因此如果孩子預借了一筆零用金，他有三個禮拜的時間可以歸還，但他必須付利息。當孩子年齡漸長，他們的家務工作也愈繁重；此時父母應敎導他們，這些工作是他們的職責。敎導的訊息則是：身爲家庭公民，孩子便應自動自發地去做一些家務事或各種瑣事。

當孩子漸漸長大，當他們有借貸與交易的經驗，他們便能從中學習到口頭契約、協商與交易之一般原則的重要。其次，家庭與社群對於商品破損、商店偷竊行爲以及消費者糾紛等事件的價值觀應該加以討論。比方說，書中就主張要敎導青春期前的兒童下述這些簡易但要的消費者概念：以最少的錢買到最好的商品；確定你了解商店的政策；別忘了把收據留下來；特價的時候再去購物；明瞭你自己的權益。

對十多歲的青少年而言，家庭公民的概念可以延伸至其他概念，如返家時間的規定。此外，家長們也應敎導孩子養成一些關於信用卡、預算以及開始作財務收支表的良好習慣。

結論

兒童與青少年是如何、何時開始了解貨幣及經濟之運作的呢？這些問題有我們不能低估的重要性。Lunt 便如此寫道：

> 由於消費社群不斷擴展，有愈來愈多的兒童被囊括在經濟
> 活動中，再加上現今社會中年輕人相對富裕的狀態，不少兒童

在學習經濟知識的同時，也主動參與了經濟。因此，兒童置身於經濟體系中的這個事實已然成了一項潛在的「社會問題」，若干相關的議題也因而帶動了一些研究……無論是現金經濟到信用經濟的轉變、家庭所有權的增加、或一般人所從事的其他複雜經濟活動，上述種種都意味著，經濟能力（*economic competence*）變得日益複雜，而且日益多樣化。消費者如今處在一個複雜的經濟體系當中，我們每個人對經濟的了解也因此面臨了愈來愈高的要求。事實上，今日西方社會的政治辯論主要就是在討論管理經濟（包括消費者經濟）的各種方法。

（Lunt, 1996, 第 14 頁）

顯然的，關於年輕人（兒童與青少年）的金錢知識與金錢行為的研究十分重要，其中一個頗為重要的原因是，他們的購買力愈來愈高。當兒童年齡漸增，他們便開始了解金錢的本質以及金錢在社會中的使用狀況。他們的想法與理解同時受到動機與經驗的影響。其中，動機這個部份，我們固然難以影響，經驗卻是容易被影響的。不少團體便關心著要如何提昇年輕人的金錢知識、增加年輕人的理性行為。其中自然包括了父母，這些父母試圖要透過零用金制度、各種討論與工作的指派，來教導孩子明智地賺錢、花錢與存錢。

學校也扮演著一個直接教育和模塑經濟行為的重要角色。此外，製造商、銀行及其他金融機構對年輕人和他們手上的錢也是很有興趣的，背後的原因不言而喻。各種傳聞及實證的證據都證明，某些「不健康」的金錢習慣是在幼年時期養成的，長大後就積習難改。因此，年輕人如果能夠成為有知識的消費者，並且對金錢的使用負責，許多團體都將獲益。

研究顯示，經濟知識的習得是漸進的，其間往往歷經數個清晰可辨的階段。不過，取決於性別、社會階層、種族文化與國家文化的個

人經驗往往也深切影響了年輕人習得金錢知識的方式和時間。因此，儘管第一世界（已開發的西方國家）兒童的許多認知發展上都領先第三世界（開發中國家）同年齡的兒童，就他們對經濟與金錢的理解而言，情況常常相反。個中的主要原因在於，開發中國家的兒童不得不對日常經濟活動做更深的涉入。假如五歲大的小孩可能必須在父母不在的時候照顧水果攤，他很快便學會找零錢的知識。

　　究竟如何對兒童和他們的父母進行金錢教育，各界尚未達成一致的看法；儘管如此，某種共識卻逐漸形成。有愈來愈多的自助式書籍教導父母一些可能有效的零用金制度之細節。不過，這些書籍雖然提出了許多說法，數據資料卻相當缺乏；所幸情況正在改變，此一重要的跨學科研究領域儘管被冷落已久，目前已吸引愈來愈多學者進行更多高品質的多國性研究。

第四章　金錢與日常生活

儲蓄、賭博與賦稅

我民中有貧窮人與你同住，你若借錢給他，不可如放債般的向他索息。

-- 出埃及記第二十二章第二十五節 --

金錢保證我們可能在日後擁有我們想要的東西；即使此刻我們什麼也不需要，然而等到新的欲望在心中生起，金錢確保了它有可能得到滿足。

-- 亞里斯多德 (Aristotle)--

商業國家的原則並非道德，而是金錢。

-- 傑佛遜 (Thomas Jefferson)--

我們都知道，同樣的一筆錢，其金額大小會因為它是收入或支
出而顯得大不相同。

-- 赫胥黎 (John Huxley)--

一個人要是認為，財富的主要功能在於滿足需求，那他一定是
個大傻瓜，因為在絕大多數的情況下，財富所創造的需求比它
所滿足的需求還要多。

-- 無名氏 --

對你我來說，財富從來就不具備任何意義，它大概只是我們做
記錄的一種方式罷了！

--Nelson Bunker Hunt--

商人的「表演」只能得到一種喝采，那就是錢。

--Larry Adler--

賺錢不難，但是有點無聊，而且再怎麼樣都無法令人滿足。

--Jim Slater--

我們一毛錢也沒有，所以只好思考。

--Lord Rutherford--

發財是件難事，守財更加困難，但若要有智慧地花掉財富，那
才真是難上加難。

--Edward Parsons Day--

引言

　　有些人花錢花得愉快又規律。他們或許好賭，或許是進行「零售療法」的購物狂。在許多人眼中，這些人魯莽、任性、反覆無常而且愚昧不明。相反的，許多人也見識過謹慎的(甚或強迫性的)儲蓄者，這些人則通常被認為明理、睿智而且懂得自制。本章我們將探討與金錢相關的日常行為，包括：儲蓄與消費有那些型態？何種人會賭博？他們又為什麼而賭？另外，我們也將探討逃稅與避稅這個棘手的問題。

　　同樣地，許多人借錢也是借得愉快又規律；他們不惜讓信用卡的負債金額節節攀升(以極高的利率增加)，目的只是為了全然「活在當下」。相對的，儲蓄者則將消費延後到不確定的未來，他們遞延了滿足，卻也因而獲得了報酬(利息)。至於有賭癮的人，他們往往極熱中於賭博，並且像有儲蓄癮的人一樣難以治療。要注意的是，成癮性 (addictive) 與強迫性 (compulsive) 的金錢行為事實上不大相同。Scherhorn (1990) 便很清楚地道出其間的差異：「成癮行為之所以會失控，是因為它源於一股強大的欲望，這股欲望當事人一開始即張開雙臂迎接；相反的，強迫行為則受制於當事人並不歡迎的某種外來壓力」(第 34 頁)。此外，我們還將探討納稅、逃稅與避稅的相關態度和行為。不過，日常金錢行為中明顯異常的病態行為類型並非本章的重點，這我們在第五章才會加以探討(主題是：金錢與心理疾病)。在此我們僅關切下面這些問題：一般人為什麼會儲蓄？他們儲蓄的金額有多少？為什麼有些人會負債？何種人會賭博？這些人又為何而賭？一般人對賦稅有哪些看法？

　　如同 Price (1993) 所言，金錢心理學包含了下面這些課題：自我概念、金錢信念 (有錢人都很吝嗇；努力工作才會賺大錢等等)、以及價值觀 (小錢看得牢，大錢就不用愁)。如此看來，金錢存有

一些觀念上的聯結，這些聯結不但複雜，而且威力強大，難免會影響個人的用錢方式。（見第二、三章）

　　長久以來，社會學家也體認到金錢在社會中的重要性。馬克斯便寫道：「金錢使忠貞的不忠，讓愛變成了恨，使美德轉爲罪惡，罪惡轉爲美德，而奴僕成了主人，主人成了奴隸，愚蠢取代了智慧，智慧淪爲愚蠢…無論是哪一種特質，〔錢〕都可以把它換成另一種特質，即使彼此之間相互矛盾」（Marx, 1977, 第 100-101 頁）。社會學家 Simmel (1978) 也強調金錢在社會中的重要性，因爲多數人都將它視爲可以達成所有目的之手段。

　　許多成年人自認不懂經濟學，不少人更因爲自慚於這樣的無知而使他們的好奇心受到阻礙。然而在某種層次上，許多人對賦稅之類的經濟財務課題卻又抱持著強烈的主張。一般人顯然十分關心家庭內、工作上以及整體社會中的財富分配；對於各種貨幣象徵的使用，他們十分敏感，而且深受影響。即使非專業的一般大衆，對於相關課題也都略知一二，並會加以討論，如貧富差距、製造成本與價格、收入的分配、賦稅、工時以及行銷等等。

　　瑞典有項研究探討人們對金錢的日常思考。學者 Bergstrom (1989) 發現，經濟理解的複雜度隨著年齡而增加，並且似乎深受個人工作生活與社會角色的影響。一般來說，女性似乎比較喜好明白具體的經濟立論，男性則偏好抽象的論證。有趣的是，有較多的女性認爲，儘管身爲社群的一份子，她們卻覺得衝突是社會的一種自然狀態。

　　Luna 與 Quintanilla (1996) 則區別了金錢態度中的個人成分與社會成分。金錢這項人造物，事實上象徵人們所交換的貨物與服務；在高交易、高消費指數的社會中，金錢益形重要。人們在社會化的過程中學會了評估金錢此種社會與個人的表達形式。有些人認爲金錢萬分重要，把它當作是自我實現、個人追尋與自尊的一項指標；也有些

人並不如此看重金錢。至於重視的程度有多深，則跟一個人的消費型態（強迫性購買相對於一般性的購物）與消費滿足感有關。

此外，人們似乎確實會用金錢來評估個人價值：我們評價自我的方式常常就是，看別人願意付出多少錢來換取我們的勞務或努力。許多國家都有證據顯示：犯罪者的社會地位如果高於受害者，此人入獄的機會便較低；一旦如此，他可能必須繳納罰金或從事社會服務以代替入獄服刑 (Black, 1976)。不是常聽人說：有錢人的法律是一套，窮人的法律又是一套。

倘若金錢真能賦予一個人社會權力，那我們不難推想，金錢果然有其價值；它很容易被視為社會價值的指標（事實上，反之亦然）。就個人在其組織結構或更廣大之社會結構中的地位而言，其財務地位可能既是因，也是果。權力愈大，個人所能獲得的報酬也愈高；同樣地，一個人的財務地位也或許確實能夠幫助他獲取更高權力的地位——可能透過賄賂、聲名，又或許透過其他的中介變項，如教育或個人社會網絡的強度與複雜度。

地位與權力可以透過衣著或座車加以展現，因此某些奢侈品或名家設計品——象徵價值或象徵意義的重要性超過它本身的價值——意義因而重大。對於那些炫耀自己經濟成就的人，人們不但賦予他各種特權，還對他百依百順。在這些人的想像中，錢可以為他們買到自由與獨立（見第五章）。

不消說，金錢對個人的情緒狀態和健康影響重大；意外中獎或課稅都可能會對健康產生強烈的中短期效應。同樣地，在組織裡，薪資必定也會影響個人對自我價值的知覺。一般而言，經理人的薪資比員工高出 30% 到 40% ，而經營者的收入則又比經理人高出 30% 到 40% 。

一個人對過去金錢的評估能有多精確呢？他的記憶正確嗎？他會不會情緒化地把過去的價格給低估或高估了呢？ Kemp (1991) 發表

了兩份這方面的研究：其中一份在德國進行，另一份則在紐西蘭進行。他發現，德國人能夠十分正確地估計前一年商品的一般價格與特定價格，但卻容易高估十五年前的價格。這份研究證實了一些在其他差異極大的國家所進行之研究，並且也顯示了，一般人會低估通貨膨脹的長期效應 (Kemp, 1987)。在作者的第二份研究中，他並不要受試者估計過去的價格，而要他們說出價格變動的日期。結果顯示，對於較近期的價格變動，一般人總是估計得太近；而對於較早期的價格變動，他們卻又估計得太早。如此看來，人們對過去價格的記憶，似乎顯現十分一致的系統性偏誤。Kemp (1991) 於是推論，一般人可能低估了通貨膨脹對未來產生的長期效應。此外，人們可能也高估了全額保險投資的實質報酬——即便當時的通貨膨脹率很低。

由於人們無法非常正確地回憶金錢態度、金錢行為以及經濟事實，這對研究工作而言自然意義重大——尤其當研究問到人們年輕時如何儲蓄、如何消費時，更是如此。

關於日常生活的金錢使用，有許多地方值得研究。比方說：如何幫助人們因應嚴重的通貨膨脹；有錢人為什麼會在商店裡順手牽羊。不過，本章只強調四個主要課題：儲蓄、債務、賭博與賦稅。每個課題都呈現一些重要而有趣的心理學問題，有的屬於理論層次，有的則屬應用層次，每個課題都有助於我們更深刻地了解人們對金錢所賦予的意義。

消費與儲蓄之心理學

探討購物行為的消費者心理學文獻為數不少；以往，這些文獻並未與金錢心理學產生直接的相關。儘管如此，我們仍可輕易地了解到兩者之間可能會有哪些關聯。比方說，在一個典型之心理圖示 (psychographic) 的分析或生活方式的分析中，McDonald (1994) 就

發現了一些心理計量上的證據，顯示購物者有好幾種頗為不同的類型。這些類型分類如下：

- 價值型購物者 (value shopper)—— 這些人主要關心的是：取得價格與品質的最佳組合。（他們可能是金錢的偏執狂）
- 流行型購物者 (fashion shopper)——最新的款式與變化是這些人的興趣所在。他們通常注重形象，而且十分情緒化。（在此，金錢也許象徵著權力或提昇自尊的東西）
- 忠誠型購物者 (loyal shopper) ——這些人會向他們信任的來源重覆購買物品，他們同時關心品質與形象。(金錢再次成為安全感的來源)
- 多樣型購物者 (diverse shopper) ——這些人善變、反覆無常、而且前後矛盾。(金錢所具備的意義可能既強烈且相互矛盾)
- 娛樂型購物者 (recreational shopper) ——他們重視的是購物行為中，好玩有趣的活動面向。(金錢也許是他們滿足享樂衝動的主要工具)
- 情緒型購物者 (emotional shopper) ——在購物行為上，他們似乎顯得困惑、衝動，行事規則也較散漫。(金錢被視為愛的象徵)

除了上述分類，尚存有不少其他類似的心理圖示分類，有些是根據特定的商品加以分類，有些則根據特定的商品類型加以分類。研究者有時候會提供一些百分比數字，告訴讀者有多少百分比的人屬於某一類，又有多少百分比的人屬於另一類；然而這些數字通常不太值得信賴，而且也侷限於特定國家。儘管如此，這些數據確實也說明了人們用錢有各種大相逕庭的方式。一如你可能的預期，不同類型購物者的用錢方式也非常不同——儘管其間的差異有部份源於情緒因素

(Babin and Dardeb, 1996)。此外，這些探討人們如何、為何以及何時購物的研究都有一個非常明確的特點：購物者的行為很少會依循經濟學家所主張的理性模式。

多項研究已經明白證實，人們用來判斷產品品質的依據，通常是價格，而非感官證據（嗅覺、味覺等等）。低廉的價格似乎暗示品質低於標準，因為許多人相信，價格與實際的品質之間有顯著的相關。因此，如果生產高品質產品的製造商要降價出售產品，他們得設法找出充分的理由。(Lea et al., 1987)

同樣地，有證據顯示，新品牌上市時會有減價謬誤 (cut-price fallacy) 的現象發生。儘管較低廉的減價新品牌通常能夠跟知名品牌競爭而獲得良好的銷售成績，然而廠商一旦為了爭取主要競爭者的利潤而提高產品價格，其銷售量便往往銳減。消費者認為，減價商品的價值是低劣的，即使它的品質跟其他產品相當，或甚至更高。儘管有不少相反的證據存在，許多人仍然期待，價格差異能夠精確地反映品質的差異 (Lea et al, 1987)。

Fank (1994) 則致力於發展一套測量涉險 (risk-taking)、家計以及金錢與資產之處理方式的德文問卷。最初他發展了兩套問卷，每套問卷皆包含600個以上的題目，經過因素分析，顯示出有60個主要因素。這些因素接著被轉換成問卷項目，並施測225名德國男性。透過進一步的因素分析，這60個項目又縮減為13個因素；而這13個因素接著又再度進行因素分析。最後得出三個因素，標示如下：**逸樂**（對奢侈品有樂觀的偏好，相信錢能夠解決問題）；**投資／投機**（關心投資與投機，但又能夠冷靜地接受損失）；**儲蓄／努力工作**（強調儲蓄及嚴密的財務控制）。

Fank認為，風險行為是許多金錢行為的基本主題。令他驚訝的是，樣本受試者的分數落差很大，有的反映了極端避險的受試者，有的則相反。不過，金錢態度和金錢信念究竟跟日常的購物與消費何種

關聯？－－這個問題其實尚待研究。

　　人們為什麼要儲蓄？關於儲蓄行為，目前已有的心理學研究（而非經濟學研究）還相當有限。Katona (1975) 從美國數年間的一些調查中注意到，人們所提出的儲蓄理由相當一致。危難（生病或退休）是最常見的理由：由於人們對未來有不確定感，因此認為保留基金是有必要的。第二個主要考量則是退休（老年），然而，作此表示的人其實相當年輕（三十來歲）。其他的理由還包括：子女的需要（主要是教育）和購屋（其次是耐久財）。Katona 說道：

> 　　首先，少有人提到，他們之所以儲蓄，是為了日後的消費作準備，或為了改善日後的生活水準……其次，幾乎沒有消費者提到，儲蓄的目的是為了賺取利息或股利這種額外收入，或為了留給子孫一些財產…整體而言，這些調查顯示，累積積蓄是一項極受重視的目標。人們將積蓄和一些重要的價值連結起來，而把它視為一個值得奮力追求的目標。不儲蓄不但令人失望，有時候甚至會被認為不道德。現代人的「物質取向」固然令人感慨萬分，人們還是對節儉賦予高度的評價，而評價的背後，其實隱含了許多人仍舊抱持的清教徒價值觀。

> 　　　　　　　　　　　　　　（1975, 第 234 - 235 頁）

　　Katona 認為，儲蓄者的人口統計特徵部份取決於儲蓄的定義。從事自主式儲蓄行為 (相對於契約式儲蓄行為) 的人主要為高收入的中年人。不過，研究者也注意到，經濟繁榮、經濟蕭條以及市場利率都會影響儲蓄行為。英國的一項數據資料 (Central Statistical Office, 1996; 第 16 頁) 便顯示，現今的「儲蓄率」（即家庭儲蓄相對於所得的比率）為 3.3%，但此比率在 80 年代晚期則為負值。不過若計入年金與抵押貸款之類的「契約式」支出，此比率則超過 10%。

Gianotten 與 van Raaij (1982) 檢視了消費者信用與儲蓄做爲所得與支出之函數的狀況。他們發現,消費者對於儲蓄能力的預期一直相當穩定,但儲蓄的效用則呈現一種循環的型態。在這項荷蘭的調查中,年輕與富有的受訪者對儲蓄能力都抱持較正面的預期,但富有者的儲蓄動機較低(相較於存款帳戶,他們可能偏好債券、股票與房地產)。一般來說,對整體的經濟狀況愈樂觀,個人對儲蓄的預期也就愈高,然而儲蓄效用和整體經濟的預期並不相關。在 Katona 所提出的模式當中,儲蓄取決於所得和對儲蓄的預期／動機,但此模式僅適用於儲蓄機構。

表 4.1　　關於個人儲蓄在景氣與不景氣時期如何變動的假設

因素	蕭條期	復甦期
1.分期購買(以輕鬆的分期付款購買)	淨儲蓄增加——由於不會大量使用信用,故儲蓄額不減	淨儲蓄減少——由於大量使用信用,儲蓄額因而減少
2.不尋常的現金支出	淨儲蓄增加——由於不會自銀行帳戶大量提領,故儲蓄額不減	淨儲蓄減少——由於自銀行帳戶大量提領,儲蓄額因而減少
3.所得增加的頻率與數量	淨儲蓄減少——由於所得較不常增加,增加的金額也較少	淨儲蓄增加——由於所得經常增加,增加的金額也多
4.儲蓄動機的強度	淨儲蓄增加——由於儲蓄動機的強度高	淨儲蓄減少——由於儲蓄動機的強度較低

資料來源:改編自 Katona(1975)

經濟學家與心理學家皆思考過上述主題，不過他們的定義卻不見得相似。經濟學家跟一般人不同的是，他們將分期付款視爲儲蓄，也視之爲銀行帳戶裡尚未使用的餘額。在房屋擁有率高的國家（如英國），抵押是最常見的儲蓄方式之一。對絕大多數的房屋所有人來說，房屋是他們最有價值的財產，而且他們通常希望把房屋留給子女。因此，透過抵押付款的方式來儲蓄往往是非常規律而契約化的，而且儲蓄金額可能很容易便佔去稅後所得的1/3。也因此，如果房地產價格突然跌落，以至於抵押價格高過房地產價格，人們往往感到相當的憤怒與苦惱。此時，儲蓄也可以透過其他的契約方式加以進行，如保險、年金或抵押方案。 Sonuga-Barke 與 Webley (1993) 認爲，儲蓄理論基本上有兩種，其間的差異可用它們有多強調儲蓄之經濟功能的重要性來區分。第一種理論的基礎是理性行爲的概念；這些理論主張，特定的經濟考量是儲蓄的動機——儲蓄或許是爲了將來的消費作準備，或是爲了賺取利息。第二種理論則基於下面這樣的想法：儲蓄本身是一種社會認可的目標；或者說，儲蓄是對早期童年所發展出來之某種衝動的反應。後面這一類理論主張，特定的經濟考量並非儲蓄的動機。總結來說，一派理論家將經濟功能視爲最重要的因素，另一派的理論家則不以爲然。

Katona (1975) 區分了自願性（voluntary）與非自願性(involuntary) 的儲蓄——這樣的區分也可以引伸到借款上。發生非自願性儲蓄行爲時，儲蓄者並無儲蓄的意願或決定。比方說，有些透過定期繳費方案來繳納瓦斯費的家庭，年底時收到退費，這時候他們才發現，原來自己一直進行著非自願性的儲蓄。相反的，如果他們接到了瓦斯公司的帳單，他們則是非自願地一直在借錢。至於自願性的儲蓄與借款，情況當然相反，不過發生方式可能十分特別。Cordes 等人 (1990) 指出，在全美所有個人所得稅申報書中，有 3/4 溢繳了聯邦所得稅，平均溢繳金額爲1000美元（650英磅）。藉由稅務制度，

人們得以從事強迫性儲蓄，而日後他們也可得到退稅。此外，Katona 還進一步區分了兩種儲蓄：一是年金方案之類的契約式儲蓄 (contractual saving)－－此爲固定、定期的債務，一旦發生，個人便毋需再做出新的決定，但個人不見得會將之視爲儲蓄；二是自主式儲蓄 (discretionary saving)－－它可以存在各種的地方，人們也視之爲累積預備基金的一種方法。

儲蓄理論

凱因斯 (Keynes, 1936) 曾列舉儲蓄的八個動機或目的，不過並未提出任何佐證資料。這八個動機包括：

1. 預防 (Precaution)：爲不可預見的意外累積準備金。
2. 先見之明 (Foresight)：爲個人或家庭，所預期的所得 與需求之間的未來關係作準備，此種需求（老年、教育）不同於現存的需求。
3. 精打細算 (Calculation)：爲了享有利息與增值－－因爲偏好未來較高的實際消費，而非現在較低的消費。
4. 改善 (Improvement)：爲了能自逐漸增加的開支中得到享受，因爲多數人期望自己的生活水準能夠逐漸改善。
5. 獨立 (Independence)：爲了享受一種獨立感、力量感，即使並不清楚特定行爲的特定意向。
6. 事業 (Enterprise)：爲了確保擁有足夠的資本以從事投機活動或經營事業。
7. 自豪 (Pride)：爲了將財產留給他人。
8. 貪婪 (Avarice)：存粹爲了滿足貪欲。

以下這段凱因斯 (Keynes, 1936) 所說的話，如今已成名言：

 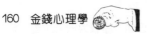

基於上述考量，實質所得一旦增加，通常會有更多比例的所得被儲蓄起來。……任何當代社群的一項基本心理原則是：一個社群的實質所得一旦增加，其消費並不會有同樣絕對金額的增加，因此一定會有更多數量的所得被儲蓄起來。

（Keynes, 1936, 第 96 頁）

然而，凱因斯的想法已經遭到經濟學家以及社會學家質疑。比方說，Duesenberry (1949) 便提出這樣一個社會學理論：他把儲蓄傾向從所得的絕對水準中抽離出來，而將它更直接地連結到社會因素－如個人在其社會團體之所得分配中的相對位置。因此，儲蓄率在所得增加的時期仍應大致保持不變。高所得者由於有能力滿足社會或文化加諸的所有要求，因此有多餘的錢可供儲蓄；然而低收入消費者永遠沒有足夠的錢可供儲蓄，因為他必須花費所有的錢以符合文化的要求。Duesenberry的理論基於以下這個明確的基本概念：消費支出深受個人與他人消費之比較的影響，效用指標則是相對消費支出的函數，而非絕對消費支出的函數。因此，預期雖然確實會隨著所得的變化而變化，然而在一段時期內，預期對消費者行為所產生的影響會超出所得之實質變化所產生的影響，而消費者所表達之滿意水準則相當程度取決於相對的經濟狀況。這樣說來，我們便不訝異，為何提高所有人的收入不見得能夠讓所有人都變得更快樂——對個人來說，那或許是事實，但就整體社會而言，卻並非如此。(Easterlin, 1973)（另外見第十一章）。

Duesenberry的想法可以依參照團體 (reference group) 的概念來理解 (Hyman, 1942)。所謂參照團體的概念是說：個人是在社會的參照架構下行動的，此參照架構衍生自個人所屬的團體。上述概念已經被運用在各種問題上。例如心理疾病或消費者行為；這個概念的一項目標是，將評價與自我評價歷程的決定因素和結果系統化，在這些歷

程中，個人會將重要團體之規範價值當作一套參照架構。因此，貧窮或富有的感受較不決定於個人的絕對所得和絕對積蓄，反而較取決於相對貧困的感受——此種感受來自於個人與其選定之參照團體所作的比較。再者，個人的儲蓄習慣和儲蓄信念也部份決定於其參照團體的標準和地位。從這樣的角度來看，一個人的儲蓄習慣和儲蓄信念並非那麼受限於絕對的所得或財富，反而更取決於參照團體的儲蓄規範。倘若參照團體傾向於儲存相當大比例的收入以維持未來收入的一個穩定來源，那麼個人可能會跟著這麼做。同樣地，如果參照團體通常不太儲蓄，而喜歡把錢花在可立即享樂的產品和服務上，個人大概也會跟進。

各種最具影響力的經濟理論都假設，儲蓄的首要動機在於：今天存了錢，明天才有能力消費；換言之，人們是在當下消費與未來消費之間作選擇。因此，多數理論的一項共同關切便是，個人如何因應一生中收入的變動。這些理論中最著名的是 Modigliani 與 Brumberg (1954) 所發展的生命週期假說 (life-cycle hypothesis)。關於這個假說，Thaler 給了我們一個精簡的摘要：

> 生命週期理論的要義在於：計算你任一年度的財產現值，包括目前的所得、淨資產及未來所得；接著算一算你用這筆錢可以買到那一水準的年金；假設你真的擁有這項年金，那麼你可以領取的金額便是你應當消費的金額。

> （Thaler, 1990, 第 193 - 194 頁）

對大多數人而言，上述的計算勢必十分困難，因此多數人大概不會這麼做。這套理論暗示著，為了求取最大效用，人們會以理性的方式決定他餘生可供消費的金額；同時也暗示著，此消費水準與收入的差額便是儲蓄的金額（或借款的金額）。如此一來，年輕人會借錢

以供消費，中年人會爲了退休而儲蓄，老年人則使用這些儲蓄（此即所謂「駝峰」儲蓄剖析圖），許多年紀更大的人則打算把錢留給子女。有些學者認爲，這種作法其實表現了一種深層的社會生理需求。因此當政府建議老年人賣掉房子以支付其長期看護費用時，社會上往往有許多反對聲浪。同樣地，中產階層常常擔心工作不穩定，而且擔心被迫提早退休。

Friedman (1957) 則提出一項更新的理論，名爲恆常所得-儲蓄理論 (permanent income-saving theory)。這套純屬經濟學與理性的理論假設，儲蓄並非「剩餘」現象，而是爲了未來作預備。「眞正的」消費者之所以儲蓄，是爲了確保一份恆常的所得而將其所得均攤於一生的時間，不過時間的考量會因類別的不同而長短不一。儘管學者們能夠提出總體性的資料來驗證或駁斥這些理論，然而經濟分析或統計分析並不能夠告訴我們，人們儲蓄的動機是否眞如經濟學家所主張的一樣。

儘管上述理論皆十分精緻，它們卻不符合實際的資料。資料顯示：消費似乎深受所得影響（因此儲蓄亦然）。根據生命週期理論，年輕人與老年人的消費都低於估計的數字（儲蓄高於估計的數字），中年人的儲蓄則顯得太少。此外還有一個問題：退休者由於家庭支出大大地減少，子女離家了，並領有規畫良好的退休金，因此儲蓄額往往增加。許多年紀更長的人則憂心於親代間資本的轉移——或轉移給子女，或轉移給孫子女。跟過去比較起來，如今人們繼承財產的時間是晚了許多。

傳統的生命週期模式假設：人們會找出一個最佳的消費計畫，然後奉行不渝。要駁斥這樣的理論很容易，極少人——如果有的話——會說他們根據 Friedman 模式計算出一個儲蓄計畫。事實上，人們可比經濟學家所想的更不理性，更不懂邏輯。此外，儲蓄不見得會隨著利率的提高而增加，也不見得會隨著通貨膨脹而減少 (Lea et al.,

1987)。有大量證據顯示，人們是很難遞延享樂的，如果讓人們在當下的小報酬與未來的大報酬之間作選擇，他可能會選擇立即的小報酬。

然而，Shefrin 與 Taylor (1988) 為行為的生命週期假說提出了一項有力的辯護。他們將人分為兩類：遠視的規畫者 (far-sighted planner) 與近視的行動者 (myopic doer)；兩種人皆以理性的方式運作，只不過擁有不同的偏好功能。規畫者所關心的是終身效用的極大化，行動者則想要立即獲得享樂。於是，規畫者制訂了一些規則加於自身，並利用外在的規則（例如透過年金方案進行定期的儲蓄）來控制行動者的行為。

此外，Shefrin 與 Thaler (1988) 還提出了另一種想法，他們認為人們擁有數個運作相當獨立的心理帳戶 (mental account) 可供使用。這些帳戶具備了階層式的組織，組織的依據則為所得的來源：包括現有的可處分所得、資產以及未來所得。個人傾向於以不同的方式從這些不同的帳戶花費金錢；大多數的現有所得會被消費掉，未來所得則幾乎完全不被消費，消費資產通常介於兩者之間。要注意的是，這意味著人們可能在擁有積蓄的時候借錢；由於害怕自己在未獲援助的狀況下無法再累積起原有的存款，於是人們可能會在不動用存款的同時借錢來買車，只要知道銀行可以確保他們將會償還貸款。

Shefrin 與 Thaler (1988) 之模式的最後一個特徵則是架構 (framing) 的概念，這個概念的基本主張是，根據所得擁有人如何知覺其所得，所得的花費方式將有所不同。這與心理帳戶的概念極為類似，不過，我們並不清楚它為整體理論帶來了什麼貢獻。

行為生命週期假說是個十分特別的理論。它不但完善地解釋部份儲蓄的資料（儘管其預測大多尚未接受直接的檢驗），更有趣的是，它明確地採取心理學的取向（即使可能過度簡化了）。至於所謂「兩種自我」的模式，儘管論點過於天真，但在整合經濟學與心理學模

式上，至少向前邁進了一步。此外，雖然它修正了原本的生命週期模式，此一研究取向仍堅守「個人理性行為」的概念：即行動者與規畫者皆根據自己的偏好理性地「行動」。

家庭與日常儲蓄

Furnham (1985c) 曾經進行這樣一項研究，他的研究目標是為了確立英國人之儲蓄態度和儲蓄習慣的決定因素。儲蓄工具（例如股票、投資、財產的投機買賣）雖然有好幾種，不過本論文的焦點則是**金錢**的儲蓄。某些學者認為，金錢態度深植於個人的教養和生活方式，並且與之息息相關 (Lewis et al., 1995)。 Furnham 的這項研究有幾項目標：(1)判定金錢信念的結構，並檢視人們是否如 Keynes (1936) 及 Katona (1975) 所說，對儲蓄幾乎都抱持著正面的態度和信念；(2)探究這些態度和信念在人口統計上與心理學上的決定因素，以便進一步判定，儲蓄習慣和儲蓄價值觀，最有力的決定因素究竟是收入，還是其他的變項；(3)判定各種可能的儲蓄動機 －－儲蓄動機有部份顯現在人們的儲蓄方式當中（銀行、房屋建築會、房地產、藝術品等等）－－以便比較 Keynes、Duesenberry、Friedman 以及 Katona 等人的想法。

首先，研究結果顯示，儲蓄態度絕非只有單一的向度，它牽涉到多種信念，諸如：儲蓄究竟會帶來好處，抑或沒有任何意義？應該如何儲蓄？儲蓄是否真能保障財富？還有，儲蓄中是否隱含了克己概念…等等。Katona (1975) 早期的研究似乎顯示，儲蓄普遍被認為是一項正面的目標，而此目標可能又跟新教式工作倫理有關。然而 Furnham (1985c) 的研究卻顯示，上述假設在英國不見得都能夠成立，因為似乎有些人認為，儲蓄並無意義，並且在整體新教工作倫理、儲蓄習慣以及儲蓄信念，並無高度的相關。兩項研究間之所以存在這樣的差異，有幾種可能的理由：當時的英國，經濟一片低迷，相

較之下，美國在60年代早期的經濟則相當看好；此外，兩國的政治及福利規畫並不相同；再者就是抽樣上的差異。簡而言之，認爲傳統儲蓄方式可以帶來好處的正面信念並非普遍存在的－－即便當時的通貨膨脹率相當低。

Furnham 還發現，年齡與儲蓄成直接、直線的相關（年齡較長者對儲蓄持比較肯定的態度），教育則與儲蓄成曲線的相關。教育程度最高者和最低者都對儲蓄持否定的態度，但他們對於投資的態度並非如此（無疑地，背後的理由大不相同）。在不同的儲蓄信念之間，所得的差異並不大，唯一的例外是：所得愈高者，愈不會認爲儲蓄沒有意義。此外，疏離感與儲蓄無意義的信念之間成正相關，保守的信念則與之成負相關－－一個人的社會態度愈保守，就愈重視儲蓄。至於儲蓄的規律程度，以及所得中用於儲蓄的比例，實際上也沒有什麼不同（年齡除外）。由於所得上並未呈現顯著的差異，因此推翻了 Keynes (1936) 的推測，而未推翻 Friedman (1957) 與 Duesenberry (1949) 的推測。研究結果顯示，較高所得者的儲蓄並未少於較低所得者的儲蓄，而是兩者儲蓄的比例相當，因此我們不禁懷疑，「自主性」的概念究竟正不正確。爲了保持所得當中一定的儲蓄比例，人們或許會放棄購買某些產品，不過也有調查得出不一樣的結論，認爲儲蓄確實會隨著財富以及可預期的所得而增加。

Lunt 與 Livingstone (1991a) 試圖運用大量的經濟、人口統計以及心理的變項來區分儲蓄者與非儲蓄者，並用以預測重複性儲蓄與總儲蓄。他們從社會人類學的角度提出這樣一個論點，認爲儲蓄受社會及道德環境的約束，並累積出特定的社會意義。在他們看來，儲蓄似乎與個人的生命事件、因應策略以及社會網絡有關。爲了區別儲蓄者、非儲蓄者以及有存款的非儲蓄者，他們以一份20頁的問卷對將近250名的英國成人進行調查。他們並使用迴歸分析以預測重複性儲蓄和總儲蓄。結果發現，相較於非儲蓄者，儲蓄者通常有較高的收入

和教育程度。而且，儲蓄者通常比較樂觀（相較於非儲蓄者）。此外，他們還有以下特徵：

- 認為自己比父母更會理財；
- 覺得自己的經濟狀況比父母在差不多年紀的時候更加優渥；
- 預期自己一年後會更有錢；
- 認為整體經濟表現不錯；
- 在想法上較不具宿命色彩，覺得比較能夠掌控自己的財務；
- 相信訓練不足是他人財務發生問題的原因之一；
- 較不會想花錢就花錢。

至於非儲蓄者，他們容易放棄對財務的控制，認為自己是外在事件的受害者，但卻似乎會在出現問題的時候自責。他們比較不會將自己的財務狀況告知親友，而喜歡保持其隱密性。相對的，儲蓄者透過對親友的告知，他們可以獲得他人對自己財務處理方式的社會支持，並獲知如何因應財務問題的資訊。非儲蓄者似乎覺得自己是外在狀況的受害者，他們的因應方式是不安與自責，而不懂得讓自己獲得社會支持。此外，儲蓄者通常會在特定幾家他們喜歡的商店購物，非儲蓄者則喜歡到不同的地方購物。非儲蓄者認為，信用貸款讓生活變得更複雜，它雖然有用，卻也會製造問題。不過，儲蓄者並不贊同這樣的態度。再者，上述態度其實符合了非儲蓄者彈性的策略，也符合了儲蓄者簡化的策略。整體而言，儲蓄者相信個人對財務的控制，相信預算以及保持事情的單純；非儲蓄者則容易把生活變得更為複雜，並且自覺對生命的掌控力較低。

Lunt 與 Livingstone (1991b) 有一個驚人的發現，那就是在預測實際的重複性儲蓄上，他們可以解釋 65% 的變異。其中最具預測力的為經濟變項，在總儲蓄的解釋上也是如此。儲蓄總金額並不能以心理變項來加以預測，但可用所得與人口統計的變項來加以解釋。然

而，定期儲蓄的金額卻可用好幾個心理變項來加以預測，包括對享樂的重視程度、購物行為以及社會網絡。

Livingstone 與 Lunt (1993) 尚對儲蓄與借錢的關係感到好奇。他們發現，習慣性或規律性儲蓄者的心理動機不同於借錢者，負債對他們而言，要不是代表失敗，就是指日常生活中正常的一部份。相較於負債在身卻毫無積蓄的人，那些已經儲蓄一段時間而有些積蓄的人，即使負了債，他們也會比較樂觀，並覺得能夠掌控自己的生命。看來，負債跟道德議題有關，儲蓄則跟樂觀的態度則有關。

Dahlback (1991) 主張，由於積蓄常被用來預防經濟風險，因此個人對風險的偏好大概會影響他的儲蓄。此主張的論點在於，涉險是一個相當穩定的特徵，而這個特徵想必又跟淨累積資本總額、負債、流動資產以及資本總值相關。研究者使用一份包含16個項目的問卷來測量涉險的偏好。結果一如預期，學者們發現，相較於冒險式受試者，避險式受試者通常負債較低，銀行裡的存款也較多。不過，風險、資本總值、處理突發額外支出的能力，三者之間並不相關。

其實，儲蓄心理學的研究目前尚在起步階段，我們需要更多的研究來探討人們儲蓄的地點、儲蓄的理由、以及儲蓄型態的決定因素。不過更重要的也許是，我們應該要檢驗各種關於人們如何儲蓄、為何儲蓄的理性經濟理論；而檢驗的方式不僅包括對總體性經濟計量資料進行檢視，還應包括具代表性的大規模調查以及針對特定團體所做的小規模研究。

負債

所謂負債，指的是在非自願性的情況下，個人無力償還收受人所期望能夠立即獲得支付的款項，它不同於信用的使用，特徵則可描述為約定的延後清償。負債通常可分為抵押負債 (mortgage debt) (目

前的金額為所得的 2.3 倍) 以及隨經濟循環而變動的消費者負債 (consumer debt)。負債所代表的究竟是富有還是貧窮,如今尚有爭議。富裕的家庭往往負有高額的債務,但這是出於必要;對於低收入戶而言,他們的負債則是出於選擇。

Lea 等人 (1995) 列舉了八個負債的相關因素:

1. 關於負債的態度或社會支持:由於社會已經從厭棄負債轉變為接受信用,因此現代的消費社會接受(甚至鼓勵)負債。
2. 經濟的社會化歷程:一個家庭若是樹立接受負債的榜樣,債務便將延續下去。
3. 社會比較:一個人若把自己和更富有的團體作不當的比較,他很容易會為了「不被鄰居比下去」而背上債務。
4. 理財風格:理財能力不佳,同時反映了散漫的生活方式,以及有問題的財務狀況。
5. 消費行為:不當的購物型態(把奢侈品當作必需品)往往很快就給人帶來債務。
6. 時間界限 (time horizon):一個人所設定的時間界限愈不切實際,他就愈會容易背上債務。
7. 關於負債的態度:一個人若不會對負債感到憂心或難為情,他就愈容易背上債務。
8. 宿命觀:外控性格愈強的人,愈容易背上債務。

上面這份清單最好把它視為一系列的假設,其正確性尚有待驗證。不過儘管本領域的研究為數尚少,這些現存的研究倒也多少證實了,上述每個因素確實都有其重要性。

為了要檢視負債的主要決定因素,Lea 等人 (1995) 把研究中大量的樣本劃分為無負債者、輕度負債者以及重度負債者。結果呈如研究者們的預期,無負債者比負債者擁有更多的理財工具(如銀行帳

戶），他們對自己的理財能力也有較高的評價，負債者的時間界限則短於無負債者。此外，有部份證據顯示，各組間尚有其他因素上的差異－－比方說，信用卡的使用以及其他消費行為上的特點－－不過這些差異並不顯著。

在另一個以學生負債為題的研究當中，Davis 與 Lea (1995) 則發現到，學生（這是一群低收入、高負債的人口）對負債的容忍度相當高。兩位研究者以一份包含了 14 個題目的問卷向 140 名英國研究生進行調查。結果發現：年齡、宗教、某些支出種類、宿命觀…等等，都與他們對負債的態度相關。在大學待了愈久的學生，他們所積欠的債務往往愈多，對負債的容忍度也愈高。研究者認為，這些結果可以用生命週期理論及某種態度改變的行為理論來加以理解。換言之，學生們自覺處於生命週期中哪個階段，他們的態度就會受到影響，情境一旦改變，他們的態度也會跟著改變。

Lunt 與 Livingstone (1991a, b) 所感興趣的則是：在大眾傳播媒體以及日常的談話當中，人們是如何討論、分析與解釋個人債務的。研究者透過兩項研究發現到，一般人似乎認為，藉由廣告，商業壓力，影響了規範性的壓力、購物動機與信用制度 (信用卡的容易取得)，甚至造成了人們自制力的喪失（預算不謹慎）。一般人似乎目睹到一股強大的威力運作著，它先是帶來行銷與廣告的壓力，再來就是造成信用機構及社會比較歷程的暴增，最後，備受壓力的人們就變成沒有積蓄的債務人。

賭博

人們為什麼會賭博？Walker (1995) 列舉了賭博研究文獻所必須探討的 11 個問題，諸如：「有問題的賭博行為究竟有多普遍？」；「賭徒的典型人格特徵是什麼：神經質或穩定的？聰明或愚笨？道德

或不道德？」；「賭博的相關人口統計特徵是什麼：是性別、年齡、社經階層，抑或宗教信仰？」；「賭博在社會中扮演了什麼樣的角色：是為勞工階層提供消遣還是重新上演史前狩獵人類真實生活的戲碼？」等等。

對某些人來說，人之所以賭博，答案非常簡單：當然是為了輕鬆贏錢，為了享受刺激！然而，精神分析學家們卻推測，有些人的賭博目的是很矛盾的——他們是為了輸錢 (Bergler, 1958)。對大多數人而言，此種可能性微乎其微，但是在某些賭癮患者的個案史顯示，上述推測往往是正確的。根據 Ferenczi (1926) 這位佛洛依德學派精神分析學家的說法，一個人只要曾經投入過股票市場或流連於賭場，他一定很熟悉某種絕對的確定感，這種確定感是「嬰兒式萬能」(infantile omnipotence) 的殘餘形式。Ferenczi 主張，嬰兒並不認為自己軟弱無助；相反的，他們認為自己是無所不能的存在體，成年人會順從他們，滿足他們的需求，毫無干涉的餘地。由於嬰兒無法發現到自己實際上有多麼的軟弱、依賴與無助，他們便得以保有此種全然不切實際的自我概念。不過隨著年齡的增長，他們終將面對現實；而幻滅的經驗也將教導他們，生命的真相是什麼。

成熟，不僅意味著知道自己什麼辦得到，也包括知道自己什麼辦不到。我們在上幼稚園的時候，大多數人便已失去先前那種無所不能的感受，不過在往後的歲月裡頭，這樣的感受還是會一次又一次地浮現，特別是當我們極度渴望得到一件東西、而且自信無論如何都能夠得到這件東西的時候。

舉例來說：一個從事投機買賣的人，他對於想要買賣的選擇權或商品，會知道一些可能影響其價格的資訊，但他並非無所不知、無所不曉。最重要的是，他並不知道，相對於其他所有相關的資訊，自己所掌握的那些資訊有多重要，因此也不知道自己的勝算有多少。由於不知自己勝算多少，便得以誇大自己所知資訊的價值。於是，極欲下

場操作的他，便乞靈於那從未真正被遺忘的嬰兒式萬能，藉此魔力對其冒險的舉動合理化。如果他已經遭受了一連串的損失，此種嬰兒式威力的感受往往特別強烈。因此，財務狀況愈糟糕，他就愈確定：這次，我一定會贏。

正如 Wiseman (1974) 所言：「這正是賭徒的狂熱所在：藉由自我的激發，他們進入一種知道的幻覺狀態。在這樣的狀態下，他們甚至親眼目睹即將出現的數字。在這個判斷錯誤的投機行為當中，誰都不免要見到，失敗的衝動是如何運作的 －－即使那明顯違背了或然率法則，他們仍確信那會成功。」（第 47 頁）。

觀察研究顯示，賭癮者處在一種緊張和懸疑的狀態中，為了掩飾這些緊張和懸疑，於是戴上一副冷靜禁欲者的面具－－即眾所皆知的那種面無表情的「撲克臉」。要他放鬆，那可辦不到；因為他要不斷地閱讀賽馬行情表，不斷地安排牌戲或骰子戲，而且他還要下注，還要為賭博或還債籌措資金。此外，他們就好比酒癮者會把酒瓶偷偷藏在隱密之處以備未來「乾旱時期」之需一樣，賭癮者也會保留一筆資金－－也就是「賭資」－－他們可不會將這筆錢花在其他用途上，即使個人或家庭出現了緊急的需要。

不過當然，賭博不見得就會染上賭癮。有非常多的人都會定期地小賭一把，無論賭的是賽馬、樂透、賓果，還是酒館裡的吃角子老虎。賭博被認為是一種令人振奮、好玩的活動。然而，仍然有人認為，我們不應該鼓勵人們去相信：個人所能得之於社會的，除了公平的那一份，他還能得到更多－ 因為這樣的作法並不健康。

為了衡量全國的實際賭博支出，研究者已經付出了相當的努力，但所得的調查數據並不可靠，而且可能嚴重低估了人們每年在賭博上所花費的金額。此外，也有各種的委員會，試圖要以相當客觀的方式來評估賭博在經濟上的重要性，並監督賭博的金額。定期開出大獎的全國樂透彩券在開放之後，民眾的賭博習慣則產生重大的改變。因

此，跟過去比較起來，如今更不容易精確地計算出，一個家庭平均每月花費了多少自主性所得 (discretionary income) 在賭博上；不過，就近期的數據資料顯示，每週大約有 2.12 英磅 (Central Statistical Office, 1996)。

儘管，有研究者嘗試要了解人們賭博的方式及原因，但這方面的研究數量並不多，而且往往有其偏限。首先，賭博是一個高度敏感的主題，它帶有太多道德色彩，因此，研究者所表達的想法不見得符合事實。第二，各種取向的賭博研究，包括社會學、心理學、心理治療、精神分析以及實驗研究，彼此並不一致。第三，有三項假設經常為理論家與研究者所採用，然而這些假設既不正確，且混淆不清：

1. 賭博者與非賭博者的差異可單單用行為來加以區分。此一假設忽略了數量差異及參與程度的差異。結果，研究者所發現到的，往往只是全數賭博者（或全數非賭博者）所共同具備的一兩項動機。

2. 我們可以說：所有賭博活動基本上都是相同的。此一假設忽略了下述事實：不同種類的賭博提供不同的經驗與報酬，並且牽涉到不同程度的運氣和技巧；再者，社群內不同團體所能接觸到的賭博種類也不盡相同。

3. 初次賭博行為的解釋與持續性賭博行為的解釋密切相關。這個想法做了下面這個錯誤的假設：可以用來解釋持續性賭博行為的動機，同樣可以用來解釋初次的賭博行為。

儘管已有學者從多種不同的觀點，針對強迫性賭博行為進行相當廣泛的研究，然而關於「正常的」、非強迫性的賭博者，目前的研究卻少之又少。此外，現有的研究文獻大多是解釋人們的賭博動機，只有部份的心理學研究是在探究人們對於賭博輸贏所知覺的或然率。再者，賭博者（以及非賭博者）對自己的行為所告知的原因通常必

須打些折扣，因爲他們或許想隱瞞自己的眞實感受，或許做了錯誤的歸因，再者，能夠眞正洞察自己行爲的人似乎不多。

精神分析理論

　　長久以來，賭博行爲一直是精神分析學家十分感興趣的一個課題 (Bergler, 1958)。佛洛依德曾經就作家杜斯妥也夫斯基 (Dostoyevsky) 這個個案－－他是一名病態的賭徒－－進行調查；佛氏並將病態性賭博與其他強迫性的神經質特徵連結起來，尤其是戀母情結。日後的研究顯示，佛洛依德的見解可以被類化到其他的賭徒身上。精神分析思想的中心概念是，強迫性賭者被一股想要賭輸的強大欲望給驅動著－－以細細品味受害與不公的滋味，並縱情於悔恨與自憐之中。Bergler (1958) 認爲，病態性賭徒具備了六項特徵：(1)此類賭徒習慣把握每個賭博的機會；(2)賭博本身排除了他所有其他的興趣；(3)此類賭徒極度樂觀，而且似乎從來無法從失敗與損失中得到教訓；(4)此類賭徒從不在贏錢的時候收手；(5)開始賭博的時候，即使他謹愼萬分，最後卻總是冒險過度；(6)他會在賭局進行當中經驗到緊張與刺激。

　　精神分析式的解釋試圖要明確地指出，對個人而言，賭博具備了什麼心理功能。賭博的基礎發生於幼年期，而且往往牽涉到有缺陷的親子關係。藉由賭博，子女或許得以重新創造母親對他的愛；藉由賭博，子女或許得以因爲尋求母愛而遭受父親責罰；藉由賭博，子女或許得以試探現實。不過，所有精神分析式的解釋有一項共同的問題，就是－－難以提出可供驗證的假設；因此，也難以驗證這些解釋的效度。再者，在許多人看來，這些假設本身根本就是異想天開，要不就是大錯特錯。

以性格爲基礎的傾向

其他學者主張，強迫性賭徒在心理生理上有自我激發 (self-arousal) 的傾向。在 Lozkowski (1977) 的研究中，一群受試者事先依其對刺激水準的偏好分組，實驗者再將他們分派到高風險與低風險的賭博情境當中。偏好高環境刺激水準的受試者一致地偏好高風險的賭博，反之亦然。顯然地，這樣的結果與研究外向 (extroversion) 以及尋求刺激 (sensation seeking) 的大量心理學文獻是有關聯的。

Goffman (1961) 也支持這樣的假設，他認爲賭博替代了日常生活中所缺乏的涉險行爲。他還認爲，職業與賭博也是相關的：從事高風險與低風險工作的人比較會耽溺於高風險的賭博行爲，而從事中等風險工作的人則會參與低風險的賭博活動。

或然率與報酬的評估

第三種研究取向則從數學或認知的觀點來看待賭博行爲 (Strickland et al., 1966)。此種研究取向所關切的問題並非人們爲什麼賭博，而是在不同的賭注項目之間，個人如何取捨？他又爲何作那樣的取捨？再者，本取向假設個人知道，並且了解所有作理性決策時所需的相關資訊（或然率、報酬等等）。不過，本取向又試圖要對各種牽涉其中的認知變項作系統性的處理。這方面的研究顯示，賭者在從事賭博行爲的時候，一點也不理性，一點也不懂得邏輯（就客觀意義的理性與邏輯而言）。舉例來說，賭輪盤的人如果理性，他會選擇一種利益最大或損失最小的方式來賭，但事實不然 (Edwards, 1953)。舉例來說，他應該要選擇機率相等的項目下注（紅色或黑色；奇數或偶數），而不應選擇獲勝機率僅 1/36 的單一數字下注。不過，以人們下注時會求取最大利益此種想法爲理論基礎的單純期望理論，在某些情況下還是行得通的。除此之外，研究者還提出其他一些更複雜的模式，這些模式以經濟動機的角度爲某些種類的賭博提供

合理的解釋，但卻無法解釋其它種類的賭博或個人的變異。 Cohen (1972) 注意到，賭博實驗研究大多基於兩項假設：一，對賭者而言，一項賭注的價值等於各個結果之效用乘上其相對應之或然率所得之乘積的總和；二，賭者會選擇效用與或然率乘積和最大的項目下注。然而，這些概念遭致不少批評，主要理由在於，它們忽略太多顯著的心理變項，如：個人對於運氣和技巧所抱持的信念、涉險行為的主觀本質等等。

智商較高的人通常比較喜好隨機成分較低的賭博性遊戲（如某些牌戲），智商較低的人則比較喜好自己無法控制結果的隨機性遊戲（如樂透彩券）。 Schoemaker (1979) 曾經檢視統計知識在賭博決策中所扮演的角色（賭博決策為此種賭博研究取向的中心課題）。結果發現，未受過統計訓練的受試者容易簡化對賭注的判斷，注意力只放在風險的某些層面上，而忽略其他層面。此外，策略是有代價的：它降低了最終選擇的一致性以及賭者對它的信心。 Gilovitch (1983) 便在研究中檢視賭博中的偏差評價與持續性。結果一如預期，受試者花費更多的時間來解釋他們為什麼賭輸，而非他們為什麼賭贏——他們會描述自己的失敗，但是卻只會強化自己的勝利。最後，如今已有愈來愈多十分有趣的文獻探討判斷法則 (judgmental heuristics) 以及控制錯覺 (illusion of control)，這些主題都強調，以經濟學觀點來看待賭博行為中的「理性」是有問題的。

社會學理論

社會學有多種賭博理論。 Devereux (1968) 所發展的是一套結構功能主義式的理論，在此，賭博被視為資本主義矛盾下最佳的代罪羔羊。資本主義盡力地鼓勵某種「理性的」經濟自利；它鼓勵競爭——在這樣的競爭當中，你看得到努力與報酬的關聯；它鼓勵各種銀行與信用的機構式機制——於是生產者與消費者都可以獲得服務；它

也鼓勵基督新教式的工作倫理——此種工作倫理強調理性，強調要避免依賴風險與運氣。而賭博之所以能夠繼續存在，甚至大行其道，原因在於，賭博滿足了資本主義社會下受挫的個人需求與社會需求，賭博可以作為某種對預算限制、理性與道德的抗議，賭博提供了某種在嬉樂表相下的刺激與攻擊；它也提供了某種在現實生活外，人工的、短期的問題解決之道。或者，一個更簡單的理由是，有些人認為這是他們改善現狀的唯一可能途徑。更重要的是，賭博違背了宗教精神，因為賭博強調：面對機運，人始終是無知與無助的，你我只能不斷地試試自己的運氣。這一點，根據社會學家的看法，解釋西方世界對於賭博的許多矛盾曖昧的態度；儘管賭博實際上是被容許的，在原則上它往往並不合法——此種態度上的曖昧在中產階層身上最為顯著，而這群人同時又抱持著最強烈的基督新教工作價值觀。Downes 等人 (1976) 則認為，賭博深植於勞動階層的文化當中，這些人遞延享樂的能力有限，他們深信機運、命運、天命之類的想法。當然，許多勞動階層的人有比較迫切的金錢需求，他們手上的可用現金較少，也較常負債。以上這些都可在多項調查中找到證據，這些調查發現，在主要的賭博種類當中，皆以較低社經階層的人佔多數。而不可避免地，社會階層在各種賭博決策當中都扮演了非常重要的角色——例如到哪裡「玩」，花多少錢等等。

Downes 等人 (1976) 檢驗了多項賭博理論。他們選擇了 38 項測量指標作為本研究的獨變項，包括社經特徵（年齡、教育程度）、信仰、休閒活動、政治信仰等等。為了檢驗這種種理論，研究者在英國的三個地區抽取了大量樣本，這些理論包括：

1. 價值體系的瓦解所造成的社會不穩定 (anomie) 這種感覺愈強烈的人，賭得愈多（賭博的傾向與社經階層成反比）。
2. 疏離感－疏離感愈強的人賭得愈多，賭博對他們來說成了一種表達自我主張的方式。

3. 勞動階層文化－勞動階層賭得比中產階層還多，因為他們比較相信機運、命運、天命之類的想法。

4. 作決策－相較於工作上有機會作決策的人，工作上沒機會作決策的人賭得較多。

5. 涉險－相較於從事低度行動導向工作的人，從事較具危險性（行動導向）工作的人賭得較多。

結果，有部份證據支持第二項和第三項理論，但是由於多數社會學理論皆具高度的推論性，檢驗並不容易。不過，這些理論至少有一項共同的主張，就是，與賭博癖好相關的一項主要因素是社經狀況，而非性格特質。

Downes等諸位研究者其實都了解，要評估上述種種社會學理論的整體優點，他們的研究有其限制。但他們也相信，他們的研究結果立下了一個有用的基礎，可以用來檢驗更好的理論。研究結果顯示，並無證據支持社會不穩定理論、勞動階層文化理論或涉險理論，卻也有某些不明確的證據支持其他的理論，如涉險理論。不過，他們發現一個顯著的賭博模式，它存在於世代之間，而且與階層無關；這樣的模式似乎暗示著，「階層基礎式的賭博理論並無足夠的理論依據，而造成涉入程度與賭博之變異的各種因素－－無論是什麼因素－－都會滲透整個社會結構，而不僅僅侷限在某個部份」（Downes et al., 1976, 第 77 頁）。

一如 Cornish (1978)， Downes 等人 (1976) 除了描述賭博行為在整個樣本中的分配情形，他們還探討賭博活動的社會變異。在結論中，他們表示支持結構功能主義與作決策的觀點。他們強調，所有關於賭博的總體社會學與個體社會學理論都直接或間接地仰賴某種功能分析，而且我們必須以社會學的角度來理解賭博行為。不過他們承認，對於各類型賭博在小型背景下的變異情形，這些理論尚無法充分

加以解釋。再者，對於賭博活動的消長，有許多相關的迷思，這些我們都必須以實證和歷史的角度加以檢視。最後，學者們則就社會政策的角度來思考賭博的意涵：

社會目的（減少違法的企業活動）與財政目的（從賭博利潤當中為國家取得一些收益）相互抵觸：賭博收益愈高，則編制非法帳冊的動機也愈強。然而，整體的趨勢卻是：在各種規模龐大而且彼此關係密切的「休閒」工業當中，賭博逐漸成為關鍵的一環。

（Downes et al., 1976, 第 212 頁）

其他研究取向

在此我們應該指出，學者們還提出了其他的賭博研究取向。結構主義者或情境主義者都試圖要描述和指出各種刺激、維續、或抑制賭博發生的主要環境特徵，他們所考量的因素包括有：

1. 賭博機會的頻率：例如樂透獎券的頻率、押注處 (betting shop) 或水果盤遊戲機之類的數量、賽馬或賽狗大會的次數。
2. 開獎或付款間隔 (pay-out interval)：既指獲知下注結果前的等待時間，也指領取獎金前的等待時間。
3. 勝算與賭金的可能範圍：變動的程度可能相當大。
4. 個人的參與程度及技巧的運用：當賭者置身於賭博現場或能夠選擇賭注時，他會顯得比較積極。
5. 單項賭注的獲勝機率以及獎金的比率。

不過，有更多探討賭博的認知模式或數學模式都忽略了一項明顯的事實，那就是，對許多人而言，賭博是一種社交場合。舉例來說，

賓果、賽馬和賭博基本上都是社交場合；對某些人而言，想要贏錢甚至沒有交際的好處來得重要。

另一研究取向則是以古典學習理論及操作制約 (operant conditioning) 原則爲依據，操作制約所強調的是增強時制 (reinforcement schedule)。賭博提供的間斷式增強時制（不固定的比率），固然不是建立某一特定反應模式的最佳時制，卻可能最能讓人上癮－－也就是說，它能夠長期維持某一反應模式。全國性樂透獎券的增強時制雖然很低，它卻一直大受歡迎；無疑地，這是因爲高額獎金彌補了它的增強時制。的確，組織者偏好數目少但獎額較高的獎金，因爲這似乎更能激發民衆對彩券本身的興趣。實驗研究則探討了對消除作用 (extinction) 的抗拒，在此，消除作用爲先前得出各種不同結果之增強時間的函數。然而就行爲的角度來看，不同種類的賭博之間差異極大。例如事件頻率、期望値等等。因此，增強物可能因人而異，也可能因賭博種類而異。於是一個至爲重要的問題便是：究竟是什麼東西發揮了增強作用（回饋、技巧的運用、興奮等等）？

誠如 Cornish (1978) 所強調的，要了解各種賭博行爲的發展，個體因素（精神分析論）、個別差異因素（特質論）以及情境因素（社會學習理論）都十分重要。個體因素之所以重要，原因在於：我們在各種賭博中都發現了相當大的行爲變異，而種種個體因素就是要試圖找出，有哪些人口統計與心理的差異（認知的、信念的與性格的差異）可以解釋此種行爲變異。而情境特徵之所以重要，原因則在於：這些特徵限制了可用之增強的範圍、頻率、種類以及數量，也限制了賭博的社會與經濟後果。不過，採取折衷取向並不代表對所有取向的所有論點都毫不質疑地加以接受。研究者應該要嘗試提出這樣的描述：究竟哪種理論最能夠解釋哪一特定人群會開始或持續（或兩者）哪一類的賭博活動？

Walker (1995) 列舉了九個好賭的因素，這些因素可能會相互影

響，在相關研究當中也都獲得了證實：

1. 文化：它可能會規定或禁止各種賭博。
2. 參照團體：指的是個人所認同、並且可能從中仿效各種賭博行為的團體。
3. 社會學習：藉此，賭博新手得以學習賭博技巧並得知賭博的後果。
4. 性格：各種個別差異的因素與賭博的特定結果有關。
5. 危機與壓力：指的是賭博被作為因應機制的程度。
6. 休閒時間：指的是賭博作為休閒活動的重要程度。
7. 社交酬賞：指的是賭博所帶來的社交接觸與社交環境。
8. 生理激發需求：指的是人們有多依賴賭博作為調節激發狀態的興奮劑。
9. 認知：指的是與賭博經驗有關的信念與了解。

在上述各種極為不同的賭博理論與研究取向當中，歧異再大，許多都面臨了類似的問題。首先，某些理論並未提出明確、可供檢驗、可證明為錯的假設，以至於無法檢驗其有效性（見 Downes et al., 1976）。第二，許多研究取向非常相似，彼此之間的關係可被視為互補而非互斥的關係，因此同樣的證據可以同時用來支持（或駁斥）一種以上的研究取向。第三，許多研究就是沒有提供支持性的證據。再者，任何一種理論我們都不難舉出大量的實例來加以反駁，這一點尤以心理動力取向為最。第四，由於這些理論大多為概括性的理論（精神分析取向除外），因此要對個體的賭博行為做出明確的預測不見得容易。此外，究竟是什麼樣的動機促使人們開始賭博，又是什麼樣的動機促使人們繼續賭博，這當中似乎有些曖昧不明。由於個別差異遭到了忽略，我們並不清楚，為什麼出身背景相同，有些人視賭如

命，有些人偶一為之，有些人卻難得賭博。最後一點——或許也是最重要的——許多理論皆從特定類型的賭者或賭博發展而來，因此也僅適用於這些類型的賭者或賭博，所以像強迫性輪盤賭者的研究可能就無法有效地幫助我們了解足球簽賭者。相較於某些以經濟動機觀點出發的理論（此種理論也較為單純），這些概括性理論則從社會結構以及決定於社經狀況之表達需求的觀點，來為賭博的普及與其在社會上的分佈狀況提出約略性的解釋；這樣的理論或許可以補前者之不足，兩類理論或許也可以一較高下。然而若要為特定動機與特定賭博種類間的關係提供更詳細的資訊，這些理論既不適用，目的也並不在此。而這些理論之所以偶爾好像提供了這樣的資訊，可能的理由有二：一是，特殊性理論被偽裝成概括性理論；二是，由於概括性理論提出太多可能的賭博動機，因此幾乎可以解釋所有類型的賭博。

課稅

有人主張，稅是文明社會的代價，是你我為了造就穩定、衣食無虞的社會環境所支付的訂金。稅也是一項社會契約，是眾人為了特定社會利益所同意支付的代價。藉由課稅，政府得以自給自足，也得以將人民對政府所期待的各種設施提供給大家。稅的種類很多：有直接稅（所得稅），有間接稅（特定貨物稅或銷售稅）。對某些人而言（尤其是美國人），他們必須繳納所得稅、州稅、城市稅以及銷售稅。各式各樣的東西都可加以課稅，而且這些稅可能會對行為造成重大的影響。如今在許多喬治時代的優美建築中，我們可以見到外有磚塊遮蔽的窗戶，而這便是窗戶稅所帶來的後果——窗戶稅是英國政府在十八世紀為了籌措戰爭資金而課徵的。根據英國的數據資料，在總所得當中，所得稅平均佔了17%，間接稅 (如加值稅、銷貨稅) 則另外佔了 21% (Central Statistical Office, 1987)。

政府是否有能力藉由課稅以籌措其支出的資金來源，最終的決定因素在於：民眾有多認同此一特定計畫？民眾對此一特定政策之執行者的信任程度又有多大？納稅人如果不認同政府的政策，覺得賦稅過高（不公平），不喜歡執政黨，得知（或認為）賦稅制度腐化或朝令夕改，他們自然心生不滿，不誠實納稅的情事便也得以預見。

賦稅一向不是民之所欲，未來也是如此。政府為了籌措所需收入，因此總是設法以間接或暗渡陳倉的方式來課稅。有些政府於是便利用投票者的情緒或普遍的意識型態。結果，有些用菸酒與賭博為課徵對象的「罪惡稅」可能還十分地受歡迎，這樣的稅甚至有益全國人民的健康。

世上沒有一種稅是不會帶來痛苦和麻煩，並且被普遍接受而容易課徵的。不過，對於累進稅率或級距稅率的概念，大致的共識倒是有的。即便有少數例外，大多國家都避免使用單一固定的稅率來課徵所得稅。至於究竟採取什麼樣的稅制，多半看當時的政治氣候而定。過去，稅制所反映的是對有錢人的妒恨，好像恨不得吸乾他們的血；但如今，大多數國家都已大大降低所得稅的最高稅率。然而，如今公眾仍然普遍支持政府嚴懲逃稅者，並接受由稅務人員進行嚴格調查的政策。

所有的立法者都試圖要找出最適當的稅率：它必須夠高，這樣才負擔得起人們所需要和期望的服務；但又不能太高，否則會遭到人民的排斥、抗拒或逃避。然而，要知道此一特定點或特定區域的所在並不容易，因為它會隨著不同的經濟狀況而有所變動。各國政府一直設法要找出此一問題的解決之道。比方說，瑞典政府便體認到一項事實，他們必須放任企業家發揮其創造力與衝勁，這樣才能促進經濟發展與生產力，並進一步提高稅基 (tax base)。為了鼓勵個人開創事業，政府會在企業的發展階段提供盡可能低的稅率。企業一旦上了軌道，其稅率便會被重新設定在不同的水準，以彌補先前的優待，不過

此一重設水準也不至於過高，以免遏止或破壞其經濟動機。此外，瑞典政府也鼓勵企業領導人自發性地協助公共建設的規畫、訓練公職人員，並參與各種活動與營運。此種合作及參與的方式與其他國家不同。在他國，納稅人與政府之間的敵對關係往往相當嚴重。

避稅是合法的，逃稅則不然。前者是透過尋求法律漏洞或提高免稅請求而達成。所有的政府都嘗試透過減稅以鼓勵某些特定的行為（例如儲蓄、購屋、慈善捐贈）。至於逃稅，這是一種詐欺行為，但卻十分普遍－－尤其在眾人認為「大家都不誠實」而地下黑市經濟猖獗的地方。再者，如果人們認為稅率沒有道理而且稅金不公，他們也有可能在所得稅申報書上作假 (Lindgren, 1991)。不過，逃稅者為了合理化其詐欺行為，他們往往會指出政府的浪費、無能與不公。他們甚至會扮演起因為政府腐敗而受害的角色，而非犯罪者的角色。其他有些精明的逃稅者甚至指出這樣的事實：政府本身在償還國際貸款的時候也會設法逃稅，而政治人物的誠信則令人存疑。確實，政府如果試圖透過舉債或印製鈔票以籌措經費，那似乎是在逃稅。看來，若是希望人民誠實納稅，必須讓人民覺得政府是值得支持，並且相信政府官員終究關心人民福祉。

那麼，是什麼決定民眾對財政的偏好以及對納稅的態度呢？在英國，投票偏好或許是唯一一個與財政偏好相關的最重要因素 (Edgell and Duke, 1982, 1991；Lewis, 1982)。自由黨或公黨的投票支持者（這些人與美國民主黨的投票支持者有若干相同之處）比較可能會贊成健康與福利措施經費的增加；相較之下，保守黨的投票支持者（這些人則與美國的共和黨在意識型態上有重疊之處）則比較熱衷於警力和武力經費的增加。一般來說，較低的賦稅比較能夠讓保守黨支持者滿意，而這一點跟他們對政府控制措施興趣缺缺的情況，多少是相符的。此外，一般人儘管很少注意到稅捐與政府支出之間有財政上的關聯，然而一旦調查問卷的題目中特別提到了此種「財政上的關

聯」（也就是，政府支出的「稅捐代價」），民衆對於提高健康及教育經費的支持度便會降低。不過即便如此，工黨支持者一般仍然願意在未來繳納更多的所得稅。那麼，是什麼樣的因素造成了此種財政偏好上的差異呢？ Swift 等人 (1992) 指出，保守黨支持者之所以不同於工黨支持者，並不是因爲他們對公平正義的要件抱持了不同的看法（比方說，受訪者一致同意，只要機會均等，所得分配不均的現象是公平的），兩者之間的歧異在於他們對下面這個問題的看法：在現今的英國，上述要件被滿足的程度究竟有多少？

　　政府在福利的提供與分配上應該扮演什麼樣的角色？此一問題自然關乎政治與道德。「福利主義」的一項中心概念在於，政府官員身爲「善意的獨裁者」，他們應以公平、公正、恪守準則的態度，站在消費者（投票者）的立場來分配商品。倘若民衆不贊成政府的課稅與公共支出政策，或不贊成政府在健康、教育、治安、以及武力上過多或過少的支出，那麼爲了表達不贊成的態度，他們在下次選舉時就應該拒絕投票給執政黨。因此政治人物如果希望再度獲得勝選，他們最好考量到消費者（投票者）的期望與偏好——尤其在選戰迫近之時。美國有些州之所以開始舉行財政公投，原因之一正是因爲有人認爲，政府對民衆的聲音回應不足，他們比較關心的是如何中飽私囊，結果導致行政部門浮濫，繼之而來的則是效率的降低。不過，即使有財政公投，那些鼓吹削減公共部門的人士不見得能夠遂行其願，因爲現在的投票者已更能夠意識到並且關切賦稅與支出之間的關係，結果有時他們變得更熱中於支出方案，而不會對財政問題採取更爲保守的態度。

　　避稅問題關乎道德、經濟與法律。在大多數的西方民主社會，人民皆遵守法律的規定。不過，即使人們認爲賦稅正當，也認爲政府支出是必要的，納稅仍然不受歡迎。至於避稅（合法的）和逃稅（違法的）有多普遍呢？爲了測量這個極難測量的行爲，研究者已使用

過多種不同的方法。結果發現，大概有 2% 到 10% 的國內生產毛額 (GDP；Gross Domestic Product) 被逃漏掉了 (Cowell, 1990)。實際的逃稅方式或人們設法逃稅的方式（金額以及頻率），我們幾乎一無所知。研究者即使立場中立而能對受訪者提出匿名的保證，他還是無法從人口中一具代表性的樣本身上獲得誠實的回答。不過，某些國家卻有一些可以讓人「合法逃稅」的特殊方式。政府為了鼓勵人民儲蓄，或鼓勵人民為退休作計畫，於是便制訂了一些特殊、特定的免稅方案（如免稅儲蓄方案帳戶 [Tax Exempt Savings Scheme Accounts]、個人資產總值方案 [Personal Equity Plans]）。同樣地，許多大企業也雇有會計師為他們細心尋覓合法的避稅手段。

我們知道有人逃稅，也知道許多大大小小的企業顯然也逃稅，為什麼呢？最簡單的答案是（這個答案同時是許多經濟模式的核心概念）：人心貪婪，經濟利益促成了人們逃稅。古典的經濟學模式 (Allingham and Sandmo, 1972) 假設，要不要逃稅，決定於逃稅利益（這取決於稅率之類的因素）和逃稅成本（被查獲的機率以及詐欺的罰金）。也就是說，如果查獲機率高而罰金重，那麼很少人會逃稅——這樣的主張看似合理，其實顯然缺乏實證證據。不過，社會學裡頭有更多關於逃稅的理論模式。其中特別重要的是 Vogel (1974) 所提出的，他的理論架構標明了三個客觀因素（個人與政府的交易關係、社會導向、逃稅的機會），這些因素皆直接間接地影響納稅態度和逃稅行為。某些有力的證據顯示，上述因素皆有其重要性；在調查研究當中，機會則被認為是最重要的解釋因素。不過，特別有趣的是 Vogel 對納稅人的分類；此分類是根據 Kelman (1965) 對內化、認同與順從的區分。順從 (compliance) 所指的是，在不改變個人信念的情況下依循權威所要求的方式行事；因此一個順從的納稅人之所以納稅，是因為害怕不納稅的後果，而不是因為相信納稅行為在道德上的正確性。認同 (identification) 牽涉到信念的改變，改變後的信

念則與個人所崇拜的人相似；因此，如果一位你尊敬的朋友逃了稅，你或許會跟進。至於內化 (internalisation)，它牽涉到信念的真正改變，此時，信念與行為是一致的。綜合上述的分類與兩種納稅人行為（遵行的以及越軌的），Vogel 於是得出六種對課稅制度的反應類別。遵行的內化者會繳納全數稅額，因為他們認為這樣做在道德上是正確的；越軌的內化者則抱持同樣的理由逃稅（英國一些抗議人頭稅的民眾便是個好例子）。遵行的認同者與越軌的認同者之所以納稅或不納稅，原因則來自於其參照團體的行為。此外，遵行的順從者由於害怕不納稅的後果而納稅；越軌的順從者則因為相信被抓到的機會很低而逃稅。

第二種概念架構則來自 Smith 與 Kinsey (1987) 的研究，他們認為，逃稅所牽涉到的決定不只一項。他們必須分別衡量物質後果、規範預期、社會法律的態度以及表達因素 (expressive factors)，然後作出決定。個人對政府支出以及整體稅制的態度被認為是最重要的因素；由於許多人並未意識到稅收與政府支出間的關聯，因此他們對後者的態度被認為會間接影響到他們對稅制的態度，而他們對稅制的態度則又間接影響到物質後果。表達因素則不大相同：本因素所指的純粹是納稅所牽涉到的主觀成本與主觀利益，像讀不懂稅單所引起的苦惱便是一種。

第三種理論取向則把逃稅視為一種社會性兩難 (social dilemma)。Weigel 等人 (1987) 主張，逃稅行為是社會狀況與心理狀況的函數。所謂社會性兩難，就是個人利益最大與團體利益最大之間的潛在衝突。開放式公有草地就是一個典型且著名的例子：草地上如果只有一個人進行放牧，這個人將可受益；然而倘若大多數人或所有的人都這樣做，那麼每個人都要遭殃（因為牧草的品質與數量都會降低）。同樣地，一個人雖然能夠自逃稅中獲利，一旦太多人也這樣做，將導致整個制度將會崩潰。

結論

　　以日常生活金錢為題的研究儘管散亂，卻也引人入勝；對此，人類學家、經濟學家、心理學家以及社會學家各自描繪出了頗為不同的面貌。有的強調個別差異（人格特徵、幼年經驗），有的則更清楚地聚焦於金錢行為的社會環境。有的研究認為，賭博、強迫性消費以及不儲蓄的動機在於對刺激的需求，或者因為個人的低自尊。其他也有研究強調商業的壓力、信用卡和賭場的增加、以及社會比較歷程。不過，某個概念倒偶爾能夠為各種社會科學之間建立起溝通的橋樑，那就是避險 (risk aversion)－－這個概念同時被經濟學家和心理學家用來解釋儲蓄行為。

　　經濟學家所提出的效用最大化理性模式儘管精緻，卻已經遭到心理學家所謂個別差異取向和發展取向的挑戰。一名觀察家如果中立，他很快便會發現，要為日常金錢行為提出最佳的解釋，應同時考量心理學、社會學與經濟學的因素。因此，儘管可處分所得的總額或許是儲蓄的最佳預測指標，但如果可以同時考量避險之類的性格因素，我們或許能夠作出更好的預測。顯而易見地，多因素、多學科的研究取向似乎是最佳的研究方式。誠如 Lewis 等人 (1995) 所言，經濟學家雖然已經把心理學家的概念納入他們的模式當中，但是並未真正加以整合。本領域的這些社會科學家們往往很快就又回到他們最愛的概念與方法當中，偶爾才會承認其他概念的重要性。

　　儘管如此，學科間的距離畢竟愈來愈小了。經濟心理學家與心理經濟學家都為文探討過消費者情緒、「感覺好」的因素、經濟樂觀以及經濟悲觀。而 Furnham (1997) 也在最近發展了一套方法，可以相當容易地測量上述這些因素。

　　相對於儲蓄、借錢、花錢與消費的能力，行使這些行為的意願在相當程度上則為消費者信心與情緒的函數－－所謂消費者信心與情

緒，指的是人們對家庭經濟狀況以及國家整體經濟的評估和預期。關於消費者情緒，有一點特別有趣，就是它多半發生在經濟的顯著變動之前，無論此種情緒的基調是樂觀或悲觀。因此，消費者往往在經濟復甦之前就已經變得更為樂觀；同樣的，在經濟衰退之前，一般消費者似乎也往往已被悲觀的陰霾所籠罩。

最後，我們必須強調（這也正是本書開宗明義的論點），日常生活的金錢行為一向被研究者忽略。本章討論四個日常生活的主題，然而尚有許多其他的主題我們並未加以考量。比方說：人們如何規畫個人預算，人們有什麼樣特定、獨特的購物習慣——這些我們幾乎一無所知。儘管有研究報告探討無憂無慮的非儲蓄者或克己而偏執的儲蓄者；但是這些報告所描述對象，多半為獨特極端的案例，並不能透視「正常人」在相關活動方面的行為。不過，改變似乎正在進行中，如今各個不同學門與傳統的研究者，顯然對日常金錢使用的各個層面愈來愈感興趣。

第五章　金錢精神官能症

金錢與心理衛生

世上沒有一樣東西比錢更邪惡了。因為錢，城市因而覆滅；因
為錢，人們離鄉背井；因為錢的誘惑，正直的人墮落，美德淪
為買賣；因為錢的教導，人們學會卑鄙，學會了不信神。

--Sophocles--

我沒錢，因此決心要譴責所有有錢的人。

William Congreve

天底下有兩種傻瓜。一種是這樣的百萬富翁——他以為囤積金
錢就可以累積真正的力量；另一種則是這樣身無分文的改革者
——他以為只要把錢從某個階級轉移到另一個階級，世上所有

的弊病便得以匡正。

--Henry Ford--

樂觀的人總是一文不名。

--Frank McKinney Hubbard--

適度耽溺於金錢不見得有什麼壞處；然而過度的耽溺幾乎總是
不利於健康。

--Clarence Day--

一個人若追逐金錢，我們說他是個金錢狂；一個人若保存金
錢，我們說他是個資本主義者；一個人若揮霍金錢，我們說他
是個紈褲子弟；一個人若不設法賺錢，我們說他缺乏雄心大
志；一個人若不勞而獲，我們說他是寄生蟲；一個人若為了囤
積金錢而勞碌一輩子，我們就說他是個從未享受生活的大傻
瓜。

--Vic Oliver--

有些人賺大錢卻害怕花錢，他們把錢當作某種保障。但我總覺
得，真正的財富是你的健康和自由，錢不過幫助你盡可能的暢
覽這美麗的藍色星球罷了。

--Mickie Most--

引言

我們在許多哲學家與作家的著作中都可以看到，當人們有了錢、
為了錢，可能會做出一些不理性、不道德、甚至荒誕不經的事。報
紙、雜誌和電視節目經常會把焦點放在強迫性儲蓄者、囤積者（這些

 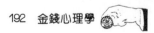

人在世時窮困度日，死後卻有上百萬的銀行存款）或衝動型消費者（這些人會不顧一切地「擺脫」財富，而這些財富往往是意外之財）身上——驅使前者存錢的衝動與驅使後者花錢的衝動之急迫性與猛烈程度似乎旗鼓相當。此外，搶劫、偽造、盜用公款、綁架、走私與產品仿冒常常也只源於一種動機，那就是錢。

談到金錢病理，有些案例遠近馳名。美國的億萬富翁霍華休斯 (Howard Hughes)，經年累月以來，變得愈來愈偏執，愈來愈離群索居。英國的 Viv Nicholson 則以「花錢、花錢、花錢」的哲學聞名於世，數年內就賺進並花掉了一大筆財富。我們可以看到，有些人在金錢的處理上是吝嗇、固執、有條不紊到極點；同樣地，我們也可以看到，有些人是如何的非法牟利、如何精明地做生意、如何積極賺錢、或如何無憂無慮地揮霍。Wiseman (1974) 指出，似乎沒有任何明顯的生理衝動會驅使人們去累積財富。然而，在人們所知的各種衝動裡頭，這種「無目的之衝動」卻似乎是最具威力的一種。金錢不但令人迷醉，也讓人為之激昂。自古以來，童話故事中的發財美夢似乎一直影響著每一個文化。

誠如臨床醫師、新聞記者都非常感興趣於以下這種相當常見的案例：一個人平時表現正常，但在處理金錢時卻徹底失去理性。典型的狀況有：有些人明知錢不是自己的，卻仍然照花不誤；有些人則省吃儉用，節衣縮食，長期過著他們無須承受的苦日子。為了錢，許多令人不可置信的爭執或惡言惡語都有可能發生，友誼或婚姻可能因而受損或破裂，人們也可能因而結下長期的家族宿怨。稍後我們會看到，對不同的人而言，錢各自代表不同的東西，例如權力、愛、自由和安全感，每一項都與金錢精神官能症有關。吝嗇鬼和愛買便宜貨的人一樣，把錢當作安全感的主要來源。企業鉅子享受金錢所帶來的權力，強迫性賭徒則享受金錢所帶來的刺激。本章稍後我們將會檢視各種與金錢相關的精神官能症類型。

金錢雖然常常被人們拿來討論——像是稅率、生活成本、財產價值——但它仍然是一項禁忌的話題。無論是名人或凡夫俗子，與其要他們談論自己的財務狀況、薪資報酬或經常性的財務交易，他們似乎都更樂於談論自己的性生活和心理疾病。金錢方面的秘密在西方社會往往教人吃驚，但並非所有的文化都如此。比方說，在東南亞公開物質主義式的文化裡頭，無論探詢他人的財務事件或公開討論自己的財務事件，人們似乎都頗能接受。在法庭上，金錢常常遭到否認、忽視；在婚姻裡頭，金錢常是導致吵架的因素；而在許多離婚程序中，金錢也往往成為當事人關心的焦點。當多個請求人為了遺囑繼承權而你爭我奪時，一個平時脾氣溫和、通情達理的人也可能搖身一變，成為一個不講道理、偏執頑固的人。

金錢這個主題之所以一直是個禁忌，背後有各種理由。學者們也提出各種理論來加以解釋：

- 制訂禮節的富人之所以避談他們的錢財，是因為擔心窮人領悟到可能的賺錢之道，或擔心親友心生嫉妒或覬覦。
- 談錢牽涉到迷信：一旦談到錢，錢就會被搶走。
- 誇耀自己的財富可能會讓眼紅的人去通報稅務機關。
- 金錢如果令人聯想到食物，那麼避談金錢就能夠減輕飢餓、需求、貪婪以及弱點。
- 金錢如果令人聯想到眾人眼中的污穢，那麼避談金錢便是一種迴避羞恥感的方法。
- 我們多少都知道，自己的金錢態度揭露了很多我們不願別人知道的事。

本章的主題是金錢病態行為，也就是跟錢有關的各種偽善、不一致、謊言和矛盾。在非西方人看來，工業化的西方人所表現的金錢態度和金錢行為是不一致的。許多西方人強調，花了多少錢就只能得到

多少錢的東西；然而這些人卻會花時間去找尋真正的便宜貨。人們認為貪財是種罪惡，貪財令人嫌惡，但是很顯然的，財富卻又能夠贏得尊敬。例如在美國，財富就顯然是個人價值的一種測量指標；在這裡，財富更能夠反映社會階層。追求財富的人常常要忍受有錢人對他們的威嚇與羞辱。此外，金錢的偽善隨處可見——人們在公開場合否認金錢的重要性，私底下卻又汲汲於賺錢；它雖是世上最重要的特質，同時卻又被說得幾乎不值一提。

我們真正不曉得的是，金錢的心理問題在社會上究竟有多普遍？因為目前我們尚未掌握金錢病態行為的人口樣本，因此並沒有量化的數據可以告訴我們，金錢病態行為究竟是罕有或普遍。由於極端的案例往往十分有趣，並且令人印象深刻，這些個案的發生率可能遭到高估。相反的，由於探討此一禁忌主題的研究極少，其「背後的問題」也如此罕見，因此嚴重的金錢精神官能症之實際發生率事實上也可能遭到低估。

表 5.1 明白顯示，多數人（事實上通常是絕大多數人）聲稱他們並未罹患金錢精神官能症 (money insanity)——表中的題目若回答「是」則代表金錢精神官能症。然而在 1/4 的題目中，仍有 30% 以上的受訪者回答「是」。這裡所顯示的偏態分配並不教人訝異，因為樣本來自「正常」的母體，何況作假的可能性也不低。

本章特別探討金錢的病態意義與病態使用。本研究領域有一奇特的現象，那就是有趣、不尋常的個案研究儘管數量極為豐富，相關理論卻少之又少，我們找不到幾個（如果有的話）解釋金錢相關病態行為的特定理論。之所以如此，可能的理由有幾個。首先，金錢精神官能症或許非常有趣，但它畢竟十分罕見，並不值得學者投以科學性的關切。另一個更可能的理由則是，「金錢的相關病態行為」意指，金錢純然為病態行為的焦點。但是同樣地，此種病態行為也可能與時間或髒污有關。上述的意思是說——好比我們先前所暗示過的——各

種病態行為儘管看似不同（例如幼年失調、竊盜癖、性亂交），背後或許存在相同的病因。因此，金錢病態行為說不定是種意外；金錢只是剛好成為問題的焦點罷了。

對於金錢病態行為，人類學家、社會心理學家、社會學家以及神學家都提出了一些可能的解釋。

- **幼年學得的經驗**：有些學者認為，於貧苦、經濟蕭條或明顯之相對經濟困境中成長的經驗構成了某種原動力，驅使某些人去獲取和護衛大筆的金錢。

- **團體間的敵對**：某些想法——例如富人應該憐憫窮人，或者窮人會嫉妒、怨恨富人——製造了許多群際衝突的機會。個人的安全感、地位、聲譽和自我一旦遭受威脅，這些威脅便可能構成種種強大的驅力和心理上的威脅感，促使人們設法控制金錢。

- **道德與宗教**：許多宗教的核心思想是：我們應該對金錢感到罪惡，而且接濟窮人的處境我們人人有責。與某些清教徒派系有關的克己、自貶與罪惡感經常被某些人援用來解釋其怪異的行徑，這些人所接受的教誨告訴他們，太多的錢如果取得過於容易或炫耀過度，都是有罪的。

表 5.1 「金錢精神正常」(money sanity)次量表測量結果

問題	是(%)	否(%)
1. 你是否發現自己老是為了金錢的花費、使用與給予而煩惱？	29.3	70.7
2. 你是否無法自在地跟別人聊起金錢，尤其是收入？	28.4	71.6
3. 你會不會買一些你並非真正需要	19.2	80.8

的東西，只因為這些東西很便宜？

4. 即使你已經有積蓄了，你晚上是否　　　14.0　　　86.0
　　還會躺在床上盤算著如何花更少的錢
　　及存更多的錢？

5. 你錢摳得很緊嗎？或你會囤積錢財？　　22.2　　　77.8

6. 你的信用卡消費是不是常常超過消費　　12.0　　　88.0
　　額度？

7. 賭博是否令你興奮不已？　　　　　　15.1　　　84.9

8. 你會不會為了節省一筆你可以輕鬆　　13.9　　　86.1
　　負擔的公車費用而走上好幾條街？

9. 你是不是常常因為不知道錢花到　　　42.7　　　57.3
　　哪裡去，或月底為什麼總是不剩
　　半毛錢而感到困惑？

10. 你會利用錢來操縱他人嗎？　　　　　3.7　　　96.3

11. 你拒絕用嚴肅的態度來看待金錢嗎？　14.0　　　86.0

12. 購物時如果每件商品都不打折，　　　26.3　　　73.7
　　你會不會很生氣？

13. 你會不會經常賭博，而且花大把　　　3.7　　　96.3
　　鈔票在賭注上？

14. 你會把大半的閒暇時間花在購物上嗎？18.9　　　81.1

15. 當你請求或要求別人給你錢時，　　　34.5　　　65.5
　　你心裡是否充滿罪惡感或焦慮？

16. 你是否愈來愈會因為不知道自己　　　33.5　　　66.5
　　是不是能夠繳得起每個月的各種費用
　　而感到焦慮？

17. 你是不是會為別人花錢卻無法為自己　35.2　　　64.8
　　花錢？

18. 你會不會因為焦慮、無聊、心煩、沮喪或憤怒而去買東西？	33.7	66.3
19. 你是否不樂於學習一些跟金錢有關的實際事務？	16.5	83.5
20. 你會不會整天都想到自己的財務狀況？	31.3	68.7

資料來源：Furnham（1996a, b）

然而，關於金錢方面的個別差異，目前尚無理論提出明確清晰的論述，唯一的例外是——精神分析。

金錢之精神分析

佛洛依德在一篇名為「性格與肛門情慾」(Character and anal eroticism) 的文章中主張，性格特質源於對某些原始生理衝動的逃避。在這篇論文中（出自其論文集），佛洛依德首次把注意力放在這樣一種可能的關係上——即成人對金錢的態度源於情慾。事實上，後來他還如此寫道：「快樂是史前願望得到了遞延的滿足。這說明了為什麼財富所帶來的快樂如此微不足道，因為金錢並非嬰兒的願望」。許多精神分析學派的思想家，如 Fenichel (1947) 與 Ferenczi (1926)，則將這些概念加以發展。後者描述了個體成長史的幾個階段，在這些階段當中，原先自穢物與排泄物所獲得的歡愉逐漸發展成為對金錢的喜愛。佛洛依德 (1908) 指出，固著於肛門期的人有三個相關的主要特質：有條不紊 (orderliness)、吝嗇 (parsimony) 與固執 (obstinacy)，其他相關的特質還包括潔癖、謹慎、可靠、叛逆、報復心等等。

O'neill等人 (1992) 發現，相較於非肛門性格者，具備了固執、有條不紊與吝嗇這些特徵的肛門性格者更喜歡黃色笑話——這多少佐

證了本理論的觀點。根據這個理論，所有兒童皆於排便中經驗到快感。在西方國家，父母在子女年紀還小的時候（兩歲左右）便開始訓練他們上廁所；對於子女的排泄行為，有些父母的態度十分熱衷，並給予讚賞（正增強）；有些父母則在孩子拒絕排泄時施以威脅和懲罰（負增強）。這個訓練如廁或使用尿壺的期間相當於兒童努力獲取自主與價值感的階段。因此如廁訓練常常成為親子衝突的來源，衝突點在於，究竟是由孩子控制自己的括約肌，還是子女迫於父母的酬賞與威逼不得不臣服於他們的意志？再者，兒童也十分著迷於自己的糞便，並對之產生諸多幻想，畢竟，這是他們自己身體的一種創造物。此外，父母如果表現出兩極化的反應，子女的困惑將會加深；比方說，父母可能一方面將糞便視為禮物，並賦予極高的評價，另一方面卻又表現得糞便好像是骯髒、不可觸碰、必須馬上丟棄的東西。然而，一名兒童如果耽溺於他們自排泄成功中所獲得的讚賞，對父母心懷感激的他們，會逐漸把排泄物視為一種禮物，一種可以用來獻給親愛爸媽的禮物，長大以後，他們或許便不吝於使用禮物和金錢。相反的，一名兒童如果拒絕排便（除非必要），他們日後可能會罹患「財務便秘」。

因此，本理論的論點十分明白：如廁訓練的經驗如果給兒童帶來創傷，他們在此階段的因應方式與行為便很容易維續下去。於是，吝嗇鬼囤積錢財的方式象徵著：兒童不顧父母的要求，拒絕排便。相對的，揮霍者則回憶起他們自順從父母要求排泄的權威中所獲得的讚許與情感。有些人於是便把排泄/花費與情感的獲得劃上等號，當他們覺得不安全、不被愛，或當他們需要情感時，他們便更容易花錢。如此看來，金錢態度有兩種可能的樣態：要不是極端的正面，便是極端的負面。

一如以往，精神分析觀點的證據來自病人的夢與自由聯想。此外，佛洛依德派學者還試圖從慣用語、神話、民間故事以及傳說中尋

找理論的證據。語言的證據便相當多，尤其是慣用語。比方說，錢常被稱作「不義之財」(filthy lucre)，有錢人則常被認為「全身沾滿了銅臭味」(stinking rich)。至於賭錢呢，它會讓人聯想到穢物與如廁訓練：賭撲克牌要「下注」(puts money in a 'pot'；字面意義可指「把錢放在尿壺裡」)；賭骰子要「擲骰子」(shoot 'craps'；字面意義可指「發射大便」)；錢輸光的人則是被「清個乾淨」(cleaned-out)（參見第四章）。

受到精神分析概念的啟發，學者們進行了許多實證研究 (Beloff, 1957; Grygier, 1961; Kline, 1967)。此外，儘管已存有若干測量動力特徵的測量工具，Kline (1971) 自己還是發展了一套測量肛門性格的測驗。這份量表包括下列問題：

1. 你的花費是否都仔細記帳？ （是／否）
2. 在外頭吃飯時，你會不會好奇廚房是什麼樣子？ （是／否）
3. 你是否堅持一定要還錢，即使欠的錢少得微不足道？ （是／否）
4. 你是不是比較喜歡自己想辦法，而不是沿用別人的辦法？ （是／否）
5. 相對於計畫事情，你是否在做事中發掘到更多的樂趣？ （是／否）
6. 你是否認為應該要有嚴格的法律禁止消費？ （是／否）
7. 是不是沒有一件事比失約更讓人火冒三丈？ （是／否）
8. 別人在做事時，你會不會想要叫他們住手而自己來？ （是／否）
9. 大多數人做事的標準是不是都不夠高？ （是／否）
10. 你會很快做出決定而不再三考慮嗎？ （是／否）

11. 你會不會認為，大多數平等的理想都 　　（是／否）
　　根源於嫉妒？

12. 你喜歡看到自己的錢花得實在具體嗎？ 　（是／否）

13. 作了決定之後，你會很容易改變心意嗎？ （是／否）

14. 你反對體罰嗎？ 　　　　　　　　　　（是／否）

15. 你認為抽煙是種骯髒的習慣嗎？ 　　　（是／否）

　　這份量表曾使用於迦納與英國，並吸引了學者進行大量的研究。比方說，Howarth (1980, 1982) 發現，這份肛門性格量表不同於神經質 (neuroticism) 或精神性 (psychoticism) 的測量工具。不過O'neill (1984) 卻發現，肛門性格與多種 A 型人格特徵相關，例如時間意識 (time consciousness) 與固執；這顯示，這樣的人可能難以治療。

　　Hill (1976) 與 Kline (1984) 曾經檢視肛門性格的相關實證研究。兩位評論者皆對本領域的研究方法有所批評，但卻也都達成如下的結論：證據顯示，精神分析思想家所描述的肛門性格是存在的。比方說，Stone與Gottheil (1975) 就檢驗了一個佛洛依德式的想法。這個想法是說，患有直腸病或潰瘍的病患大概具備了口腔性格結構，而患有偏執強迫性失調症狀的人則明顯屬於肛門性格。結果顯示，後者儘管有若干證據支持，其間的關聯卻相當微弱，而口腔型特徵的關聯甚至不具顯著性。不過當然，心理計量式的證據有其可議之處。精神分析師可能也會想要指出，Kline等心理計量學家並不了解肛門性格的概念，他們也許把太多肛門型特徵綜合在一起了；又或者，肛門性格者本身由於不誠實或洞察力不足，因此在這些簡易問卷上做了不實的回答。簡而言之，儘管我們或許握有頗為充分的證據顯示某種肛門特質的存在，然而關於此種特質與金錢相關問題之間的關聯，證據可能尚嫌不足。

金錢病理之情緒性基礎

　　佛洛依德派人士及其同路人認爲，許多金錢的相關態度掩飾了其他強烈的情緒。許多佛洛依德派人士欣喜於這樣的弔詭：某些外在可見的行爲掩飾、遮蓋了相反的動機或欲望。因此，對窮人的憐憫事實上或許掩飾了怨恨、種族歧視或受威脅感。對富有的人而言，他人若意圖以合法或非法的方式奪走他們的財富、連帶而來的地位、聲譽或自我，此種身體暴力或政治影響力的威脅都構成了一股強大的動機。由於窮人可能願意爲了極低的工資而工作，因此他們對富人構成了一種心理上與經濟上的威脅，不過他們或許也很容易成爲受害者，背上骯髒、不誠實與命該如此的污名。

　　罪惡感是一種經常與金錢發生關聯的情緒。這跟清教徒的價值觀有關，如禁慾與克己 (Furnham, 1990)。清教主義的教誨告訴人們，放縱、浪費與奢侈都是有罪的。就抱持這些信念或接受此類社會化的人而言，嚴謹、守時、節儉與冷靜之類的價值觀會令他們對花錢 (而非賺錢) 心生罪惡感。清教主義並不反對金錢的概念，也不反對「一分耕耘，一分收穫」的想法，它所反對的是，以過於輕鬆 (如賭博、繼承)、不正當或罪惡的方式獲得金錢，尤其反對隨便任意地花錢。

　　金錢所帶來的罪惡感——事實上是，任何東西所帶來的罪惡感——會引發一種不舒服、不誠實、不快樂、甚至厭惡自己的感覺。人們也許會在意識上感受到這樣的罪惡感，並採取某些方法來加以減輕。Goldberg 與 Lewis (1978) 認爲，金錢的罪惡感可能會導致某些心身症，而這些心身症則可能轉變成憂鬱。我們在精神分析師所記錄的個案中發現，有些接受清教式道德教育的人會對富裕心生恐懼。這種恐懼的來源似乎是控制力的喪失。金錢控制了個人；它決定了一個人住在哪裡、如何生活；而誰可以當朋友、誰可以當同事，金錢似乎起了指定與禁止的作用；它既可解放、也可限制一個人的社交活動。清教

道德所強調的是，對時間、金錢、資源、甚至情感加以限制和保留。金錢如果過分充足，個人自然比較沒有理由（甚至似乎毫無理由）對金錢行使任何的控制，因此便可能失去對控制的需求。而控制力的維持－無論是對物質因素或對情緒的控制－－卻提供個人一種安全感的幻覺。

　　精神分析學家相信，那些一夜致富的人之所以無法處理他們的財富，個中的一個原因在於，他們的自律不足，而且他們當然也缺乏處理財富的實際經驗。「在控制的手段還未內化而且實際的自律尚未發展之前，個人會依賴外在的控制手段來提供自己安全感」（Goldberg and Lewis, 1978, 第 75 頁）。對許多人而言，鉅額的金錢似乎暗示著，他們可以不顧後果地使用這些錢，而此種不受控制的行為則又製造出焦慮。弔詭的是，這些錢一旦消耗殆盡或消失不見，生活反倒又能回歸秩序與安全之中。再者，如果這些人的生活已然發生突然而戲劇性的變化，那麼將這些錢以及這些錢所買得的種種清除掉或許意味著回復正常。

　　除了罪惡感，金錢也象徵著安全感。根據一些以美國白手起家的巨富為對象的研究，這些富人經歷父母早亡、離婚或其他重大損失的機率大大超過隨機發生的機率 (Cox and Cooper, 1990)。精神分析學家認為，這些人為了日後不再受困，於是成年後就開始累積大量財富。由於年紀輕輕就必須負起成人的責任，他們或許因而覺得自己必須向自己和他人證明，他們無須仰賴父母。這樣看來，聚積財富的欲望或許不過就是對情感安全（而非物質安全）的一種追求。

　　至於對錢財的貪婪，精神分析學家認為，它跟口腔性格的關聯可能高過它跟肛門性格的關聯 (Goldberg and Lewis, 1978)。在此，精神分析學家指出一些指涉金錢的稱謂，如bread（麵包）與 dough（生麵糰）。對金錢感到飢渴的人為了追求金錢、吞食金錢，他們幾乎可以不顧社會禮節－－他們對金錢的反應好比一個餓死鬼對食物的反應

一樣。這種行為，學者們認為，源於遭受剝奪的嬰兒期。

　　稍後我們會看到，精神分析學派的學者努力嘗試著以金錢病理背後的動力來把人加以分類。對無論是精神分析師或其他各種背景出身的臨床醫師，金錢都具備了多種心理意義，其中最為普遍而強烈的則包括有**安全感、權力、愛**以及**自由** (Goldberg and Lewis, 1978)。

安全感

　　在此，財務上的安全象徵情緒上的安全，兩者間被認為具有線性的關係――錢愈多，安全感愈強。於是金錢成了情緒的救生衣、安全感的屏障，成了迴避焦慮的一種方式。一如以往，此種現象的證據可見諸各種臨床報告和以富人傳記為對象的檔案研究。然而，從金錢上求取安全感的行為可能會使人更加地孤立，因為重要他人 (significant others) 這個安全感的來源反倒會被認為不是那麼有用。這些人一旦在自己周圍築起一道情感的圍牆，他們接著便可能會害怕或妄想自己遭到他人傷害、拒絕或剝奪。結果，他們對財務損失的恐懼會愈演愈烈，因為這些「安全感收藏者」恐怕會愈來愈依賴金錢所帶來的自我滿足：因為金錢提高了安全感與自尊感。

　　Goldberg 與 Lewis (1978) 列舉了數種「金錢類型」，這些類型的人都有意無意地將錢視為安全的象徵。兩位作者提供了典型的個案史資料以證明各類型的存在，不過這些多半為質化性非量化的研究發現。

　　A. **強迫性儲蓄者**：對這些人來說，儲蓄本身就是儲蓄的報酬。儘管他們向自己「課稅」，但是錢存得再多他們都無法獲得足夠的安全感。其中有些甚至可能因為不讓自己享有充分的暖氣、燈光或健康的食物而變得體弱多病。

　　B. **克己禁欲者**：克己禁欲者通常也儲蓄，不過他們享受的是自加式貧窮的那種自我犧牲的本質。為了強調自己的受苦受

難，他們可能會把錢花在他人身上（儘管不多）。精神分析師指出，這樣的行爲通常是種僞裝，用來掩飾他們對經濟更富裕之人的嫉妒、敵意與怨恨。

C. **強迫性貪小便宜者**：在「理想」狀況出現以前，這一類人會一直狂熱地留住金錢；理想狀況一旦出現，他們便開開心心地付錢。他們這樣做是爲了享受「智力過人」的快感——就是要比商家及全額購買者還聰明。由於他們所購買的東西不見得是自己所需，因此他們需要一種勝利感來合理化其購買行爲的不理性。然而，由於他們所注重的是價格而非品質，他們往往會受騙上當。

D. **狂熱的收藏者**：偏執的收藏者會囤積各式各樣的東西，即使其中部份的東西並無多高的內在價值。被他們視爲情感與安全之可能來源的並非人，而是物質財產。他們的財產往往愈來愈多，但任何一樣他們都不願捨棄。透過收藏，這些人可以賦予自己的生命某種目的感，並藉以逃避孤獨感與疏離感。畢竟，東西不會對人有所要求，而著名的收藏品又可以給人帶來某種優越感和力量感。

權力

由於金錢可以購得商品、服務與忠誠，因此人們也可以用它來取得重要性、支配權與控制力。人們可以用錢買通敵人，讓敵人妥協，也可以用它來爲自己的未來鋪路。金錢及其所帶來的權力可以視爲一種想要退化到嬰兒期對全能幻想的尋求。根據 Goldberg 與 Lewis (1978) 這兩位精神分析取向學者的看法，喜好攬權的金錢類型有三種：

A. **操縱者**：這些人藉由錢來利用他人的虛榮與貪婪。透過操縱他人，這類人會覺得比較不是那麼無助與受挫，而且利用他

人並不會讓他們良心不安。此類人有許多過著刺激的生活，但他們往往會在關係上遭遇問題，關係的失敗或破滅則導因於侮辱、不斷的羞辱或疏忽。長期而言，失去正直是這些人最大的損失。

B. **帝國創建者**：這些人有強烈的獨立感與自立感（或看起來如此），他們會壓抑或否認自己的依賴需求，反而可能試著讓他人依賴自己。於是，許多人不免變得孤立和疏離－－尤其在他們年華老去的時候。

C. **教父**：為了自覺有支配力，這一類的人會用錢來賄賂他人、控制他人。他們會憤怒，他們也極容易因為受到屈辱而倍感受傷，但這些他們都會隱藏起來－－因此，眾人的尊敬對他們而言十分重要。然而，由於他人的忠貞與奉獻是他們用錢買來的，因此他們所吸引的人往往是軟弱、沒有安全感的人。他們會摧毀他人的自發性與獨立性，最後往往被一些二流的阿諛諂媚之徒所圍繞。

一如 Goldberg 與 Lewis (1978) 所言，攬權者所感受到的是憤怒，而不是像小孩子一樣感到恐懼，並以成人的方式表達憤怒。心懷恐懼的安全感收藏者會畏葸退縮，攬權者則主動攻擊。攬權者的受害者往往自覺不安全與無能，他們的回應是，把自己依附到他們認為堅強、能幹的人身上。因此，他們可能會追隨所謂的「贏家」－－特別是一些財力足夠雄厚的贏家。

愛

對某些人而言，金錢的給予代替了感情與愛的付出，金錢被他們用來換取愛、忠貞與自我價值。此外，由於互惠是送禮的一項固有原則，許多人於是假定，禮物互換是愛與關懷的一種表示。

A. **愛的購買者**：有許多人試圖要購買愛與尊敬，例如嫖妓的人、過分樂善好施的人、溺愛子女的人。這樣的人覺得自己沒人愛、不可愛，為了逃避被拒絕和沒有價值的感受，他們便表現得慷慨大方來取悅他人。不過，他們似乎難以回報他人的愛，而且他們的慷慨大方或許掩飾了他們對自己依賴的人所懷有的敵意。

B. **愛的販賣者**：這些人以承諾愛、深情以及甜言蜜語來膨脹他人的自我。他們有辦法裝出各式各樣的反應，因此很自然地，他們特別容易被愛的購買者所吸引。有些論者以為，各種形式的心理治療其實就是一種買賣愛的商業交易，它會受到供給與需求法則的影響。藉此，購買者可以購得治療師所樂意販賣的友誼。因此，愛的販賣者傾向於從事助人的行業。

C. **愛的偷竊者**：竊盜狂並非什麼東西都偷，他們會尋找對自己而言具有象徵價值的東西下手。他們渴望被愛，然而卻覺得自己不值得人愛。他們試圖要去除愛的風險，他們的慷慨也極受歡迎，不過，他們的關係往往非常表面。

因此，一般來說，儘管父母會因為愛自己的子女而供給他們金錢，有些父母卻可能是愛的交易者，他們所給予的只是錢，而非愛。這樣的父母從未學會如何不計代價地給予愛或接受愛，因此會覺得好像被迫要購買、販賣或偷得愛。在佛洛依德派人士看來，愛的購買、販賣、交易或偷竊都是一種防衛行為，為的是逃避真正的情感承諾，然而，真正的情感承諾卻又是解決問題的唯一良藥。

自由

此種金錢的意義比較能夠被人接受，因此也較常獲得人們的承認。金錢可以買得空閒時間，讓人們得以追求夢想，從事自己感興趣

的活動。金錢也把人們從受薪工作的例行公事及束縛中給解放出來。Goldberg 與 Lewis (1978) 發現，自主權崇拜者有兩種類型。

A. **自由的購買者**：對這些人而言，金錢讓他們得以逃脫他人的命令、控制、以及可能會限制其自主與獨立的可能性。他們要的是獨立而不是愛；事實上，他們會壓抑依賴的需求，並對這樣的需求恐懼萬分。他們幻想，與另一名「自由的靈魂」建立起一種兩人可同時體驗自由與親密關係或許是可能的。這種人通常被認為不可靠、不負責任，與之建立關係的人則可能會受挫、受傷或生氣——無論他們的關係是何種關係。

B. **自由的戰士**：這些人排斥金錢與物質主義，因為他們認為這是許多人遭受奴役的根源。這些人通常是政治激進主義者、脫離傳統社會者或技術專家政治主義者。他們往往是被動的攻擊者，並會設法解決自己的內在衝突與混淆的價值觀。加入此種反金錢勢力的主要收穫是同志與伙伴的情誼。同樣的，他們的理想主義被認為是逃避情感的一種防衛。因此，加入某個團體可能要付出很高的代價。

這裡的一個基本主題是，在這些人的知覺裡，早年依賴他人或外在世界的經驗含有威脅性，並不能令他們滿足。上述分類的根據來自臨床觀察，並透過某一特定理論的術語加以解釋。對某些人而言，這或許能導出一些有趣的假說，然而這些假說都需要進一步的證據，證據的來源或許是實驗，或許至少是一個範圍大得多的常態母體。

Goldberg 與 Lewis (1978) 認為，金錢精神官能症的重要性在心理治療師看來是次要的。兩位作者還注意到，不同的金錢類型會找上不同的治療師以滿足其特定的需求。因此，關切權威問題的人會找上一個比較不那麼傳統的治療師，而安全感收藏者則會被當地市場收費最低廉的治療師所吸引。由於（幾乎）所有治療師的服務都是要收

費的（儘管成本與治療品質之間不見得有任何關係），因此進行心理治療意味著把錢花在自己身上。然而在治療師與案主之間，金錢這個主題多少仍屬禁忌。很顯然地，所有的治療師都必須了解到，整個療程下來，服務費用的支付與不支付具有何種共同的意義。再者，支付費用代表案主對治療有所承諾。

最後，Goldberg 與 Lewis (1978) 試圖指出各種經常導致嚴重金錢問題的心理因素。總共有十個因素：

(1) 賭徒的謬誤：棄良幣而就劣幣。
(2) 貪婪：此為操縱者與假藝術家的盟友。
(3) 恐懼：害怕冒適度的風險。
(4) 嫉妒：此種情緒不但令人心煩意亂，也可能會限制個人的機會，並浪費精神能量。
(5) 憤怒：事業上的關係和協商可能因而受到破壞。
(6) 自我概念：認為自己沒有發財的能力。
(7) 滿足感：對於自己的處境感到滿意。
(8) 誠實：不願意為利益而犧牲某些原則。
(9) 同情心：溫柔與關懷可能會導致個人做出不良的經濟決策。
(10) 情感：投注於某些傳統或財產的情感會導致個人不重視財富，以及缺乏足夠強烈的發財欲望。

在這些臨床醫師看來——尤其是物質主義社會中的臨床醫師——有情緒問題的人可能會把金錢帶入他們哪些有瑕疵的行為型態中。因為當金錢成為價值的衡量工具時，會引發一些強烈的情緒與相關行為。

心理治療師相信，金錢信念與金錢行為並非孤立的精神現象，而是構成整體人格的必要部份。一個不樂於付出金錢的人或許也吝於給予讚美，吝於付出情感與提供資訊；而一個對自己財務狀況憂心忡忡

的人，他的嫉妒心以及對依賴的恐懼則可能是他必須學習的課題。治療師試圖幫助人們了解他們的金錢精神官能症。金錢不但可能成為幻想、恐懼與願望的焦點，而且跟否認、扭曲、衝動以及抗拒衝動的防衛密切相關。因此，錢可能會讓人聯想到——

> 盔甲、熱誠、仰慕、自由、權力與權威、興奮激昂與興高采烈、獨自生存與安全感、性能力、勝利與酬賞。因此，金錢可能被視為武器或盾牌、鎮靜劑或興奮劑、護身符或春藥、一口令人滿意的食物或一張溫暖的毛毯⋯於是，當我們荷包裡有錢可供儲蓄或消費時，我們可能會因而自覺充足、溫暖、驕傲、自覺有性吸引力、不會受到傷害，甚至，我們可能會覺得自己是不朽的。同樣地，缺錢的經驗則可能令人覺得空虛、覺得遭到遺棄、渺小、脆弱、自卑、無能、焦慮、憤怒與嫉妒。
>
> （Matthews, 1991, 第 24 頁）

在所有精神分析取向的臨床醫師看來，金錢性格包括了一部份追求逸樂、迴避挫折的本我，一部份講理、理性的自我，以及一部份負責監督、道德的超我。這也解釋了某種我們時有耳聞、怪異奇特的弔詭現象：有些人在贏了一大筆錢之後竟顯得有氣無力、抑鬱寡歡；然而在錢財散盡之後，他們反而變得興高采烈，甚至開始奉行起美德。

Matthews (1991) 並不對金錢精神官能症加以分類，而是將它視為一種連續譜的現象：從症狀輕微的輕度快僻，中度的金錢精神官能症，到發展成熟的金錢精神官能症。她的資料同樣來自治療病人以及帶領工作坊的經驗，因此具有此種資料來源所隱含的種種限制。此外，她認為金錢態度和金錢行為受到各種因素的影響，包括：童年早期的情感動力，個人與家人、朋友、師長以及鄰居的互動，文化與宗教的傳統，現代科技，以及大眾傳播媒體所散播的訊息。

在Matthews (1991) 看來，金錢具備多種功能——這些功能她稱之為矯正 (corrections) 與醞釀 (conceptions)，包括：金錢可以用來表達個人的懷疑與不信任；金錢可以用來促進家庭成員間的聯盟，並將其他成員排除在外；金錢可以煽動操縱的行為；金錢可以引發情緒與責備的投射；金錢也經常被當作支配的工具；金錢可以用來助長不自然的依賴；它也可以被父母用來減輕愧疚；被用來代替個人衷心的道歉；此外，當家庭成員不清楚自己與其他成員間的界限時，金錢也可以用來突顯此種界限問題。

Matthews (1991) 注意到，許多金錢方面的失調其實學自「家庭失調」。對於金錢，家庭同時傳達了外顯與內隱的訊息，然而這些訊息往往相互矛盾、彼此不一致、及令人困惑。此外，父母可能會(事實上也是如此)透過金錢來表達他們對子女的情感：譬如用錢來強化子女的好習慣，獎勵子女在學校的優秀表現等等。

在大多數的文化裡，女性處理大筆金錢的機會一向比男性少得多。男孩可以就零用錢問題和父親進行協商，女孩卻可能被鼓勵著要蠱惑父親打開他的荷包。某些女孩因此認定，財務上的精打細算屬於男性的活動，為了不讓自己的女人味減色，於是金錢事務她們一概迴避。相對的，一個男孩如果把金錢和男性氣概劃上等號，當他們面對有錢人時，他們會覺得自己十分無能，或他們會揮霍自己擁有的金錢，以宣示自己的「男性資產」。

精神分析師指出，對於父母所傳達的訊息，某些子女的回應方式是：反其道而行。我們可以發現：有些父母在財務上雖然謹慎萬分，他們的子女卻揮霍無度、輕率魯莽；有一些子女則試圖將父母的財務行為加以誇大、誇張。此外，有些人似乎對金錢視若無睹，像是脫離了凡塵俗世。這一類人的金錢態度有一共同的主題：他們覺得自己不配做個有錢人。既然認為自己所付出的辛勞不配換取公平的財務報酬，這些人因此也難免得不到錢。

然而，除了童年早期與晚期的經驗外，文化的價值觀與習俗也不可避免地會在金錢的相關行為上扮演指定與禁止的角色。因此，社會價值觀決定了什麼是富有，什麼是貧窮；社會價值觀決定了人們應當如何賺錢，決定了一個人應如何運用他的可處分所得，也決定了誰才是金錢的英雄與狗熊。至於學校，它則透過正式與非正式的社會化活動，讓兒童養成各種金錢態度與金錢觀的習慣。同樣地，傳播媒體則傾向於強化那些為文化所接受的金錢價值與金錢習慣，即使這些價值觀或習慣在文化旅行者的眼中顯得有點古怪。此外，每個社會也都有自己一些關於犧牲金錢（如捐獻和送禮）的訊息。

　　Matthews (1991) 認為，人們之所以那麼容易負債，背後有各式各樣的原因。有些人可能為了提昇自尊，或實現他們對自己的幻想而買了太多東西。有些人或許是因為下意識裡有想要變窮的渴望以至於負債累累，也有些人是因為鄙視金錢，急著要把錢給花掉而負債累累。有些人之所以負債累累，起因於生活中的挫敗或不得意，而花錢可以讓他們暫時忘卻空虛感和不愉快的情境。有些人是因為有某種強迫行為的家族遺傳而負債累累，也有些人是因為反抗原生家庭對節儉的極度重視而負債累累。有些人是為了不讓同儕比下去而負債累累，也有些人是因為無法抗拒媒體所傳達的訊息而負債累累 - 這些訊息指示他們要「拚命地買，直到你不支倒地」。

　　此外，Matthews (1991) 也對股市投資人的「包裹思考」(pack-thinking)（意見一致）進行了一番思索；不少可觀的財務成功與失敗或許便導因於這些人的貪婪、以及他們對一些古怪專家的信任。在一個確定性及可預測性極低的世界裡，經濟巫師、明星以及迷信似乎都扮演著重要的角色。許多人為了減輕他們在財務上的不確定感和不安全感，結果便表現得十分不理性。

　　探討金錢問題之情緒性基礎的文獻自然十分引人入勝，然而這些文獻的作者多為治療師，背景則多半是精神分析，因此有其嚴重的偏

限。顯而易見的是，各種不同的描述之間彼此有重疊，但在類型或歷程方面尚未達成共識。更重要的是，其中許多論點缺乏實證的證據，因此儘管有許多概念與歷程或許描述正確，但是我們仍然需要中立的實證證據來證明這些著作的效度。我們並不需要知道這些病態行為在一般人口中的普遍程度；而且教人驚訝的是，某些（極少數）社會學與傳染病學的研究顯示，金錢病理並不罕見，事實上十分普遍。此外，我們並無證據顯示這些病態心理在整體人口中的發生率有多少，我們也沒有證據顯示任一形式的治療可以治癒這些問題。在本領域的研究當中，儘管學者有很多的臆測，證據卻十分欠缺，因此我們確實需要一些良好的實證研究來檢驗這些想法。

金錢病理之測量

Forman (1987) 認為，在所有的精神官能症當中，以金錢精神官能症最為普遍。就像所有的神經症歷程，金錢精神官能症牽涉到一些未被解決的衝突，這些衝突與恐懼和焦慮有關，而這些恐懼和焦慮則可能與適應不良、自我挫敗、或非理性的行為有直接的相關。金錢買不到愛和感情，金錢買不到內心平靜、自尊或心滿意足這類的心境，金錢也買不到權力、地位或安全這類特定的社會特徵。然而，Forman認為，有太多人直接就把金錢和愛、自尊、自由、權力或安全劃上等號。為了幫助人們鑑定自己的精神官能症，他發展了一套金錢精神正常 (money sanity) 量表，這套量表後來由Furnham (1996b) 加以評估。

Forman (1987) 在書中描述了五種典型的神經症類型：

1. **守財奴**：吝嗇的他們通常不願承認自己小氣。他們非常害怕損失積蓄，而且往往不大信任他人，然而，他們很難享受到

金錢所帶來的好處。

2. **揮霍者**：這些人在花錢時往往衝動而難以自制，尤其在他們感到沮喪、沒價值或遭到拒絕時。花錢帶給他們立即而短暫的滿足，但這樣的滿足卻常常引發罪惡感。

3. **大亨**：這些人全心全意地賺錢，因為他們認為這是取得權力地位和他人認可的最佳手段。這些人辯稱，錢賺得愈多，他們愈能掌控自己的世界，而且也可能因此過得更快樂。

4. **貪小便宜者**：這些人會衝動地尋覓各種便宜貨，即使這些東西並非他們所需，原因是，如果能以較低的價格買得一件東西，他們會覺得自己高人一等。相反的，如果他們必須支付賣方所開出的價錢，或他們無法狠狠地殺價一番，他們便覺得憤怒與沮喪。

5. **賭徒**：說到要試試手氣，這些人便百般興奮，而且十足樂觀。要他們停手不賭通常很難－－就算當時已經賭輸－－因為賭贏時所獲得的力量感實在令他們著迷。

Forman 尚對一些更令人好奇的神經症作了一番頗為詳細的思考，這些神經症皆與日常生活的財務和經濟事務有關，例如儲蓄、保險給付、納稅、立遺囑、使用信用卡等等。關於這種種金錢情結之間的關係，作者並未做出直接的推論，因此似乎暗示了，這所有的情結都和同一種基本病理有關。他發展了一套強迫選擇的問卷，並設計了一套自我診斷的方法。此套診斷方法的主要概念在於，一個人如果同意問卷中某一部份的大多數選項，那他便可能患有那種病態行為心理。

Furnham (1996b) 曾對 Forman (1987) 的量表與分類作了一些實證評估。Furnham 認為，由於本領域的心理學研究似乎大多都把重點放在有限的幾種「金錢情結」上，因此這份多向度的問卷便具

備了一項優點，就是它檢視了同一病症的多種呈現。此外，Forman (1987) 所描述的五種金錢類型可能與其他既存的心理變項相關，因此我們可能會預期，「揮霍者」次量表與清教徒工作倫理之間呈正相關，其他各個次量表則與清徒工作倫理呈負相關 (Furnham, 1990)。再者，「守財奴」次量表與「大亨」次量表可能也跟神經質呈正相關。不過，這五種金錢類型次量表上的分數跟個人的社經信念和工作態度的關係或許最為密切，而社經信念和工作態度則多少跟財富的生產與分配有關 (Furnham, 1984, 1990)。透過了某市場研究公司的篩選，Furnham 以這份問卷對 300 名以上的英國成人進行了一項調查。調查的第一個問題是各種金錢類型間的關係（見表 5.2）。

表 5.2 也顯示了各次量表間的低度正相關。儘管這顯示了不同金錢病態行為之間有重疊之處，但重疊之處似乎不多。然而，這五個次量表與總病態行為量表之間的相關似乎確實顯示了，這份總病態行為量表觸及了某種一般性的態度：因為當五份金錢病態行為量表的分數加總起來時（也就是將 50 個題目全包括在內），阿爾發係數即提高到 0.75 這個可接受值。因此，儘管各種金錢病態行為具有足夠的獨特性，但似乎也都和一般性的病態行為問卷相關。

第二個問題則跟各種類型的內在一致性有關。由於各個阿爾發係數都十分低，因此研究者先對五十個問題的潛在結構進行試探性的因素分析。結果顯示，賭徒次量表與揮霍者次量表的題目分別清楚地由前兩個因素加以負荷。守財奴次量表與貪小便宜者次量表的題目則共同由第三因素加以負荷，顯示這兩個次量表（及其概念）之間有相當程度的重疊。在大亨次量表的十個題目當中，有三個題目由第五因素加以負荷，有兩個題目則由第一因素加以負荷。上述結果支持了內在信度分析與相關分析的結果，尤其值得注意的是，賭徒與揮霍者兩個次量表最具內在一致性，兩者間的相關度也最低。

表 5.2 各量表的平均數、阿爾發係數、以及量表間的相關係數

量表	X*	標準差	阿爾發	守財奴	揮霍者	大亨	貪小便宜者	賭徒	總病理
守財奴	20.12	3.94	.43						
揮霍者	20.46	4.47	.65	-.01					
大亨	18.40	3.82	.56	.17	-.04				
貪小便宜者	19.90	4.12	.56	.20	.24	.22			
賭徒	25.21	3.41	.70	.10	.16	.29	.22		
總病理	103.58	11.79	.75	.51	.55	.60	.69	.55	
金錢精神正常	35.73	2.91	.65	.24	.23	.32	.47	.19	.48

資料來源：Furnham (1996b)

附註：相關係數大於.14 者，p<.001

*根據 Forman 的看法，23 分以上代表顯著的健康，7 分以下則代表嚴重的病態

表 5.3　金錢精神正常量表與其他自陳式測量間的相關係數

	金錢精神正常 a	守財奴	揮霍者	大亨	貪小便宜者	賭徒	總病理
工作投入程度	.05	-.01	.17**	-.17**	.02	.09	.00
工作倫理	-.19***	-.13*	.12*	-.28**	-.18**	-.04	-.21**
組織信念	-.10*	-.04	.06	-.01	.00	.04	.03
馬克斯主義之相關信念	-.29***	-.02	-.02	-.06	-.15***	-.06	-.12*
人本信念	-.11*	.22***	-.02	.03	.02	-.02	.03
休閒倫理	-.05	.08	-.23***	.12*	-.03	-.06	-.02

資料來源：Furnham (1996b)

附註：*** p<.001；** p<.01；* p<.005 (分數愈低，「病態」程度愈嚴重)；a 金錢精神正常指的是此一包含 20 個題目的量表上的總分

表 5.3 列示了多種態度測量與這六種金錢相關量表間的相關係數。結果顯現了多種型態：在金錢精神正常量表當中，有四分之三的相關係數是顯著的；但在賭徒量表當中，卻沒有一個相關係數是顯著的。而在各種金錢相關的信念中，工作倫理和經濟孤立的信念則似乎是最具一致性的相關變項。

　　在五種工作信念中，除了其中一種，其他全都和金錢精神正常呈負相關；這些信念包括有：休閒倫理（金錢情結愈嚴重的人愈反對工作倫理）、人本信念（認為工作中的個體發展比工作產出更為重要）、馬克思主義取向信念（認為大多數的工作都在剝削勞工），以及組織信念（認為在團隊中工作是重要的）。金錢精神正常尚與四種經濟價值觀呈負相關，包括：信任企業、經濟孤立、信任政府的福利主義以及信任經濟現狀。不過，金錢精神正常跟三種量表之間也呈現了正相關，顯示政府不應參與定價，不應抱持反工會的態度，而且也不應該認為勞工受到了公平對待。此外，金錢精神正常似乎也跟樂觀、自由的經濟觀點有關。

　　各個金錢相關量表間的相關係數呈現了一致的型態，唯一的例外是揮霍者量表－－它呈現相反的趨勢。不過這其實是可以預期的，因為就某種程度而言，我們可以把守財奴與揮霍者視為相反的兩個極端。

　　本研究所試圖要探討的是心理學裡頭一個遭到嚴重忽視的主題，那就是與金錢有關的行為與信念在態度上與人口統計上的一些相關變項。結果顯示，研究中所列舉的一些測量儘管具備了表面效度，它們的內在信度卻尚嫌不足。這或許源於某些人為因素（例如：社會期望、量表長度、強迫選擇之格式），但卻也暗示我們，要設計出具備心理計量效度之日常金錢相關行為的測量工具，研究者仍須努力。事實上，同樣的問題也發生在其他金錢態度的測量工具上 (Wernimont and Fitzpatrick, 1972；Goldberg and Lewis, 1978；Furnham, 1984)。

不過，加總式金錢病理量表（見表5.1）倒具備了不錯的內在信度（部份的原因在於量表的長度）。

金錢病態行為的分量表似乎顯示，儘管一名守財奴或揮霍者跟其他次量表之間似乎沒有什麼關聯，這些次量表之間還是呈現了中低度的正相關，而且它們跟包含了20個題目的這份扼要的精神正常量表（在此，低分暗示了「精神不正常」）間皆有系統性的關聯。事實上，與各態度量表之分數間呈現最顯著而強烈相關的正是這份精神正常量表。不過，加總式金錢量表（涵蓋這五份特定金錢病理的分量表，共50個題目）與許多關於工作以及經濟信念和價值的量表也有相關。因此，儘管臨床心理學家、組織心理學家以及社會心理學家都努力要將各種不同的金錢相關態度加以分類，他們所設計的許多問卷在心理計量特性上仍有待加強。

不過，迴歸分析證實了，愈認可工作倫理的人愈執著於金錢。事實上，Weber 在其專題論文的第二章當中幾乎就專門在討論金錢的囤積，而非金錢的消費。

上述結果與Furnham (1984) 的研究發現相似，他的發現是：政治信仰（研究中指的是投票型態）、清教徒工作倫理以及性別皆為金錢態度的統計相關變項。藉由正統的相關係數，他發現認可工作倫理的女性比較容易執著於金錢。Lynn (1991) 也有類似的發現，那就是，清教徒工作倫理信念與儲蓄態度關係密切。此外他還發現，兩性在金錢態度上存有一致性的差異 (Lynn, 1994)。再者，Tang (1992, 1993) 關於金錢倫理的研究也確立了金錢態度與工作倫理信念間的關聯。

Furnham (1990) 曾就工作倫理進行了一番檢視，他注意到，無論就歷史的觀點來看待清教徒工作倫理的著作，或就限制這方面實證工作的因素而言，清教徒工作倫理信念不但與安全、蒐藏、吝嗇與儲蓄相關，也跟自治與權力相關。清教徒工作倫理的核心特徵在於對金

錢的執著，在此，金錢被視爲成就（與恩典）的象徵；於是，對金錢的執著便成爲清教徒工作倫理信念的一項有力的心理指標。本領域的作者似乎全都強調，金錢信念與金錢行爲相當早便已在童年時期建立起來，並在成年生活中持續下去。上述想法如若屬實，而且清教徒工作倫理信念如若眞的和金錢息息相關，那麼這個想法便提供了一個有趣而重要的洞見，可以幫助我們了解，抱持清教徒工作倫理觀的父母（無疑地，他們會把這種觀念灌輸給子女）在子女年幼的時候是如何進行其社會化訓練的。不過這可能有個詮釋的問題，因爲特定親職行爲無論太多或太少都可能與個人對金錢的執著有關。因此，清教徒工作倫理的價值觀與習慣（例如遞延享樂的訓練以及對自治權的強調）比較有可能跟後期的金錢信念與金錢行爲有關。

第二個與金錢病理有最一致相關度的因素則是政治信仰。把自己歸類爲右派的人（無論是溫和的或極端激進的）通常患有較多的病態心理。要注意的是，這個變項對金錢病理的預測是獨立於工作倫理或休閒倫理之外的。此外，Furnham (1984) 的研究顯示，政治信仰也跟金錢態度有關。

看來，金錢病態行爲與道德議題和政治議題關係密切。自佛洛依德以來，本領域的作者皆注意到金錢關係著多種政經概念：自由、權力、安全感和自治。因此，將金錢病態行爲視爲另一種心理疾病或許並不恰當，反而應該將它視爲維多利亞時期的所謂「道德瘋狂」(moral madness)。人們在童年早期便已習得了他們取得金錢與處置金錢的態度和習慣，而跟這些態度和習慣有密切關係的或許是道德和意識型態，而非精神官能症。

上述研究顯示，Forman (1987) 的問卷儘管觸及了某些與金錢相關的特定態度，然而根據一些心理計量式的評估（如本研究所做的），這份問卷仍有進一步修正的必要。尤其是守財奴、大亨與貪小便宜者次量表更有待進一步的研究努力，如此才能確保更高的內在信

度。

金錢病症之治療

　　Forman (1987) 考量過多種治療方法，他認爲這些療法或許能夠成功地協助那些金錢精神官能症患者——當然，這些療法也可以運用在其他許多心理問題上。他首先提到的是，我們可以如何以認知行爲療法 (cognitive behaviour therapy) 來處理負面態度。自我挫敗的思考有幾個特徵：自責、罪惡感、未解決的憤怒、低自尊。種種扭曲的想法往往充斥在這類思考當中，像是過度概括化（單一的負面事件被視爲一種永不止息的挫敗型態），任意武斷的結論（某個想法不見得是從另一個想法推論而來的），以及非黑即白的思考（任何事情不是有就是沒有）。

　　此種治療的第一個步驟是：訂定一個關於患者如何表現行爲的契約——目標的遵循或不遵循各有什麼樣的酬賞與懲罰。接下來的步驟則是去發掘各種與金錢有關的自動思考和態度。第三個步驟是：認出這些想法有什麼不利的影響，接著以健康的想法加以取代。最後一個步驟則是：改變行爲以符合新的、健康的想法。

　　另一個作者所推薦的療法是減壓鬆弛法 (de-stressing relaxation)，或稱系統鬆弛法 (systematic relaxation)，此種方法的目的在於對壓力免疫。但本療法有一個概念立論不足，就是壓力會使金錢精神官能症惡化。另外，精神分析也是作者所推薦的療法，此療法同樣具備了一些特定的步驟。

　　作者還推薦了果斷訓練 (assertiveness training)，此種訓練可以幫助人們拒絕他人一些不合理的要錢的請求，而且不會令這些人或請求人感到不舒服。此外，作者還考量了多種其他的療法，包括停止思考療法 (thought-stopping therapy)、角色扮演等等。可惜的是，這

樣的治療折衷取向並無多少的佐證，治療過程也沒有完整的說明。

不過，倒曾有治療師為文討論精神分析治療中的金錢，也就是討論他們如何向病人收費。金錢這個話題不像性與死，它似乎仍然屬禁忌。 Haynes 與 Wiener (1996) 指出，分析師在金錢方面的情結和習慣可能會跟案主這方面的情結和習慣產生嚴重的衝突，因而引發某些特別的問題。無論在費用的寄發、帳單的出示、療程取消的收費以及費用的調漲上，都有可能出現問題。費用愈高並不代表治療工作的品質一定愈高，但是治療工作進行中就應該收費 - 儘管治療成果尚未獲得保證。診療費強化了治療師的自尊、專業地位以及他們對效能的信念，一旦遭到案主質疑，治療師便得面質他們自己的金錢態度，接著再就其意義與案主進行協商。此時的最佳療法，治療師們宣稱，仍然是自我了解與洞察。

金錢精神官能症

經濟波動－－尤其是通貨膨脹、失業、以及利率的顯著變動－－可能會給人們帶來極大的壓力。華爾街崩盤之後，社會上發生了一連串的自殺事件；經濟大蕭條時期，人們則染上了心理憂鬱；因此，人口統計學家、經濟學家以及社會學家們不免感到好奇，當全國性統計數字－－如經濟變項與自殺率和精神官能症院入院率之間－－是否也發生了顯著的變動。

Dooley 與 Catalano (1977) 提到，學者們曾經提出多種說法來解釋一項眾所皆知的事實，就是社經地位較低者比中高階層者更常被診斷為罹患心理疾病。其中的一種假設是，經濟安全的變動會對窮人帶來最為負面的影響，因此他們在心理上比較容易受傷。再者，經濟波動可能會降低社會凝聚力，提高疏離感與自殺率。因此 Pierce (1967) 便追蹤了 1919 年到 1940 年間的資料，他發現，美國普通股股價和自

殺率的急遽變動之間存在顯著的正相關。同樣地，Brenner (1973) 也檢視了紐約州從1914年到1967年間精神官能症院的入院資料，結果發現，精神官能症院入院率與製造業就業指數之間也呈現顯著的關係。不過有項結果卻跟直覺相反，Brenner發現，就某些團體的人而言，經濟景氣時期反而與精神官能症院入院率的增加有關。可見，所謂「失業有害心理健康」，其實是種過度簡化的論點。

　　就規畫目的而言，經濟波動與心理疾病之間的落差可能是極為有用的。 Dooley 與 Catalano (1977) 便論到，若他們能夠釐清和明瞭經濟變動與行為後果之間的關聯，這份研究的意義便將甚為重大。儘管在這方面卻所知有限，他們仍在一項研究當中發現到，心理健康工作者雖然很能夠接受這些想法，

　　不過，兩位作者尚從研究的立場提出了一些明智的建議，他們認為，經濟變動與行為後果的測量都應該要溯及既往。此外，除了自殺和入院治療，其他一些較不嚴重的因素也應當加以考慮。另一個在心理層次分析上特具重要性的則是，探討個人因應策略以了解這些策略會對經濟變動與治療介入的結果產生什麼樣的影響。最後，研究者尚可考量各種後果變項，諸如：生命事件、心理症狀、因應策略的改變、以及對心理健康服務的需求等等。

結 論

　　幾乎所有金錢病態行為的研究都採取精神分析取向，並以個案研究為基礎。不同學者對精神官能症所做的分類儘管差異頗大，其間顯然仍有不少重疊之處。其中不少研究所描述的皆屬「嚴重個案」，在這些個案當中，當事人的整體生活深受其金錢病態行為的影響。不過，這些「問題」一般人或許也難免會經驗到，只不過程度較輕微罷了。多數人都見識過一些克己、吝嗇而小氣的人，也見識過一些因

為習慣隨意、奢侈地花錢而經常負債的人。自然地，大多數金錢病態行為症候群都與其他病症有所關聯。

這些有限卻趣味十足的文獻所告訴我們的是，金錢成了某種象徵物，它可以滿足我們對安全、保障、愛與自由的心理需求。然而，儘管錢能夠在某種程度上以外在的方式滿足某些需求，錢卻買不到那些人們所希望獲得的心理特徵。許多人以為，之所以買不到那些東西是因為不夠富有，於是加倍努力以達成目標；結果，那些吝嗇、揮霍或貪賭之人的處境是每下愈況。慢慢地，他們對錢的態度開始產生矛盾，甚至因而開始區分劣幣與良幣。

學者們在辨別和描述各種病態金錢類型的努力上，都面臨了類型學所可能遭遇到的各種問題。比方說，類型和類型之間會有重疊或曖昧之處。而且類型學只不過描述了主要特徵，但矛盾之處往往還是存在著的。其中儘管有一些具備了陳述清楚的病原論 (aetiology)，這些類別仍是開放而流動的。

關於臨床文獻，尚有兩點可能的主要批評。第一點跟文獻的證據有關。這些文獻的依據大多來自幾位臨床心理學家對個案所做的筆記和觀察，然而其中大部份的臨床心理學家都是美國人，接受的訓練則是精神分析；因此，我們並不知道這些問題在整體人口中究竟有多普遍。再者，除了治療會談所提供的證據之外，我們再無任何由其他觀察者或研究方法所獲得的支持性證據。

第二，這所有的理論都把金錢問題溯因於童年時期的問題，或者溯因於個人稍後在滿足特定需求上所遭遇的困難，但卻忽略了其他心理的、社會的、或經濟的因素。像是「衝動」這個具有生理基礎的特質，它多少也影響了一個人的花錢方式。再者，諸如家庭人數、父母的社經地位、以及手足模範等社會學變項，在在都難免會影響到個人的金錢信念與金錢價值觀。此外，政經變項也有可能影響個人的金錢行為（事實上也是如此），比方說：個人所處的社會基本上是共

產主義或社會主義的？社會的財富分配狀況又是如何？

　　我們從暴發戶的行爲以及人們對暴發戶的態度可以證實，社會力確實在個人的身上運作著。關於金錢，每個社會都各自發展出了一套禮節，諸如：如何給小費？何時給小費？送什麼樣的禮物適當？他人的邀請應何時給予回饋？對於金錢的相關行爲，整體社會會加以認可、指定或禁止；然而，這其中有部份的行爲卻也會演變成病態行爲。事實上，什麼樣的行爲是病態的金錢精神官能症，什麼樣的行爲只是特立獨行或完全正常，整體社會或許眞的扮演著決定性的角色。

第六章　財產

所謂富有，不在於家財萬貫，而在於欲望的淡泊。

-- 依比鳩魯 (Epicurus)--

我們的文化將坐擁萬金的人視為英雄，我們不但注意他們在自己的專長領域內說了些什麼，我們還注意到他們對世上其他種種問題所發表的智慧珠璣。

--Max Lerner--

金錢並非春藥；雖然金錢可能燃起女性眼中的欲望，但欲望的對象是鈔票，而不是擁有這些鈔票的人。

--Marya Mannes--

要檢驗一個人的人格，最具決定性的方式是看他如何理財——

看他如何賺錢、如何花錢。

--James Moffatt--

當你想要從某人身上獲得某些東西時，先想想自己可以給他何
種回報，讓他以為自己獲益最多，不過隨時都要確定一件事：
你才是最後的贏家。

--Sir Ernest Oppenheimer--

這裡一百萬，那裡又一百萬，這我可聽煩了，那些實在微不足
道啊！

--Imelda Marcos--

要維持古銅色的肌膚，住在優雅的住宅（即使身居地下室），
現身於高級的餐廳 （即使只是啜飲一杯飲料）；還有，如果
要向人借錢的話，也要借大數目。

--Aristotle Onassis--

金錢與財產

爲了購買財產，人們花了許多錢――顯然地，這是我們之所以需
要錢的主要原因之一。然而，在我們最重視的財產當中，有些財產的
貨幣價值竟然極低。個人財產的種類很多――有房屋、土地、汽車、
動物、服裝、家俱、家用設備、休閒設備、蒐藏品（像是書籍、
畫）、相片、電腦以及其他資訊科技產品。有些財產是「必需品」，
包括滿足生理性需求的東西，以及電話、洗衣機之類日常生活的必備
之物。許多財產的必要性並沒有那麼高，比方說，汽車與電視機――
但能豐富我們的生活，也使得某些事情成眞或變得更加便利。最後，

有更多的物品則是象徵性的，例如珠寶、古董家俱和藝術品。此章我們會談到，這些東西之所以受到重視，是因為它們可以表現自我、提高社會地位；不過，也有少數人將它們視為投資。上述財產有許多被主人賦予極高的價值，不過這種價值可能並不在於它的貨幣價值，而在於它的歷史或關聯性——一些針對安養院老人最珍愛的東西所做的研究，就獲得類似的結論。

　　有些財產被其主人視為「必需品」，有些則為「奢侈品」。對經濟學家而言，必需品的定義是「無論價格或收入有何變動，人們仍購買同樣數量的物品」，奢侈品則是「人們有能力負擔時才購買的物品」(Douglas and Isherwood, 1979)。至於經濟學家以外的人如何看待什麼是必需品，這要由文化來決定——像今天，電視機就被當作必需品，儘管它並非求生存的必要之物。滿足生物生存與基本需求的東西固然一定是必需品，但許多「實用」物品也是如此。Lunt 與Livingstone (1992) 發現，在他們的研究樣本當中，大多數人都認為電話、汽車與洗衣機應該歸類為必需品，單身者則認為音響設備是必需品，不過，CD唱機、錄放影機以及微波爐則被絕大多數人當作奢侈品。其實，必需品與奢侈品之間的界限是不斷變動的，因為要融入社會並成為社會中正常的一份子，人們所需要的東西會因時因地而不同。Townsend (1979)曾論：「貧窮是相對的，在個人所屬的社會中，往往有某些飲食類型、活動、生活條件或休閒設施是常見的，或至少廣受鼓勵與認可。當個人或家庭缺乏足夠的資源去取得這些飲食類型、參與這些活動、擁有這些生活條件或休閒設施時，我們就可以說，這個人或這個家庭正處於貧窮當中。」買東西是人們需要錢的主要原因之一：在英國，民眾支出的 42% 被人們用來購買汽車、衣服、以及其他的非消耗品。

　　此外，人們認為他們購買的這些東西會帶給他們快樂，但事實並非如此。儘管一般會以金錢來衡量物品的價值，但是我們將會看到，

某些最受重視的物品是相片、紀念品之類的東西，若不是貨幣價值很低，便是根本不具貨幣價值。

　　英國家庭所擁有的財產中，最昂貴的多半是房屋；67%的家庭擁有一棟房子，擁有率超過其他歐洲國家；平均成本為65,720英磅(以1996年的物價計)，大約佔固定支出的16%。69%的英國家庭擁有一輛汽車，24%的家庭則擁有不只一輛汽車；在家庭支出中，買車佔了5%，行車成本則佔了更高的比例。冰箱、洗衣機之類的家用產品佔了另外8%，錄放影機之類的休閒設備則又佔去5%。不過，由於不斷有新產品發明和上市，這些數字便會不斷地變動——如表6.1所示——本表列示了不同產品與服務的支出。

表 6.1　每週平均家庭支出（1994-1995 年）

支出項目	英磅
衣物、鞋襪	17.13
家庭用品	22.66
休閒用品	13.89
住宅（大多為房貸支出）	46.42
個人用品與服務	5.40
汽車	14.47
總額	119.97
總支出	283.58

資料來源：Central Statistical Office (1995)

　　有多項研究詢問人們，他們想擁有什麼東西。Lunt 與 Livingstone (1992) 針對牛津區 219 名的受訪樣本詢問下面兩個問題：「在價值 50 到 200 英磅的東西當中，什麼是你很想擁有的？」以及「在價值 200 到 1000 英磅的東西當中，什麼是你很想擁有的？」。結果列示在表 6.2a 和 6.2b。

有數份研究則詢問人們最重視和珍愛什麼東西。結果發現，隨著不同的年齡與性別，受訪者所提到的物品也有很大的差異（見表6.3）。Csikszentmihalyi 與 Rochberg-Halton (1981) 以及英國的 Dittmar (1992) 也作過類似的研究。這些研究都有一個特點，便是少有人提到那些就貨幣價值而言看似重要的財產，比方說房子、衣服、廚具。相對的，會引發情感的物品儘管貨幣價值極低，卻是無可取代的。

　　在第12章我們會看到，金錢會對快樂產生微弱的正面效應，不過此種效應主要發生在收入較低的人身上。財產同樣會產生微弱的正面效應，但卻隨著年齡的不同，可以帶來滿足感的財產也將會不同 (Oropesa, 1995)。然而，在一些控制所得變項的調查中，研究者卻又發現，財產並不會影響到快樂 (Veenhoven, 1994)。唯一的例外是，擁有汽車會帶來正面的效應。不過，被貼上「物質主義者」標籤的人認爲，愈多的財產會帶給他們愈多的快樂、成就，並有助於自我實現 (Richins and Dawson, 1992)。McCracken (1988) 論道，購買昂貴的東西並不代表貪婪，而是代表尋求現在與未來的理想，甚至更快樂的時光；昂貴的東西，爲人們搭起了一座通往理想生活方式的橋樑。人們相信這些東西可能會帶來好處，部份的原因是來自於廣告的影響，儘管廣告往往誇大了產品的優點。但貴重的物品可時卻會帶來困擾，例如：保險的成本、遭受搶劫的危險……等等。就低所得的個人和國家而言，收入確實與快樂成正相關。因爲對窮人來說，金錢代表更多的食物、更多生活必需品，因而大大提高他們對生活的滿足感；然而對有錢人來說，金錢所代表的卻是比較不具直接實用性的東西，例如珠寶和藝術品。人們可以冀望和購買的對象是沒有限度的，但就億萬富豪而言，這些新產品大概無法爲生活增色多少。

　　就財產的數量和種類來看，階層之間是有差異存在的；在不同的國家之間，此種差異更爲顯著。相較於大多數的歐洲人，美國人擁有

較多的財產；至於第三世界的人民，他們的財產則少得多。許多傳統文化裡，個人財產是少之又少，甚至多半爲集體所有。財產最少的是游牧民族，由於他們沒有永久的居所，所有的家當都必須隨著遷徙。

相較於更早的歷史時期和更貧窮的國家，在1990年代的今天，英國等工業化國家出現好幾次的經濟繁榮，大量的經濟活動不斷在進行著；換言之，許多人花費大把大把的鈔票去購買財產。百貨公司、寬鬆的信用、大量的廣告以及時尚雜誌都是助長他們之所以這樣做的因素。此種購物欲望有時也促進了文明的成長，比方說，人們相信，汽車、電話等產品都是必須品，加上這些產品的實用性高，進而廣爲流行。有些產品爲生活帶來極大的便利，好比是中央暖氣系統、洗衣機、微波爐…等等。有些新產品則豐富了休閒生活，像是電視機、CD唱機。有些財產僅是用來提高社會地位，例如更大的房子、更大的車子。然而，有許多產品不是爲了上述目的而買，而是爲了趕時髦。這種現象在服裝方面最爲明顯，但也見於汽車和室內設計——事實上，每種產品多多少少都有這樣的現象。因此，許多人被鼓勵著去買新產品只是爲了跟上時代，否則，他們的自我形象將會受損。不過，時尚受害者的欲望儘管虛妄，他們卻有利於經濟的發展。

表 6.2a 在價值 50 到 200 英磅的東西當中，有沒有什麼是你是
很想擁有的？[a]

物品	百分比
衣服	19
家電用品（微波爐、乾衣機等）	8
照相機 / 照相設備	6
房屋整修	6
彩色電視機	6
休假	6
家俱	6
電子產品（卡式錄音機、隨身聽等）	6
錄影機	4
嗜好	4
園藝植物 / 園藝設備	4
CD 唱機	3
打字機	3
鞋	2
吉他	2
腳踏車	2
地毯	2
音響設備	2
室內陳設品	2

資料來源：Lunt and Livingstone（1992）

附註：a 有 43/100 的受訪者回答「有」，以上是這些人所列舉的物品

表 6.2b　在價值 200 到 1000 英磅的東西當中，有沒有什麼是你
是很想擁有的？[a]

物品	百分比
休假　（多爲到國外度假，1/3 則指定地點)	22
汽車（通常指備用車或第二部車）	14
房屋整修　（新廚房、新淋浴設備、新陽台等等）	10
音響設備	8
錄影機	5
文字處理器／打字機	4
地毯	4
家俱	4
廚房家電用品	4
腳踏車	4
CD 唱機	4
音樂設備（鋼琴、風琴、擴大器等）	3
廚具	3
船	3
洗碗機	2
電視機	2
三件式套裝	2

資料來源：Lunt and Livingstone（1992）

附註：a 有百分之 52 的受訪者回答「有」，以上是這些人所列舉的物
品

爲什麼我們需要財產？

生理性需求

財產或許具備了生理性的基礎——至少部份財產是如此。動物同樣擁有財產的事實便支持了上述說法。對動物而言，最重要的財產有下列幾種：(a)領土；(b)棲息處或巢穴；(c)存糧；(d)雌性動物與子代——這些可能被視爲財產；(e) 漂亮的裝飾品 (Beaglehole, 1931; Ellis, 1985)。

那麼，動物的這種佔有行爲是否源於某種「佔有本能」呢？大致來說，這樣的想法如今已遭到揚棄，比較獲得認同的觀點是：領土等財產對於食物、水、住所和家庭生活的供給有直接的助益。不過，這些無須學習的動物行爲模式必定還是要被視爲「本能的」。

根據社會生物學家的看法，這些無須學習的動物行爲模式也可以在人類身上發現，只是形式較爲含蓄，一如我們在非語文溝通、性行爲以及利他行爲方面的發現一樣。那麼，人類的財產是否也具備了類似的本能基礎？另一種觀點是：在人類身上，任何這類殘存的天生模式都會被文化和社會化等更強力的效應所覆蓋。我們將會看到，兒童在很小的時候就會設法佔有一些東西(如玩具)，並會爲此而打架。同樣地，他們在很小的時候就會蒐藏一些漂亮但卻通常沒用的東西-儘管這一點會因文化而異。然而，不管就動物或人類的生存來說，領土、棲息處和食物的供給都是不可或缺的。

人類財產之普遍性

Hobhouse 等人 (1915) 曾經就 300 個較傳統的社會進行一項調查，他們的調查發現，由人類學證據顯示，其中的每一個社會都具備衣服、武器和裝飾品之所有權的概念。至於在開發程度更高的社會，人們則具備領土、房屋、動物、工具以及象徵物之所有權的概念。

- **領土或土地**：在狩獵者或採集者所組成的最簡單的部落中，們則支配了動物的放牧權與耕種用的農地。在最單純的社會當中，土地是由部族或氏族以集體的方式所有；在比較進步的農業社會中，土地爲個人或家族所有；至於在發展程度最高的部落裡頭，土地則爲酋長或貴族所有——誠如往後的封建制度。有些地方則土地廣袤，例如新幾內亞——當地的邁盧人 (Mailu) 就不覺得有必要實際佔領土地 (Hobhouse et al., 1915)。

- **房屋**：在最單純的社會當中——即游牧社會——人們僅有暫時的住所，而且此住所通常爲集體所有。直到人類發展出定居式的農業社會，個別的家庭才普遍開始擁有自己的小屋以及更多的財產 (Rudmin, 1990)。

- **動物**：在農業社會當中，山羊、綿羊、牛、豬等獸類扮演重要的角色。動物不但是食物和權力的來源，也是地位的象徵，它可以展現擁有者的財富。在人們可用動物買妻的時代，動物甚至算得上是一種貨幣形式。

- **妻子**：女人一旦被自己的家庭賣掉，便被她們的丈夫享用、支配與利用。基本上，她們是財產的一種形式，沒有自己的權利。同樣地，子女也被視爲財產，他們會被指派工作，長大後還可能會被賣掉。

- **工具與武器**：這些財產爲個人所有。一如我們先前所說，武器是最普遍的財產形式之一。獨木舟通常也爲個人所有，作用獨木舟則例外，它屬於集體財產 (Beaglehole, 1931)。

- **衣服**：大家或許認爲，衣服是最普遍的一種財產，然而居住在蘇丹 (Sudan) 南部的各族，像是努耳人 (Nuer) 與頂卡人 (Dinka)，卻都幾乎一絲不掛。此外，個人裝扮很普遍，而且

裝扮中往往帶有一些象徵物，如戰敗的敵人的骷髏。

• **象徵性以及非物質的財產**：除了個人的裝飾品之外，可能還有一些財產的意義完全是象徵性的。包括：避邪物、神物、幸運符、圖騰以及各種宗教肖像 (Belk, 1991)。譬如：在庫拉貿易 (Kula) 當中，超布倫群島 (Trobriand Islands) 上便流通著一些裝飾過的貝殼及其他物品，這些東西儘管深受重視，卻毫無用處；另外像 Kwatkiutl 印第安人的誇富宴 (Potlatch)，族人在宴會上所捐贈的禮物大抵也都沒什麼用處，目的只是為了提高捐贈者的地位。有些財產甚至是非物質的，諸如儀式舉行權、神秘儀式或程序的知識等等。

在原始社會中，取得財產的方式是十分顯而易見。一個簡單的方式就是將財產據為己有：當個人或家庭在擁有一樣東西一段時間後，這樣東西便被視為這個人或這個家庭的財產。甚至，就衣服或就武器而言，它們會被認為屬於穿戴這件衣服或使用這件武器的人的一部份。第二，將製造財產所需的勞力加以投注可能可以取得這項財產。第三，財產是可以繼承的。

文化在發展後期開始發生變化，主要原因在於物質文明的擴增。於是，人們的工作效率提高了，比方說，人們開始製造更好的衣服，建造品質更優良的房屋，或者發明威力更強大的武器。在歷史的漫漫長路，人類對食物、飲水、住所與安全的需求，如同動物一般，一直是推動文化的主要力量，儘管不同的人群會尋求不同的方法來滿足這些需求。然而，同樣誠如動物，人類取得財產的行為背後，顯然也存在著生理性的基礎。

用來提高生活品質之財產

即使在原始社會，也有許多財產並不是用來滿足明顯的生理性需

求，而是用來提高生活品質，實現更多可能性。現代社會中，有相當多屬於這類的財產。此種財產有四種主要的類別：

1. 交通工具：如汽車、腳踏車等。交通工具可以幫助我們上班、參與休閒活動、拜訪親友、甚至擇偶（此為生理性動機）。任何可以提高機動性的東西必定都具備社交用途。

2. 家用設備：諸如烤箱、冰箱、洗衣機、洗碗機、中央暖氣設備、吸塵器等。這些設備使家居生活更為便利，同時節省了不少時間。在上一個歷史時期，人們常常在家工作，工作上所需的工具便成了重要的財產。如今，由於人們可以透過電腦等電子通訊設備在家工作，因此上述狀況多少再度出現。

3. 休閒設備：樂器、運動器材、書籍、收音機、電視機、錄放影機、CD 唱機等。這些設備，讓人們得以從事的休閒活動更為廣泛。

4. 通訊和資訊設備：諸如電話、電腦、傳真機等。這些設備增加了社交接觸的機會，使人們可以獲取更多的資訊。書籍也可歸類於此。

至於象徵物，我們可以說它透過其美感價值或激發情感的力量，而提高生活的品質。

關於財產，Furby (1978) 有一套著名的理論，他認為，擁有一樣東西的意思是，能夠支配這個東西的使用權 (access)，並藉此提高對周遭環境和對他人的支配。本理論得自兒童研究（稍後我們會描述這項研究），並被類化到成人身上。在 Beggan (1991) 的實驗室實驗研究中，受試者會接受操弄，覺得支配力降低，之後，受試者則會對此加以補償。結果發現，內控程度高的受試者表示，他們的財產給了自己更多的支配力；相對的，外控者的補償方式則是，他們會

 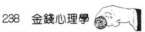

選擇各種他們認為可以給予更多支配力的財產。然而，就如其他研究，本研究所使用的物品似乎無法提供多少支配力，比方說珠寶、寵物、填充動物等等。

象徵式的財產

Hobhouse 等人 (1915) 曾經調查較原始的民族所擁有的財產，結果發現，其中一種普遍的財產是個人身上所穿戴的裝飾品，例如珠串。這類東西既不具備直接的生物性用途，更不具備工具性的目的，但既然這些裝飾品如此普遍，因此它們可能具有某方面的重要性。除了珠串之外，房屋、服裝等財產也都透過了它們的設計、尺寸、成本等等負載了關於財產所有人的額外訊息。 Evans-Pritchard (1940) 便將努耳人的戰矛描述為自我的象徵：

> 努耳男人的戰矛 （*mut*） 是從不離手的，戰矛幾乎成了他的一部分……磨利或擦亮戰矛是他永不厭倦的工作，因為努耳人非常以他的戰矛為傲……就某種意義而言，戰矛是有生命的，因為它是一種擴展的象徵、外在的象徵……它代表了持矛者的力量、活力與德行。它是自我的投射。
>
> （摘錄自 Csikszentmihalyi and Rochberg-Halton (1981) 書中的引述）

Prentice (1987) 曾經研究學生會使用什麼樣的向度來將財產分類。結果發現，第一個因素是「自我表達的――工具性的」，其他向度則包括有「娛樂的――實用的」、「有品味的――日常的」、「有名的――一般的」。財產是地位的象徵；不同廠牌的汽車、不同服裝店的衣服、不同地區的市郊各具備了什麼樣的名望，人們的看法是普遍一致的 (Felson, 1978)。雖然所有的車子都佔空間，然而也都傳遞出車主的相關訊息。駕駛最新款式的車或昂貴的大車或許可以提

高一個人的地位。現代社會中，無論是服裝或其它種類的財產，潮流總是不斷地在變。魏伯倫 (Veblen, 1899) 主張：帶動潮流的是有錢人，其他人則追隨潮流，因此潮流是「向下流淌」(trickle down) 的，地位的象徵則不斷在改變。社會地位較低的群體一旦追隨了某股潮流，有錢人就又帶動新潮流，以便讓自己有別於社會地位較低的人。

社會地位並非財產所象徵的唯一訊息，另一種訊息是團體歸屬。舉例來說，足球迷、龐克族或其他年輕人的團體會藉由穿著其所屬團體的「制服」來宣示他們的團結。這些象徵表達了個人與團體其他成員間的團結，也強調他們共有的認同。有些象徵則代表，個人是獨特的，是背離團體的標準；他也許是個有科學精神的醫師、是個高教會派的教士、或者是個左派的政治家。至於是男是女，這幾乎不需要藉著任何信號的傳遞來告知他人。不過，性傾向特徵的暗示，例如同性戀、性濫交，倒頗為常見。對就業女性而言，藉由服裝來顯示其男性化或女性化的程度可能頗為重要，她們是否找得到工作或許就取決於此。上述歷程決定於物品的共通意義；不過，這些共通意義的創造者主要並非有錢人之類的特殊團體，反倒是廣告之類的傳播媒體 (Dittmar, 1992)，以及各個不同團體的規範－－比方說，在神職人員當中，僧服愈黑，職位就愈高。

誠如許多研究發現，這些地位、女性化等等的象徵確實影響到他人對我們所形成的印象。非語文信號可能比語文信號更具影響力，原因是，單單告訴別人自己多麼有錢、多麼有名、或是多麼女性化，可能只會惹來訕笑與懷疑；相反的，物質的象徵就顯得貨真價實。這種「自我呈現」(self-presentation) 的背後存在有若干動機：可能是為了一些立即性的目的（譬如謀得職位或其他職業意圖），可能是為了提高自尊，也可能是為了幫助建構自我－－如果他人可以接受你所暗示的身分，那麼你自己便也可以相信那是真的。確實，上述作法是有效的，比方說，研究發現，新聞播報員如果「穿錯」衣服，觀眾對

新聞的信任度與記憶度就會比較低 (Harp et al., 1985)。如果有一個衣衫襤褸的人在街上攔下一名路人請他幫個小忙，此人獲得幫助的機率也比較低。

　　然而，個人所呈現的身份必須是可信的。再者，一個形象要同時讓信號傳遞者與信號接收者接受（即同時讓財產擁有者與財產觀察者接受），有時可能是需要協調的。本書作者之一 (Michael Argyle) 曾經認識這樣一個人，他曾展示一些盾形徽章及其他物品來暗示別人，自己屬於法國皇室的一員；但是，沒有人相信，於是他只好放棄這些象徵物 (Argyle, 1994)。

　　當財產作為象徵物時，也可以直接影響到財產所有人。Wicklund 與 Gollwitzer (1982) 認為，財產有助於象徵式的自我完成 (self-completion)，個人若自覺能力不足，他可以藉由特別的設備、服裝、公事包等東西來獲得補償。不過，並無充分證據顯示這樣的補償確實有效。事實上，厚厚的公事包反而可能會被視為低社會階層的象徵。不過，Turkle (1984) 發表過這樣一次暗談：有名年輕人工程課程考試不及格，結果他在取得一部工程用計算機之後馬上變得信心滿滿、樂觀十足，認為自己有能力學好數學技巧。稍後我們會描述到，對進入安養院的老年人來說，保有自己所珍愛的財產（這些財產能夠幫助他們維持自我形象）有多重要。此外，常有報導說，家裡遭竊的人會因為財產遭受損失或污染而覺得自我受到侵犯。

　　財產也可以傳達財產所有人性格之相關訊息，在此，自我呈現並不是那麼重要，財產所有人只是做他（或她）自己，並未企圖表示自己具備某種特定的性格。Dittmar (1992) 發現，性格特質（諸如強硬、親切）會經由富有或貧窮的刻板印象來傳遞。稍後我們將描述一些研究，研究當中發現，服裝會更加直接地傳達人格特質。至於家庭，有人形容它為「身份的外殼」，說它是「自我的一部附有插圖的歷史，同時也展現了個人目前的社會地位、興趣、宗教與政治信

仰、個人品味以及特質」(Dittmar, 1992)。

歷史與文化

在人類歷史與文明的發展上，物質財產扮演著舉足輕重的角色。蒸汽引擎、紡車以及「生產工具」的許多其他特徵完全改造工作世界，大大增加產出量。這些東西也改變了人與人之間的關係，創造財產所有人、工人、技術人員以及其他人之間的差異。由於人們如今在工作之外，可以取得汽車、電視、電影種種新的財產，休閒生活也因此發生改變 (Argyle, 1996)。

另一項歷史變化則是，人們對財產發展出新的態度，也發展出「消費者社會」，在這樣的社會中，個人若一心追求地位，他可以購買某些東西來提高他的社會地位。根據歷史學家的報導，在古代社會的皇室成員中，出現某種程度的炫耀性消費現象 (conspicuous consumption)，不過，一直要到 15 世紀末葉至 17 世紀末葉期間，這才成為重要的文化現象－－不僅歐洲如此，中國與日本亦然。學者們提出若干理由來解釋這個現象，包括王宮貴族的影響、大城市裡新富有階級的出現、以及文化擴散現象 (cultural diffusion) (Burke, 1993)。在上述所有的國家當中，貴族確實是鋪張浪費，他們享盡奢華的服飾、美食、裝飾品與藝術。

然而，有好長一段時間，上述現象皆僅限於貴族與最富有的商業階層，並未出現於全體的中產階層－－後者過了一段時間才發生 (Weatherill, 1993)。事實上，歷史上曾出現過所謂「節約法令」(sumptuary laws)，禁止新富有階層穿戴絲綢製的服裝；在日本，這些人則不准擁有兩層以上的樓房。在歐洲，來自清教徒工作倫理的意識箝制則不認可個人的奢靡。然而，炫耀性消費行為終究還是蔓延到其他社會階層。

在一個以現金為基礎的高度商業化經濟中，貧富不均之所以顯而易見，原因有二。一為統治精英奢侈的生活方式：他們的生活似乎極盡炫耀性消費之能事；二為中產階層生活水準的提昇：提昇幅度雖然不大，但日積月累下來，影響力卻更大。

(Langford, 1984, 第 318 頁)

在此種文化變動的背後，有部份的推動力是來自 Josiah Wedgewood 之流敏銳的商業頭腦以及有效的行銷手法，他們援用甚或發現了魏伯倫原則 (Veblen Principle) 來說服人們購買更多的產品以提高社會地位 (McCracken, 1987)。然而，這些概念已經受到批評；有些學者認為，購買家用設備大多跟地位的追求無關，反倒跟家居生活的更加便利有關 (Weatherill, 1993)。因此，追求社會地位的欲望以及新產品的實用性共同推動了社會的變化，並且維繫了經濟。

圖6.1顯示，近年來，微波爐與錄放影機的擁有率成長迅速，電視機、洗衣機、電話以及食物冷凍儲藏器則達到飽和狀態，而家用電腦的成長則是更近幾年的事。勞工階層被捲入消費主義浪潮發生得較晚，儘管從 1830 年到 1950 年，這種現象就在英國緩慢成長。目前的大量消費現象始於20世紀中期，電視廣告則加速了這種情況的發展；勞工階層的消費者由於電視看得最多，因此一向是電視廣告的對象 (Agnew, 1993)。

在消費者需求的成長與持續上，廣告扮演了一個重要的角色。廣告往往訴諸真實的需求：例如，一部車如何能跑得較快、耗用較少的汽油、變得較安全等等。廣告也訴諸於模糊的象徵性需求，汽油產品就是如此：當所有的品牌都來自地底同一個油井時，彼此間便不易區別，於是，要賣出產品就必須提供一個形象。有人將消費財形容為「銷售的象徵」(Dittmar, 1992)，這種講法不但適用於汽車之類的實用

性產品，也適用於以象徵為主要用途的產品。早期的廣告強調魏伯倫原則，它們所提供的是社會地位。廣告也可以保證戀愛成功，比方說，藉著使用某種頭髮保養品及化妝品。當你購買某一廠牌的汽油時，事實上所買的是亡命之徒的形象。

有人把物質的佔有衝動形容為「物質主義」(materialism)，自馬克斯以來，它便招致了許多社會批評。例如， Scitovsky (1992) 就認為，人們已經被「寵壞」了，在貪得無厭地追求社會地位的過程中，大家已經養成不斷取得商品的習慣。另一項批評則來自1960年代的「反文化」成員，他們棄絕中產階層優渥的生活，而選擇一種更樸素的生活方式。

根據 Dittmar (1992) 的引述， Richin 與 Dawson (1992) 設計一套測量個人物質主義的量表，量表的問題是，個人認為取得財產有多重要；比方說，是否認為財產是快樂的必要條件，是否會根據財產的質與量來判斷自己的成就。研究發現，本量表得分高的人較不快樂，他們也較常在買了東西之後感到失望或焦慮。Belk (1984) 設計了一套不同的物質主義量表，量表的項目與嫉妒、佔有慾以及不慷慨有關。同樣地，物質主義者對生活的滿意度也較低。

物質主義之所以無法帶來快樂，原因可能在於，人們所追求的事實上是非物質的目標，像是自我實現、生命的意義、成功、快樂或智慧，因此當物質無法提供人們這些東西時，他們便大失所望 (Dittmar, 1992)。Kasser 與 Ryan (1993) 曾對年輕人進行了三項研究，結果發現，一個人若把財務成就這個目標看得比家庭、社群感 (community feeling)、連結度 (affiliation) 或自我接納更為重要，那麼他在自我實現、活力、與自我接納的程度上都比較低，在焦慮和憂鬱的程度上則比較高。

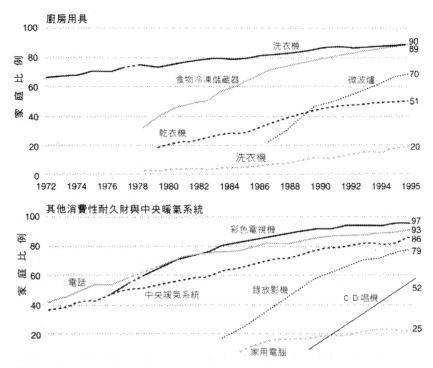

圖 6.1 英國在 1972 至 1994 年間，擁有消費性耐久財的家庭之比例

資料來源：OPCS (1996)

Csikszentmihalyi 與 Rochberg-Halton (1981) 對於他們所稱的「終極式物質主義」(terminal materialism) 是有所批評的，在此，消費本身變成了目的，人們不斷地追求愈來愈多的東西，並期待這些東西能夠提供他們快樂，提高他們的社會地位。不過，兩位作者接受另一類的物質主義，叫做「工具式物質主義」(instrumental materialism)，這是指「把物品培養成為發掘目標、促進目標的主要工具」（第 231 頁）。譬如，我們可以了解到，一件樂器、一部電腦或一艘船如何拓展一個人的生活。上述的觀點顯示，人們對於消費主義已經開始發展出一種比較正面的態度，這種態度不像先前的態度那

樣的富有清教主義色彩，並且贊同某些種類的自我放縱（Agnew, 1993）。財富的增加確實會對窮人的快樂有所影響，但是對於富人的快樂卻無多大影響，至於對擁有最高所得的那些人來說，影響更是微乎其微。原因在於，富人所買的東西，像是首飾、古董，對於生活品質的提昇通常沒有多大助益；因此就追尋更美好的生活來說，這些東西不過扮演了一個小小的角色。

財產之羣體差異

性別差異

Kamptner (1991) 的研究顯示，一個人珍愛哪些財產會受到性別與年齡影響。成年女人所重視的是珠寶、相片與銀器，十來歲女孩所重視的是衣服；成年男人所重視的是汽車，十來歲男孩所重視的則是運動器材。Csikszentmihalyi 與 Rochberg-Halton (1981) 曾對 315 名各式各樣的美國人進行晤談，這些受訪者住在伊利諾州依凡斯頓 (Evanston, Illinois)，其中有 30% 為黑人；研究者請他們列舉「對他們而言特殊的東西」。結果，受訪者總共列出了 1694 個。男性所提到的通常是電視、立體音響、樂器、運動器材、交通工具以及獎章；女性則比較常提到相片、畫、盆栽、餐具、玻璃製品和紡織品，但是從未提到交通工具。兩位作者於是下了這樣的結論：在對一件物品作評價時，男性的評價依據是它的工具性用途，女性的評價依據則是它跟家庭、朋友之間的關係，以及它所引發的回憶和聯想。在受訪者對自己的選擇所提出的理由當中，上述說法獲得了證實。

表 6.3　人們所珍愛的財產當中，有哪些最常被提起？（依受訪者的組別而得之相對比例）

	整組		男性		女性	
兒童中期	填充動物	26	運動器材	28	填充動物	31
(n = 112)	運動器材	16	填充動物	22	洋娃娃	15
	童年玩具	10	童年玩具	20	音樂	12
	洋娃娃	8	小型用具	13	珠寶	12
	小型用具	8	枕頭／毯子	4	書	10
青少年期	音樂	13	音樂	17	珠寶	16
(n = 249)	汽車	11	運動器材	17	填充動物	11
	珠寶	10	汽車	11	音樂	10
	運動器材	10	小型用具	9	衣物	9
	小型用具	8	衣物	6	汽車	6
					小型用具	6
成年早期	汽車	21	汽車	33	珠寶	22
(n = 72)	珠寶	17	音樂	10	相片	16
	相片	13	相片	10	汽車	13
	紀念品	8	珠寶	10	枕頭／毯子	9
	填充動物	5	紀念品	7	填充動物	7
	枕頭／毯子	5	藝術品	7		
	音樂	5				
成年中期	相片	13	相片	18	餐具／銀器	18
(n = 72)	珠寶	13	珠寶	15	珠寶	12
	餐具／銀器	11	書	9	藝術品	10
	藝術品	10	運動器材	6	相片	10
	書	7	汽車	6	紀念品	8

			小型用具	6	家具	8
成年晚期 (n = 72)	相片	17	小型用具	26	珠寶	25
	珠寶	16	相片	17	餐具／銀器	19
	小型用具	14	汽車	11	相片	17
	餐具／銀器	11	藝術品	11	宗教物	6
	藝術品	7	運動器材	9	家具	6

資料來源：Kamptner（1991）

附註：數字所代表的爲百分比（n = 577）

　　Livingstone (1992) 在一份小型的晤談研究中發現，關於家用設備，男女的態度並不相同。女性看待這些東西的方式是，它對家居生活造成了什麼樣的影響：例如，微波爐可以用來爲丈夫的晚餐加熱，多一部電視可以防止子女吵架，電話則可以與密友聊天。相對的，男性看待這些東西的方式是，它們具備什麼樣的功能和本質，而非它對家居生活造成了什麼樣的影響。整體看來，男性是以比較工具性的方式來對物品作評價，女性的評價依據則部份爲物品的情感價值（這些東西令她們想起他人），部份爲物品對家居生活的影響。

階層差異

　　關於財產作爲地位象徵的重要性，前面已經談過很多，因此或許有人會預期，地位較高者所擁有的財產，數量上較多，種類或許也不一樣，而且這些人的地位可以藉由他們的財產來加以辨認。然而事實是否如此呢？確實，就大多數的財產來看，大規模的階層差異是存在的，但並非全都如此。表6.4便列示了當中的一些差異，資料來源爲 Central Statistical Office (1995) 所作的研究。

　　對於階層的差異，Dittmar (1992) 做過一項積極的調查，調查對象有通勤的上班族、失業者以及學生。學者們發現，這些人所重視

的物品,種類上差異不算太大;不過,相較於床、炊具這類基本的物品(這些爲失業者所重視),上班族更重視祖父級的古董鐘與古董沙發,他們也更重視情感物與裝飾用的小擺設。至於他們爲什麼重視某些財產,受訪者的理由倒反映了更明顯的差異。上班族的理由是:他們對某些財產懷有很深的感情,可以作爲個人歷史的象徵;某些財產則具備了休閒用途。相對的,失業者的理由則在於財產的直接效用或財務價值。

那麼,人們會不會把財產當作他人社會階層的指標呢?當人們被問到「在〔清單上的〕這些東西中,你認爲哪兩樣最能夠顯示一個人所屬的階層呢?」時,有人認爲「生活方式」是主要條件,有人認爲是職業,也有人認爲是收入;這幾種答案的回答人數差不多 (Reid, 1989)。在另一項研究中,人們則認爲,「他人的花錢方式」、「他人的穿著方式」以及「他人所擁有的車」比職業或收入更重要 (Reid, 1989)。顯然地,財產普遍被視爲社會階層的指標。還有一項調查則試圖以財產做爲社會階層的衡量指標,方式是列出客廳內財產的清單。最近在美國就有一項這樣的研究,其中包括下面這些財產:「客廳裡的摩托車」(-10)、「國際知名畫家所創作的原版油畫」(+6) 等等 (Fussell, 1984)。

在 Dittmar (1992) 的研究中,她播放錄影帶讓青少年受試者觀賞;錄影帶有好幾個版本,有的出現年輕男子,有的則出現年輕女子,他們也許置身於富貴之家,也許置身於貧寒之家。受試者則必須對目標人物的特徵進行評比。判斷這些影片的學生有的來自勞動階層,有的來自中產階層;結果他們都認爲,置身於富貴之家的那個人比較聰明、教育程度較高、成就較高,也稍微強勢了些,然而當目標人物置身於貧寒之家時,他們卻被認爲比較友善、親切,而且比較能夠表現自我。因此,同樣的一個人,在受試者的判斷下,不但具備一般人所謂較高階層的特質,也具備較低階層的特質 (Argyle, 1994)。

表 6.4 家用設備擁有情形的階層差異

	前 10%	後 10%
中央暖氣系統	97.2	74.3
洗衣機	99.0	63.8
電話	99.7	69.6
錄影機	93.0	36.1
第二幢住宅	8.8	0.6
乾衣機	74.3	18.7
微波爐	85.5	36.2
洗碗機	55.0	2.0
CD 唱機	73.6	15.2

資料來源：Central Statistical Office（1995）

年齡差異

　　從兩歲開始，對於「什麼東西是我的」，兒童已經發展出十分清楚的概念，他們常常爲了玩具、麥片粥碗之類的東西而跟其他小孩（例如兄弟姊妹）吵架。三歲時，他們對所有權也有了十分清楚的概念，一件玩具要是已經說是他們的，他們便會捍衛這件玩具，不願與他人分享 (Eisenberg et al., 1981)。他們覺得，一件東西如果是「掙來的」，這件東西便爲人所有，主人的權利應當加以尊重 (Staub and Noerenberg, 1981)。兒童心理學家把這樣的現象視爲發展自我概念的一部份，是自我在定義它的界限，算不上「自私」。 Furby (1978) 在對270名兒童作了晤談之後作出結論：兒童有支配環境的衝動。他們會發現，什麼東西是他們能夠支配的，並將這些東西視爲自我的一部分，視爲「財產」。他們會發現自己有能力支配這些東西的使用權，也就是說，他們有能力支配他人。

　　Furnham 與 Jones (1987) 曾就 102 名兒童進行了一項研究，兒

童的年紀分別為 7 — 8 歲、 9 — 10 歲、 12 — 13 歲、 16 — 17 歲。結果發現，財產與他人有若干的關聯。兩位研究者發現，多數兒童認為，他們可以控制那些使用他們財產的人，尤其是年紀較大的兒童；但在年紀較小的兒童中，有1/4認為是父母控制了他們。大多數兒童都與家中的其他成員共同擁有某些財產，而這些財產是年紀較輕的兒童所偏愛的。有大約半數的兒童說，他們願意出借自己的財產；年紀較小的兒童願意借給他們所喜歡的人，年紀較大的兒童則依他人的需要而定。年紀較小的兒童偏愛父母所送的東西，年紀較大的兒童則偏愛他們自己賺來的東西。

10 歲、 11 歲兒童最重視的財產包括有泰迪熊、玩具、運動器材、以及（對女孩而言）洋娃娃。到了青春期，對加州 14 — 18 歲的青少年來說，他們所重視的財產包括有音樂、汽車、運動器材、以及（對女孩而言）珠寶 (Kamptner, 1991)。而對英國學生來說，他們最重視的五樣東西通常包括了音樂設備、相片和紀念品、日記、樂器、衣服和書籍 (Dittmar, 1992)。

至於生命另一端的老年人呢？ Kamptner (1991) 發現，他們最珍視的財產是相片；對老年男性而言還有小型用具和汽車，對老年女性而言則還有珠寶和銀器。他們最常提出的理由是，這些財產連結了家庭和親友、享樂與回憶。 Csikszentmihalyi 與 Rochberg-Halton (1981) 在他們最年長的受訪組中發現，這些人最珍惜的東西多半是相片；此外，還有家俱、書籍和藝術品。這些東西之所以重要，受訪者的理由是，它們可以喚起回憶、連結過去、界定自我、並提供和家庭、親人的聯繫。

當老年人住進安養院時，他們往往因為喪失個人財產而感到難過。如果能夠把財產帶在身邊，他們對安養院的生活往往調適得比較好，尤其當這些財產能夠提供歷史連續感以及與他人的連結時，更是如此 (Wapner et al., 1990)。許多作者強調，允許老年人或精神病患

把一些財產帶在身邊是有好處的，因爲這能夠維護他們的自我形象
(Dittmar, 1992)。當人們能夠攜帶少數財產移民，或者當人們住進老
人安養院的時候，他們會把幾件他們認爲重要的東西帶在身邊；這些
東西會讓他們想起過去的生活，想起他們與他人的關係。例如，我們
可以從摩門教拓荒者的日記當中發現，他們當初帶在身邊的財產就是
這樣的東西，其中還包括具備神聖意義的物品 (Belk, 1991)。

以 Furby 的理論來看，財產主要跟支配有關，但 Dittmar (1992)
批評這樣的觀點，認爲它忽略了財產的象徵性使用。儘管，兒童最喜
愛的東西大多是實用性而非象徵性的，像是玩具、運動器材；但是對
老年人來說，最重要的東西都是象徵性的，比方說紀念品。然而，即
使對兒童來說，擁有流行的衣服、鞋子等裝備也非常重要，而且這往
往花上父母大筆的開銷。因此， Dittmar 的批評或許是正確的。

幾種主要的財產

房地產

動物會佔有包含食物、水和居所、源的領土，牠們也會擁有作爲
睡眠、進食、交配和養育後代之用的巢穴或其他居所。同樣地，傳統
社會的人類也擁有相同用途的土地、小屋或其他的住宅。土地的用途
在於畜養動物或生產食物。隨著都市的增長，如今只有少數人住在鄉
間並擁有土地；在英國，務農人口有4%，當中大多並未擁有農地。
我們將在第八章探討農地繼承的問題－－問題在於，一塊農地如果一
再分給好幾名子女，農地會愈變愈小，最後小到無法養活一個家。如
今仍有人在都市農園和公有租用菜園種植一些食物，不過對大多數的
種植者而言，這比較像是一種休閒活動；而且在大部份的農園裡頭，
草地和花卉的數量都超過了蔬菜。

然而，所有人幾乎都住在獨戶住宅或公寓裡頭，而且有67%的

英國家庭擁有他們所居住的房產；25%的家庭是完全擁有，41%的家庭有抵押貸款，34%的家庭則賃屋而居。在英國，擁有自己房子的家庭，比例低於愛爾蘭 (80%)，高於德國 (38%)。有較多專業階層的家庭擁有自己的房子 (86%)，75%是抵押貸款 (Central Statistical Office, 1995)。英國在 1994 年的平均房價為 65,720 英磅（包括新屋和舊屋），扣除救濟金或保險金給付以及稅捐後的平均家庭所得為 15,570 英磅，因此房屋價值為平均年收入的 4.2 倍 (Social Trends, 1996)。住宅費用平均每週為 46.72 英磅，外加 6.60 英磅的修理費（所得的 19%）。Rex 與 Moore (1967) 創造了「住宅階層」(housing classes) 的概念，住宅階層包括六個等級，從完整擁有一棟房子，到租賃於簡易旅館 (lodging house)。他們認為，每個人都希望能夠在這些階層中升級，並且搬到市郊去住。不過，我們現在知道，有一群為數不少的少數人比較喜歡住在市中心，另外有一群為數也不少的少數人則偏好租賃的獨立性 (Couper and Brindley, 1975)。

每個歷史時期，家是滿足居住者的需求而設計。例如：位於牛津北區的大宅第，這些宅第是在 1860 至 1890 年間建造而成，它們有寬敞的客廳，前門旁有間書房，另外有座僕人用的樓梯，在頂樓還有幾間僕人臥室 (Hinchcliffe, 1992)。但是今天，不管在牛津區或任何其他地區，這樣的房子都不會有人蓋了。

住屋是大多數家庭的主要財產，它滿足了人們許多的需求。但是，它是否也滿足了象徵式的需求呢？當我們到別人家拜訪的時候，大多數人只會看到前廳、玄關和餐廳，Goffman (1956) 把這些地方稱做「前臺區」，一個家庭就在這裡為訪客進行演出；準備演出的地方則是廚房等「後臺區」，這裡訪客禁止進入。上述說法是有證據支持的。Canter (1977) 發現，人們認為自己的房子便是以這樣的方式區隔的；他還發現，人們會把最精美的畫和其他有價值的東西擺在前廳，以便讓別人看見。不過，這個主題有一些變化，例如在美國

中西部,在廚房接待訪客是很常見的。我們或許能夠從客廳裡頭的擺設當中衡量一個家庭的社會階層,而這一點,大家都了解。

Csikszentmihalyi 與 Rochberg-Halton (1981) 在研究中詢問受訪者對家庭的態度,結果有36%的人作出了情感上正面的回答,9%的人作出了負面的回答,55%的人則作出了中性的回答。女性的反應大多是正面的,男孩子的反應則最為負面。老一輩的人若是仍住在原來的家,他們往往十分珍惜回憶的延續。許多人都有一個「內部的聖殿」,在這裡,他們感覺最為自在:對兒童來說,這個地方是他們的臥房;對父母來說,這通常是客廳或廚房;對父親來說,這通常是他的書房;對母親來說則是廚房。

汽車

人們有運輸的需求,能滿足我們這項需求的,長久以來一直是動物,尤其是馬——人們或騎馬,或用馬來拉載馬車(包括運貨用及乘坐用的馬車)。接下來的發展是腳踏車,如今不管在東方國家、牛津、劍橋,或者在荷蘭,腳踏車仍然是一項主要的交通工具,且也是種次要的載貨工具(本書兩位作者都十分開心地騎腳踏車上班)。自1900年左右以來,汽車在工業化國家變得無比重要,在今天,它甚至帶來了污染、道路過於壅塞等社會問題。當初,美國福特汽車公司及英國莫理斯 (Morris) 汽車公司皆針對大量人口而推出十分低價的車子,因此刺激了汽車數量的迅速成長。克萊斯勒汽車公司為了與福特汽車公司一較高下,於是製造出更為醒目的車型,結果帶動以汽車作為地位象徵的新潮流 (Stokvis, 1993)。因此,除了運輸的實用性,汽車的體積也變得愈來愈大,性能變得愈來愈強,外觀則變得愈來愈醒目、愈來愈漂亮。

就整體而言,如今有69%的英國家庭擁有一部汽車,24%的家庭則擁有不只一部的汽車。在首次購買的汽車裡頭,有24%是以信

用貸款的方式購買，此比例高過房子以外的任何東西；除此之外，大多數人都把車子視為必需品而非奢侈品 (Lunt and Livingstone, 1991a, b)。在大多數人的財產中，汽車的價值僅次於房子；至於成本，新車在 7,000 英磅到 18,000 英磅之間不等，二手車雖然便宜得多，但仍佔去平均家庭年收入的一大部份。以平均薪資來計算，一部新的 Ford Escort，其成本相當於 1846 小時（大約十一個月）的工時；但汽車的平均年齡為七年，而七年後的價值也遠低於當初新買時的價值。平均來說，行車成本每週為 21.60 英磅，購車成本每週則為 14.50 英磅，大致相當於家庭總收入的 12% (Social Trends, 1996)。

顯然的，汽車的用處極大，它讓我們上班更方便：有 68.3% 的英國工作者開車上班，平均車程7.5英哩。除此之外，他們也開車上教堂，開車到運動設施場所或其他休閒地點，或者開車去拜訪親友。Dittmar (1992) 發現，男人特別會以汽車的實用性來作為汽車價值的主要判斷依據。在一項針對朋友數所做的有趣的統計研究當中，Willmott (1987) 發現，擁有一部車平均增加 2.3 個朋友，擁有另一部車則再增加相同數量的朋友。

除了開車到處跑，車子裡也可以作其他的事情：Kinsey 等人 (1953) 便發現，有30%的美國女性曾經在車裡進行性行為——即使那個時代的社會風氣是更為壓抑的。當然，美國車是比英國車大！把汽車當作社會地位象徵的這種想法是被人們普遍接受，而且這在一些訪談當中也獲得證實。訪談的對象是一些 Rolls Royces 與凱迪拉克 (Cadillac) 的車主，他們如此說道：「我的凱迪拉克已經成為一個我當之無愧的東西…我聽過客戶這樣說：『你是個有錢人』。這也許令他們痛恨——但我不在乎。這表示你賺的錢比人家多得多」 (Csikszentmihalyi and Rochberg-Halton, 1981)。

Dittmar (1992) 發現，她樣本中的生意人非常重視他們的保時捷 (Porsche)、寶馬 (BMW) 以及 Lamborghinis。的確，汽車本身也形

成了一種地位階層，階層的高低依成本、廠牌、大小、車齡等等而定；事實上，廠商在銷售汽車的時候，對於購買者的收入階層，他們早就心裡有數。

　　美國一項運用形容詞檢選法的研究發現，不同的廠牌具備了明顯不同的形象。雪佛蘭 (Chevrolet) 的車主被認爲是「貧窮、低階層、一般、平凡、樸素、實際、普通、平均、粗俗、瘦小、友善的」。別克 (Buick) 的車主（本書的第二位作者曾經擁有一輛別克，他非常喜歡這輛車）則被認爲是「中產階層、勇敢、男性化、強壯、現代、好相處的」(Wells et al., 1957)。

　　然而，除了地位之外，車子也傳達了其他的訊息。Marsh 與 Collett (1986) 曾就人們如何看待不同車子的車主進行一些訪談，便發現汽車刻板印象的幾個向度：(1)年輕、時尙、愛好運動、積極 (如 Golfs) 與中年、保守、居家 (如Volvos) 的對比；(2)專業、有成就、重視地位的男人 (如 Rover 2000s) 與親切、普通、友善、貧窮者的對比 (如 Citroen 2CVs)；(3)年輕、有企圖心、專業的女性則駕駛 Metros 與 2CVs。兩位作者發現，人們對許多廠牌的車子都存有刻板印象。

　　有些汽車形象是廣告所塑造出來的。四輪轎車的銷售形象是粗獷的男子氣概、崎嶇不平的路段，敞篷車的銷售形象則是青春的自由奔放和性感。而在一些對催眠後受試者所進行的訪談當中，我們得到一些證據顯示，人們對自己的車懷有一些無意識的幻想，幻想的主題通常跟權力、成就或性有關，全是車主幻想式的逃避 (Black, 1966)。

服裝

　　人類不像動物；爲了保暖、預防惡劣天氣的侵襲、遮蔽私處和裝扮自己，人類是需要衣服的。一如表6.1所示，我們在衣服、鞋子上的花費平均佔了家庭預算的百分之六。Beggan (1991) 讓美國學生

列出他們最喜愛的五項財產，結果發現，衣服受歡迎的程度排名第三。Kamptner (1991) 則請 577 名受訪者列出他們最珍視的五項財產，結果發現，提到衣服的大多為青少年期的女孩。

衣服是意義變化最為迅速的財產，因為服裝時尚不斷地在改變。新的流行總是設法超越前一年的流行，一旦到達某個限度，相反的改變就會發生——女人裙子的長度便是如此。研究發現，裙子長度有數個 20 到 25 年的週期，以及更長的一個百年週期 (Richardson and Kroeber, 1940)。這樣的現象讓魏伯倫 (Veblen, 1989) 的「向下滴落理論」有了許多發揮的空間，而且服裝正是這一類理論的主要根據。

隨著社會階層的不同，一個人的穿著也會有所不同，因此服裝暗示了一個人的社會階層；不過，相較於足蹬木屐、頭戴高頂絲質軟帽或無邊布料軟帽的時代，如今，這樣的現象已經不像以往那樣顯著。較富有的人會上比較昂貴的服裝店，他們所買的衣服往往有較佳的質料與作工，這些衣服通常也比較乾淨、新穎、保養得比較好。這裡的象徵明白易懂：穿金戴銀的意義不言自明，穿戴高跟鞋這樣的服裝也是如此——顯然，高跟鞋並不適於工作場合 (Veblen, 1899)。

除了社會階層，服裝所能傳遞的訊息其實還有多方面。Burroughs 等人 (1991) 發現，他們的受試者認為，相較於一個人的房間或唱片這樣的訊息，服裝更能代表一個人的性格。當受試者看到服裝時，則自我評量與他人評量間在幾種性格向度上都出現了高度的一致性，像是拘謹／隨性、樂觀／悲觀、冷酷／溫柔等等。Gibbins (1969) 曾以英國北部 15、6 歲的女孩為受試者，研究中，她們要對一些女孩子的特質進行判斷，女孩穿著各自不同；結果受試者的判斷一致，某些穿著就代表著勢利、愛開玩笑、叛逆、害羞、會喝酒等等。然而，承載這些訊息的服裝究竟具備什麼樣的特徵呢？舉例來說，在我們所引述的研究當有個發現非常一致，就是穿短裙、穿亮色

衣服以及化濃妝的女孩會被認為是精於世故、品行不良的 (Hamid, 1968)。近年來,人們會建議有事業企圖心的人「為成就來選擇穿著」——怎麼穿呢?男人的話,要穿整潔的套裝,女人則要穿深色的服飾。這種作法,某些證據顯示是有效的——研究中,研究者會請人事經理對穿著各異的求職者加以評分 (Forsythe et al., 1985)。

對女性來說,為了人際關係,為了工作和薪資,外表的吸引力是非常重要的。外表的吸引力有部份取決於臉型、身材和髮型,有部份則取決於服裝——要吸引人,服裝必須光鮮、迷人、而且是最新流行的款式。最後,服裝也非常清楚地顯示了一個人所屬的團體。除了社會階層團體,我們還有其他類型的團體,像是平頭族、龐克族等年輕人的叛逆團體。此外,警察、郵差、醫師、護士、律師和法官都有特定的制服。再者,我們也可以從外表來判斷一個人所屬的宗教團體、政治團體或職業團體。

魏伯倫的理論後來被 Simmel (1957) 加以延伸,他指出,追隨流行的人模仿流行,地位較高的團體則把自己跟他們的追隨者區隔開來——他們才是新風格的開創者。上述說法是否真如魏伯倫所聲稱的,可以解釋服裝的現象呢?在美國的一項早期研究當中,Hurlock (1929) 發現,有40%的男性和20%的女性表示,為了讓自己看起來跟社會地位較高的人一樣,他們會追隨流行;另外,有半數的人說,當社會地位比他們低的人採納了他們的風格時,他們會改變自己原有的風格。看來,這套理論確實適用於1929年的美國。不過,從那時候開始,流行的面貌已經有所改變。如今,服裝業會同時推出各個價位的新款式,因此比較不會出現流行的落後狀況;換言之,潮流的滴落方向比較是水平式而非垂直式的 (Kaiser, 1990)。甚至,某些潮流會從龐克族或其他年輕人叛逆團體的風格向上流動。儘管如此,流行風尚還是不斷地在改變,一個人若是沒跟上流行,可能會遭到嘲笑和排擠,並且被認為是較低階層的人。不過,上述現象其實可用一個較

舊而且較簡單的模式來加以解釋，就是社會行為的從眾壓力，以及背離常軌者所受到的排擠。如果有所謂領導流行的人，那他們比較不可能來自上層階級，因為大多數人畢竟不會想要跟他們一樣，人們比較會想模仿的應該是流行歌手、電視人物、以及其他意見領袖：

> 當藍色丁尼布工作服正在紐約*Bloomingdales*百貨公司裡頭銷售時，當搖滾明星米克傑格（*Mick Jagger*）被票選為全球最有穿著品味的男人之一時，我們發現，某個理論顯然有問題，這個理論認為：流行的風格是建立於社會高層而向下流動的。

(Blumberg, 1974, 第 494 頁)

那麼，帶動新風格的人到底是誰呢？有證據顯示，服裝潮流的領導者大多年輕、受過良好教育、社會地位高；在服裝之外，他們往往也富有冒險精神、敢於挑戰傳統 (Millenson, 1985)。本書的第二位作者曾在前牛津女子學院之一進行了一項研究，結果找到了三名流行的領導者：其中一名非常富有，一名有位在巴黎擔任模特兒的母親，另一名的母親則擁有一家服裝店。不過，Campbell (1992) 認為，創新者或許不只一種：有些是所謂「浪漫的波西米亞人」，他們總想震驚世人；有些則隸屬於某些汽車、電腦團體，又或者是其他一些重視小小科技進步的狂熱份子。至於流行的追隨者，他認為，這些人是享樂的追求者，他們愛作白日夢，喜歡尋求新的經驗以及生命中的其他事物。

住宅內的財產

動物的居所內並無任何的家俱或設備，傳統社會的民族也沒有多少這些東西。但是自工業文明發展以來，人們在屋內的東西卻有驚人的成長。這其中有許多是實用、節省勞力的工具，它們讓生活變得更

為便利，甚至使得那些買得起這些東西的人可以不再需要僕人。其他的東西則是作為休閒之用。在前面的表6.2，我們看到，平均家庭預算有8%用於家用產品，5%用於休閒產品。當中有許多產品是十分新近的發明，圖6.1顯示，微波爐與錄放影機的擁有率自1972年以來快速成長。此外，如表6.4所示，就財產的擁有情形來看，大多都存在著大量的階層差異，不過並非全都如此。

在針對人們所珍視的物品的調查中，我們發現，其中大多數的東西都出現在屋內。最昂貴的有洗衣機、食物冷凍儲藏器等設備，儘管這些東西在受珍視物品的名單上並不常出現。不過，這些東西很重要，它們讓生活更便利，並且節省許多時間。然而不只是省時而已，它們還影響到家庭生活的整個型態。Livingstone (1992) 的晤談研究顯示，由於電話、第二部電視以及微波爐這些東西給家庭生活所帶來的改變，因此女人是多麼地重視這些東西。不過，也有一些受訪者認為，洗衣機和微波爐所節省下來的時間才是最重要的。家俱在受珍視物品的名單上排名頗高，這一點也跟家庭互動的型態有密切相關，比方說，餐桌邊的相聚。

比起家用設備，休閒設備更受重視，例如電視、運動器材、樂器、畫以及其他收藏品。前面我們已經看到，由於休閒設備讓人們得以從事更多樣的活動，因此極受重視。新產品不斷有人在發明和銷售，那接下來會是什麼呢？那大概是電腦和其他更複雜的資訊科技、多媒體式的資訊與娛樂來源以及網際網路，在目前，這些大多是作為娛樂之用。

畫和相片的價值在於記錄了個人的歷史。至於家庭，則扮演了「身分的外殼」的角色。許多物品或許不具備貨幣價值，但對擁有這些東西的人來說，它們卻十分重要，像是禮物、紀念品、家傳物、古董、洋娃娃、以及其他具備特殊意義或能夠引發特殊聯想的東西 (Belk, 1991)。

另外還有美術品與雕塑，這些財產的普遍性較低，但價格往往極為昂貴，因此可以做為財富的象徵；事實上，這是有錢人會花錢購買的東西之一——畢竟，其他的東西他們都有了。再者，藝術是需要專門知識的，因此也是品味的象徵。

那麼收藏品呢？兒童是最積極的收藏家；Newson 與 Newson (1976) 發現，大多四歲小孩和七歲小孩都擁有收藏品，例如郵票、鳥蛋，部份的人（尤其是男性）則會在日後以更嚴肅的態度重新進行收藏。Formanek (1991) 曾經試圖找出收藏行為的動機，結果最常見的理由包括：(1)自尊或自我的延伸；(2)與其他收藏者建立良好的關係；(3)保存歷史，建立與過去的連結；(4)把它當作上癮的對象或刺激的來源。

收藏行為可以視為是一種嚴肅的休閒活動和一項嗜好，興趣一旦養成，便成為一個不斷提供樂趣的來源，還可以幫助個人與其他收藏者建立關係，此外，收藏者也可以在發現新收藏品時獲得高度的喜悅 (Olmsted, 1991; Argyle, 1996)。上述現象與本書第二位作者所認識的一些收藏者的狀況是相符的，這些人有的收藏白蠟製器皿，有的收藏磅秤。書籍的情況則不大相同：就某種意義而言，大多數的學者與作家都是書的收藏者，因為書是他們的生財器具，也是過往活動的記錄。此外，書或許也被當作是自我呈現的一種方式——它能夠展現藏書者淵博的學識。

結論

家庭預算有一大部份是花在財產上，這些財產有的是生命不可或缺的，甚至拓展人們在生活中所能夠進行的活動。有些財產非常實用，例如汽車、電話、洗衣機。有些財產則以象徵為主要用途，例如珠寶、古董家具。不過，實用的財產往往也具備了象徵意義，而且人

們爲了不被鄰居給比下去，或爲了要擁有最新的款式，這些財產的價格常常高過它們應有的價格。新車和新衣服可以讓擁有這些東西的人獲得愉悅和滿足，儘管這可能會導致人們不停地消費，並對消費養成一種「物質主義式」的態度。某些最受重視的財產是相片等紀念品，這些東西雖然毫無貨幣價值，卻可以幫助人們回憶過去或他人。因此，在財產成本和財產價值（對財產所有人而言）之間，即使存在著某種關係，恐怕也是微乎其微。

Belk (1991) 認爲，財產不只是商品。在某些狀況底下，財產具備某種更「神秘的特質」，這些狀況包括：當財產所有人不願意以市價將財產賣出時；財產價格無論多少，個人都願意加以購買時；當財產所有人不會把這項財產跟其他財產交換時；當財產已不再使用，其所有人卻拒絕將它丟棄時；財產一旦丟掉或受損，其所有人會感覺沮喪時；一旦財產處於完美的狀況或被視爲一個人，其所有人會興高采烈時。

第七章 金錢與家庭

誰說錢買不到快樂？是他自己不知道上哪兒買！

-- 無名氏 --

有了錢，你便無須做你不喜歡的事。而我，幾乎沒有一樣喜歡
做的事，所以只好讓錢隨手可得。

--Groucho Marx--

錢沒長耳朵，但它聽得見。

-- 日本諺語 --

如果說美國男人執迷於錢，那麼美國女人則是執迷於體重。男
人老是談要增加，女人則老是談要減少－－我不知道那一種比
較無聊。

--Marya Mannes--

我有錢的時候，每個人都跟我稱兄道弟。

-- 波蘭諺語 --

有錢人跟他的兒女往往聚少離多。

--Frank Hubbard--

經濟困境會對一個家造成什麼樣的影響，這我可目睹過了；我
也知道，有了錢，你就可以升上雲端，並且住在那兒。現在我
希望自己永遠不必回到人間。

--Sir Nigel Broackes--

一個人的錢若是賺來的，他往往希望自己看起來像是錢是他繼
承來的。

--Mario Bualte--

想知道神對錢的看法嗎？看看祂把錢給了什麼人！

-- 無名氏 --

家庭的經濟面

　　金錢與財產的交換在家庭內與在家庭外是十分不同的。當金錢從
外面進入了家庭，它便成了所有家庭成員的共同財產——程度或許各
有不同。家人關係和親戚關係不同於家庭外市場經濟中的人際關係，
他們之間存在著特殊的情感牽繫，而這種牽繫會持續一輩子。家人之
間付錢給彼此是件反常的事；金錢的移轉—— 例如零用金——不是
因為某人完成了工作而支付報酬，而是為了滿足收受者的需求。在
此，大家共享財產與收入，共享的原則是非正式的，當中無須討價還
價。家庭經常是一個生產單位，比方說，一個家庭可能經營農牧事業

 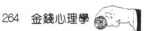

或家族事業；更重要的是，家庭還是一個消費單位，因為家庭必須把錢花在食物、居所、以及其他各種家庭需求上。

原始社會沒有貨幣，以物易物是商品的交易方式。而家庭倒是普遍存在的，它的組成份子包括：至少各一名的成年男性、成年女性，還有他們的子女。在狩獵部落或採集部落裡，核心家庭 (nuclear family) 是常見的家庭型態；但在有畜牧或農業的地方，擴展家庭 (extended family) 則更為普遍 (Nimkoff and Middleton, 1960)。有人認為，在歐洲，犁的發明使人們得以累積資本，家庭也因此能夠在氏族之外獨立發展——而這並未發生在非洲的鋤頭文化當中 (Casey, 1989)。在十三世紀的英國，封建制度下的農人耕耘著一塊塊狹長的農地，他們雖然能夠買賣土地，但是卻被視為群體的一部份，擔負著依地位、年齡與家庭而訂定的義務 (Homans, 1961)。因此，兄弟間由於身為「旁支」家庭 (stem family) 的一部份，他們會彼此互相照料；而且，人們確實要靠兄弟來幫忙處理農場牲畜所帶來的突發需求。一個家庭是否獨立，要看它擁有多少土地而定。如果不到兩英畝，他們就還得為他人工作，或者從事商業買賣。如果在兩英畝到十英畝之間，他們便可以跟親戚合作，但還談不上獨立。

直到工業革命以前，在英國等歐洲國家，家庭都是農牧或家庭工業上重要的生產單位，整個家庭以合作社的方式共同工作。當時的家庭在相當程度上是自給自足的。在16、17世紀的英國，許多家庭都是人數眾多的；39% 的人住在八口以上之家，1/4 的家庭則擁有僕佣；僕佣被視為主人家的一份子，他們往往在10歲或年紀更長後就離開自己的家，出外幫佣，直到結婚成家為止。少數家庭甚至擁有3、40個成員；在這樣的家庭，家務的打理往往交由管家（比方說「第十二夜」中的 Malvolio 與 Maria）負責，此外還有各式各樣的親戚，像是 Andrew Aguecheek 爵士 (Laslett, 1983)〔譯者註：第十二夜為英國文豪莎士比亞所寫的劇本〕。1800 年以前，女性原本一

直在各種工作上扮演著積極的角色，後來由於思想上的轉變（轉變的部份原因來自早期的清教徒），人們開始認為，工作是男人的事，女人應該在家扮演更卑微的角色 (Pahl, 1984)。

　　工業革命以來，由丈夫、妻子和小孩所組成的核心家庭便成了最普遍的家庭型態。有證據顯示，核心家庭始於工業革命以前；也有證據顯示，核心家庭始於工業革命以後。無論如何，核心家庭具備了工業化社會中一項很大的優勢，就是勞動力更具流動性。

　　十九世紀末，失業情形十分嚴重，儘管有許多女性出外到工廠工作，但也有些勞動階層的男性待在家裡做家務 (Pahl, 1984)。Anderson (1980) 發現，1850年代在 Preston 地區，許多家人和親戚常常在彼此有困難的時候伸出援手、互相幫助。有些做丈夫的在工作得疲累不堪之後回到家，他們會給太太一些錢以支付所有的家庭開銷，其他的錢就拿來喝酒。此時，親戚變得十分重要，因為他們能夠支持這些婦女，而且女性親屬也扮演了一種類似女性工會的角色。

　　二十世紀以來，家庭出現了幾項根本的變革。在二十世紀早期，特別是兩次大戰之間，女性很少出外工作；二次大戰之後，許多女性開始出外工作，有些女性錢甚至賺得比丈夫還多，因此慢慢朝著所謂「對稱家庭」(symmetrical family) 邁進 (Young and Willmott, 1973)；不過，稍後我們會看到，這樣的趨勢並未進一步地發展。此外，人們對親屬的需求變得較低，核心家庭則變得完全地獨立，並更以家庭為中心－－尤以勞動階層家庭為最。跟過去比起來，現在的男性家事作得較多，而女性的家務工作也因為家用設備而變得更為輕鬆容易。此外，人們也發明了各種劃分家庭財務的方法，這些方法比上一世紀通行的辦法更好。自二次大戰以來，全職工作的就業率降低了，而各個工業國家的失業率都相當高。另外，自雇性質的工作與「非正式經濟」都有了增加－－在非正式經濟當中，貨幣並未易主。

家務分攤

自古以來，人們在家中完成了許多工作，不過不像家庭外的工作，這些都拿不到薪水。問題是，做這些工作的人是誰？他們又獲得了什麼樣的報酬？一個簡單的回答當然是，這些工作大多是女性所完成的，而且她們並未支薪，儘管有丈夫或其他男性家屬撫養她們。Oakley (1974) 發現，有些女性喜歡做家事，有些女性並不喜歡，她們認爲家務事無聊又單調。不過，許多紡織廠或辦公室的女性工作同樣無聊又單調。在美國，Robinson (1977) 以全國性樣本做了一項普查，結果發現，有 25% 的人從做家事當中獲得「極大的滿足」，有 23% 的人從烹飪，17% 的人從購物，而從看電視當中獲得這種滿足感的只有 17%。不過，由於許多男人把烹飪視爲一種休閒活動，因此我們有理由懷疑 Okaley 對家事的態度。然而，我們必須承認，家庭主婦這件工作並未得到太多尊重，有人可能認爲，連笨蛋都會做家事；此外，當家庭主婦還可能造成社交疏離。不過相對地，家事是可能做得好的；整潔的家、美味的三餐、乖巧的小孩都可以令人感到驕傲。再者，比起礦坑或其他許多工作場所，做家事的工作環境是好太多了。

無疑地，大多家事是女性做的——即使她們尚有全職工作在身。時間預算 (time budget) 研究發現，家庭主婦——也就是，不工作的婦女——每週做 67.5 個小時的家事，全職工作婦女做 45.6 個小時的家事，全職工作男性則做 26.2 個小時。因此，如果夫妻雙方皆從事全職工作，做太太的要做 63.5% 的家事；如果太太不工作，她則要做 72% 的家事 (Henley Centre for Forecasting, 1985)。

Horrell (1994) 發表了一份規模較小但內容詳盡的研究，研究對象爲 110 戶家庭。研究者利用日記來調查已婚婦女在家事及其他活動上所花費的時間；這些婦女有的從事全職工作，有的從事兼職工作，

有的則不工作。部份的研究結果列示於表 7.1。

　　從表 7.1 我們可以看到，從事全職工作的已婚婦女家事做得較少，她們的丈夫做的就稍微多一點，有1.5個小時，但仍僅佔23%。從事全職工作的已婚婦女爲了找出多餘的時間做家事，於是只好減少育兒及休閒活動。此外，她們睡得較少，購物時間也少了點。夫妻雙方做家事的總時間更是少了許多，尤其是做飯、用餐以及照顧小孩的時間。

表 7.1　夫妻雙方在家事及其他活動上所花費的時間－－妻子或
　　　　許從事全職工作，或許從事兼職工作，或許不工作

	妻子所花費的時間（小時）		
	無工作者	兼職者	全職者
總家事	23.7	21.5	12.7
育兒活動	18.5	6.7	1.4
休閒活動	40.9	34.8	35.3
	丈夫所花費的時間（小時）		
總家事	2.4	3.4	3.9
育兒活動	5.4	3.6	0.9
休閒活動	34.5	37.4	38.2

資料來源：Horrell（1994）

　　即使夫妻雙方從事完全相同的工作，大多家務工作仍然是女性所完成的。根據 Reid 與 Stratta (1989) 的引述， Elston (1980) 研究了 400 對雙方皆爲醫師的配偶，結果發現，太太仍需從事 85% 的購物活動、81%的烹飪活動、80%的照料病中子女的活動、以及 51%的清潔活動（剩下的則雇請幫手完成）。據估計，婦女如果支領上述工作的薪資，依其技術水準及工時來計算，1987年的適當工資應爲

週薪 370 英磅、年薪 19,000 英磅 (Legal and General, 1987)。有人或許會辯稱，婦女是有領「薪水」的――因為她們接受撫養，而且消費掉丈夫一部份的收入。但是，她們並未依工作而支薪，這裡沒有所謂工資率，沒有所謂工資議價；而且，有錢人的太太家事雖然做的較少，這種「薪水」卻領得較多。根據計算，已婚婦女如果不出外工作，她們等於放棄了 202,500 英磅（以 1990 年的物價計算），而這大概佔了她們可能的終身所得的 46% (Joshi, 1992)。

自最原始以來的所有文化，夫妻間都有相當程度的分工：男人負責戶外的粗重工作，女人則負責育兒、烹飪等家務 (Blood, 1972)。在以色列集體農場 (kibbutz) 當中，他們的原始構想是放棄這樣的分工，但是不久以後，女人們又開始回家帶孩子，結果她們做的家事跟原先一樣多；之所以如此，部份是因為她們有照顧子女的需求，部份是因為早期集體農場的農事十分耗費體力 (Blood, 1972)。表 7.2 顯示了英國目前的分工狀況，從中我們可以看到，唯一一項主要由男性進行的工作是修理設備。我們或許還可以增加下列這兩項：汽車保養、戶外園藝。 Blood 與 Wolfe (1960) 在美國進行了一項類似的研究，結果發現，丈夫的工作包括有：修理 (70%)、除草 (66%)、以及清除道路積雪 (61%)。

表 7.2 英國在 1984 年的家務分工狀況

工作	實際分工比例（%）		
	主要由 男性負責者	主要由 女性負責者	平均分配者
家務工作			
洗燙衣服	1	88	9
準備晚餐	5	77	16
家庭清潔工作	3	72	23
家庭購物工作	6	54	39

晚餐後的洗碗工作	18	37	41
管理家裡的金錢與帳單	32	38	28
修理家用設備	83	6	8
育兒			
照料生病的子女	1	63	35
管教子女	10	12	77

資料來源：Social Trends （1984，第36頁）

女性為什麼要在幾乎不支薪的狀況下做所有的家事呢？有幾種可能性。(a) Pahl (1984) 認為這種現象是在遵循某種經濟策略：男性運用其較高的賺錢能力在外工作，女性則利用她們的空閒時間做家事。此種說法假設，女性的賺錢能力很低，甚至不存在；然而事實並非如此，儘管女性的薪資一般而言仍低於男性。(b)「資源理論」認為，男性之所以從事粗重的戶外工作是因為他們比較強壯，他們之所以從事修理工作是因為他們具備了機械上的技術，女性之所以做其他的工作是因為她們擁有時間這項資源 (Blood and Wolfe, 1960)。然而我們已經看到，即使當丈夫和妻子擁有同樣多可運用的時間時，家裡的工作大部份仍然是由妻子來完成的。(c)社會學裡頭的交易理論認為，丈夫的經濟支持與妻子的家務工作之間存在著令人滿意的交易關係，因此帶來了夫妻間的情感關係 (Scanzoni, 1979)。這個理論忽視一項事實，就是做妻子的在此幾乎毫無選擇的餘地，何況她可能並不喜歡做家事 (Heath, 1976)。

(d)有一項文化上的假設似乎相當普遍，而且它透過了社會化的活動而代代相傳，那就是：家務是女人的工作，女人的認同要在家庭當中尋得；而且家事並非真正的工作，它不具備經濟生產力，也沒有酬勞可言 (Oakley, 1974)。它之所以不被認為是真正的工作，是因為家事的產出只用於內部消費，而不是用來在市場上銷售；做家事之所

以無須支薪，則因爲它是關係中的一部份。然而，在工業革命以前的家庭工業時代，情況並非如此；即使在今天，這也不符合農牧家庭或小型企業的現狀 (Delphy and Leonard, 1992)。看起來，人們抱持了一些根深柢固的信念或某種意識型態：男人應該出外工作，女人則應該做家事。

(e)另外一種可能性是：女性和育兒行爲以及食物供應之間的聯結具備某種先天的生物基礎；而男性跟住所的提供之間說不定也存在有類似的聯結。這或許解釋了，爲什麼分工現象在所有已知的文化當中都如此的普遍。

既然女人是如此實用而又不支薪的家務工作者，我們也就不會訝異，爲何在許多文化當中，新娘必須用錢買。爲了補償新娘家人的損失，新郎或他的家人必須支付「聘金」，這筆聘金或許是相當數量的錢或牛隻。在 Turkmenistan 地區，這種習俗仍然常見，不過已經慢慢在消失當中。 Berdyev 與 Il'yasov (1990) 曾對學生進行了一項大規模的調查，結果發現，有 45% 的學生認爲，聘金跟愛情是不相容的。在一個社會裡，配偶若居住在丈夫家的村莊中，聘金習俗便比較普遍；部份的原因或許是爲了補償新娘，因爲她必須離開自己的家庭和村莊 (Murdoch, 1949)。而由於付錢的通常是新郎的家人，因此在結婚對象的選擇上，他們往往握有相當大的決定權。

收入與支出的控制

夫妻間收入的劃分，有好幾種不同的方法。 Vogler 與 Pahl (1994) 發表了一份來自社會變動與經濟生活之主動權 (Social Change and Economic Life Initiative, SCELI) 的調查，調查對象有 1235 對配偶。研究者區別了幾種收入劃分法，其使用次數則列示於表7.3。

表7.3　家計分配制度（包括各種不同的共同制）

	%	數目
女性全薪制	27	343
女性管理共用制	15	205
聯合共用制	20	250
男性管理共用制	15	191
男性全薪制	10	118
理家零用金制	13	153

資料來源：Vogler and Pahl（1994）

- 女性全薪制：在此，太太掌管全部或幾乎全部的家庭收入，或者太太會給丈夫一些零用金。此種制度可見於最貧窮的家庭，包括失業者與退休者的家庭；在這樣的家庭，對預算進行非常嚴密的控制是有必要的。本制度也見於一些女性就業率高的地區。此外，太太可能因領有社會安全救濟金，無須再依賴丈夫而負起理財之責。

- 理家零用金制：在此，太太可以拿到多少錢是由丈夫所控制的，而且這當中可能並不包含丈夫所繳納的各種費用。太太可能不知道丈夫賺多少錢。本制度最常為重工業或傳統工業（例如採礦業和漁業）的技術性工人所採用－－在這些行業裡頭，男性間的凝聚力相當的高，女性很少有工作機會；此外，夫妻在養育子女的期間也常採用此種制度。做太太的無力支配她所拿到的錢；男性則有誘因促使他們賺更多的錢，比方說，透過加班的方式。

- 共用制：在此，配偶雙方都有權利使用聯合所得。會採用這種制度的包括：較富有的家庭（在此，預算比較不需嚴密控制）、新婚夫婦、以及妻子在婚後繼續工作的家庭。表7.3

區分了共用制的三種類型，分別為男性管理制、女性管理制及聯合管理制。

- 男性全薪制：跟女性全薪制類似。

- 獨立管理制：有人報導過另外一種方法，不過未見於本研究當中。此種方法相當罕見，方式是：每位伴侶個別保管他（或她）的收入，並負責繳納某些費用。此種方法可見於某些同居伴侶或同性戀伴侶，而且或許也代表了承諾的程度較低 (Reid and Stratta, 1989; Morris, 1990; Pahl, 1995)。

Vogler 與 Pahl (1994) 運用 SCELI 調查當中的 1211 對配偶來比較這些不同制度所產生的效應。結果發現，採用共用制及兩種女性管理制度時，財務控制權最為平等；採用理家零用金制及男性全薪制時，男性的權力則較大。至於就個人零用錢的使用權而言，也呈現類似的型態。儘管女性通常比較會覺得自己受到了財務剝奪，然而這種現象在使用兩種女性管理制度時卻最為嚴重。

此外，兩位 Vogler 與 Pahl 還檢視了這幾種不同制度是在什麼樣的狀況下被採行的。結果，最重要的因素是「社會化」，也就是父母所使用的制度——儘管已經發生了一些歷史性的變化。接下來的因素是丈夫的教育程度：教育程度最高的使用共用制，教育程度最低的則使用女性全薪制。第三是丈夫關於女性就業以及家事分工的性別歧視態度：非性別歧視者的丈夫使用共用制。第四是女性的就業狀況：從事全職工作的女性使用聯合共用制。本研究還發現，當我們比較受訪者和他們的父母時，可以看到一些歷史性的變化。那麼，這方面是否變得更為平等了呢？如今，使用極不平等的理家零用金制的比例已經大大減少，使用共用制的比例則大大增加，不過，使用聯合共用制的比例只有小幅增加，反倒是不平等式的共用制有較高幅度的增

加。另外,兩種女性管理制也有增加,但它們都跟女性受剝奪的狀況有關。

許多女性認為自己的控制權很低,而一旦她們離開丈夫,雖然經濟狀況變得更糟,她們的感覺卻變得更好,因為她們獲得了控制權 (Graham, 1987)。金錢糾紛是婚姻衝突最常見的來源之一 (Argyle and Henderson, 1985);有論者以為,它應當在婚姻治療當中扮演起一個更重要的角色 (Poduska and Allred, 1990)。零用金制所導致的對婚姻的不滿最高,共用制所導致的則最低。妻子可能不清楚收入劃分的過程,尤其是那些不了解自己丈夫收入狀況的人。結果,這樣的婦女可能無法從工資的增加當中獲益,並且容易因為通貨膨脹所帶來的食物成本的增加而蒙受損失。一般來說,食物和其他例行性的家庭費用是由妻子來支付的,而較大款項或較不屬例行性的費用則由丈夫來支付。隨著支出範圍的不同,權力的平衡也有所差異。 Edgell (1980)發現,在英國中產階層的配偶當中,丈夫決定一些被認為非常重要的事項,譬如搬家、財務、汽車等等;反之,一些被認為是不重要的事項,像是食物和其他家庭消費、子女的衣服等,則由妻子來做決定。其他還有一些重要的事項是共同決定的,像是住家和子女的教育。

Pahl (1989) 曾就一個小型但具代表性的樣本進行研究,樣本為肯特郡 (Kent) 的 102 對夫妻。她發現,對負有開銷責任的妻子來說,她們所負責的開銷項目大多為她們的服裝、食物、子女的服裝、學校費用、書報、捐獻和耶誕節相關費用等等。至於丈夫所負責的開銷項目,大多為上館子、旅行、修繕、裝潢、上酒館飲酒、汽機車費用、自己的服裝、汽油、電話費、保險費和消費財。

錢雖然看起來都一樣,但我們也可以把錢指定於特定的用途,尤其是自己賺來的錢,人們可能覺得握有更高的使用權。 Pahl (1989)的研究發現,人們有個相當普遍的想法,就是,太太所賺來的錢只有她自己可以用 (見表 7.4)。

表 7.4「你如何看待自己賺來的錢：你認爲那是你的收入嗎？
還是你也把它當作你先生或你太太的收入？」

收入屬於：	先生的收入		太太的收入	
	先生的回答 (%)	太太的回答 (%)	先生的回答 (%)	太太的回答 (%)
賺錢的人	7	24	35	52
配偶間 / 家庭	93	76	65	48
總數	99	100	100	100

資料來源：Pahl（1989）

　　儘管丈夫的收入被認爲是屬於家庭的，妻子的收入卻被許多的丈夫和妻子認爲是妻子自己可以任意花用的。 Burgoyne (1990) 曾經訪問一些英國中產階層的夫妻。她發現，控制金錢的人往往是錢賺得比較多的丈夫，太太如果沒有收入，她也怯於使用聯合帳戶裡頭的錢；此外，做太太的也覺得自己有需要擁有一些錢是她們能夠聲稱是自己的。

　　Blood 與 Wolfe (1960) 調查了美國底特律的 900 戶家庭，結果發現，做決策的整體權力部份取決於雙方配偶的收入，部份也取決於他們的教育程度、就業狀況、以及教堂或其他組織的歸屬狀況。比起黑人丈夫，白人丈夫擁有較多的家務權。對於這樣的結果，兩位作者所提供的解釋觀點是配偶雙方各自所提供的「資源」－－儘管我們絲毫不明白，在這樣的狀況底下，上教堂的行爲或白人的身分爲什麼算是一種資源。這是某種交易理論的說法，也就是認爲，報酬提供得最少的人處在一個比較不利的位置，因爲他可能會蒙受較多的損失。Crosbie-Burnett 與 Giles-Sims (1991) 的繼父家庭研究支持了這項理論；先前的家庭所有權、單身時過得快樂以及相對年齡皆可以提高婚姻權。

然而，此種「金錢帶來權力」的理論已然遭到批評，理由是，權力事實上取決於可能的替代方案。事實上，社會心理學裡頭的交易理論主張，現有關係中酬賞扣除成本後的餘額如果大於可能替代方案中的此項餘額（並扣除了移轉成本），人們便會待在現有的關係當中 (Thibaut and Kelley, 1959)。Herr (1963) 將這樣的想法應用在婚姻上，他論到，富有的丈夫處在一個強勢的位置上，因爲他太太在別的地方找不到如此划算的情況，育有年幼子女的婦女也是如此；相對的，丈夫貧窮的婦女，她的處境或許較爲有利。

　　有的時候，夫妻會一起在家族企業中工作。家族企業如果是牧場，太太可以負擔部份的工作，如擠牛奶。有人認爲，家庭具備了某種家族企業的功能 (Willmott and Young, 1960)。近來，英國郡營住宅的銷售情況相當好，住宅擁有人因此增加了許多，有些人甚至從事具備房屋修理技術的職業。此外，DIY（自己動手做）之類的銷售與活動也因此大量增加。家庭住宅通常是一家人共有的，一段時間下來，它可能會帶來相當高的利潤，它也代表了主要的家庭財產。再者，它也是家庭生活和休閒活動的重心所在。

子女相關的經濟面

　　在所有的發展中國家以及上個世紀以前的英國，兒童都被視爲一項主要的經濟資產，他們被當作是父母可以任意使用的財產。從小－－有的時候才三、四歲而已－－他們就像農工一樣被指派到田裡工作；不過，自農業機械化以來，這樣的現象在許多國家就不是那麼地必要了。再者，兒童可能也會被吩咐在家參與家庭工業的工作。長大後，他們將繼承家裡的土地或事業，人們並期待他們會照顧年老的父母。在工業革命以前的英國，當一個家庭不需要孩子幫忙農務或家事而又無力撫養他們的時候，這些孩子往往從十歲開始就被送到更富有

的人家幫傭，待在那裡直到結婚。許多家庭就在這個時候開始擁有僕人，而這些往往還是小孩子的僕人則跟主人家的子女住在一起 (Laslett, 1983)。十九世紀的英國擁有為數眾多的家僕，其中大多為農村勞工的女兒 (Scott and Tilly, 1975)。此外，也有許多孩童被送到工廠做工；1870 年至 1900 年期間，某些英國孩童在 11 到 15 歲的年紀就開始從事這樣的工作了。結果，等到童工與兒童教育的相關法令有了一連串變革以禁止上述情形之後，人們的家庭已經變小了。如今，有些不孕的夫婦可能因有領養子女的困難，因而付出大筆的金錢從較貧窮的家庭購買小孩，這些小孩通常來自較貧窮的國家。1980 年代以及1990年代發生了一項重要的變化，就是單親家庭的增加，這樣的家庭是由尚未結婚或已經和伴侶仳離的母親以及她的孩子組成。在美國，有 50% 的美國黑人家庭就是這樣的狀況。

表 7.5 子女的價值（樣本比例）

	女性		男性	
	父母	非父母	父母	非父母
子女的好處				
主要的團體關係和情感	66	64	60	52
刺激與樂趣	61	41	55	35
擴展自我	36	34	32	32
成人身分與社會認同	23	14	20	7
成就、能力與創造力	11	14	9	21
道德	7	6	6	2
經濟效用	5	8	8	10
期望從子女身上獲得的幫助				
當他們開始工作時，				
可以拿出一部份的薪水	28/28	18/18		

在家庭發生危難的時候		
貢獻金錢	72/72	65/63
在你老的時候提供		
經濟支援	11/10	9/9
幫忙做家事	86/92	88/91

資料來源：Hoffman and Menis（1982）

　　除了經濟因素之外，人們之所以重視子女還有其他原因。子女所帶來的喜悅、情感的滿足以及子女的陪伴是大多夫妻獲得婚姻滿足感的主要來源之一。此外，子女也帶給父母刺激與樂趣、生命的目標、成年和成熟的感覺、以及成就感 (Hoffman and Manis, 1982)（見表7.5）。再者，子女也是地位的象徵，是男性雄風的證據。一個家庭的子女數決定於若干因素。職業階層較高的人擁有的子女數稍少，受過教育的女性想要生養的子女數也較少；原因是，這當中的婦女通常是就業婦女，而且他們會認為子女的教育費用是必要的 (Argyle, 1994)。至於美國，則在二次大戰結束後的經濟復甦期中產生著名的「嬰兒潮」。

　　此外，養育子女是有成本的，包括經濟成本和其他成本。通常，做母親的必須中止工作好幾年，父母必須讓子女有飯吃，有衣服穿，還要給他們零用錢；當他們進入青春期之後，他們在這方面的開銷比成人還多；他們必須受教育；女兒婚禮的開銷，父母必須支付；子女結婚的時候，也需要父母幫他們成家。教育成本可能很可觀，例如英國私立學校和美國大學的學費。但教育是謀得好工作及促進社會流動的一個主要方式；父母們總是期望自己的子女過得跟自己一樣好，而且最好過得更好。為了支付這些教育費用，妻子或許必須出外工作。但這些費用卻都十分可觀，而且墊去很大比例的家用支出，因此貧寒家庭也許負擔不起，況且對所有的家庭來說，這都會讓他們負擔不起

其他的費用。Blood 與 Wolfe (1960) 發現，人們表示，在子女所帶來的成本當中，以財務成本最高，接下來則是子女的疾病和養育子女的困難。對母親來說，照顧年幼孩童是非常辛苦的工作，數年的嬰兒期可能會讓她精疲力竭、與外界疏離、並且變得沮喪憂鬱；幾年後，青春期的子女也往往會跟父母發生衝突，而且這些衝突可能會嚴重到破壞他們的婚姻。父母與青春期子女之間的衝突有部份就是因為錢；Conger 等人 (1994) 研究了美國愛荷華州 451 戶家庭，他們發現，當家庭出現了經濟困難，父母與青春期子女之間會發生更多的財務衝突，因而引發父母對子女的敵意，以及子女的反社會行為和攻擊行為。

　　子女離家的年齡會隨著文化而有所不同。在英國的黑人家庭，子女是在青春期的時候離家；在中產階層的白人家庭，子女則在上大學（或相當的年紀）時離家。至於勞工階層的白人家庭，子女待在家裡的時間就比較長了，他們一直到 20 歲出頭有能力結婚的時候才離家；有許多到了 20 或 24 歲的時候還待在家裡，此時他們大多已經就業 (Leonard, 1980)。平均來說，子女的所得佔家庭收入的 28%。他們在剛開始工作的時候會採行「全薪」制，尚未習慣處理大筆金錢的他們會把全數所得交給母親，然後再由母親發放零用金給他們。這種現象較常見於收入較低的子女以及英國北部。過沒多久，他們則開始採行「伙食」制，也就是向母親繳交一筆固定金額的伙食費和生活費；不過，做母親的這時候是很慷慨大方的，她們所收取的費用遠低於商業費率 (Morris, 1990)。在美國，比較常見的狀況則是，母親們根本不收取費用。在一項英國的研究當中，英國的母親們承認這其中隱含某種協議，就是寵愛子女可以讓她們保持跟子女的親密關係 (Leonard, 1980)。如同夫妻的狀況，錢賺得愈多，子女在家裡也擁有愈多的權力；他們可以獲得獨立，可以違抗父母，在選擇電視頻道的時候，他們也比兄弟姊妹擁有更高的優先權，不過，他們也可能會幫

忙撫養沒有工作的兄弟姊妹 (Blood and Wolfe, 1960)。

　　子女通常領有零用錢，這在第三章已經討論過。大人們會期待孩子幫忙做家事，尤其是11到15歲的孩子以及年紀較長的女兒。他們做這些工作通常是沒有薪水的，除非他們必須付出額外的努力；比方說，如果母親出外工作，他們或許可以因而多領一些零用錢。事實上，大多的家事仍然是由母親來完成的。再者，如果要求子女做太多家事，他們恐怕會更早離家 (Morris, 1990)。許多孩子會去打工，例如送報、打週六的零工等等，打工報酬則往往被他們用於休閒活動。

　　就某種意義而言，父母對子女是非常慷慨的，儘管他們消耗掉了一大部份的家庭預算；在家境頗為貧寒的家庭，父母對就業子女只收取了非常低的伙食費，並且把許多錢花在他們的教育、婚禮和成家上。稍早之前我們已經看到，父母餽贈給子女的禮物在價值上是子女對父母的餽贈的七倍之多；稍後我們也將看到，父母的遺產大多都留給子女。這當中幾乎沒有任何協商或議價，而金錢在家庭內的移轉方式也不同於在家庭外的方式。這好比是說，錢是大家共有的，又或者，某些家庭成員比其他成員具備更高的擁有權，在他擁有了一段時間之後，再把錢轉移給其他成員。

　　錢用於子女身上的最基本用途在於讓他們溫飽，父母對子女的基本關切在於他們身體的安適和生存。這當中或許牽涉了社會生物因素，也就是說，父母的行為動機在於延續他們的基因。我們並不知道，父母用在親生子女身上的花費是否高於他們用在養子女身上的花費；一般的經驗似乎告訴我們，事實並非如此。然而，我們也發現，相較於養子女的情況，父母對親生子女的虐待和疏忽要少了很多 (Daly and Wilson, 1988)。另一種解釋是，這或許起因於親子間的依附、親子間的情感牽繫，而這種依附或情感牽繫則比較是源於早期親子間的親密，當時或許產生了某種制約或其他情感性的學習。這可以解釋為什麼父母那麼喜愛他們的小孩－因為小孩的存在激發了正面

的情感。

金錢與擴展家庭

　　我們已經討論過核心家庭中的經濟關係，接下來我們要看的是個人與其他親屬之間的經濟關係－－已離家的子女和他的父母、成年的手足以及其他人。在更早的歷史時期當中，我們看到的是更大的親屬團體住在一起形成一個經濟單位；比方說，共同從事耕種。而現在，儘管那些不住在一起的親屬具備了經濟上的獨立性，他們之間仍然有經濟關係的存在。

　　有一種基本的交易行為跟建築物有關。修理屋頂的工作雖然可以請建築工來幫忙，但同樣可以由居住者或他們的親友來完成。在許多傳統的社會裡頭，蓋房子這種需要一群人同心協力的工作常常是由親屬團體來幫忙完成的 (Mead, 1937)。在我們的社會也是如此，修理屋頂的工作通常是沒有報酬的，不過，以其他服務來回報倒是有其可能；這便構成了「非正式經濟」的一部份 (Pahl, 1984)。具備相關技術和設備的人最能夠提供這一類的協助，技術性的手工工人則最有可能擁有這些技術和設備。儘管人們長期以來愈來愈少從事這些家務工作，然而有跡象顯示，目前的情形已然逆轉，這我們可從 DIY 產品、工具、木料、家庭裝潢、園藝設備和汽車維修設備大量增加的銷售量上獲得證實。一名婦女或許可以透過燙衣服賺錢－－如果她是一名職業幫傭的話。然而，她做這件事可能是為了她的丈夫、母親或姊妹（在這種狀況下她不會取得報酬），她做這件事可能是為了生病的親戚或鄰居，她做這件事也可能是為了一個戲劇性社團的演出；上述種種都屬於非正式經濟不同的部份，在此，金錢的交換行為並未出現 (Pahl, 1984)。

　　人們不但給予成年親屬許多幫助，他們也從成年親屬身上獲得許

多幫助；此一發現來自於 Hill 等人 (1970) 針對明尼亞波利市的一個三代家族所做的研究。此類經濟援助的方向決定於誰的經濟情況比較好；金錢從父母流向子女是比較常見的，然而當父母已經退休或者子女的經濟特別寬裕的時候，情況可能相反。非洲的情況則更為誇張，發財的消息流通迅速，造成許多親戚都想分一杯羹。非洲龐大的家族網路常常被視為福利國家之外的一種替代方案——「非洲的家族廣泛地提供了無止盡的慷慨」。不過，這並非總是行得通的：Seeley 等人 (1993) 在烏干達對一群愛滋病患做了一項研究，結果發現，這些病患的親屬所能提供的幫助相當有限，原因在於，他們缺乏食物和金錢，他們對其他家庭成員也不必負什麼責任 ——即使有些家族成員年紀大了或生病了。根據 Willmott (1987) 在倫敦所做的調查發現，在英國的勞工階層當中，當人們有急需的時候，他們會向親戚而非朋友求助；然而在中產階層當中，這樣的狀況並非如此顯著 (見表 7.7)。

表 7.6 人們給予親戚的幫助或接受自親戚的幫助（美國）

		父母	已婚子女	祖父母
經濟	給予的	41	34	26
	接受的	17	49	4
家管	給予的	47	33	21
	接受的	23	25	52
育兒	給予的	50	34	16
	接受的	23	78	0
疾病	給予的	21	47	32
	接受的	21	18	61

資料來源：Hill et al (1970)

附註：上述百分比已經四捨五入，故總數可能超過 100%

表 7.7 朋友和親戚的幫忙（以百分比計算）

		中產階層	白領階層	勞工階層
對私人事務提出建議：	朋友	64	67	39
	親戚	34	33	58
借貸的來源：	朋友	26	23	9
	親戚	74	73	86
子女生病時的主要				
協助來源：	朋友	39	45	19
	親戚	56	55	77

資料來源：Willmott（1987）

　　金錢的流動是從較年長的親屬流向較年輕的親屬，從較富有的親屬流向較貧窮的親屬；流動的形式可能是禮物，就如我們先前所看到的；流動的形式可能是遺產，同樣如我們先前所看到的；流動的形式也可能是針對特定需求所提供的財務援助，像是買車、繳學費等等。人們對老年人也提供了許多幫助，包括財務援助以及對他們的照顧。英國在1985年，每七名成年人當中就有一名提供了不支薪的照顧工作，以時薪七英磅來計算，這所有照顧工作的成本相當於國家健康服務的總成本（Offer，印刷中）。此外，人們也提供許多家務協助，譬如當其他家族成員生病時。

　　再者，親戚們也非常感興趣於家族中年輕成員所從事的職業，因為這會影響到整個家族的興盛與社會地位。他們會提供工作上的建議和幫忙，而我們所謂的「門閥主義」－－也就是把工作機會提供給自己的親戚而非其他的求職者－－在某些文化當中卻十分普遍。不過，在我們的社會，雇用年輕親戚到家族企業中工作其實是類似的，只不過這樣做另有原因－－由於親戚間的關係是切不斷的，因此可以被當作合夥人一樣地信賴。在某些文化當中，有些人之所以會藉由混

合血液的儀式來把朋友或合夥人變成「血盟兄弟」，理由就是為了創造出某種關係，其力量類似親屬關係；傳說，當中若有一人做出了對不起另一人的事，後者在前者身體裡頭的血將會致他於死地 (Argyle and Henderson, 1985)。

在中國，傳統上年長的父母會跟子女同住，並由子女照顧他們。然而，自文化大革命以來，老年人已經失勢，而下一代又比較不願意照顧他們。這是因為，革命期間，老年人是由公社來撫養，人們不再繼承土地，而聘金、婚禮和購屋的費用又都極高 (Yang and Chandler, 1992)。在台灣，大部份的夫妻在結婚初期都與男方家長同住，即使許多夫妻後來會搬出去住，他們還是會每天去看看他們的父母，並提供大量的財務援助 (Freedman et al., 1978)。不過，這所有的利他行為是有利於付出者的。先前我們已經說明，就某種意義而言，施比受有福；而且研究發現，雙向的社會支持可以為主要的付出者帶來心理益處 (Maton, 1987)。此一發現也符合了「共有關係」(communal relationship) 理論——這是一種比交易關係更為親密的關係，關係當事人對另一方的關心程度甚於他對自己的報酬的關心 (Clark, 1986)。

在英國，少有年輕夫妻跟男方家長同住；而且，做婆婆的雖會送禮給媳婦，但她們終究不是媳婦的親生母親，並不會為媳婦做事 (Fischer, 1983)。在某些尚未使用文字的社會，人們有迴避婆婆或岳母的習俗，其中有些社會甚至禁止對她注視。在現代社會中，堂表兄弟姊妹的關係是一種自發性的親屬關係，人們往往只跟部份的堂表兄弟姊妹保持聯繫，因此通常只有在祖父母（或外祖父母）的家中才會跟他們碰面，所以維繫彼此關係的其實是下面這項事實：他們還活著。表兄弟姊妹間的關係通常比較親密，因為女性間的情感牽繫比較強烈。Adams (1968) 發現，堂兄弟姊妹（或表兄弟姊）如果是兒時玩伴，他們比較可能維持親密的關係。相對於堂兄弟姊妹（或表兄弟姊妹）之間的關係，個人與祖父母（或外祖父母）之間則會維

持比較親密的關係，因為他們之間存在有兩層親子間強烈的情感牽繫；再者，祖父母(或外祖父母)往往會與他們的孫子女（或外孫子女）建立起直接的關係，而且由於他們無須負起管教的責任，因此他們之間的關係可能是十分親密的。同樣地，女方這邊的關係通常是比較強烈的，不過，這並非自然就有的，要建立這樣的關係是必須付出的。

家庭內的禮物

家庭金錢的取得與分配這個主題或許令人感到焦慮。不過，而我們接下來要開始討論禮物心理學。禮物是捐獻的一種形式，唯一的不同點是，禮物的對象是我們認識的人，包括家人、朋友、或者其他跟我們有親密關係的人。此外，禮物常常會獲得回饋：也就是送禮者會得到某種回報。捐獻的給予是對收受人的需要或痛苦所做出的反應，但禮物就不見得跟收受人的任何實際需求有關了。人們擁有一套關於禮物的信念，認為送禮是表達情感的自發行為，與支付或賄賂不大相同，而且送禮是不指望任何回報的 (Carrier, 1995)。然而，這當中有一些十分特定的規則，例如：應該送誰耶誕禮物或生日禮物，什麼樣的東西適合當禮物，應該如何回禮等等。送禮往往會牽涉到大筆的金錢，而禮物的交換以及家中財務的其他部份或許可視為是市場經濟外的另一種選擇（Offer, 印刷中）。

被人用來當禮物的，可能是錢，也可能是圖書禮券之類的東西；除了自製的禮物之外，大多禮物都具備了貨幣價值。不過，禮物通常比較不會是錢，而且錢被認為不適於多數送禮的場合。禮物可以是實用性的——像家用產品或衣服；不過，要變成禮物，它們還須經過包裝和贈送的手續。禮物也可以是累贅不實用的——像是卡片和鮮花；這種禮物的主要意義在於它所傳遞的訊息。禮物可以藉由大小及其象

徵意義來傳遞訊息。拿金錢當禮物同樣可以傳遞訊息，訊息的主要依據則在於金額的大小。

禮物是心理學家感興趣的一個主題，因爲禮物是一種利他的形式，而且截至目前爲止，這方面的研究是少之又少。要解釋這個現象，答案是否存在於人際吸引心理學？或者在於社會生物學？又或者在於規則與儀式之社會制度的功能呢？人類學家對禮物這個主題也極感興趣，在他們所發現到的一些最複雜的儀式當中，有一部份就跟送禮制度有關。這讓我們不禁要問：類似於誇富宴那種追求地位的競爭性儀式，或類似於庫拉地區那種複雜的禮物流通方式的歷程是否也在我們的社會當中運作著呢？

十個關於送禮的疑問

1. 人們花多少錢送禮？

禮物佔去了家庭支出的一部份。Davis (1972) 分析了英國的消費者資料後得出這樣的結論：平均有4.3%的預算被用在禮物的購買上，這當中並不包括捐款；至於捐款，往後我們會看到，佔了另外的1%。Davis 認爲，這個數字可能低估了實際的狀況，因爲它並不包括家庭經濟中自己製作或種植的禮物。美國的調查發現也十分類似；比方說，Garner 與 Wagner (1991) 調查了 4139 戶家庭後發現，有3.7% 的預算用於禮物的購買，其中 3/4 是用於耶誕禮物，其他則用於生日禮物和偶爾出現的婚禮上。在其他的一些文化當中，人們用於禮物的消費比例則更是高得多。

2. 誰送了最多？

這裡似乎有四個重要的因素：

- **所得** 平均來說，相對於所得，較富有的人送禮送得比較多；而且此比例也隨著所得而增加，尤其是所得範圍的中段。這顯示，對負擔得起禮物的人來說，它在某種程度上屬於奢侈品 (Garner and Wagner, 1991)。

- **教育程度** 所得之外，教育程度較高的人送禮也送得比較多，而這或許是因為他們的社群網路比較廣大。

- **性別** 相較於男性，女性送禮的數量要高出許多，儘管男性所送的禮物通常比較昂貴。Caplow (1982) 發現，84%的耶誕禮物是由女性所送出的，這或者是由她們單獨贈送，或者是與他人合贈而由她們挑選；只有16%的耶誕禮物是單獨由男性所送。通常，女性會負責耶誕節的佈置、購買合購的禮物、安排禮物的交換而非單方向的送禮；當然，負責準備耶誕晚餐的通常也是她們。她們也贈送很多禮物給女性朋友；例如在北美洲，婚前贈禮宴 (wedding shower) 就是這樣的一種場合。

- **年齡** 中年人送禮送得比較多；這些人的子女已經離家，他們也都有錢有閒來做這些事。

3. 收受人是誰？

　　大多數的禮物是用來送給親近的家人――最多的是送給配偶 (如果有配偶的話)，接下來則是子女、兄弟姊妹和其他親戚，再來則是朋友。Caplow (1982) 曾以美國 Middletown 大量的耶誕禮物為樣本進行研究，結果得出下面的比例：子女得自父母的禮物是他們送給父母的禮物的七倍，他們跟其他相隔一代的親戚之間也有類似的比例。可能的送禮對象還包括有老師、醫師、服務業從業人員以及自己的部屬；不過，送給他們的禮物要比送給親戚的禮物小得多了。

象徵禮（5塊美金不到）	中價禮（5塊美金到25塊美金） 高價禮（超過25塊美金）		
一等親	19	56	26
二等親	28	59	13
三等親	49	56	3
非親屬	69	25	6

圖 7.1 耶誕禮物和親屬（美國）

資料來源：Caplow (1982)

4．有文化差異嗎？

　　較傳統的民族（他們生活在狩獵或採集社會）是不送禮的。然而在沒有貨幣的文化裡頭，禮物卻在生活中扮演了一個重要的角色，而且相關的規則和儀式十分複雜，像是 Kwakiutl 人的誇富宴以及超布倫群島上的庫拉貿易。在庫拉貿易中，兩種貝殼沿著群島以相反的方向流通。島上的人們從不使用或消耗這些貝殼，他們也不用這些貝殼來交換其他商品；但他們相信，交換貝殼是為了維護其他貿易活動的和平。每一枚貝殼最初都為某人所有，而這個人在某種意義上則持續地擁有它；這些貝殼是「不可剝奪的」(Mauss, 1954)。

　　在開發程度較高但仍屬第三世界的文化裡頭，由於擴展家庭的存在，結果當地人送給親戚的禮物便多於在現代社會的狀況。上述現象可見於墨西哥的豪薩部落 (the Hausa tribe)，在這裡，有 10.6% 的所得被花在禮物上，送禮的對象是為數眾多的親戚。不過這個數字可

能被高估了；因為這個比例是根據外部所得 (external income) 算出，但此項所得並不包括自家製作或種植的食物及其他物品，因此實際所得應該更高，禮物消費的比例則應該更低 (Davis, 1972)。有些來自巴基斯坦、埃及、土耳其、葡萄牙以及前南斯拉夫的移民，當他們在英國、德國或其他較繁榮的國家工作時，他們會每隔一段很長的時間匯款給家人。相對的，中國人贈送給朋友的禮物就比較多；這反映出中國社會集體主義的本質。日本的情形則十分特殊；特殊的地方在於，他們送出很多禮物，每個月大概26份；再者，這些禮物最好購自特別的禮品店，這樣人們才能夠判斷禮物的價值，並以等值的禮物回饋。據說，某些未開封的禮物因此繼續流通，但因為禮物可能會壞掉，因此他們絕不會在送禮者的面前把禮物打開 (Morsbach, 1977)。在英國，有時也會發生禮物流通的現象。

每個文化都有自己關於送禮的規則與儀式。 Cheal (1988) 便描述了加拿大溫尼博格地區 (Winnipeg) 的送禮文化。舉例來說，在當地，把金錢當作結婚禮物是很平常的；耶誕禮物必須放在耶誕樹上展示，並在耶誕晚餐的時間打開；在新娘結婚的前一天，她的女性朋友會為她舉辦婚前贈禮宴，並送她家用產品。在英國和德國，人們則以不同的方式安排這些活動。由於送禮規則具備了某種強制力，因此送禮活動並不像送禮的意識型態所假設的那麼自動自發——耶誕節和婚禮的送禮行為多少帶有強迫性。所謂「送禮是自發的行為，送禮是不求回饋的：因為禮物是情感的表現，而非棋局中的棋步」這種想法，其實是種虛飾。

5．不同場合送不同的禮？

禮物的價值會隨場合的不同而有極大的變化。表 7.8 列示了 Cheal (1988) 在溫尼博格研究當中所調查到的平均禮物消費金額。從表中可以看到，結婚禮物顯然是最為昂貴的，次昂貴的則是週年紀念

禮物和婚前慶祝禮物。生日禮物和耶誕禮物就便宜多了，種類也更多樣化。本研究及其他研究都發現到，結婚禮物要不是家用產品之類的實用性禮物，要不就是錢。相對的，復活節禮物和情人節禮物就比較可能是鮮花或巧克力－－這些是「表達性」而非「工具性」的禮物。生日禮物和耶誕禮物則可能是實用性的，也可能是工具性的，或兩者兼具；通常來說，它們可能是玩具或衣服。

　　說到銀婚、鑽石婚或其他結婚紀念日應該送什麼禮，相關的習俗很多；這些習俗在珠寶業十分流行，也有一些廣告加以鼓吹。不過，遵循這些習俗的人並不多。至於說到組織中的送禮，有些禮物就特別合適；比方說，在學院式的環境當中，書就是一種常見的禮物。而我們稍後會看到，其他類的禮物有許多就並不合適。

表 7.8　物的財務價值－－依場合區分

場合	禮物價值 *	
	平均值($)	標準差($)
週年紀念	85.70	266.90
誕生	23.10	23.30
生日	27.00	40.20
婚前慶祝	44.10	114.90
耶誕節	21.40	38.30
復活節	9.00	7.00
父親節	21.00	16.00
母親節	34.20	100.20
團聚	11.90	9.90
情人節	8.60	7.20
拜訪	22.10	28.10
婚禮	117.10	394.40

慰問	14.80	10.80
告別	18.30	36.00
宴會	29.00	69.90
其他	49.10	112.70

資料來源：Cheal （1988）

附註：不包括自製的禮物（在受訪人於 1982 年所有特殊場合所送出的禮物當中，有 3.5% 的禮物是受訪人自己做的）

6. 誰會回贈禮物？為什麼？

送禮的互惠行為一向被視為一種普遍的文化現象 (Gouldner, 1960)；有人還說，回贈禮物是一種道德責任 (Mauss, 1954)。有證據支持，短期的互惠行為是存在的；而且這個原則可以用來誘使他人樂捐。實驗室的實驗研究也發現了短期的互惠行為。Cheal (1988) 便發現，有 53% 的禮物在一年內獲得回贈。英國和美國的研究都發現，這樣的行為出現在手足或朋友之類的同輩之間，尤其是耶誕節的時候。不過，這決定於個人預期他人會送什麼樣的禮物，因為雙方會同時送出耶誕禮物。這種顯而易見的互惠行為有另一種解釋，就是當事人知道送禮的相關規則；他們知道誰應該送禮給誰，也知道多厚的禮才是適當的。生日禮物的互惠行為十分常見，但結婚禮物可就不一樣了，畢竟，婚禮不是常常有的。當鄰居幫忙做事或借東西時，也會出現互惠的現象；不過鄰居並不希望你付他們錢，他們寧願你提供時間、技術或力氣這樣的「禮物」來回饋他們，比方說，幫忙烤蛋糕、修車等等 (Webley et al., 1983)。根據某些社會心理學理論，一個人若無法提供回饋，他 (或她) 會覺得自己虧欠人家，或覺得自己掌握在他人手中，他（或她）甚至會覺得自己低人一等。據說，人們有的時候會避免接受他人的禮物或好意，因為那可能會造成上述的結

果。像失業者可能就不上酒館，因為他們擔心，輪到自己請客的時候卻請不起，因而造成他們在社交上的孤立。從政者或其他公職人員也必須避免收受禮物，因為那會帶來人情壓力，也可能讓他們被控收受賄賂。

此外，在一些關係中，互惠現象必然不存在。我們已經看到，父母送給子女的禮物是他們收受自子女的禮物的七倍。這種類似的差異，同樣存在於祖父母、叔叔伯伯、姑媽阿姨或其他有撫育性家族關係的人身上。關係研究區分了所謂「交換」關係和「共有」關係——在交換關係當中，當事人希望他的協助或好意能獲得回饋；但在共有關係當中，人們並不期待或計算這些酬賞，相反的，他們所關心的是對方的需求 (Clark and Reis, 1988)。人們與子女的關係以及他們與所愛的人之間的關係應當算是共有關係，在此，交換行為並非人們的期待，除非我們把多年後對年邁父母的照顧計算在內。全世界有70% 的老人完全要依賴家庭撫養他們，儘管在先進的社會，老年人較少獲得子女的撫養（Offer, 印刷中）。相較於男性，女性在共有和撫育關係中的涉入程度往往更深，而這或許是一個更普遍存在的性別差異。

互惠現象並不存在於人們送給老師、醫師、服務業從業人員或雇員的禮物上，除非這些禮物被看做是用來回報這些人過去所提供的幫助。此外，這些都應當視為交換關係。

7. 禮物的意義何在？

送禮行為傳遞了某種訊息——它代表送禮者對受禮者的關懷或情感。不送禮則代表拒絕對方。接受禮物也是情感的表現，至少，這代表收禮人接受了雙方的關係。至於關懷或情感有多深，這可從禮物的成本，以及送禮者在選擇、取得或包裝禮物上所費的工夫表現出來。有些禮物可以讓人一直記得送禮者，例如照片或珠寶。有些禮物則可

以強化關係，例如重要的家傳物或其他有特殊歷史的物品。

在很多情況下，禮物也可能傳遞錯誤的訊息。Davis (1992) 就舉了 Ashburton 伯爵的例子。這名蘇格蘭貴族－ 他就是霸菱銀行 (Baring's Bank) 的創設人－－有一次邀請湯瑪斯卡萊爾 (Thomas Carlyle) 和他的夫人一起過耶誕節。結果，卡萊爾先生收到了一副拼圖玩具；拼圖在當時是一項新發明，因此是一份適當的禮物。卡萊爾太太則收到一襲黑色絲緞裝，然而這份禮物叫人完全無法接受，因為它通常是用來送給廚師的。同樣地，如果送人一件適合更胖、更矮或更老的人所穿的衣服，那將會冒犯對方－－就好比送除臭劑或青春痘軟膏一樣。

禮物還能傳達另一種意義，就是建議一種新的興趣或活動，比方說，送網球拍、溜冰鞋、望遠鏡、電腦、或跟新的興趣有關的書。人們就常常送這類禮物給兒童。不過，當你送禮給兒童時，如果禮物的適合對象是年紀更小的兒童，他們可是非常不喜歡的。

8. 錢適合當禮物嗎？

人們通常覺得，錢不適合用來當禮物。Webly 與 Wilson (1989) 請學生對多種禮物在不同收受對象下的可接受度進行評比。結果，無論對象是誰，錢的可接受度都最低，尤其當收受人具備較高地位時。研究還發現，金錢也不適合用來跟鄰居交換他們所借出的食物或幫忙完成的工作 (Webley and Lea, 1993)。在一項以荷蘭商科學生為對象的研究中，有41%的學生表示，用錢來當禮物是不被接受的；但若是真正的禮物，而且送禮者費了工夫（像是包裝禮物），他們將更喜歡這份禮物和送禮者。他們認為，錢冰冷無情，送錢未免太偷懶了。不過，如果受禮者要求送錢，如果受禮者非常需要錢或正為了某個目的而存錢，如果送禮者因為一向送出糟糕的禮物而聲名狼藉，那麼，錢倒是可以接受的 (Pieters and Robben, 1992)。此外，並無證

據顯示兒童會反對別人送他錢。

在 Middletown 的耶誕禮物當中，只有 9% 的禮物是錢；在溫尼博格的禮物當中，也只有 7% 的禮物是錢。另一方面，在溫尼博格，婚禮上送錢是很平常的（部份的原因是為了支付婚禮的開銷）；這樣的現象在希臘也見得到。至於錢為什麼被認為不適合用來當禮物，人們提出了多種理由：那表示送禮的人沒有花工夫選禮物；錢不大能夠象徵雙方的關係；金錢的象徵意義很薄弱；金錢對愛的衡量精確過度了等等。不過，最後一種解釋八成是錯的，因為禮券（如圖書禮券）跟金錢一樣精確，但人們對它的接受度卻跟一般禮物相差無幾 (Webley and Wilson, 1989)。儘管甲乙兩人可以互送等值的禮物，但彼此送錢則顯得荒謬－－可見額外的非經濟意義是有其重要性的。

如果禮物的主要功能在於作為情感或關懷的象徵，那麼由於這些東西都是非賣品，用金錢來傳達這樣的訊息自然算不上什麼好辦法。

9. 禮物能夠強化關係嗎？

自涂爾幹以來，社會學對社會制度的一種常見的解釋便是：社會制度具備了統合社會、強化關係的功能。舉例來說，人類學家認為，超布倫群島上的庫拉貿易目的就在於維持島和島之間的和平關係，讓島民得以進行商品交易。Cheal (1988) 則進一步主張，禮物能夠強化薄弱的關係，三種主要的禮物交換關係就尤其需要這樣的支持－－配偶之間、親子之間、以及其他親屬之間的關係。然而，並無證據顯示，上述三種關係是特別薄弱的。比方說，人們可以辯稱，親屬關係遠比友誼關係長久，因此，更需要加強的其實是友誼關係。在工作場合裡頭，同事之間、個人與上司之間也有許多緊張關係存在，因此同事與上司才應該是送禮的對象。在家族內部，姻親之間往往也有許多緊張狀態，因此以這項理論來看，最需要禮物的正是這些人。然而，禮物或許是被用來強化某些特定的關係。

上述三種關係為什麼擁有最多的禮物，另外一種解釋是社會生物學的觀點；根據這種觀點的預測，禮物會流向那些具備最多共同基因的人——先是子女與手足，接下來則是其它的親戚；配偶之所以也會獲得禮物，原因在於他們幫助個人生養小孩。子女由於尚待撫育，因此他們所獲贈的禮物遠遠超過他們的父母。然而，Caplow (1982) 發現，女婿及媳婦所獲贈的禮物和兒子及女兒一樣多，而妻子對夫方親戚的餽贈也跟她對自己親戚所餽贈的一樣多——儘管雙方缺乏共同的基因。可能的一個解釋是，為了避免發生家族內部的衝突，這裡必須再加上公平原則。

禮物分配現象的另一種解釋是，我們會送禮給最喜歡的人，例如配偶。這種喜歡的基礎或許在於基因上的關聯、帶來依附的共有的早年家庭經驗、或是往後令人滿意的經驗。收受禮物的行為會被解釋為情感的表達－沒錯，有的時候確實如此；然而，我們雖然通常也很喜歡自己的朋友，但他們卻往往只會獲得小禮物、象徵性的禮物，或者什麼都沒有。而只要是近親，無論住得多遠，他們都會獲得餽贈；因此，有些人即使難得見面，即使他們所提供的報酬極少，他們還是會獲得禮物的餽贈 (Caplow, 1984)——上述這些現象都支持了社會生物學的解釋。另一方面，我們先前也看到，送禮行為被嚴格的規則所管轄，這些規則在相當程度上超越了真實的情感，並且修正了共同基因的效果。由於這些規則十分嚴格，因此家庭內部的送禮行為遠非自主行為——雖然禮物看起來必須是愛的自發性表現，但是事實上不見得如此。

10. 送禮行為是否有炫耀性消費的現象？

溫哥華島上 Kwakiutl 印第安人的誇富宴一直讓人類學家感到十分驚奇。在誇富宴的種種複雜儀式當中，這些族人以一種高度競爭的方式施與財產、破壞財產，目的就是為了追求社會地位。然而如同

Heath (1976) 所指出的，這跟我們的社會並沒有多大相干，因為在這裡，地位是基於職業和成就，而非財物的施與。Heath還發現，一個人所送出的禮物若比自己所收到的禮物還貴重，他並不會因而感到優越，相反的，這會讓他們覺得難為情或氣惱。另一方面，婚禮倒有種誇富宴的意味，因為婚禮往往花費極高，它或許帶有競爭性，而且十分鋪張浪費；不過，這是為了讓新婚夫婦得以更加善用這些錢來成家。

禮物經濟

禮物經濟具備了若干有趣而顯著的特徵，這些特徵使得它跟市場經濟和慈善捐贈十分的不同。

除了最最單純的文化，所有文化當中的大多數人都會送禮，而這通常花掉他們4%到5%的預算。女性送的禮比男性多，近親會收到比較多的禮，朋友所收到的禮則比較小。在西方文化當中，大多的禮物是在耶誕節、生日以及婚禮上送出的。互惠現象常見於同輩之間，但並不存在於親子間或其他具備親密與撫育關係的人之間。送禮行為為一套複雜的規則制度所管轄，人們一般會遵行這些規則；但是並無證據顯示這套制度具備強化薄弱關係的功能；基因相近性的觀點則能夠對禮物經濟的規則做出較佳的解釋。另一方面，禮物也具備了非語文信號的功能，它不但可以表達感情，也可以承載許多其它的意義。

儘管昂貴的婚禮跟誇富宴有某種程度的相似，但是人類學的模式並不符合現代社會的禮物經濟。在庫拉貿易中，貝殼是施與者「不可剝奪」的財產，但是現代的禮物經濟似乎沒有任何與庫拉貿易對等的現象；在現代這個有貨幣與財產存在的經濟當中，禮物很快便與施與者分離，即便它可能會讓人想起送禮的人。

在經濟學看來，禮物經濟跟市場經濟的差異在於：金錢通常不被當作禮物來使用，而且這樣做往往也被認為是不恰當的——這個現象的部份原因在於，金錢的象徵力很弱；再者，互惠現象並不存在於某些關係當中。而在有互惠現象的關係當中，人們多少會假裝：他們並不指望他人的回報，議價行為當然也不存在。在心理學看來，禮物經濟則是規則系統的一個實例，這個系統的功能我們尚不清楚，但是它的基礎可能是社會生物學。其次，禮物本身的運作方式與其他非語文信號非常相似。

繼承

最貴重的「禮物」通常出現在遺囑上，贈送的對象則以近親為主。一個家族一旦擁有土地或企業，這便成為此社會歷程的一個重要的部份。農地地主的土地大多是繼承來的；而且我們稍後將會看到，在英國的鉅富當中，大多也都繼承了萬貫家財。今天，多數人所繼承的主要財產是房子；傳統社會的人還會繼承儀式職，我們的社會則有人繼承官爵或上院的席位。

封建時期，土地所有人通常將土地傳給長子——此即長子繼承制度 (primogeniture)。當時的女性是不繼承財產的，這跟現在的許多務農家庭差不多——因為比起女兒或女婿，兒子在田裡貢獻了更多年的勞力。當人們繼承土地或農地時，長子通常會分到較大的一塊，因為財產的不斷分割將會導致農地太小，因而無力撫養一個家。在愛爾蘭，仍有1/3的務農家庭採取這樣的作法，尤其是農地在中等大小的家庭；這種作法可以看做是一種交易——身為長子者由於知道自己終將繼承土地，因此願意從事多年的低薪工作。不過，這往往需要長時期的協商與體諒。另一種交易則是，年老的父母由於無法繼續有效率地工作，便由兒子們加以照料；極少有父母獨居 (Kennedy, 1991)。

其他的幾個兒子或許也多少以不支薪的方式在田裡工作了多年，結果最後的經濟狀況與社會地位都比長子還差。不過，法國和英國有一種聯合繼承制（這在英國比較不普遍），由眾兄弟們構成一個「主幹」家庭，雖然只有一名兒子接收父親的土地，大家仍鄰近而居，兄弟間非常團結，並負有相互的義務。法國在 1804 年所制訂的公民法案 (Civil Code) 則規定，所有子女擁有同等的繼承權，但這種作法最後會讓農地變得太小，失去經濟效益，因此實際作法是，農地的經營由一名兒子負責，其他子女則透過教育從事其他的職業。不過，公民法案的制訂還有另一項動機，就是預防貴族階級的再度出現 (Casey, 1989)。至於美國，在 19 世紀初，南部數州曾經實施長子繼承制度（北部則否），結果土地變得太小，子女們只能向西遷徙 (Matthaei, 1982)。

如今，大多數的英國人都沒有土地的所有權，擁有房屋所有權的倒是不少，況且房屋是人們傳承的主要財產。Munro (1988) 發現，格拉斯哥 (Glasgow) 有 56% 的人擁有他們所居住的房子；父母當中若有一人過世，房子會先由其配偶繼承，接著再由子女繼承，不過在這些子女當中，有 72% 的人早就是所有人兼居住人了。現代人由於壽命較長，繼承房子的時間也來得較晚，因此繼承人在繼承的時候可能已步入中年，或者年紀更大了。

繼承的主要發生地點是家庭內部，繼承的對象首先是尚存活的配偶，接著是子女；留給孫子女或外人的遺產往往少之又少。將財產遺留給丈夫的妻子少於將財產遺留給妻子的丈夫：Judge 與 Hardy (1992) 發現，加州有 42.4% 的妻子將財產留給丈夫，69.8% 的丈夫則將財產留給妻子；這或許是因為，妻子認為男人的賺錢能力較高。至於年輕的妻子以及帶有另一婚姻所生之子女的妻子，他們所獲得的遺產則較少。在今天，子女們往往能夠獲得公平對待，否則子女間往往會產生許多紛爭。

男性和女性所繼承的財產，種類並不相同。男性後裔所繼承的是土地和事業，女性可能獲得的是金錢和珠寶，寡婦則可能獲得房屋建築會的基金以及房屋 (Delphy and Leonard, 1992)。法國的一項繼承研究發現，家族所遺留的不僅僅是家族企業，還包括連帶的商譽和社會關係。因此，一個家族是有可能將社會地位傳給子孫的 (Bertaux and Bertaux-Wiame, 1988)。

在上述的研究發現當中，有些不禁令人聯想到社會生物學的解釋，也就是說，個人會把財產遺留給具備最多共同基因的人，即他們的子女或血親。然而研究發現，就繼承目的來看，養子女和血親子女所獲得的對待是相同的 (Judge and Hardy, 1992)(只不過養子女無法繼承貴族爵位)。之所以有這些繼承制度產生，部份原因是為了解決社會問題 - 例如保持農地足夠的大小以維持一個家庭，以及預防法國貴族階級再度出現。此外，各種制度的出現是有一些實證性規律的；比方說，沿著男方親屬繼承的「父系」(patrilineal) 繼承制就比較常見於某些狀況之下，像是兒子及其家庭住在父親的鄰近時 (Murdoch, 1949)。相對的，市場經濟以及人們對工作和財產的容易取得都會導致原始社會中單性世襲群體的減少 (Blood, 1995)。

此外，家庭內部的財產移轉還有兩種主要的形式。在原始社會裡頭，新娘在出嫁的時候，男方必須支付「聘金」給女方的家人；在中古世紀，女方的家人則會支付「嫁妝」給新娘 (Casey, 1989)。另一種重要的移轉則是夫妻離婚時支付財產給女方。這些財產的移轉稍後我們將會討論。許多社會學家相信，家庭具備了數種功能——性功能、生殖功能、經濟功能以及教育功能。如今的家庭或許已經喪失了其中一些功能，然而家庭仍是一個重要的消費單位，儘管就生產單位的角色而言，它的重要性較低；再者，家庭也是社會支持及幫助年輕人社會化的一個重要來源。

結論

　　家庭的運作和理性的市場經濟之間有何種程度的相似性呢？在過去，比方說，當女性和小孩都被期待要到田間或家庭的工作場所工作時，兩者的相似程度較高；如今，相似的程度比較低。家人不會付錢給彼此，彼此之間也不會討價還價。當金錢或其他財產進入家庭的時候，它們在相當程度上便屬於共有財產，儘管有些人擁有較高的控制權。

　　以上或許是因親屬關係屬於共有關係而非交換關係，家人之間所給予的是對方所需要的東西，並非對方所賺得的報酬 (Clark and Reis, 1988)。零用金的運作便是如此。當親戚陷於困境或危機當中時伸出援手的行為也是如此。最明顯以此方式運作的則是女性；她們不但要照顧小孩，還要維護親屬網路的完好。

　　在此，任何理性經濟制度都會遭到意識型態的顛覆，例如，認為女人應該做家事而男人應該外出賺錢的想法就是其中之一；而這些意識型態則創造了社會制度。金錢可以被指定於特定用途，有些可能因為錢是太太賺的，所以只有她能使用，或者必須用於食物的購買。人們認為，他們必須跟親戚住得很近，或他們必須照顧祖父母。

　　在此有生理性的因素，這存在於婚姻伴侶間的情感牽繫及人們對子女的依附和關懷。子女們不但可以獲贈貴重的禮物，他們還可以領有零用金，享有免費的膳宿，最後還能獲得遺產。

　　不過，某些交換行為還是存在著的。家庭中的主要賺錢者較有權做他想做的事，也較有影響決策的力量；這一點既適用於配偶，也適用於子女。再者，錢賺得較多的人做的家事也較少。年老的父母通常願意盡其所能以回報獲得的幫助，如照顧嬰孩。這一點違反所謂「交換行為是以同類的酬賞進行」的教條 (Foa et al., 1993)。有些交換行為是以類似商品進行的。一名家庭成員若提供某項服務（如修

屋頂），他可能會獲得同類的回饋，但並非是金錢的回饋。

第八章 工作中的金錢

錢啊！人們對你的崇拜是如何的盲目，對你的濫用又是如何的
愚蠢啊！你代表了健康、自由和力量。有了你，一個人將甩甩
荷包，向惡魔招手。

--Charles Lamb--

人與人之間最頻繁的接觸就是，錢從某甲的手上被交到某乙的
手上。

--Walter Richard Sickert--

錢如果要說話，沒人會插嘴。

--Herbert V. Prochnow--

要說服自己忍受生活的種種不便，錢是一項很好的賄賂。

--Gottfried Reinhardt--

每一塊錢都是一個阿兵哥：你一個命令，他一個動作。

--Vincent Astor--

有些人極度厭惡金錢，但有那麼一點不幸的是，他們卻也最渴望金錢所帶來的歡愉。

--William Shenstone--

錢是個好僕人，但卻是個壞主人。

--H. G. Bohn--

要是有人說：「錢不是問題，是原則問題」，那問題一定出在錢。

--Elbert Hubbard--

錢這項工具太危險了，絕不能讓政客用來圖一時的方便。

--Friedrich Hayek 教授 --

不見得要犧牲廉恥與良心才能夠賺錢。

--Baron Guy de Rothschild--

引言

　　許多人在聽到（或自己發現到）下面這項事實時會十分驚訝，原來討論「工作」的心理學教科書（包括職業心理學、組織心理學、工業心理學）大概根本不會提到錢。無論哪一本心理學書籍，「錢」這個字眼都很少出現在附錄裡頭。錢通常被視為工作的多種報酬之一，本身並無特別的重要性。但是對一般人而言（特別是主管，他們常常覺得，要激勵員工更賣力工作很困難），金錢卻是一項重要

而有效的激勵工具－－它是最終的獎勵。

　　對於金錢作為動機的效力，Furnham (1996a) 做過一些評論。心理學家從一些調查當中舉出證據，說明他們為何不太重視這方面的常態。調查中，工作者被問到，一件工作的好與壞，最重要的決定因素有哪些；結果，「薪資」通常排名第六、第七，落於「穩定性」、「同事」、「工作是否有趣」以及「福利制度」之後。一些更新的研究支持上述的說法，這些研究發現，退休金和其他津貼比薪資本身更受到重視。金錢固然重要，但相較於其他因素，它就不是那麼重要了。不過，這些研究結果或許是錯的，因為人們對自己的動機或許沒有正確的了解，或許他們希望自己的答案符合社會期望。其次，並非所有調查的對象都是具代表性的母群；再者，資深經理人可能因為自己的福利和薪資較為優渥，因而低估了金錢對其他較窮、福利較差者的激勵效果。

　　誘因心理學的基本原則是，如果能將行為和某種期望報酬連結起來，便能夠影響行為。工作速度就是一個例子。無疑地，相較於按時計酬，按成果計酬會讓人工作得更賣力。

　　其他研究則顯示，誘因方案能夠有效地降低缺班率：在此種方案剛被採行的時候，缺班率馬上降低，一旦停止實施，缺班率則又再度升高。此外，有其他證據顯示，金錢可以作為吸引員工繼續待在組織裡的誘因。

　　然而，錢如果真的是有效的工作誘因或工作的滿足來源，那為什麼不斷有研究顯示，財富跟快樂無關呢？這一點，第11章將會有所討論。

酬賞制度

　　每份工作都有一項誘因，而且最好還有一份投入（工作量）與產出（如薪資）間的協議。此種工資與工作間的協議既是法律契約，同時也是心理契約——不過，這份契約通常定義不清（Behrend, 1988）。

　　組織有多種決定薪資的方式，包括過去的先例、薪資調查和工作評量（計點式評量），它必須以競爭同業為比較基準，以便達到或超越市場上的工資率（Miner, 1993）。不過當然，一般人相信，相較於目標設定（目標式管理）或工作豐富化 (job-enrichment) 等策略，金錢報酬更能夠改善績效。

　　幾乎每個工作者都可以獲得報酬——金錢的報酬。不過，金錢與績效間的關聯為何，組織間差異頗大。對組織心理學家而言，最重要的問題是：金錢誘因的效力有多大。至於金錢誘因的運用方式，有下列幾種：

1. 按件計酬　　在此，薪資是根據工作者的生產量來計算。然而，要判斷生產量，工作必須相當具重複性，且工作單位能夠加以計算。
2. 團體式按件計酬　　在此，薪資的計算基礎是整個團體的工作成果，團體薪資則再由團體成員來分配。
3. 月生產力紅利 (monthly productivity bonus)　　在此，除了一定的週薪，還有依整體部門產出所計算出的紅利。
4. measured day work　跟上述方式類似，只是紅利取決於產出是否的完工量是不可能的。因此，他們的紅利或加給要依其他經理人所做的功績評等來計算。達到預定的比率或水準。
5. 功績評等 (merit rating)　要衡量經理人、書記員或其他工作

者的完工量是不可能的。因此，他們的紅利或加給要依其他
經理人所做的功績評等來計算。

6. 月生產力紅利　在此，經理人的紅利是依其部門的生產力來
計算的。

7. 利潤分享及 co-partnership　除了一定的週薪，公司每年還會
依其利潤發放一次或兩次的紅利給所有的員工。

8. 其他紅利　員工所提出的建議若得到採納，公司可以對他發
放紅利。

9. 其他福利　公司也可以提供員工其他的報酬，例如醫療保
險、受撫養人的照顧。

　　一名員工在組織內用工作所換來的錢——無論是現金或電子式的
銀行存款——跟其他的許多福利是相關的（例如保險、病假、休
假、退休金），兩者不易區分。金錢（薪資）本身若能滿足員工各
項重要的基本需求，它應該是（或者就是）一種有效的誘因——至
少，要獲得這些錢（薪資），工作績效必須不錯。然而，員工的需
求如果十分複雜，而且跟所得的關係並不顯著，或者工作績效的質或
量跟報酬並無直接相關，那麼，金錢作為誘因的效力便大打折扣。

　　這裡有個相當重要的主題，就是績效相關式報酬 (performance-
related pay)，這個概念將薪資和績效連結了起來。按件計酬制或其他
相關方式大多用於技術性勞務工作。有許多研究探討了組織在採用按
成果給薪制時的產出比率。比方說，有項英國的研究檢視了六家工
廠，這些工廠在採用按成果給薪制之後，未曾改採其他辦法，結果發
現，它們的產出提高了 60%，利潤則提高了 20% (Davison et al.,
1958)。有研究者針對美國的330個干預方案進行整合分析，結果發
現，財務誘因成效最大，高達標準差的2.12倍 (Guzzo et al., 1985，
見表 8.1)。

表 8.1　各種組織干預方式在產出上的平均成效（根據一項整合分析所得出的結果；效果大小以標準差單位表示）

干預方式	標準差單位
薪給	2.12
訓練	.85
決策作成策略	.7
社會科技的變化	.66
目標設定	.65
工作重新設計	.52
督導方式	.51
目標式管理	.45
評鑑與回饋	.41
工作時間表重新規畫	.3

資料來源：Guzzo et al., 1985

　　然而，上述研究發現或許誇大，因為組織在推動一項誘因計畫時，通常還會作其他方面的變動，例如工作方式或物料運送方式的改進。誘因的依據如果為團體的績效(例如美國的史坎隆方案 [Scanlon plan])，團體的合作程度會得到改善；不過，團體愈大，此種工資誘因的效應就愈小 (Marriott 1968)。如果個人的貢獻難以衡量或者我們不希望作這樣的衡量，那也可以考慮團體工資誘因方案。有1/5到1/4的產業採用工資誘因方案，研究顯示，相較於先前或其他未採用此方案的產業，它們的生產力提高 1/3 到 1/2 不等。

　　如果發放紅利給全勤者，工資誘因也可以降低缺班率。員工如果能夠參與這類計畫的推行，計畫的成效會更高 (Steers and Rhodes, 1984)。其實，單單提高工資率就能夠大大降低勞工流動率，像有個工廠就從 37% 降到 16% (Scott et al., 1960)。非薪資式的誘因也可

加以運用，例如給予員工更多的休假或表揚——不過，最具成效的仍屬財務誘因 (Guzzo et al., 1985)。

然而，一旦員工提高生產量的機會不一致，上述計畫便會發生問題；換言之，在這樣的制度之下，有些員工可能無法得到公平的對待，而處於較不利的地位。再者，用以獎勵個人生產力的工資誘因會降低員工間的合作程度（而且經常如此）。雖然我們顯然可以用獎勵團隊生產力的方式來解決這個問題，但是，當團隊的人數增加，任何一個人的生產力與其薪資增加之間的顯著關係必然也會跟著提高。誠如 Johns (1991) 所指出的，組織若不採取工資誘因計畫，其生產力通常會呈現鐘型曲線的「常態分配」，然而一旦採用了這樣的制度，員工們或許會達成某種關於標準生產量的非正式協議，結果反而使得生產量受到限制。換言之，組織的生產量往往會侷限在某個範圍以內。這或許是因為，員工擔心，生產力的提升會導致裁員，而公司會為了減少勞力成本而降低工資率。顯然地，此種產量範圍的限制有部份是受到了組織歷史及其內部信賴風氣的影響。

目前，團隊工作相當受到重視 (Furnham, 1996a)，因此團體式的誘因方案頗受歡迎。利潤分享就是一個好例子。這背後的假設是，合作度愈高（我們希望，這會帶來更高的生產力），其聯合利益便能抵銷那種依個人績效給薪所帶來的應有利益。在利潤分享方案這樣的制度之下，紅利的計算依據是，在全體員工控制之下的可測量成本（measurable cost；包括勞工成本、原料成本及物料成本）降低了多少。此種方案跟工作單位的所有成員都有關，甚至包括後勤人員及經理人。

然而，全世界的工會都反對個人誘因方案，它們認為，此種方案會鼓勵不健康的競爭行為，提高意外的發生機率，而且不利於年紀較大或身體較差的工作者。有些工會甚至反對團體式誘因方案，因為它們認為，這種方案最後會導致工作生活的品質降低。

至於經理級工作或後勤人員，其功績報酬方案 (merit-pay plans) 可以經理人、主管、同儕、下屬或消費者的評鑑 (Furnham and Stringfield, 1994) 為依據。業務員通常是薪資誘因的使用對象，有超過 85% 的公司對他們的部份員工實施這套制度。有人甚至把它用在教授身上。至於經理人，他的紅利可根據其部門績效來計算。不過，許多員工的生產力比較不容易衡量，因此可以評鑑或功績評量為誘因的計算基礎。這些方案有一項很大的優點，就是彈性極高，工作績效的許多層面都可予以獎勵，例如對壓力的忍受、委任、主動性、口語表達等等。一如 Johns (1991) 所言，證據顯示，整體來說經理人是喜歡這些制度的，而且績效和 (金錢) 報酬間的關係是清楚而可以衡量的。然而，組織若要採行公平的制度，並確保績效評等者能夠公平並具有辨別力，那麼許多組織恐怕要刪減大筆的功績報酬金額。這樣一來，年資及職等將比實際工作績效更能解釋績效報酬的變異。

績效相關式報酬制度有幾個主要的問題。第一，績效評等通常會向中間值趨近。當管理者覺得自己無法處理團隊成員間的衝突或焦慮時，他可能會調低績效較佳者的評等，並調高績效較差者的評等，這樣一來，本制度的基本原則便遭到違背。第二，先前提過，功績的提升幅度不大，因此無法發揮效用。矛盾的是，當經濟不景氣的時候，組織雖然需要更高度的動機和努力，但功績報酬此時反而往往大幅縮水。

功績報酬如果不予以公開，許多員工就沒有辦法比較自己和他人的薪資，於是看不到一個公平實施的制度所帶來的好處（或者沒有帶來好處）。一套能夠在其他增加的金額（如生活成本）之外、將功績報酬金額公開呈現的制度，如果運作良好，那便是一套最有效的制度。部份的原因在於，許多管理者會高估同儕或下屬的薪資而低估上級的薪資。這樣的傾向會降低一個人的薪資滿意度，並且使他更不容易看到績效和報酬之間的關聯。

這類制度的目標十分直接明瞭：績效良好者應該要獲得滿足，而且有繼續努力工作的動機，因為他們看到工作績效和功績報酬間的關聯。同樣地，我們也應該提供績效不良者一些動機，讓他們為了獲取某種報酬而加倍努力。

　　績效相關式報酬（以下簡稱PRP）制度有好幾種，差別在於實施對象的不同（對象及於組織的哪一階層？）、績效衡量方式的不同（客觀的計數、主觀的評等、或兩者的綜合）、以及誘因的不同（錢、股份等等）。但是，PRP在某些組織並未試驗成功。這套當初被當作萬靈丹來推銷的制度，有時候其實適得其反，反而讓原本不滿的員工更加激憤、更覺孤立。PRP制度之所以會失敗，有下列幾個原因。

　　第一，對於薪資和績效間的關聯，員工大多沒有了解清楚。許多員工因為高估自己的績效水準，因而對報酬產生不切實際的期望，期望一旦落空，他們就開始抱怨－－希望放棄這套制度的正是這些人。此外，相對於底薪來說，依績效計算的報酬通常比例過低，因此一個組織如果在開始採用本制度時就謹慎萬分，不敢投入太多金錢，結果可能導致績效良好與績效不良之間無法區分，進而危及整個制度的可信度。

　　最常見的問題在於下面這項事實：許多工作缺乏客觀、直接相關及可計算的成果，因此績效評等常常被拿來使用（甚至是唯一的方式）。但績效評等很容易受系統性偏誤（如寬容、月暈效果等等）的影響，使得這些評等既不具信度，而且不具效度。

　　失敗的另一個主要原因來自管理者及工會的抗拒。管理者決定了本制度的成敗，但是他們可能會抗拒制度所帶來的改變，因為那會迫使他們對一些狀況做出明確的表示，他們必須面對績效不良的狀況，並且要具體地獎勵那些行為較成功的員工。至於工會，它一向反對公平式的 (equity-based) 報酬制度，而比較贊成均等式的 (equality-

表 8.2　功績報酬與紅利報酬誘因制度在各種期望效應上所達成的成效

給薪方案的種類	績效衡量指標	期望效應			
		報酬與績效間的關聯程度	負面副作用的降低	鼓勵員工合作	員工的接受度
功績報酬制					
就個人而言	生產力	良好	極佳	極差	良好
	成本效益	尚可	極佳	極差	尚可
	上級評等	尚可	極佳	極差	尚可
就團體而言	生產力	尚可	極佳	不良	良好
	成本效益	尚可	極佳	不良	良好
	上級評等	不良	極佳	不良	尚可
就整體組織而言	生產力	不良	極佳	尚可	良好
	成本效益	不良	極佳	不良	良好
紅利制					
就個人而言	生產力	極佳	尚可	極差	不良
	成本效益	良好	良好	極差	不良
	上級評等	良好	良好	極差	不良
就團體而言	生產力	良好	極佳	尚可	尚可
	成本效益	尚可	極佳	尚可	尚可
	上級評等	尚可	極佳	尚可	尚可
就整體組織而言	生產力	尚可	極佳	尚可	良好
	成本效益	尚可	極佳	尚可	尚可
	利潤	不良	極佳	尚可	尚可

based) 制度，因為後者使得集體議價的概念顯得多餘。

　　再者，許多 PRP 方案之所以失敗，是因為績效衡量指標並未被聯結到整體組織的總和績效目標（也就是對組織而言最重要的績效特徵）。其次，組織必須確定員工有能力改善自己的績效，因為如果我們希望較高的薪水能夠帶來較高的績效，那麼員工必須對績效改善有信心（並且有能力做到）。事實上，只要採取一些步驟，PRP方案的運作是有可能極為成功的。首先，公司所採行的紅利制度不應把功績 (PRP) 報酬和一定比例的底薪作聯結，功績報酬應該來自於公司。其次，在報酬總金額維持不變的情況下，報酬比例的範圍應該加寬；比方說，薪水較低的員工有 0% 到 20% 的報酬比例，薪水較高者則有 0% 到 40% 的報酬比例。再者，績效評鑑必須認真看待，因此評鑑者必須對他們的評鑑負責；他們必須接受訓練，訓練內容包括如何（正確而公平地）評鑑工作中的行為。

　　資訊系統及工作設計必須跟績效評鑑制度相互配合。更重要的是，組織如果認真看待團隊工作，那麼績效評鑑便應該涵蓋團隊績效和部門績效。組織可依團隊評鑑來計算部份的個人功績報酬，而且這也是比較好的作法。最後，用來表揚個人重要成就的特別獎勵，應該獨立於年度功績分配之外來考量。

　　簡而言之，Miner (1993) 主張，任何一種誘因方案若要發揮效用，有五項必要條件：

1. 此方案所可能帶來的額外收入必須為員工所重視。
2. 員工不能因為績效良好而損失了重要的價值（健康、工作穩定性等等）。
3. 員工必須能夠控制自己的績效，因為這樣才有進步的空間。
4. 員工必須清楚了解方案的施行方式。
5. 績效必須是可以精確衡量的（使用績效指標、成本效益或評等）。

同樣地，Lawler (1981) 對各種功績報酬制度的後果作了一個精簡的摘要（見表 8.2）。

對許多工作者而言，特別是非技術性的低薪工作者，以及有從事非技術性工作的家族傳統的人，工作穩定性比工資水準還重要。擁有穩定的工作之所以重要，不只是因為家庭的關係，也因為它是地位的象徵。自1990年代以來，由於許多工作都被電腦所取代，人們愈來愈擔心工作的不穩定。這是當今工作狀況的一大問題，日本的一些大公司雖然已經成功地把工作穩定性提供給他們的員工，但其間的損失卻必須讓子公司來負擔。薪資誘因會影響一個人究竟要不要工作，在過去，某些人是在工作與休閒生活之間作選擇；現今，人們卻是在工作與社會安全之間作選擇。

不過，金錢對工作的影響畢竟有限。有些人對賺更多錢並不是那麼感興趣；這要看他的朋友和鄰居賺多少錢，他家裡有幾個人，以及他是不是準備買房子或車子而定。相反的，他可能會提高期望財富的水準，他可能想要買一棟更大的房子或一部更大的車子，他可能會有其他的東西要買，他也有可能把錢視為成就的指標。

公平的日薪：公平與相對的貧窮

有大量的證據顯示，薪水在超過一合理的水準之後，其絕對金額並沒有比較金額來得重要。無論在哪一個社會，薪水都是地位和聲望的指標；不過，這種關係存在著顯著的差距。薪資是社會認可的一種形式。對大多數人而言，低薪代表低水準的技術和較不重要的工作。在以提高工資為訴求的罷工活動當中，罷工者除了關切工資，他們同樣渴望獲得尊敬 (Lindgren, 1991)。同樣的狀況可見於離婚法庭，在此，金錢成了情感傷害的一種象徵性賠償。同樣地，工資差額也帶有許多心理因素和經濟因素 (Anikeeff, 1957)。

精神所得 (psychic income)——或者，講得更白話一點，內在動機——的概念，或許可以為某些反常的現象提出部份的解釋。就拿神職人員、小說家、社會工作者及學術工作者來說，雖然薪資很差，但人們普遍認為，低薪但精神所得高的工作比高薪但精神所得低（或無）的工作更有價值。因此，有些工作雖然待遇低，但由於能夠帶來內在的滿足感（例如演戲），應徵者仍供過於求。不過當然，內在報酬與外在報酬皆豐厚的工作最能夠令人滿足。

　　公平理論 (Equity Theory) 是心理學家從經濟學裡頭借來的，這套理論看待動機的觀點是人與人之間所做的社會比較。本理論主張，員工有一項動機，就是維持彼此之間公平的關係以及改變不公平的關係。公平理論所關切的是，人們一旦進入社會比較歷程，工作上的不公平對待會製造負面的情緒，而人們會有想要擺脫這種負面情緒的動機。

　　公平理論認為，人們會就兩個變項來進行彼此的社會比較，包括成果（福利、報酬）與投入（努力、能力）。成果所指的是，工作者認為自己或他人可以從工作上所獲得的東西，包括薪水、福利或聲望。投入則指，員工認為自己或他人在工作上的貢獻，包括工作時間、辛勞程度、產出量、以及個人從事此項工作所具備的資格。公平理論所關心的是當事人所知覺到的成果與投入，不見得是實際的成果與投入，儘管後者往往也是非常難以衡量，難怪工作者對什麼是公平、什麼是不公平會有不同的看法。公平是主觀的經驗而非客觀的經驗，因此更容易受到個人因素的影響。

　　公平理論主張，人們會以比例的方式拿自己的成果與投入跟他人的成果與投入作比較。講得更仔細一點，他們會拿自己的成果/投入比例跟他人的成果閒 / 投入比例作比較，比較後有三種可能的結果：**報酬偏高** (overpayment)、**報酬偏低** (underpayment)、或者**報酬公平** (equitable payment)。

- 報酬偏高的不公平發生於個人的成果／投入比例高於被比較者的相對比例時。報酬偏高者應該會覺得內咎。不過，很少有人處於這種狀況。
- 報酬偏低的不公平發生於個人的成果／投入比例低於被比較者的相對比例時。酬偏低者應該會感到憤怒。覺得自己報酬不夠高的人很多。
- 公平的報酬發生於個人的成果／投入比例與被比較者的相對比例相等時。獲得公平酬偏者應該會覺得滿足。

根據公平理論，人們會想要擺脫憤怒或內咎的負面情緒狀態。公平理論承認，不公平的狀態有兩大解決之道。一是行為反應，所謂行為反應，指的是個人可以用來改變既存之投入與成果的行為，例如提高或降低工作的努力程度（即提高或降低投入），或者偷竊時間或產品（增加產出）。除了用行為反應來面對報酬偏低的不公平外，工作者也可以用一些心理反應來面對。要一個員工從雇主那裡偷東西（增加產出），許多人會覺得不自在，許多人也不願意降低自己的生產力或要求加薪（增加投入），因此他們可能會改變他們對個人處境的想法，以解決不公平的狀況。由於公平理論講的是對公平或不公平的知覺，因此我們可以作一個合理的預期，只要用不同的方式想一想他們的處境，不公平的狀態就能夠獲得有效的補償。舉例來說，一個報酬偏低的人可以用下面的想法來合理化這種狀態：另一個人的投入事實上比自己的投入還高，藉此說服自己，另一人之所以所得較高是有道理的。

當一個人在面對不公平時，他可能會有若干不同的反應，他可能會對報酬偏高或報酬偏低的不公平產生行為以及／或者心理上的反應，這些反應可以幫助他把他所知覺到的不公平，轉變成他所知覺的公平。表8.3就列示了人們在面對不公平時的兩種「典型的」反應。

一個人在面對不公平時的反應方式取決於他的計酬方式。若按工

時計酬，他可能會降低產出比率；若是按件計酬，他可能會降低產品品質。同樣地，一名領薪水的員工如果覺得自己的報酬偏高，他可能會更賣力工作、工作得更久或提高生產力以增加投入。同樣地，一名員工如果爲了降低他自己的成果而不去享用公司所提供的福利，我們可以把他看做是在彌補報酬偏高的不公平。報酬偏高者（雖然這種人很少）要在心理上說服自己很容易：由於他們的投入比別人優異，所以得到較高的成果是十分應該的。同理，獲得大幅加薪的人或許也不會因此而有任何的不安，因爲他們能夠用下面的說法來加以合理化：他們之所以獲得加薪，是因爲他們的投入比別人優異，因此算不上不公平。

表 8.3　面對不公平時的反應

不公平的種類	反應種類	
	行爲反應	心理反應
報酬偏高的不公平（內咎）：1<0	提高投入（工作得更賣力），或者降低成果（支薪假期間照常工作、不支薪）	說服自己：因爲你投入很多，所以應當獲得這樣的成果（你比其他做同樣工作的人更聰明、更努力、工作也作得更好，因此有理由領更高的薪水）
報酬偏低的不公平（憤怒）：1>0	降低投入（降低努力程度），或者提高成果（獲得加薪、藉由缺班來偷取時間）	說服自己：他人的投入事實上比自己還多（被比較的工作者事實上更有資格或作得更好，因此有理由得到更多的成果）

上面描述了人們在面對報酬偏高及報酬偏低之不公平狀況時的一些反應，而本理論這些主張，大致都得到了研究的支持。舉例來說，Pritchard等人 (1972) 就進行了這樣一項研究：他們雇請若干男性書記員去作爲期兩週的兼職工作，然後對受雇者報酬的公平或不公平予以操弄。報酬偏高的員工被告知，他們的報酬比其他做同樣工作的人還高。報酬偏低的員工被告知，他們的報酬比其他做同樣工作的人還低。領得公平報酬的員工則被告知，他們的報酬跟其他做同樣工作的人相同。結果，報酬偏高者的生產力高於公平報酬者，報酬偏低者的生產力則低於公平報酬者。再者，報酬偏高者及報酬偏低者所表示的工作滿意度皆低於公平報酬者。

然而，這一類的實驗全都是短期的，因此我們懷疑這些效應能夠持續多久；之所以有這樣的懷疑，部份是因爲，漸漸地，報酬偏高的工作者會認爲自己更有價值，報酬偏低的工作者則會認爲自己更沒價值 (Kanfer, 1990)。儘管如此，現實生活中對不公平的知覺確實會對行爲產生影響。Summers 與 Hendrix (1991) 研究了 365 名管理者，結果發現，薪資的不公平雖然不會影響工作績效，卻會影響勞工流動率。Berkowitz 等人 (1987) 在美國所做的一項研究顯示，最能夠預測薪資滿意度的指標是目前的不公平（相關係數爲 -.49）。公平理論認爲，人們追求公平的報酬分配－－這裡的公平是相對於「投入」來說的，可能包括了完工數量、能力等等；如果無法達到公平的報酬分配，他們會心生不滿，然後可能會選擇離開，或者嘗試以其他方式來提高公平性，例如更常缺班，或者偷雇主的東西。但是公平與否，大多是比較而來。Brown (1978) 發現，對工廠的工人來說，他們的薪水如果高過敵對團體，即使薪水調低，他們還是願意接受。

Clark 與 Oswald (1993) 發明了一個有創意的方法來探討不公平的效應。他們計算了一萬名英國工作者的「比較所得」(comparison income)，所謂比較所得，就是職業、教育程度、年齡等條件相同者

的平均所得。研究發現，所得對工作滿意度雖然沒有什麼影響，比較所得卻會帶來顯著的影響——比較所得愈低，工作滿意度就愈高 (相關係數在 - .25 到 -.30 之間)。換言之，當所得維持在相同水準時，期望愈低，工作滿意度就愈高。美國的一項研究獲得了同樣的發現，這份研究以4567名受雇者爲對象，它還發現，如果有一些作法可以確保所得的公平，則工作滿意度會更高 (Leicht and Shepelak, 1994)。

女性的報酬低於男性，而且經常有研究發現，女性滿足於較低的薪資，這是因爲，她們的薪資比較對象是其他女性，因此會覺得報酬低於男性是應該的 (Jackson, 1989)。不過，女性一旦做起跟男性完全一樣的工作，她們就會開始跟男性作薪資的比較，結果，較低的薪資便不再能滿足她們 (Loscocco and Spitze, 1991)。 Phelan (1994) 曾以經理人和專業人員爲樣本進行研究，結果發現，女性的薪資雖然較低，她們卻跟男性一樣滿意。對此，研究者檢驗了幾項可能的解釋，結果發現，當我們考量了內在報酬和工作的重要性之後，薪資根本就算不上是滿意度的預測指標。

不過，如可能的預期，公平理論還是有它的問題，例如：要如何處理負面投入的概念？公平與不公平的轉換點在哪裡？而下面這項信念——人們對公平的喜好和重視超過他們對均等的喜好和重視——究竟正不正確？儘管如此，本理論仍然刺激了大量研究文獻的產生，其中有部份就是在探討動機以及金錢在此所扮演的角色。

內在動機與外在動機

有些職業和工作可以帶給人內在的滿足；換言之，它們在本質上是有趣的，做起來也令人感到愉快。愉快的背後或許有各式各樣的理由，但多半是因爲個人的偏好、嗜好與習性。

內在的滿足就是說，工作本身即工作的報酬。因此，這樣的活動

無須報酬、無須管理。然而，這種理想狀態卻可能被天眞的經理人所破壞，即使他無心這樣做。

舉個例子，一名學術作者在家撰寫研究報告，三天來，當地的小孩一直在他書房附近的一座小公園裡吵鬧嬉戲，而就像所有這一類的噪音，吵鬧聲造成了極大的壓力，因爲那不但大聲，而且無法控制、無法預期。怎麼辦呢？要不要請他們安靜或請他們離開？要不要通知警察或小孩的父母（如果認識的話）？小孩如果不聽話，是不是要以暴力恐嚇他們？還是說，依序執行上述所有步驟呢？

這位大學教授很聰明，他並未採取上述任何一種方法。他或許有點天眞，但是由於他的工作靠的是內在動機，這位學術人員於是採用了另一個原則。第四天早上，他走到孩子們身邊，告訴他們（不太誠懇地），他非常喜歡他們到那裡玩，因爲他們的笑聲和刺激的遊戲都讓他很快樂。由於他實在太快樂了，因此他準備要付他們錢，讓他們繼續這樣做。他承諾，他們如果照常這樣做，他每天會付每個人一塊英磅。

孩子們當然很驚訝，但是也很高興。接下來的兩天，這位大學教授都發放了現金，並且讓自己看起來滿懷感激。但是到了第三天，他說自己因爲「現金週轉」不靈，所以每個人只能給50便士。隔天，他又宣稱自己手頭「現金不足」，因此只發了10便士。結果一如預期，孩子們當然無法接受這種狀況，因此抱怨連連，拒絕再玩，於是一哄而散，還發誓，從今以後再也不要回到這個公園來玩了。大學教授計謀得逞，便回到書房盡情享受這分寧靜。

這一則故事說明經理人所面臨的一個問題。一個人如果樂於從事一件工作（不管是什麼原因），但卻又受到外在酬賞（多半是錢）的「管理」，這個人通常會將注意力放在這些酬賞上面。結果，爲了維持他的滿足感，酬賞必得提高。矛盾於是產生了：當我們以外在酬賞獎勵一個具備了內在動機的人，由於動機的性質改變了，他的動機反

而可能因此而減弱。因為他對外在動機的要求不斷提高，除非經理人能夠加以因應（也就是，持續地加薪），否則他的工作熱誠通常就會開始減退。

一件工作如果在本質上是有趣的，使用增強物——即支付酬勞——反而會降低生產力。換句話說，內在動機會隨著外在酬賞而降低。不過，Deci 與 Ryan (1985) 卻證實了，對逐漸改進的績效施以增強，並不會降低（也不會提高）內在的興趣。Eisenberger 則論到，任何職業與工作都同時具備了內在及外在的有趣特徵和困難度：

> 一名學生即使覺得某門學科大致是有趣的，但要徹底了解這個
> 科目，他還必須學習其他的主題，這些主題有的會讓他覺得無
> 聊又單調，有的雖然有趣，卻難以精熟。然而，若能將高度努
> 力的次級報酬價值提高，或許能鼓勵個人選擇並持續練習困難
> 的學識性作業。個人在無聊及單調作業上的努力一旦獲得增
> 強，接下來則能夠讓人更努力於本質上有趣的作業。舉例來
> 說，我們讓兩組青春期前的兒童進行一項單調的發音作業，一
> 組必須發音正確才能獲得酬賞，另一組則只要完成發音作業就
> 可以獲得酬賞；結果，在稍後的繪圖及說故事的作業當中，前
> 組的表現比後組正確。這些研究發現證實，一般性勤勞的次級
> 酬賞理論在啟發式教學上是有價值的。
>
> (1992, 第 263 頁)

有些活動之所以令人獲益，是因為可以滿足好奇心，有些是因為可以帶來更高的激發水準。Deci (1980) 主張，內在動機可以透過活動所帶來的熟練與勝任感（運用技術）以及支配和自主感（自行決定工作的進行方式）而獲得提升。研究發現，上述這些因素確實可以提高內在動機。除了享受勝任感之外，休閒研究還發現，有些活動

本身就可以讓人得到快樂，例如跳舞、聽音樂或游泳；不過，一個人若擅長這些活動，他會更喜歡做這些事 (Argyle, 1996)。 Hackman 與 Oldham (1980) 認為，有五項工作特徵可以作為工作績效的動機，包括：技術多樣性、作業多樣性、作業重要性、自治權與知道工作成果。他們還主張，對「成長需求強度」(growth need strength) 較高的人而言——這些人喜歡有趣而吃力的工作——上述工作特徵會發揮較大的影響力。本理論可以成功地預測工作滿意度，不過，動機方面的研究發現就不是那麼一致了。

兒童的實驗研究顯示，當我們用外在酬賞鼓勵兒童去做他們原本就想要做的事情時，內在動機反而降低。後來有研究以成人工作者為對象，結果卻發現，薪資或其他外在酬賞可以提升內在動機，比方說，當外在酬賞同樣可以證明個人能力的時候 (Kanfer, 1990)。

我們在第 5 章所討論的清教式工作倫理是內在動機的另一來源。清教徒工作倫理觀念較強的人，他們會為了工作本身而樂在工作；有若干實驗發現，他們在實驗室作業上表現得比其他人賣力，他們在得到負面回饋之後也進步得較多。在工作場合裡頭，他們的缺席率較低，對組織的忠誠度則比較高 (Furnham, 1984)。工作狂可視為清教徒工作倫理的極端表現──他們工作時間極長，幾乎不作任何休閒活動，幾乎不放假，而且十分熱愛他們的工作 (Machlowitz, 1980)。不過，不是只有工作狂才會因為非經濟因素而喜歡他們的工作。像退休者就表示，他們懷念自己的工作和同事 (Parker, 1982)。

工作上，成就動機也很重要，特別是經理人、科學家以及其他學術人員。研究發現，成就需求量表得分較高的人，他們會得到比較多的升遷機會，論文也發表得比較多。對白手起家的人、經理人以及從事銷售工作的人來說，成就動機跟他們的升遷和成功最有關聯 (McClelland, 1987)。研究發現，經理人一心一意想要成功，如果得不到成功，他們會感到極度不滿。 Herzberg 等人 (1959) 則發現，

對經理人而言，正面滿足感的最大來源是受到別人認可與成就的經驗。工作成就的另一種相關的研究取向是 Csikszentmihalyi「充盈」(flow) 的概念，所謂充盈，指的是當我們運用足夠的技巧去解決一項極大的挑戰時所獲得的一種深度滿足感。他發現，在工作中比在休閒中更容易經驗到充盈的狀態 (Csikszentmihalyi and Csikszentmihalyi, 1988)。

個人對組織的忠誠是工作動機的另一來源，而且是低勞工流動率和低缺席率的一大因素。對薪資感到滿意的人，他們對組織的忠誠度會比較高 (Cohen and Gattilker, 1994)；另外，在公司擁有財務利益或「投資」－－如退休金和年金方案－－的人，也是如此。不過，一個人會對組織忠誠，還有其他非財務的原因；例如，他可能在組織待了很久，他可能參與了決策過程，他也可能身負一些責任 (Argyle, 1987)。

工作的經濟動機

有人工作是不支薪的。而義務工作（例如以老人或病人為服務對象的義務工作）的存在證明了，錢並不是工作的唯一理由。此外，有些人儘管無須工作，卻仍未停止工作。例如，有 17% 的彩券中獎人在中獎後仍從事原本的全職工作 (Smith and Razzell, 1975)。另外，儘管平均工時已經減少，許多擁有好工作的人反倒花費比過去更多的時間在工作上。對某些人來說，這是因為他們樂在其中，像是科學家或其他學術工作者，不過這並非唯一的原因。此外，有許多全職工作者已經十分富有，根本無須再賺錢；可見，他們應該是為了其他理由而工作。

金錢式誘因已經被成功地運用在「代幣」經濟當中。近來，有的工作場合則運用這個方法來打消員工吸煙的念頭，或鼓勵他們使用

安全設備。許多實驗研究發現，代幣經濟能夠成功地影響行為，不過有兩個例外：它無法讓藥癮患者停止嗑藥；另外一項研究則顯示，對9 到 11 歲的兒童來說，早餐這項立即酬賞影響力更大。研究還發現，即使是非標的行為也會受到影響，特別是社交行為和幸福感。然而，若要造成永久性的行為改變，本法就不是那麼有效了 (Lea et al., 1987)。

在選擇職業上，金錢扮演了一個重要的角色──多數人都偏好薪水較高的工作；不過，錢並非唯一的考量因素。我們有許多關於「工作價值」(work values) 的研究；所謂工作價值，指的是人們想從工作中尋求的東西或樂趣所在。 Rosenberg (1957) 在他的一項早期研究中發現到，外在酬賞導向較高的學生，會選擇業務、旅館管理、房地產仲介和財務之類的工作──這些學生是特別重視金錢的。相對的，人際導向量表得分較高的學生，他們比較有可能選擇社工、醫學、教育或社會科學之類的工作。至於自我表達量表得分較高的學生，他們就比較有可能選擇新聞、藝術或建築。 Mortimer 與 Lorence (1989) 發現，工作價值有三個向度：(1)挑戰與自治；(2)與人接觸；(3)高薪。他們還發現，工作經驗會逐漸強化這些價值。成就動機高的人往往想要賺錢，並有冒險的準備，例如嘗試自行創業或者當個小企業主──至少在美國是如此。(McClelland, 1987)。

後來，有研究者對工作價值進行因素分析，並編制工作價值測驗，例如明尼蘇達重要性問卷 (Minnesota Importance Questionnaire; MIQ)。這類問卷所衡鑑的工作價值因素通常包括成就、金錢、與人共事、創造性、獨立性、聲譽和興趣。後續研究則發現，職業與工作價值相符的人有較高的工作滿意度 (r = .30 到 .50)；不過，尚未有研究顯示，這些價值能夠預測職業的選擇 (Davis, 1992)。

「職業興趣」是另外一種研究取向，例如科學、社會福利、美感表達、文書、商業、戶外工作、體力、冒險性、安全性、審美等興

趣。這些也有測驗可以加以衡鑑，例如史式職業興趣量表 (Strong Vocational Interest Blank)。不過注意，金錢並未出現在上述興趣因素當中。當職業與興趣得分一致時，它比工作價值更能夠預測職業選擇和任職的時間長短，不過，它對工作滿意度的預測力就比較弱了 (Davis 1992)。

這些職業價值和職業興趣研究的結論是，金錢是七項職業價值因素當中的一項，職業價值可以預測工作滿意度，但在職業選擇上的預測力較差。要預測職業選擇，職業興趣是比較好的指標；不過，金錢並不屬於職業興趣的一種。

有些人之所以要找薪水不是那麼高的工作，是因為這樣的工作符合他們的價值觀或個性。對某些人來說，例如牧師、修士、某些老師和護士，工作當然事關個人的使命。他們的犧牲不見得很大，因為他們選擇自己喜歡做的工作也是為了求取最大的滿足。比方說，一份工作如果耗費過多的心力或造成過大的壓力，工作者可能會覺得痛苦，因而或許得放棄這份工作。他或許必須「降低規模」，結果反而發現，原來他比較喜歡一份薪水較低、但也較不吃力的工作。本書的第二位作者就認識幾個這樣的人，他們的新工作比較輕鬆，也令他們快樂多了。

女性在工作上追求的東西往往跟男性不同。她們希望跟他人一起工作，對他人有所幫助，她們也關心自我表達和創意。相對的，男性通常希望獲得高薪、穩定、有名望的工作，他們也相當樂意與「東西」共事。因此，許多女性選擇當秘書、護士、老師、社會工作者、美髮師和店員，但比起許多男性的工作，這些工作大多薪水較低。而我們也發現，女性會預期自己的薪水比男性低。

就人們在工作中所追求的目標而言，階層間也是有差異的。勞工階層青年所追求的通常是金錢，中產階層青年所追求的則通常是挑戰、自治權、事業的前瞻性或服務他人，他們願意從低薪的工作開始

做起，而且通常較晚才開始從事支薪的工作。這種自治權、自我引導和挑戰的價值觀，事實上來自他們的父母，因為這些父母本身的工作也具備了上述特質 (Kohn and Schooler, 1983)。此外，父母也會對子女的職業選擇產生較直接的影響，因為有許多子女從事跟父母相同或類似的職業。學校也有其重要性。另外，無論在那個社群，都會有一些常見的職業 (Argyle, 1989)。

結論

當我們依成果來計算工作報酬時，財務誘因可以成功地誘使人們更賣力地工作。此外，金錢也會影響工作滿意度、缺班率及勞工流動率；不過，就職業選擇而言，它不過是次要的因素。絕對薪資的效應比不上比較薪資的效應：員工如果覺得自己沒有獲得公平的報酬，他們可能會心生不滿，發動罷工；相對的，如果薪資超過了預期，他們的工作滿意度會更高。除了錢以外，還有幾種鼓勵人們工作的內在動機，像有人會去當義工，或者從事其他不支薪的工作。薪資誘因的效應有多大，要依個別工作者對金錢的需求而定；至於需求的程度有多高，部份又取決於跟他人生活方式所做的比較。

第九章　金錢捐贈

你的銀子和你一同滅亡吧！正因你以為神的恩賜是可以用錢買
的。

-- 使徒行傳第八章第二十節 --

金錢的本質是多產的。錢可以生錢，它的子孫則再生出更多的
錢。

-- 富蘭克林 (Benjamin Franklin)--

錢永遠不會消失，只是會從某個口袋換到另一個口袋。

--Gertrude Stein--

祖先再怎麼富有，財富一旦散盡，最後就只剩有錢人的派頭。

--John Ciardi--

引言

　　這是金錢心理學最有趣的主題之一。人們會捐錢的事實是有待解釋的－無論對經濟學家或心理學家來說都是如此。對經濟學家而言，它挑戰了「理性」經濟人的信條，因為理性經濟人是追求自身利益而且「貪得無厭」的 (Lea et al., 1987)。它也帶來了心理學上的問題：我們在第七章探討過，人們對家人或朋友的贈與行為，可以用互惠行為或同理心的一些利他主義理論來加以解釋，然而就人們對慈善機構或陌生人的捐贈行為而言，這些理論卻行不通。另一方面，在針對利他行為所做的心理學研究上，相較於那些經常被用來探究此種現象的實驗室實驗（這會運用到電擊之類不可能為真的情節），慈善捐贈行為提供了一個較為真實的情境。我們也將會看到，除了實地實驗之外，慈善調查也提供了關於金錢贈與行為的大量證據。在本章的最後一節，我們還將討論一個密切相關的現象——給小費。

　　自古以來，布施一直是生活中重要的一部份。在原始社會以及今天多數的第三世界國家，它被當作是家庭的責任；向關係相當遠的親戚（如：遠房堂表兄弟姊妹）求助是件常事；在此，家庭是社會福利的基礎。此外，人們有義務照顧部落的其他成員。人們還會送禮——如果是在舉行誇富宴的部落，那通常是厚禮，但並不是為了慈善救濟，而是為了進行社會競爭、為了維繫和平、或者為了避邪 (Mauss, 1954)。不過，禮物金額的大小各地極為不同，要視當地的文化常模而定。

　　到了埃及、希臘以及羅馬的古文明時代，道德和宗教意識，例如正義、克己、犧牲、天堂的福報等概念，變得十分重要 (Nightingale, 1973)。早期的猶太人相信，只要有能力，我們便應將所得的 1/5 布施給窮人。基督徒則相信，窮人是有福的；當時常常實施教區十一稅制（tithing；課徵所得的1/10），它並被視為獲得神聖的救贖之道。

確實，所有宗教都認爲慈善救濟至爲重要：「你若願意作完全人，可去變賣你所有的，分給窮人，就必有財寶在天上」（馬太福音第十九章）。中古世紀，僧侶們因爲照顧貧民而成爲社會福利的一個主要來源，教堂也是許多慈善捐獻的管道。同時，封建莊園中的上層人士也爲下層階級做了許多善事。

隨著都市的增長，這些中世紀的制度規畫逐漸負擔不起貧民問題，而世俗性的制度規畫則逐漸在整個歐洲發展起來，譬如依莉莎白時期的濟貧法 (poor law)。然而，由於救濟金額不高，再加上這些法令只有在危難狀況下才生效，因此貧民仍需要慈善救濟－無論是宗教性或世俗性的救濟。十七、十八世紀的人們之所以從事慈善救濟，有部份的動機是來自於人們對貧民動亂、人口減少的恐懼，有部份則是爲了展現富有者的社會地位，並讓貧民安於其位。

在工業革命早期，某些人對貧民的態度是矛盾的；這些辛勤工作的人們由於受到清教式工作倫理的激勵，他們於是相信，貧窮起因於懶惰。十九世紀的英國鄉紳十分樂於照顧村莊裡的貧民，儘管所謂「慷慨夫人」的形象已經開始染上污名。中產階層並不那麼樂於照顧貧民，但是他們卻積極地開設義工代辦處，婦女們也積極地參與義務工作。早期的社會學家反對慈善行爲，因爲它讓一些更基本的改革遭到了延誤－－但事實上，這些改革不久後便發生了。

二十世紀出現了福利國，首先是在英國、澳洲以及北歐；因此，施捨貧民的直接需求大多消失了，因爲有收入的人已經在所得稅中「施捨」了一大筆錢，而且這筆施捨對大多數人來說，已經超過了教區稅十分之一的稅率。然而，有各式各樣需求的人仍然不少，爲了滿足這些需求，許多慈善機構於是不斷興起。這些機構幫助了福利政府所照顧不到的對象，諸如無家可歸的人、世界上其他地區的窮人、以及許多醫藥和其他的目的 (Ross, 1968；Nightingale, 1973)。

更進一步的發展是公司或其他機構的「法人捐贈」。法人捐贈

到底有多少，我們並不清楚；不過，一項針對英國 159 家大公司在 1992 至 1993 年間所做的調查發現，這些公司總共捐贈了 1 億 4900 萬英磅；另一項針對小公司所做的調查則顯示，這些小公司的捐贈額在 5 億到 10 億英磅之間 (Lee, 1989；Charities Aid Foundation, 1993)。這比起個人捐贈的總額，數目雖然少了些，但總算差不到哪裡去。法人捐贈行為牽涉到經理人的經營管理活動，而且經理人自己可能也參與了慈善機構本身的營運。尤其在美國，這在某些企業家的事業上可能扮演了一個重要的角色 (Ross, 1968)。此外，員工也可能以薪資抵減的方式定期地捐款。

所幸，就我們目前的目的而言，關於個人的慈善捐獻，有大量的社會調查資料可供我們引用。社會心理學裡頭也有許多的實驗研究提示我們，人們在什麼樣的狀況下會受到勸服而捐錢。至於人們為何這麼做，有數種不同的解釋在互別苗頭。經濟學家的論點是，捐錢可以帶來經濟利益。社會學家的論點是，人與人之間在社會關係中的互惠性是此種行為的基礎。社會心理學家則發現，利他行為起因於同理心以及其他各種社會性動機；比方說，捐錢讓人心情好－－而這也是「施比受有福」的某種含意。

人們捐了多少錢？

英國有兩項針對捐贈所做的定期性調查。其中的**家庭支出調查** (Family Expenditure Survey) 是由政府社會調查局負責進行，它每年訪問 13000 名成年人，並請受訪者記錄一份為期兩個禮拜的捐贈日誌。另外，它還擁有大量關於受訪者特徵的人口統計資料。**國際捐贈調查** (Charities Aid Foundation, 1994) 則由慈善救助基金會負責執行。這項調查的樣本較小，屬於限額樣本；不過它的問題較為詳細，

會就17種捐贈方式在前一月份的狀況各提出8個問題。它還包含了家庭支出調查未涵蓋到的捐贈方式，如慈善禮品店內的購物等等；結果發現，有更多人表示他們多少從事了一些捐贈活動，因此捐贈總額稍高 (Lee et al., 1995)。我們也有一些關於美國捐贈情形的資料，只是來源不同——來源是提報給美國內地稅局 (the Inland Revenue Service; IRS) 的所得稅申報書，這些資料我們稍後都會用到。

如圖9.1所示 (資料來源為國際捐贈調查)，捐贈的分配情形非常的不平均。根據國際捐贈調查，在1993年，有81%的英國成人從事捐贈行為；但是根據家庭支出調查，此項數字為73%。兩項調查所得出的1993年平均值皆為每月10英磅左右，不過由於分配上呈現了嚴重的偏態情形，因此中位數能夠提供較多的資訊。中位數每月只有2.5英磅；換言之，有一半的人捐贈額超過這個數目，另一半的人捐贈額則不到這個數目。前1%的捐贈人每月捐贈額超過100英磅，而這也是平均數之所以遠高於中位數的原因之一；一旦扣除這些人的捐贈，平均數便降到每月7.35英磅。不過，這些數字或許都高估了實際的狀況，因為當中有42%是來自慈善商店中的購物以及抽獎彩籤等等，而這些，捐贈人都可以從中獲得明顯的利益或者獲利的希望。這一點可自圖9.2和表9.1看出；圖9.2顯示了依各種方式捐贈的捐贈人比例，表9.1則顯示了這些人的捐贈金額。

這些個人捐贈儘管看起來微不足道，但其總額卻是十分龐大；在英國，主要慈善機構一年所收到的捐贈超過五十億 (Charities Aid Foundation, 1994)，這筆款項大到足以做出幾項重大的貢獻。平均來說，捐贈佔所得的1.4%；不過大多數人花了更高比例的金錢在對家人的贈與上，這個比例我們在第七章已經看過，有4%。除此之外，大多數人也必須透過所得稅捐出許多錢，這筆錢平均佔了英國所得稅稅收當中所得的17%。

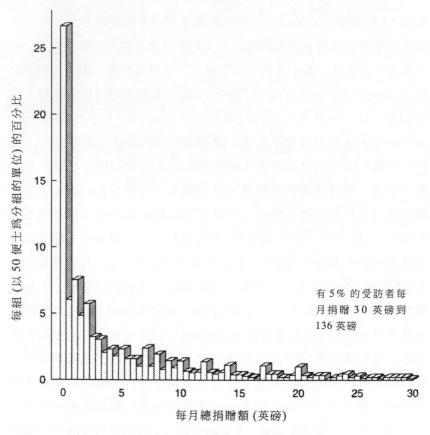

圖9.1 個人每月捐贈總額的分配情形（所有受訪者）
資料來源：Charities Aid Foundation（1991）

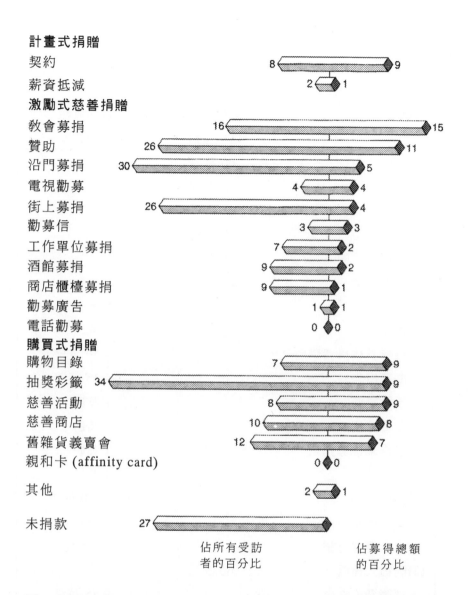

計畫式捐贈
契約　　8 □ 9
薪資抵減　　2 □ 1
激勵式慈善捐贈
教會募捐　　16 □ 15
贊助　　26 □ 11
沿門募捐　　30 □ 5
電視勸募　　4 □ 4
街上募捐　　26 □ 4
勸募信　　3 □ 3
工作單位募捐　　7 □ 2
酒館募捐　　9 □ 2
商店櫃檯募捐　　9 □ 1
勸募廣告　　1 □ 1
電話勸募　　0 □ 0
購買式捐贈
購物目錄　　7 □ 9
抽獎彩籤　　34 □ 9
慈善活動　　8 □ 9
慈善商店　　10 □ 8
舊雜貨義賣會　　12 □ 7
親和卡 (affinity card)　　0 □ 0
其他　　2 □ 1
未捐款　　27 □

佔所有受訪
者的百分比　　　　佔募得總額
的百分比

圖9.2　前一月份的捐贈方式及其佔募得總額的百分比（根據捐贈者自己所表示的捐贈額）

資料來源：Petipher and Halfpenny（1991）

表 9.1 每一方式之年度典型捐贈額（中位數）——根據捐贈
者所表示之捐贈額

捐贈方式	年度捐贈額 之中位數 a	單次捐贈額 之中位數 b
可抵稅的	60 英磅	
契約	77 英磅	
薪資抵減	24 英磅	
禮物援助	300 英磅	
不可抵稅的	55 英磅	
(1)慈善捐贈	24 英磅	
勸募信		5 英磅
電視勸募		5 英磅
為慈善機構添購財產		4.50 英磅
勸募廣告		4.15 英磅
活動贊助		1 英磅
教會募捐		1 英磅
工作單位募捐		1 英磅
沿門募捐		1 英磅
酒館募捐		70 便士
街上募捐		50 便士
商店櫃檯募捐		25 便士
(2)購物式捐贈	60 英磅	
認購費／會費		6.75 英磅
目錄購物		5 英磅
參加慈善活動		4.50 英磅
舊雜貨義賣會購物		3 英磅

慈善商店購物	2.50 英磅
購買抽獎彩籤	1 英磅
所有方式	60 英磅

資料來源：Charities Aid Foundation (1994)

附註：(a) 以 1 英磅為單位四捨五入

　　　(b) 以 5 便士為單位四捨五入

　　　(c) 省略了電話勸募、親和卡等捐贈方式之中位數，因為以這些方式捐贈的人，皆少於八人

受贈人是誰？

許多慈善捐贈都進入了登記有案的慈善機構，圖9.3便顯示了英國前 500 大慈善機構所獲得的捐款。

獲得最高捐贈額的為健康和醫療用途，一年大約5億2500萬英磅；其中又以癌症研究、身體殘障者以及盲人為最。獲得慈善捐贈的第二大類則是各種有需要的人，諸如兒童、老人以及無家可歸的人；這也最接近傳統上的貧民救濟。第三類為外國慈善救助，主要的援助對象為飢荒以及第三世界難民。至於其他各類捐獻，金額就少得多了，這些捐獻的對象包括有動物、環境、傳教工作、藝術等等。

以上並不包括人們對母校的捐贈－－在美國，這是學校獲得基金的一個主要來源。此外，以上也不包括對個人（如乞丐）的捐贈。

捐贈行為上的個別差異，因素有下列幾項。

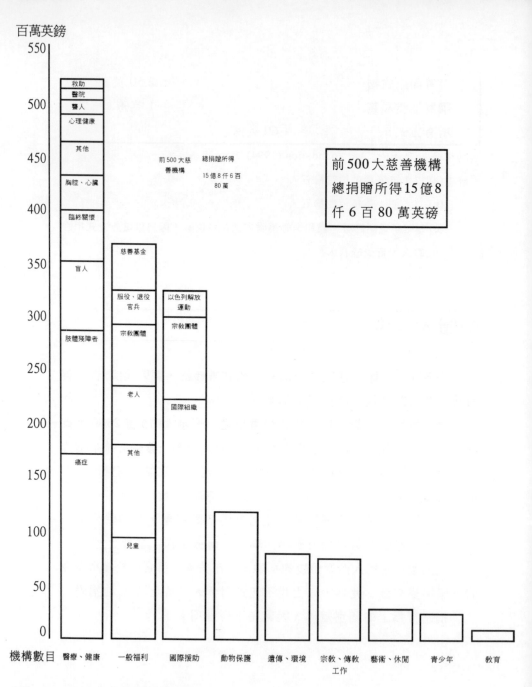

百萬英鎊

550 —

500 —
救助
醫院
聾人
心理健康

450 —
其他
前500大慈 善機構
總捐贈所得
15億8仟6百80萬

前500大慈善機構
總捐贈所得15億8仟6百80萬英磅

400 —
胸腔、心臟
臨終關懷

350 —
盲人
慈善基金

300 —
肢體殘障者
服役、退役官兵
宗教團體
以色列解放運動
宗教團體

250 —
老人

200 —
國際組織

150 —
癌症
其他

100 —
兒童

50 —

0 —

機構數目　醫療、健康　　一般福利　　　國際援助　　動物保護　　遺傳、環境　宗教、傳教工作　藝術、休閒　青少年　　　教育

圖 9.3　主要部門的捐贈所得

資料來源：Charities Aid Foundation (1993)

所得

　　人們預期，愈富有的人應該有能力捐更多的錢。有錢人在歷史上
某些時期所扮演的角色之一就是救濟貧民；有一種救濟方式十分公
開，就是舉辦慈善舞會和慈善晚宴。莊園的領主或領主夫人對莊園內
的貧民盡了某種程度上的照顧之責。

　　如今，捐贈與財富之間仍然存在著某種關係。儘管所得與捐贈間
的相關係數 r 只有 0.13，有錢人還是捐得比較多。在所有捐贈者當
中，富有者的比例也稍高。那麼，捐贈額佔了所得多少的比例呢？英
國最精確的資料來自家庭支出調查，這項調查顯示，在1992年，對
週所得約 80 英磅的人來說，這個比例為所得的 1.02%，對週所得約
475英磅的人而言，這個比例則提高到1.75%；不過，在中段所得的
範圍內，這道比例的曲線相當平緩，平均值為1.4%。在週所得超過
275 英磅的英國人當中，有 11% 的人什麼都不捐，74% 的人每月捐
贈超過 30 英磅。在週所得不到 80 英磅的人當中，42% 的人什麼都
不捐，23% 的人每月捐贈則超過30英磅。社會階層與捐贈之間也存
在類似的關係，不過關係更為薄弱－－對捐贈影響最大的是所得而非
社會階層。教育程度與捐贈的關係也是類似的，不過，兩者間的關係
同樣薄弱 (Halfpenny and Lowe, 1994)。

　　美國的捐贈調查則呈現了相當不同的型態。調查顯示，捐贈相對
於所得的比例形成一條 U 型曲線，富人與窮人的捐贈金額都高於所
得居中的人。以上可見圖 9.4。

　　捐贈額在各個所得水準上都有很大的變異程度，尤其在最高所得
水準上。表 9.2 顯示，在美國的百萬富翁當中，最慷慨的 25% 平均
每年捐贈132,000美元，最不慷慨的 25% 只捐出6821美元，兩者的
比例為 22 比 1。在最貧窮的組別當中，相對的比例則是 3 比 1。換
言之，在最富有的組別當中，前5%的人所捐獻的金額就佔了本組捐
獻額的 80%，而前 10% 的人所捐獻的金額則佔了 86% (Auten and

Rudney, 1990)。

那麼，要如何解釋美國捐贈狀況所呈現的 U 型曲線呢？關於這一點，目前尚無公認的解釋，不過稍後我們會看到，造成這條曲線的主要原因在於對教會的捐贈，尤其是位於所得兩端最慷慨的捐贈者所做的捐贈。Jencks (1987) 認為，富有者之所以捐獻較多的錢，是因為他們要「把剩餘捐出去」：有錢人會和許多較自己貧窮的人來往，但是他們的消費水準差不多，於是，剩下來的便捐給醫院和大學－有錢人便是醫院和大學的主要捐贈來源。

有錢人因為錢捐得較多（實際上是，所得當中有更高的比例用於捐獻），慈善捐贈便被經濟學家視為一種「奢侈品」，也就是某種非必要、但個人負擔得起而加以購買的東西（參見 Garner and Wagner, 1991）。不過，將慈善捐贈和購買珠寶或昂貴服裝的行為視為同類行為似乎會造成誤解。就經濟上而言，兩者或許相似；但就心理上來說，卻並非如此。

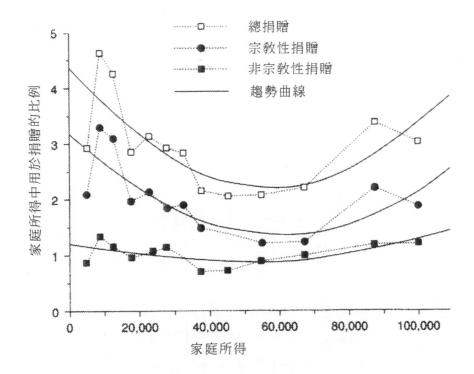

圖9.4　從事捐贈行為的家庭當中，家庭所得中用於總捐贈、宗教性捐贈以及非宗教性捐贈的比例

附註：圖中，上排曲線所代表的是，在表示其捐獻額非為零的家庭當中，其總捐贈額在所得中所佔比例的趨勢。中間及下排曲線所代表的則個別是，這些家庭對宗教性組織以及非宗教性組織的捐贈在所得中所佔比例的趨勢。

資料來源：Schverish and Havens（1995）

年齡與性別

　　捐贈與年齡之間呈現了一個曲線關係：大多的捐贈來自年齡在30到65歲間的人；慈善援助調查的發現則是，大多的捐贈來自50

表 9.2 某段五年期間內的捐贈 (1971-1975)

經濟所得階層	納稅人數	捐贈額之平均數 (美元)	捐贈額之中位數 (美元)	捐贈額之分配情形		
				最低四分位數 (美元)	最高四分位數 (美元)	
4 仟－1 萬美元	1,313,848	403	245	164	572
1 萬－2 萬美元	8,158,249	389	266	164	426
2 萬－5 萬美元	4,543,156	639	467	246	753
5 萬－10 萬美元	491,697	1,881	973	592	1,981
10 萬－20 萬美元	114,689	4,920	2,409	760	4,969
20 萬－50 萬美元	22,128	12,161	3,324	711	12,352
50 萬－100 萬美元	3,649	34,256	6,682	2,211	39,678
100 萬美元以上	1,032	124,351	43,808	6,821	132,487
總計	14,648,448	562	321	172	572

資料來源：Auten and Rudney (1990)

到65歲這個年齡層。老人的捐贈金額較少，年輕人的捐贈金額則更少。不過，年輕人和老年人的捐贈額為什麼較少是可以理解的。此外，退休者和失業者也比較不可能捐款，不過，大部份的病人與殘障者仍然會捐款。

捐贈上並未呈現太大的性別差異，不過女性捐贈得稍微多一點，在美國的資料裡頭就多出了百分之九 (Jencks, 1987)。在英國，25%的女性不做任何捐贈（男性為33%），43%的女性每月捐贈超過30英磅（男性有39%）。這樣的結果或許叫人訝異，因為男性賺得比女性還多。這跟義務工作的情形比較起來也十分有趣：相較於男性，女性所從事的義務工作要多出不少 (Pearce, 1993)。

家庭人數

美國的調查發現，相較於所得相同的單身者，已婚配偶所捐贈的金額比他們高出20到40個百分比。而家裡有小孩的配偶，他們的捐贈金額則又比沒有小孩的配偶高出50個百分比。兩種狀況都顯示，有較多受扶養人要照顧的人雖然平均每人所得較低，他們卻願意捐更多錢 (Jencks, 1987)。英國慈善救助基金會所做的調查也發現了類似的差異，不過差異並未如此顯著。

宗教的重要性

這在英國及美國的調查當中都是最有力的預測變項之一。1993年，表示宗教對自己而言「非常重要」的英國人每個月捐獻23.75英磅，而認為宗教對自己而言不是非常重要的人平均捐獻 7.94 英磅。在美國的調查當中，每個禮拜上教堂的人表示，他們將所得的3.8%用於捐獻，偶爾上教堂的人捐獻 1.5%，不上教堂的人則捐獻 0.8% (Myers, 1992)。一如圖9.2所示，教堂所獲得的捐獻佔了這些捐贈一半以上，而且呈現 U 型分配的正是教堂捐獻。此外，本書作者還發現，造成 U 型型態的部份原因在於，高額捐贈者為數不多。作者們

將捐贈額比同一所得組之平均值高出兩個標準差以上的人區分出來
（這些人佔了樣本的5%），結果發現，他們將10.42%的所得捐贈給
教堂，另外的 4.18% 則捐贈給其他對象；套句宗教術語，他們是在
繳交「教區稅」。至於美國 U 型曲線上所得較低的那一端，我們或
許可以這樣解釋：許多美國貧民隸屬於聖靈降臨派 (Pentecostal) 或
類似的教會，這些教會要求教徒獻出極高的忠誠，而且對於他們的行
爲有很大的影響，包括他們對教會的捐獻。另一項美國的研究則發
現，福音派 (evangelical) 教會的教徒更有可能從事對教會的捐獻，
更有可能相信這些捐獻是「絕對必要」或「極爲重要」的，他們也
更有可能積極參與義務工作 (Clydesdale, 1990)。

在英國，人們對教會的捐獻就少得多了，而且這裡也沒有 U 型
曲線的現象。有人指出，人們對教會的「捐獻」無論如何都並非全
屬慈善捐贈，因爲當中有部份就像是付給其他任何俱樂部的費用，是
爲了用來負擔會員所需之設備。據估計，在教會所獲得的捐款當中，
或許有 70% 都是如此 (Schverish and Havens, 1995)。

性格

有證據顯示，在樂於助人以及慷慨大方這兩點上，人們表現了某
種程度的一致性。研究發現，利他行爲與某些性格因素相關 (如同理
心)；不過，對於性格與慈善捐贈之間的關係，我們目前所知甚少
(Batson, 1991)。

國家差異

美國的捐贈水準比英國高出甚多。表9.3便列示了北美以及幾個
歐洲國家的捐贈水準。北美捐贈水準這麼高的一個原因在於，當地教
會對於捐獻水準有較高的期望，而這些捐獻有部份則進入了教會──
儘管我們已經看到，在教會所獲贈的捐獻當中，大部份或許都是爲了
支付教會的費用，比如說神職人員的薪水。第二個原因則是，慈善捐

贈在美國是可以扣抵稅捐的。Jencks (1987) 從許多研究當中獲得一個結論：捐贈如果可以扣抵稅捐，捐贈額便增加25％－－儘管其他經濟學家並不贊同這種說法。此外，契約式捐獻在英國也十分流行；它具有提高捐獻額的效果，不過人們似乎認為，它不會給捐贈者帶來任何的利益。

　　英國和表9.3上其他四個國家的不同處在於，它的捐贈水準相當的低，而且大多是由許多小額捐款所構成；這些錢來自慈善活動、慈善商店、沿門募捐以及街上的募捐。捐贈的主要用途是醫藥和社會福利，而以國際性目的和動物為對象的捐贈在金額上也高於其他國家。此外，捐血在英國是無利可圖的，但是在美國和其他許多國家，血卻得用錢買。在美國和加拿大，教會是募捐的主要管道和對象；但在美國，以社會福利或醫藥為對象的捐贈很少。法國的捐贈情況則呈現一種奇特的分配：73％ 的人什麼都不捐，少數人卻捐出了大筆金錢。募款的途徑有收音機和電視的勸募、勸募信、教會；募款的最主要用途則為醫藥。在西班牙，捐款的最大來源是樂透彩券，主要的受益對象則是社會福利和教會 (Charities Aid Foundation, 1994)。

　　人們或許會預期，在沒有實施貧民福利的國家，慈善捐贈會比較多。真正的貧窮在第三世界國家極為普遍，大多數人也確實會施捨財物給乞丐－－儘管施捨了多少我們並不確知。在尚未使用文字的社會裡頭，人們會捐贈許多財物給窮人、陌生人以及親戚；救濟窮人被認為是生活中常見的事，之所以如此，部份是因為宗教，部份則是因為人們具備了強烈的集體認同感，認為自己是群體的一部份。D'Hondt 與 Vandewiele (1984) 曾經在塞內加爾 (Senegal) 一間學校中調查840名 16到20歲的學生。大多數的學生表示他們會救濟窮人，這樣做的部份原因是因為宗教 (回教大力提倡施捨)，部份則是因為人道的考量，或是為了安撫自己的良心，或為了避邪。在塞內加爾，乞丐有好幾種－－有虔誠的宗教團體，有貧寒之人（比方說因為殘障的

關係），有特殊團體（像是雙胞胎的母親和剛剛行過割禮的人），也有懶惰成性的人。調查中甚至有學童認為，當乞丐是一種職業。

　　研究發現，在中國以及亞洲其他地區，人們的行為是集體主義式的，而非西方的個人主義。在集體主義的文化裡，人們比較強調物質資源的分享。Hui 與 Triandis (1986) 在一系列的研究當中發現，中國人會（或者說願意）捐贈較多的財物給其他人，即使這個人他完全不認識。

表 9.3　　每人在訪談前一個月之捐贈總額（所有受訪者）

每月捐贈總額	英國 (%)	加拿大 (%)	法國 (%)	西班牙 (%)	美國 (%)
0	35	38	73	29	45
金額未明	4	7	6	3	6
1 便士 - 1 英磅	19	2	2	8	4
超過 1 英磅 - 5 英磅	22	15	5	25	11
超過 5 英磅 - 10 英磅	9	10	4	14	8
超過 10 英磅	11	28	10	21	2
每人每月之平均捐贈額	7.2 英磅	21.8 英磅	5.4 英磅	6.9 英磅	17.1 英磅
每捐贈人每月之典型捐贈額	2.0 英磅	10.5 英磅	10.1 英磅	7.0 英磅	12 英磅

資料來源：Charities Aid Foundation (1994)

人們何時捐錢？

　　我們已經看到，世界上不同地區的人以不同的方式募款。對於不同募款方式在英國各有多少成功的機會，慈善救助基金會的調查已經

獲得頗為詳細的發現。

　　表9.4所顯示的是，在各種募款方式下，有多少比例的人表示自己有可能捐款。可能性最高的方式是贊助，分數為1.6，剛好超過「蠻有可能」的程度。至於其他方式，有好幾個成功的可能性都非常低；像電話勸募的分數為──1.46，接近「極不可能」的程度。對社會心理學家而言，重點在於下面這項發現：在這些募款方式當中，有許多都牽涉到某種社交接觸或社會活動。其中有些的對象是自己經認識的個人，像是抽獎彩籤和贊助。表9.1列示了每一種方式下，每次獲贈的平均金額。當中許多的捐贈金額都很少，一次只有一英磅或更少。表9.5顯示，有10%的捐贈是透過契約或薪資抵減而募得，42%的捐贈是透過各式各樣的募款方式而募得，還有44%的捐贈則是透過抽獎彩籤或其他慈善義賣而獲得。

　　然而，別忘了，在其他國家，最有效的募款方式並不相同。在美國和加拿大，大多數的捐贈都是透過教會而募得；在西班牙是樂透彩券；在法國則是電視勸募、收音機勸募以及勸募信。在英國，全國性彩券目前也成了慈善捐贈的一個主要來源。其他國家如果希望獲得大量的募捐，他們或許可以考慮採用在英國十分有效的贊助或其他方式。

募款人與捐贈人的關係

　　勸募人通常是義工。募得的錢則被用於募款對象，部份則流向個別的受贈人。另外，只有乞丐才會身兼募款人與受贈人。

　　研究顯示，捐贈行為有幾個顯著的相關因素。

募款人的吸引力及其他特徵

　　有大量的研究探討不同來源所造成的影響，不過主題主要都在於態度的改變，卻少有研究探討它們對捐贈行為所造成的影響。研究顯示，身體的吸引力是會造成財務後果的。舉例來說，研究發現，同樣

的一份工作，工作者如果有魅力，無論男女，這個人都會獲得較高的報酬－－在男性身上，報酬高出了 18.5％，在女性則高出了 26.4％ (Quinn et al., 1968)。其它的研究則發現，在審判實驗裡頭，有魅力的被告會被科以較低的罰金。許多研究也顯示，發表說服性訊息的人如果有吸引力，他會發揮較大的影響力；此外，這樣的人似乎也極有可能成功地說服他人捐錢。Cialdini (1984) 就發表過這樣一個實例：曾經有一個「令他驚豔的年輕女子」前去拜訪，這名女子原先假意要進行一項社會調查的訪談，結果卻成功地說服他，讓他違背自己的意願買下某個俱樂部的高額入會費。

研究發現，類似性在社會性影響上也有其重要性。Emswiller等人 (1971) 就發現，若要在路上攔下一名學生跟他要一塊錢打電話，當請求人的衣著風格跟這名學生相似的時候（像是嬉皮或傳統的風格），他成功的機會會比較高。

此外，專業能力、權威以及可信賴性在社會性影響上也十分重要；不過，以金錢捐贈的角度來加以研究的尚不多見。Kraut (1973) 曾經比較不同募款人進行挨家挨戶式的慈善募款；一類募款人會說明自己已有兩年參與殘障兒童義務工作的經驗，另一類募款人則表示這份工作是公司所指派的。結果發現，投入性募款人所募得的平均捐贈額為54分錢，另一類募款人所募得的則為34分錢。其他研究還顯示了威望式服裝或制服等對於說服所產生的效應，不過這方面的研究並非針對募款行為而做。

表 9.4 在各種不可抵稅的捐贈方式下，人們捐贈的可能性
（所有受訪者）

捐贈方式	平均分數
慈善式捐贈	
極有可能	
贊助某人參與一項活動	1.16
沿門募捐	0.66
街上募捐	0.54
既非可能，也非不可能	
教會募捐	0.22
工作單位募捐	0.19
為慈善機構添購財產	-0.06
商店櫃檯募捐	-0.06
電視勸募	-0.08
酒館募捐	-0.23
不可能	
勸募廣告	-0.61
勸募信	-1.05
電話勸募	-1.46
購買式捐贈	
蠻有可能	
購買抽獎彩籤	0.72
既非可能，也非不可能	
參加慈善活動	0.42
在舊雜貨義賣會上購物	0.40
在慈善商店購物	0.25
目錄購物	0.04

不可能	
認購費 / 會費	-0.62
親和卡	-1.09

資料來源：Halfpenny and Lowe (1994)

附註：計分所得之平均分數：

極有可能	= 2
蠻有可能	= 1
既非可能，也非不可能	= 0
不可能	= - 1
極不可能	= - 2

非語文溝通

　　研究發現，肢體碰觸是社會影響的另一個有力來源。請求人如果碰觸募款對象，後者便比較有可能給他10分錢去打電話，或者歸還被遺留在電話投幣孔裡的 10 分錢，或者提供若干其他的幫助 (Argyle, 1988)。餐廳女服務生如果碰觸前來用餐的客人，她會得到更多的小費；如果碰觸的部位是手，小費的費率則為16.7% (Crusco and Wetzel, 1984)。

　　注視的運作方式跟碰觸類似。 Bull 與 Gibson-Robinson (1981) 曾經進行一項沿門募款的研究。結果發現，募款人若在進行募款時注視那些可能捐款者的雙眼，相較於注視著募款箱，他將能募得兩倍的金額。在一項探討受損臉部之影響的相關研究當中，注視的效果就不那麼明顯了。一個毀了容的募款者只能募到更少的錢；不過這項發現只在勞工階層區才適用，在中產階層區並不適用 (Bull and Stevens, 1981)。

　　研究發現，非語文溝通的其他特性也會左右社會性影響的效力——面部表情、說話語調、空間的接近性以及姿勢等等都有其重要性，不過這些都尚未有研究者自捐贈行為的角度加以探討 (Argyle,

1988)。

表 9.5　每一捐贈方式所募得之每年捐贈總額－－根據捐贈者所
　　　　表示之捐贈額

捐贈方式	所有捐贈者之 捐贈總額（英磅）[a]	在總捐贈額中 所佔之比例
可抵稅的	15,700	13
契約	11,100	9
薪資抵減	800	1
禮物援助	3,800	3
不可抵稅的	105,900	87
(1)慈善捐贈	51,100	42
教會募捐	9,400	8
沿門募捐	7,800	6
活動贊助	7,600	6
為慈善機構添購財產	4,800	4
街上募捐	4,400	4
勸募廣告	4,300	4
電視勸募	4,100	3
勸募信	2,900	2
酒館募捐	2,600	2
工作單位募捐	1,900	2
商店櫃檯募捐	1,100	1
電話勸募	200	[b]
(2)購物式捐贈	53,800	44
慈善商店購物	12,800	11
目錄購物	12,400	10
購買抽獎彩籤	8,400	7

認購費／會費	6,900	6
舊雜貨義賣會購物	6,600	5
參加慈善活動	6,300	5
同心卡	500	b
(3)其他方式	900	1
所有方式	121,500	100

資料來源：Charities Aid Foundation（1994）

附註：（a）以 100 英磅為單位四捨五入

（b）介於 0 到 0.5% 之間

互惠原則

這是社會性影響一個有力的來源，因為「報答是一種責任」(Mauss, 1954)。先前我們看到過，在家庭內和朋友間的送禮行為當中，互惠原則是十分重要的。Regan (1971) 曾經進行這樣一項實驗：在實驗過程當中，實驗同謀請某些受試者喝可口可樂，當時，一罐可口可樂要10分錢；實驗結束時，實驗同謀則詢問這些受試者是否願意購買一張價值25分錢的抽獎彩籤。結果，買下抽獎彩籤的人是拿到可樂的人的兩倍之多－－而彩籤的成本是可樂的2.5倍。這項原則有時候會被運用在募款上，像 Hare Krishna 或其他宗教團體的教徒有一種作法：他們會在機場走向你，然後送上一朵花或一本宗教小冊子，他們不要你付錢，他們說那是禮物。接著他們會請你捐款贊助。通常，收到這些「禮物」的人會把禮物扔掉，被扔掉的禮物則被教徒們回收，然後再送給其他人。許多人發現，要處理這樣的場面，比較簡單的方式是避開這些教徒，要不然就拒絕接受這些禮物，因為他們比較不願意直接違背互惠原則 (Cialdini, 1984)。

與受贈人的關係

　　捐款的受贈人可能是個人（如乞丐），也可能是一大群不知名的人（例如貧民、病患、老人等等）。受贈人可能是學校或大學未來的成員。事實上，受贈人也有可能是捐贈人自己；譬如，當捐贈人罹患了某種疾病，或認為將來有可能罹患某種疾病時，他可能會捐款給研究此種疾病的醫療慈善機構。受贈者有可能是鯨魚或其他動物。再者，慈善機構也有可能為了環境或政治目的而募款，此種捐贈就完全沒有直接的受贈人。

　　助人行為研究發現，同理心是一個重要的歷程。所謂同理心，就是「了解和同情他人的痛苦」(Sabini, 1995)；同理心代表理解他人的立場和觀點，並想像他們的感受。它不同於痛苦本身，而是想像他人的痛苦。Batson (1991) 的研究顯示，同理心一旦受到激發，受試者會自願代替他人接受電擊；當他們知道受難者是同鄉或大學校友時，同理心也會受到激發。然而，截至目前為止，研究並未顯示同理心可以有效地帶來金錢式的禮物。舉例來說，Warren 與 Walker (1991) 曾經試著操控受試者的同理心；他們在澳洲伯斯 (Perth) 接觸了2648人，並請其中一部份的人「想像他們在這樣的狀況下有什麼樣的感受」，結果並未提高他們的捐贈額。這樣做似乎很難激發同理心，因為並沒有活生生的人讓人同情；相對的，乞丐的行乞就有可能激發同理心，不過，由於乞丐通常跟大多數可能的捐贈者差異極大，因此也不會激發多少同理心。Emler 與 Rushton (1974) 則發現，對 7 到 13 歲的兒童來說，慷慨與否並不受同理心影響。

　　憐憫的激發或許就稍稍不同了。例如，當我們看到其他文化中的一個殘障兒童時，大概不會有同理心產生，因為他所處的情境和文化是我們完全陌生的。不過，這或許會引發另一種關懷之情，就是憐憫。像募款者就會試圖透過典型受贈人的照片激發人們的憐憫。Thornton等人 (1991) 便這麼做，他們在商店櫃檯上被動地展示這樣

的照片，結果成功地募得了兩倍的款項，但是這在沿門募捐中卻行不通。Isen 與 Noonberg (1979) 發現，如果募款者在沿門募捐時出示殘障兒童的照片，捐錢的人會更少；之所以如此，研究者認為這是因為照片令人分心。然而，當照片中兒童所擺出的是笑臉時，會有更多人捐錢。Radley 與 Kennedy (1992) 讓受試者看 12 張照片，照片中是各種有待援助的受贈人。結果，勞工會對其中的一些照片表現出憐憫，尤其是需要幫助的兒童、癌症病患和老人；企業人士和專業人士則不會因此而受到憐憫影響。在北威爾斯的一項研究當中，Eayrs與 Ellis (1990) 發現，某些心智障礙者的海報會激發人們的同情心、憐憫和罪惡感，特別是其中某張海報，海報上有兩名心智障礙兒童，他們看起來楚楚可憐，並且眼帶哀求之情。受訪者表示，看到這樣的海報會讓他們捐更多錢，不過他們也比較不可能認為，這些受贈人具備了跟其他人一樣的能力、價值和權利。

助人行為研究發現，當他人的痛苦是起因於外在因素而非自己的過錯時 (比方說，因為喝醉所造成的痛苦)，人們會願意提供更多的幫助。Benson 與 Catt (1978) 也發現，當慈善機構強調受難者的苦難起因於外在因素時，它可以獲得更多的捐款。

有長期傳統的團體間 (ingroup) 研究發現，人們會以較佳的待遇對待內團體成員，比方說撥款的時候。這樣的現象在實驗室研究以及工作團體當中也可以發現到 (Brown, 1978)。義工人員同樣也受到影響，比方說，退休者會供餐給更老的老人。不過，這項原則與許多慈善捐贈的狀況是相違背的，因為受贈人所屬的團體可能不同於捐贈人所屬的團體。然而，人們會捐贈大筆金錢給自己的母校，有些募款則以內團體成員為對象，像是陷入困境的上流人士或失業的音樂家等等。在美國猶太人每年的捐贈當中，以猶太慈善機構為對象的有175美元 (中位數)，以非猶太慈善機構為對象的則有75美元。錢捐得較多的人，他捐給猶太慈善機構的金額也更高——這還不包括每年付給

猶太敎會的 500 到 1000 美元的會費 (Rimor and Tobin, 1990)。此外，美國黑人敎會雖然會捐款給敎會以外的慈善團體和機構，但都以黑人機構為主 (Carson, 1990)。

助人行為研究還發現，對於助人者所喜歡的人、有吸引力的人、以及跟他相似的人，助人者會提供更多的幫助。然而再一次的，本原則違反了大多金錢捐獻的情境；在這些情境當中，受贈者要不是陌生人，要不就是明顯地不相似，而且通常不具吸引力。不過，這些人也許就是最最需要幫助的人——這一點，本主題的宗敎性討論就常常提起。

與其他捐款人的關係

仿效與從眾

所有的社會行為都會受到這兩種歷程影響。兩者的差異在於，人們所仿效的楷模可能是團體外的人，從眾的部份原因則是因為害怕無法得到其他團體成員的認可。Catt 與 Benson (1977) 發現，在沿門募捐當中，如果告知人們他的鄰居有超過3/4的人捐款，那麼相對於告知他們募款的人不到 1/4，這樣做會募得較多的金額（62 分美元相對於 41 分美元）；此外，在「3/4」的狀況下，如果告知人們這3/4的人捐了 1 塊美元以上，那麼相對於告知他們這些人的捐款不到1塊美元，這樣做會募得較多的金額（74分美元相對於51分美元）。上述實驗被描述為探討仿效行為的實驗，但是由於作者們提到，捐款者可以得到一枚窗玻璃貼紙而讓鄰居得知其捐贈行為，因此也算是一種從眾行為。在一項類似的研究當中，Reingen (1982) 向受試者出示他所謂捐款者的名單，各個名單長短不一。當名單上有12名所謂的捐款者時，百分之65的受試者會跟著捐款；相對的，當他們沒有獲知這樣的訊息時，捐款的受試者只有40%。此外，前者的捐款金額為後者的4.2倍。在此，名單的長度和實驗者所宣稱的捐款金額皆

會造成差異。看起來,這比較像是仿效行為而非從眾行為;不過,從眾行為的起因不只是害怕不被認可,部份的原因也在於行為標準被視為資訊的來源——這項實驗的資訊則是:某些人的貧困有待抒解。在兒童學習慷慨的情況當中,我們可以更明顯看到仿效行為的發生。Grusec等人 (1978) 發現,讓兒童觀看一個成人楷模可以影響他們,讓他們學習如何慷慨,之後當楷模不在場的時候,兒童會表現出慷慨的行為。在本研究以及更早期的研究當中,我們都發現,撫育性的楷模—也就是,會給予酬賞的楷模——有比較大的影響力;再者,楷模本身的行為也比口頭的規範來得更有影響力。可見,身教果然比言教來得有效。

責任分散

在各種不助人的原因當中,這是我們所熟知的一個— 就是當其他有能力助人的人在場時;而且,人愈多,助人的可能性就愈小。Wiesenthal 等人 (1983) 發現,當研究者向一個人單獨募款的時候,他的捐贈金額會高於當他在團體中或酒館裡 (這時有另外一個因素介入) 時所捐贈的金額。研究者也向1346名學生進行募款,這些學生當時處於大小不同的教室裡頭;結果發現,班級愈大,捐款的金額就愈少。

幾種不同募款方式的效果

大額募款相對於小額募款

對那些為慈善機構募款的人來說,這一類資訊是非常有用的。Weyant與Smith (1987) 曾經研究兩項為美國癌症協會所進行的沿門勸募活動。其中一項的勸募對象有六千人。當募款人提出數目相當小的捐款選擇時(5 塊、10 塊以及 25 塊美元),有 35% 的人會捐出一些錢;但是當他們提出其他較高的捐款金額時,只有 14% 的人會

全額捐贈；此外，以後面這種方式募得的平均金額也稍微少了點，有12 塊美元，前者則爲 12.14 美元。 Cialdini 與 Schroeder (1976) 則進一步地在對某些可能的捐款人進行勸募時，加上「就算一毛錢也幫得上忙」這樣的字句。有了這句話，50% 的人會捐款給癌症基金，每人平均捐贈 1.54 美元；要是沒有這句話，只有 29% 的人會捐款，而且每人的平均捐贈額也只有 1.44 美元。然而，在多倫多一項類似的研究當中，Doob 與 McLaughlin (1989) 卻發現，當他們向加拿大某公民自由組織進行募款的時候，高額募款並不會減少捐款人數，相反的，其募得金額（45.58 美元）甚至高過小額募款的情況（36.89 美元）。不過在此，高額募款與小額募款之間的比例低於Weyant 與 Smith (1987) 研究中的比例。另外，本研究的情境十分不同；兩種情況的成功率都十分的低，只有 5.5%，而且所有的募款對象要不是以前已經捐過，要不就是這個社團的成員。這些人只要有意樂捐，其捐款金額便比一般高出許多。如此看來，在面對一般大眾的時候，小額募款似乎比較有效，因爲一般大眾會認爲小額捐贈是合理的；高額募款則會造成「抗拒」(reactance)——這是人們在覺得受脅迫時所產生的負面反應。至於那些已經有所承諾的人，我們是可以期待並請求較高額的捐贈，不過，請求金額還是不宜過高。

「得寸進尺」(foot-in-the-door)現象－先提出小的請求

Freedman 與 Fraser (1966) 的研究顯示，如果先對人們提出小的請求，他們後來會更有可能同意一項更高的請求。這個現象的研究以往都是針對捐血或投票之類的行爲，而不是針對金錢的捐贈。不過，Bell 等人 (1994) 就研究了此現象對當地一項爲某愛滋病機構所進行的募款活動有什麼樣的影響。有 845 名受試者在家接受拜訪。結果，相較於直接被請求捐款的人，那些先被請求簽署一份請願書的人捐了較多的錢。

Cialdini (1984) 認爲上述現象說明了，承諾是影響力的一個來

源；他還舉了其他例子，像是洗腦、加入宗教教派、參與啓蒙儀式等等。剛剛我們也看過一個與財務有關的案例：那些提供高額捐款給加拿大某公民自由組織的人，他們要不是這個社團的成員，要不就是以前已經捐過錢。而在本章稍早我們也看到，在英國的慈善捐贈當中，契約式捐贈的金額比一般高出許多，它代表的是至少持續四年的捐贈承諾 (表 9.1)。

「漫天要價」(door in the face) 現象，或稱互惠式讓步 (reciprocal concession)

Cialdini 等人 (1975) 曾經進行這樣一項研究：研究中，實驗同謀邀請學生去做不支薪的社會工作，這些工作跟貧苦家庭的青少年有關，工作量非常的大；結果遭到所有學生的拒絕。接著實驗同謀再次邀請他們做同樣的工作，只是這次份量極少。結果，有50%的學生同意第二次的請求；相對的，在沒有聽到原先請求的學生當中，只有11%的人同意這樣做。這項原則已經被成功地運用在銷售和談判上。舉例來說，在 Benton 等人 (1972) 的研究當中，受試者要協議如何分配一筆錢，結果發現，一個人若先提出極高的要求然後再作出讓步，最後他所拿到的錢將多於一開始就提出合理要求的人。Cialdini (1984) 就引述了一則淘氣阿丹的故事：他原先向媽媽要一匹馬，媽媽不答應，於是他改口說：「要是不給我馬，那可不可以給我一片餅乾？」這次他拿到了，因此他想：「沒想到有這麼好的事，一匹看不見的馬可以換來幾片餅乾！」。Dilliard 等人 (1984) 曾就漫天要價現象進行整合分析 (meta-analysis)，結果發現，如果一開始就提出高額請求，收穫將多出 17%。Abrahams 與 Bell (1994) 則發現，在當事人預期往後會與請求人有所接觸時，此種效應會最大。Cialdini 對此現象提出這樣的解釋：當事人藉由給予對方一些東西來回報他的讓步。不過，Abrahams與Bell的研究結果則顯示，這當中或許也牽涉到名譽的維護。

讓人心情好

許多研究都發現，人在心情好的時候更有可能幫助別人，包括捐錢。舉例來說，Cunningham (1979) 發現，陽光普照的時候，女服務生會得到較多的小費。後來，Cunningham 等人 (1980) 還發現，好心情也可以帶來更多的捐款，尤其當募款時加上「讓孩子們笑顏常開」這樣的請求時。同樣地，這項原則也運作於兒童身上。Isen 等人 (1973) 在研究中讓 8 歲兒童比賽保齡球，他們故意讓某些兒童贏球，讓某些兒童輸球，結果，贏球兒童所捐的錢是輸球兒童的三倍。Baumann 等人 (1981) 也發現，正面情緒受到激發的兒童，他們對清寒兒童較為慷慨，不過他們也表現出更多的自我滿足行為，並且會取用更多的糖果。這似乎解釋了好心情為什麼會影響到慷慨行為——好心情提高了人們對快樂的渴望，而助人，我們知道，為快樂之本 (Sabini, 1995)。

心情不好

人們可能會預期，心情不好的效應大概跟心情好相反；不過通常，心情不好同樣可以助長助人行為和慷慨行為。Cialdini 等人 (1987) 主張，助人行為可以帶來「負面情緒狀態的減除」(negative state relief)。他們發現，當受試者心情不好的時候，如果引導他們相信自己的情緒是可以改變的，那麼跟告訴他們情緒是固定不變的這種情況比較起來，受試者會表現出比較多的利他行為。被運用在這類研究當中的負面情緒通常是自尊的喪失或罪惡感。Harris 等人 (1975) 發現，天主教徒在前往告解的路上，比他們在告解完之後更有可能捐錢給慈善機構；這被認為是因為，這些教徒在告解之前有比較強烈的罪惡感。Cunningham 等人 (1980) 也發現，罪惡感可以帶來捐獻，特別是在暗示他們自己有這種義務時——「這是你欠這些小孩的」。Isen 等人 (1973) 則發現，當實驗者故意讓 8 歲兒童失敗的時候，這

些兒童會比控制組捐出更多的錢，但是有個條件：看到他們失敗的實驗者必須也看到他們表現得慷慨——顯然地，這是為了挽回自己在他人眼中的形象。

表 9.6　人們對慈善捐贈的態度

陳述	平均值	標準差
1. 經營慈善事業浪費太多太多的錢	3.48	(1.20)
2. 我們每個人都有（基督徒的）責任 　透過慈善捐贈來幫助他人	3.08	(1.32)
3. 有太多的慈善機構不去區別， 　誰值得幫助，誰不值得幫助	2.82	(1.02)
4. 慈善捐贈的最終目標在於助人自助	3.66	(1.06)
5. 慈善捐贈是分配金錢的一種明智的辦法	3.09	(1.08)
6. 慈善捐贈是個人表示感恩的一種方式	2.88	(1.14)
7. 慈善捐贈應該是不必要的，因為政府應當 　透過稅收來救濟貧困的人	3.67	(1.20)
8. 大多數人之所以捐錢純粹是出於對受贈人 　的同情	3.16	(1.11)
9. 慈善捐贈的問題在於，它會導致某些人 　依賴它	2.83	(1.14)
10.慈善捐贈不像課稅，人們可以透過它 　決定或控制金錢的確實流向	3.18	(1.09)
11.貪污事件在募款及捐款的分配上似乎 　層出不窮	3.32	(1.05)
12.捐錢給慈善機構或者為慈善機構工作 　的人都是實實在在的利他主義者	3.03	(0.96)
13.許多捐錢給慈善機構的人（以及	3.40	(1.09)

大機構）事實上都別有用心		
14.要讓貧困的人獲得幫助，慈善捐贈是最有效率的辦法	2.88	(1.14)
15.對許多人而言，慈善捐贈只不過是避稅的一種方式	2.75	(1.04)
16.慈善機構的存在是必要的，這樣才能幫助那些政府沒有照顧到的對象	3.83	(1.08)
17.慈善機構太強調愛心而忽略了現實	2.75	(1.03)
18.對於自己所認同的目標或對象，人們會捐贈較多的錢	4.36	(0.79)
19.許多人試著要藉由捐些小錢給慈善機構來解決他們良心的不安	3.70	(0.95)
20.有太多組織隱藏在慈善機構這個面具（及其稅務利益）的背後	3.11	(0.93)

資料來源：Furnham（1995）

附註：5＝同意；1＝不同意

　　然而，對於憂鬱或哀傷，幫助別人或者表現慷慨似乎都沒有多大助益；有人認為，這是因為這些情緒會讓人產生高度的自我關切(self-concern) (Myers, 1993)。慷慨行為無法解除兒童不好的情緒；顯然，這需要某種社會化歷程。有套理論主張，助人及慷慨行為在本質上是划算的；不過，只有在注意力轉向他人時才是如此，而這一點卻是兒童所必須學習的 (Sabini, 1995)。但是相對的，就正面情緒而言，這些行為他們卻似乎無須學習。

人們對慈善捐贈的態度

最近，Furnham (1995) 發展了一套用來測量慈善捐贈態度的工具，並施測於將近 200 名的英國成人。表 9.6 便列示了量表上的項目。

這些態度的背後似乎存在有五個因素。第一個因素（項目 1、3、9、11、17）所反映的態度是，捐贈行為缺乏效率；第二個因素（項目 5、10、14、16）所反映的態度則恰恰相反。第三個因素所顯示的似乎是，對捐贈行為抱持譏諷的態度（項目 13、15、19），但第四個因素似乎跟利他行為的態度有關（項目 2、12）。最後一個因素所反映的態度則跟慈善捐贈的目的有關（項目 4、7、8）。

此外，Furnham (1995) 還設計了一套問卷，這套問卷檢視了人們對慈善捐贈的偏好 (見表 9.7)。

很明顯的，跟兒童、醫藥以及動物有關的慈善機構吸引了大多的捐款，宗教性慈善機構所吸引到的捐款則最少。

Furnham (1995) 的研究顯示，其他態度跟慈善捐贈有明顯的關聯。一個人要是愈相信世界是公平的——什麼樣的人就有什麼樣的命；幸或不幸，主要都是自己一手造成的——他就愈不支持慈善捐贈。顯然，要預測慈善捐贈行為，個人對命運的態度是重要的指標。

慈善捐贈態度的研究在應用上有直接的重要性，不過，在目前，這是個被忽略的主題。

慈善捐贈行為的解釋

慈善捐贈行為背後的動機何在？這項行為如果可以獲得報酬，那麼是什麼樣的報酬？是經濟的、心理的，還是其他的報酬？經濟學家可以保留他們的想法，認為人們總是做有經濟效益的選擇，只要他們接受這樣的概念：心理滿足感是值得花錢買的，而慈善捐贈行為正可帶來這種滿足感。甚至，他們可以進一步接受下面的想法：利他行為是可能存在的，也就是說，張三這個人可以從李四所得到的利益上獲得某種滿足。

表 9.7　以援助為目標的慈善事業

	平均等級
1. 國內的成年人（例如：殘障團體、老人等）	5.66
2. 他國的教育（例如：減少第三世界國家的文盲）	8.06
3. 國外動物慈善機構（例如：拯救和保護瀕臨絕種的動物）	10.88
4. 國內宗教性慈善機構（例如：傳揚某宗教的福音）	13.00
5. 國內的環境問題	7.22
6. 他國的兒童（例如：贊助個別的兒童或在第三世界國家運作的兒童慈善機構）	4.88
7. 國內政治性慈善機構（例如：反核、反戰、或監獄改革機構）	10.79
8. 國內教育慈善機構（例如：幫助特殊利益團體接受教育）	7.48
9. 國內兒童（例如：照顧病童、殘障兒童或受虐兒的特殊醫院、診所或單位）	2.79
10.國內醫療慈善機構（例如：幫助患有特殊疾病	4.32

的病患，像是愛滋病或癌症病患）

11.他國政治性慈善機構（例如：協助其他國家步入 民主化過程，支持和平組織等等）	12.23
12.國內動物慈善機構（例如：協助特定物種〔如鳥類〕 之保育活動的慈善機構或一般性監督團體）	8.83
13.他國的環境慈善機構（例如：促成生物的 多樣化、保護特定地帶或區域的慈善機構）	9.37
14.國外宗教性慈善機構（例如：對於非屬某特定 宗教的人進行傳教）	14.12
15.他國的成人（例如：弱勢或遭受歧視的特殊 團體）	8.62
16.國外醫療慈善機構（例如：援助那些遭遇當地 特屬之醫療問題的人）	7.18

「以上為16種不同的慈善捐贈項目。這些項目指出了慈善捐贈的收受人
或對象，還包括受益者所在的國家。請先看過這16個項目，然後加以
排序。對於你最有可能支持的慈善捐贈項目，請在旁邊寫上1；對於第
二個你最有可能支持的慈善捐贈項目，請在旁邊寫上2；就這樣一直排
到16，16所代表的則是你最不可能支持的慈善捐贈項目。」

資料來源：Furnham（1995）

附註：表下方的文字為問卷的介紹語

捐贈行為的經濟報酬

　　要解釋慈善捐贈行為，經濟學家們總是先從這裡下手。這種報酬
有時候是存在的，例如彩券中獎者或者希望彩券中獎的人，他們可能
獲得的獎金便遠遠超過他們所捐出的錢。又或許，他們真正的報酬在

於，他們可以愉快地幻想，中了獎之後他們可以如何如何。在英國的所謂慈善捐贈當中，有許多是來自慈善商店內的消費——而通常，這裡的消費比一般商店還便宜。此外我們也看到，根據一些經濟學家的看法，當慈善捐贈可以抵稅時，捐贈金額會提高 17%。

捐錢也可以為企業帶來好處。有項研究調查了 249 名曾經贊助前總統布希 (George Bush) 競選的人，這些人在他 1988 年的競選活動中各提供了美金 10 萬以上的贊助金。結果發現，布希後來會向這些人諮詢，並聽取他們的意見，而他們的公司也連帶受益 (Denny et al., 1993)。藉由捐款，企業人士或政治人物等等可以獲得信譽、知名度、聲名、以及職業上的接觸 (Johnson, 1982)。一如我們先前所看到的，在某些人的企業生涯上，參與慈善機構的經營可能扮演了一個重要的角色，對某些人的政治生涯來說也是如此。而當然，公司的法人捐贈也有利於一個企業；事實上，這是主要的一種廣告方式，比方說，贊助體育活動或參賽者。再者，它還可以扣抵稅捐。

慈善捐贈或許還能夠帶來其他多種報酬，但這些報酬或許得歸類為聲望或娛樂的報酬，而非經濟報酬。然而以真正的經濟學來看，捐贈的報酬主要為企業或政治上的高階人士所享用；其他人所能夠獲得的報酬很少，而且必然遠遠少於他們所捐的錢。

經濟學家試圖以各種理性模式來解釋捐贈行為 (Collard, 1978)。其中的賽局理論 (game theory) 若要行得通，有個先決條件：當我們有信心對方會合作時，我們就可以從助人行為當中獲益；然而，在慈善捐贈的情況下，合作是不可能的。其次，人們如果可以享受到一丁點他人所獲得的利益，那麼捐贈行為便是值得的；然而，唯有在同理心存在的時候，上述情況才能成立，但是我們已經看到，同理心此時並不存在。或許，捐贈行為可以帶來其他的滿足感，而這些便是我們接下來所要敘述的主題。

利他行為

　　動物之間會彼此提供食物和其他幫助，那麼，動物的生物模式是否有助於解釋捐贈行為呢？在此類模式當中，獲得最多支持的是「包容性適合度」(inclusive fitness) 理論，或稱「自私的基因」(selfish gene) 理論；本理論主張，動物會幫助其他與自己有類似基因的動物，以提高這些基因存活的機會。然而，慈善捐贈的對象大多跟自己不大相同，像是窮人、殘障者以及第三世界的人民。唯一符合本理論的狀況是，人們會捐款給自己的母校或者與自己類似的內團體。第二個動物模式是互惠式利他主義 (reciprocal altruism) 模式，本模式主張，一個人只要肯提供回饋，我們就願意幫助他。但是同樣地，慈善捐贈行為幾乎沒有任何互惠現象的存在。

　　在社會心理學當中，最著名的助人行為理論是Batson (1991) 的兩階段模式 (two-stage model)。本模式主張，要表現助人行為，同理心必須先受到激發；然而，我們已經看到，同理心對慈善捐贈行為並無影響。

　　不過，研究發現，憐憫倒是會影響捐贈行為。海報上的照片如果是名看起來痛苦可憐的殘障兒童，這張海報將能成功地發揮作用。然而憐憫跟同理心不大相同，因為受贈人與捐贈人差異極大；研究還發現，這一類海報會讓人把受贈人看做是更不一樣，也就是，更沒能力的人。再者，這一類研究所使用的照片一向是兒童的照片，而這或許是憐憫反應受到激發的必要條件。

　　我們曉得，當人們心情好或者處於某些特定的負面情緒狀態時，他們會捐更多的錢。我們似乎可以這樣解釋心情好所帶來的影響：心情好的時候，人們對快樂的渴望會提高，而他們知道，助人行為和捐贈行為可以帶給人快樂。捐血的人表示，捐血是一項利他行為；但是有人認為，他們只不過在合理化自己的行為，他們之所以捐血，是因為這樣做讓他們覺得舒服 (Hagen, 1982)。某些特定的負面情緒（諸

如罪惡感和痛苦）似乎會造成不同的影響；當事人必須學會將注意力轉向他人，他還必須知道，慷慨行為會給情緒帶來正面的效應。至於要消除另一種負面情緒——自尊的喪失，條件是，有關的他者必須見到當事人表現出慷慨的行為。

宗教與道德的影響

我們得知，有宗教信仰的人，錢捐得比較多。這個現象的背後有各式各樣的信念，像是：施捨可以帶來福報、可以避邪；窮人是有福的；這是個人宗教責任的一部份；不行善的宗教信仰是空談。又或者，這只是因為教會在募款的時候極具說服力。也有研究探討以猶太為名義的捐贈，結果發現，此類捐贈是猶太認同當中很重要的一部份 (Rimor and Tobin, 1990)。

有些人的捐贈動機在於其他的道德考量。Radley 與 Kennedy (1992) 曾以一個小樣本的專業人員為研究對象，結果發現，他們不像勞工階層，其捐贈動機並非憐憫或者因為知覺到他人需要幫助，他們的動機是公平、正義之類的抽象原則，以及對社會長期變革的關切。Emler 與 Rushton (1974) 曾經研究 7 到 13 歲兒童在一項角色扮演作業中的表現，結果發現，影響慷慨行為的因素並非同理心，而是道德判斷能力——兒童會被問到皮亞傑的兩個關於分配正義的問題，他們的回答則是評量這項能力的標準。

探討了人們捐獻的幾種不同理由，我們便可以了解到個人價值觀的重要性。有些人是為了動物而捐，有些人是為了宗教、貧窮、醫療、教育、藝術而捐，還有一些人則是為了環保而捐。這些全都是價值觀，也就是說，在個人的信念當中，這些是重要的目的或目標。測量個人價值觀的工具有好幾種，例如Vernon-Allport-Lindzey價值觀問卷量表。這份問卷所評量的是科學、經濟、美感、社會 (或人道)、政治、以及宗教價值的相對強度 (Allport et al., 1951)。其中有個問

題甚至問到：你要如何把捐款分配給這六個目標？

對群體的關懷

對於其他社會成員，人們是否會視之為整體而付出關懷呢？在尚
未使用文字的社會裡（此類社會是相當小的），人們願意負擔對所
有成員的責任。如今存在於第三世界以及亞洲地區的並非個人主義，
而是集體主義，然而集體主義並未延伸到更外圍的社群，而僅侷限於
親屬、鄰居和朋友這個小圈圈。我們也看到，美國猶太人以及美國黑
人會分別捐款給猶太人和黑人的福利機構。

儘管如此，有證據顯示，更廣的關懷還是存在於現代工業社會
的。在人們所繳納的稅金當中，有許多被用在比納稅人更窮的人身
上，但人們還是願意拿出相當比例的所得來納稅。研究發現，一旦有
災難發生，大多數人並不會利用物資的短缺來試著牟利；相反的，他
們還會向這樣做的人施壓；此時人們所關心的對象，首先是親人，接
下來則是更廣大的社群，包括陌生人 (Douty, 1972)。歷史學家認為，
在過去，救濟貧民的部份原因是為了防止他們造反。Collard (1978)
則提到了英國商業工會在 1974 年所做的一項決策，當時為了保住老
人年金的金額水準，於是決定不要求提高工資。Titmuss (1970) 也
注意到，英國有 2% 到 5% 的人會免費捐血給陌生人。在這項調查以
及其他調查當中，捐血人都表示，他們這樣做的主要原因之一就是人
道關懷，或者說是覺得自己對社會負有一份責任；義工也有同樣的說
法。

先前我們已經看到，在社會心理學的實驗當中，從眾壓力以及仿
效歷程都會影響捐贈行為。同樣的發現也見於其他研究，像是捐血動
機的研究；在此，他人的請求是難以拒絕的，而且父母與朋友都是有
影響力的楷模 (Hagen, 1982)。以上便是社會關懷的承傳方式。

給小費

TIP 這個詞所代表的大概是：「確保服務的迅速提供」（To Insure Promptness)，它源於英國十八世紀的一項傳統：當時，人們會把上面寫有字的硬幣交給酒館老闆。據估計，在今天的美國，人們所給的小費超過了100億美元，小費的對象則包括：服務生、門房、美髮師、計程車司機、女僕以及其他多種「專業人員」。

小費的意義和功能何在？為什麼會有給小費的習慣？為什麼我們給計程車司機和美容師小費，卻不給裁縫師小費？給小費的決定因素是什麼？最重要的，這對服務提供者（比方說服務生）、服務接受者（比方說顧客）、以及雙方的關係有什麼樣的影響？Furnham (1996a) 指出，我們可以從三種學科的角度來加以解釋。

經濟學家認為，給小費的行為可以從經濟學上找到一個合理的解釋。所謂小費，就是用來支付某些額外的東西（額外的服務或額外的辛勞）。在我們給小費的對象當中，由於大部份所提供的服務都十分難以衡量，所以他們的責任和表現是無法完全加以掌握的。因此，小費成了一個用來彌補固定市場價格的機制，這裡的唯一商品（也就是服務）包含了非標準化或無法衡量的成分。然而如果上述說法為真，那麼，就小費的多寡以及被完成的服務超出一般職責的程度（從速度、禮貌等角度來看）而言，兩者應該有直接的相關。有的時候情況確實如此；然而，隨便一名服務生都會告訴你，小費的多寡（如果不是一般的金額）取決於宴會的大小、帳單金額的多寡以及付帳的人想在朋友面前炫耀的需求。原來，經濟學的解釋不過如此！再怎麼樣它都解釋不了下面的事實：某些給小費的行為的的確確是利他的；而且就我所知，這超出了經濟學家的能力範圍——他們一直以來都假定，人是自利的。

相對的，**社會學家**把小費視為一種禮物。服務接受者在接受服務之後，由於對服務提供者心生感激或虧欠之意，因此便留下一筆小

費，作為補貼帳單的禮物。此種免費的贈與行為後來變成一種建立及維持社會地位和社會權力的方式。值得注意的是，在幾種不同的語言當中，「禮物」這個詞都代表毒藥。由於服務接受者（顧客）所得到的比付出的還多（就服務的角度來看），因此他們便想回饋或還債，這樣一來就互不相欠。這一點如果沒有辦到，他們將被迫用社會認可或順從（或兩者的混合）來加以償還。再者，如果顧客所給的小費超過了對方所應得的，那麼無疑地，顧客將建立起優越的地位，因為天平此時將倒向給小費的這一方。因此，很弔詭的，小費此時不再是一種感謝的表示，而是對感謝的一種防衛。結果，給小費成了某種形式的社會控制。

然而，給小費真的可以用來展現支配與優越嗎？在某些語言裡頭（像是荷蘭語和德語），小費這個字帶有貶損的意味，它暗示這筆錢會被用於喝酒或其他不當的目的。常常有服務生和計程車司機談到，給小費是侮辱他們；然而，在我碰到過的服務生和計程車司機當中，因為沒有拿到小費而覺得受辱的人似乎一樣多。

社會學與經濟學的解釋面臨著一個同樣的問題，就是它們都假設：雙方的接觸是「持續的」，而不是「一次之後就結束的」。事實上，收到我們小費的人，之後我們往往就再也見不到了。上述兩種解釋都假設，給小費是對未來服務的一項投資；然而研究顯示，事實正好相反：相較於其他人，老顧客所給的小費更少。再者，人們通常不會把給小費當作是展現階級與權力的行為而公開地加以表現；私密與慎重才是此一行為的特徵。此外，直到交易結束之前，拿小費的人往往故意不去查看小費的金額。

相對的，心理學家們有個一致的想法，他們認為給小費是某種形式的自我按摩（ego massage），藉此，給小費的人得以提高自我形象。再者，藉著給小費——即超出既定價格的部份——個人得以表示，自己並未完全受到市場力量的箝制，他還有能力展現自發性、自

主性的行動。有的時候，小費則可被視為源於顧客的不安全感或焦慮。人們之所以應該要給女傭或美髮師小費，原因就在於他們能夠接近顧客的私密領域或者有可能威脅其公眾形象的物品。而由於小費可以買得服務提供者的忠誠或感激，因此可以讓他們守口如瓶。心理學家強調，給小費行為源於內在的動機，而非外在的物質報酬或社會報酬。

Lynn 與 Grassman (1990) 詳細說明了給小費的三種「理性的」解釋：

1. 用小費換取社會認可：遵循社會規範（也就是，15%的小費）代表渴望社會認可或者害怕不被認可。
2. 用小費換取平等的關係：由於小費有助於個人與服務提供者維持一個更平等的關係，因此能夠讓人心安。
3. 用小費換取未來的服務：小費可以確保個人在未來獲得更好的服務，因為「一報還一報」；不過，這僅限於老顧客。

結果，這兩位研究者在研究當中發現，前兩種解釋都有證據加以支持，第三種解釋則不然。

儘管有不少人相當依賴小費做為收入的來源，然而直到不久以前，這個奇特而普遍的習慣卻一直少有人加以研究。Lynn 與 Latane (1984) 總結了 1970 年代的相關研究，這些研究獲得了下列發現：

1. 大部份小費的費率都在美國的標準 (15%) 上下。
2. 小費相對於總成本的比例與用餐人數成反比。
3. 相較於較不具吸引力的女服務生，外表或穿著較具吸引力的女服務生領到較多的小費。
4. 相較於付現的顧客，以信用卡付帳的顧客給較多小費。
5. 客人喝不喝酒，跟小費多寡無關。

6. 服務生提供愈多非工作導向的服務，小費就愈高；不過，這跟顧客對服務的評價無關。

7. 男性給的小費通常比女性多（但不是絕對）。

二十年來，這方面的研究尚考量其他多種變項。在美國的兩項研究當中，Lynn與Latane (1984) 發現，餐廳的小費費率跟團體人數、顧客性別、付款方式（現金相對於信用卡）以及帳單金額有關；相反的，服務品質、服務生的努力或性別、餐廳氣氛或食物則跟小費多寡無關。特別令人吃驚的是，小費似乎居然跟服務品質、食物或用餐氣氛無關；這似乎暗示著，小費的決定因素可能是其他的原則（如習俗、團體擴散或責任），也可能是其他與侍者外表或非工作導向的服務有關的因素。

Lynn (1988) 極為仔細地調查酒精對小費行為的影響。他認為，酒精明顯影響到利社會行為，因為酒精會改善心情，阻礙判斷力，因此他認為用餐時的飲酒行為應該跟小費成正相關。結果一如預期，他發現酒精確實是預測剩餘小費的一個重要指標。此外，他還進一步在研究中指出了兩個重要的發現。第一，在絕大多數的情況之下，帳單費用是小費唯一最有力的預測變項。第二，因此我們必須利用迴歸方程式以便更獨立地來測量小費的金額（即，將帳單金額和小費金額進行迴歸分析後所得之殘值）。

至於團體大小的效應，學者已提出多種解釋；所謂團體大小的效應，指的是：會餐人數愈多，其所付小費在帳單總金額中所佔的比例就愈低。關於這一點，傳統的解釋有三種：

1. 用餐者對服務生的責任被分散掉了。意思是說，這份責任在心理上被分配給所有在場的人。不過，這並不是一個好的解釋，因為付帳的人往往只有一個。

2. 用餐人數愈多，平均每人所需的服務辛勞就愈少，因此小費

必須做相當的調整。隨著團體人數的增加，此種服務辛勞會以邊際遞減的速率增加。然而，小費與服務之間的相關度似乎很低。

3. 團體人數愈多，帳單費用便愈高，因此小費必須加以調整。所以帳單費用高的時候，小費便可減少。

不過，Lynn 與 Bond (1992) 將先前的資料謹慎地再次加以分析，結果發現，團體的大小對小費所產生的效應只不過是統計上的結果，並不具備心理學上的意義。此外，曾有多項研究顯示，小費行為與經評等的服務品質之間存在著某種模糊的關係，Lynn(1992)在檢視了這一類研究的文獻之後，發現這也是統計所造成的結果。他針對十一項研究進行了整合分析，結果發現，在顧客對服務的評價以及小費之間，確實存在著一個清清楚楚、但是卻十分微弱的關係。

一些更新近的研究則把研究焦點放在服務人員的行為上。Rind 與 Bordia (1995) 注意到，服務生與用餐者之間的互動跟小費多寡有關。他們回顧了相關的研究文獻，結果發現，下述行為皆與小費多寡成正相關：

1. 服務生有沒有碰觸用餐者。
2. 在服務生與用餐者的初次互動當中，服務生是否採蹲姿，而非站姿。
3. 服務生最初的微笑程度。
4. 服務生有沒有介紹自己的名字。
5. 服務生巡視餐桌的次數（非工作導向的巡視）。

研究中，Rind 與 Bordia (1995) 要服務生以三種方式之一送上帳單：單單送上帳單；帳單背面寫上「謝謝您」；除了「謝謝您」之

外,再加上服務生的名字。結果,「謝謝您」這些字大大提升了小費的費率,但是加上名字卻沒有什麼效果。在爲期一周的時間當中,小費提高了11%。看來,這個簡單而令人印象深刻的管理技巧確實可以帶來顯著的正面影響。

在一項更新近的研究中,Rind 與 Bordia (1996) 作了以下的預測和發現:女服務生(而非男服務生)在送出帳單前,如果先在帳單背面畫上一張愉快的笑臉,她們會得到更多小費,因爲這樣做會讓顧客更加認爲,妳是友善的。不過作者們認爲,同樣的行爲在男性身上卻行不通,因爲這樣做會被認爲與性別角色不符。

Harris (1995) 則把研究焦點放在顧客特徵與小費行爲的關係上。她發現,小費給得較多的有男性顧客、以信用卡付帳的顧客、以及餐廳的常客。她在研究中還調查了100名服務生的看法。她問服務生的問題是,影響小費的因素是什麼?服務生們認爲,「服務友善、提供好的建議、食物美味、主菜上得快、立即送上帳單、餐廳價格昂貴、顧客喝了酒、服務生作自我介紹、顧客用信用卡付帳等等會讓他們得到較多的小費。他們還表示,如果客人飲料等得很久,座位地點不良,或者女服務生頭髮上別了花,小費會少很多」(第731頁)。

服務生的這些想法可參見表9.8。事實上,實證證據顯示,這裡的每一個因素都有可能影響到小費的多寡。

在第二項研究中,學者比較了服務生與顧客的想法,結果發現兩者之間有相當高的一致性。與顧客比較起來,有更多的服務生認爲,又快又迅速的服務可以帶來更多小費。另一項有趣的發現則是可以預期的:所有受訪者都認爲,他們在給小費的時候比一般人還慷慨;服務生也認爲,他們在給小費的時候比顧客還慷慨——不過,這一點顯然可以解釋爲歸因的誤差 (attribution error)。

然而,在餐廳經理與服務生提高個人所得的努力中,兩者間是存有潛在衝突的,Harris (1995) 指出了此種潛在衝突的重要意涵:

 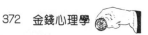

跟顧客比較起來，服務生或許更能體會這種情境的相關特性，也更能了解牽涉其中的人。如果由於某些想法，造成他們提供較好的服務給那些他們以為小費給得比較多的人，或者加強某些他們認為對小費多寡影響最大的服務上，對餐廳經理及消費者來說，這其中的意涵可能頗為有趣。如果餐廳經理希望提高餐廳的總所得（或許藉由提高帳單金額、服務的速度、服務的頻率來達成），服務生想要提高小費的金額，而消費者卻想要獲得最好的服務，這三種觀點大概不容易取得折衷。至於其他會獲得小費的專業服務人員（例如：美髮師、計程車司機、旅館女中），他們的處境或許相同：既有取悅雇主的財務誘因，也有取悅顧客的財務誘因。

（第 742 頁）

表 9.8 有多少比例的服務生抱持著以下關於「各種服務變項如何影響小費多寡」的想法？

變項	增加 (%)	不影響 (%)	減少 (%)
服務友善	88	12	0
食物美味	80	20	0
座位地點不佳	0	33	67
顧客喝了酒	50	29	21
服務生碰觸顧客的手	11	75	14
服務生作自我介紹	32	59	9
飲料等得很久	1	5	94
主菜上得快	71	29	1
有個別的帳單	26	53	21
餐廳價格昂貴	61	32	7

服務生提供不錯的建議	85	15	0
顧客馬上拿到帳單	61	39	0
女服務生頭髮上別了花	0	91	9
用信用卡付款	22	74	5
天氣晴朗	14	84	1

資料來源：Harris（1995）

結論

　　我們在本章所確立的第一點是，在現代社會中，多數人都會捐款給慈善機構。金額不多，在英國，它大概佔薪資的1.4%，是美國的兩倍；不過，其中有許多都被捐給第三世界國家的乞丐。此外，富人捐得比窮人多，而且捐贈比例也稍微高了點。

　　對大多數人而言，捐贈並不會給他們帶來經濟利益。不過，這樣或許能以某種非物質的方式回饋給捐贈者。從中，某些人（特別是有錢人）可以獲得減稅的利益；而樂透彩券則給了人們獲利的希望，儘管多數人是無法獲利的。至於參與法人捐贈活動或經營慈善機構的經理人，籌辦捐贈活動是他們職業生涯的一部份，他們就有可能獲得某些物質報酬。此外，某些政治人物則可能藉由他們跟慈善機構的關係而贏得選票。

　　或許，社會性動機是慈善捐贈一個更重要的起因。爲提升自尊，人們會希望取悅募款人，在募款人面前表現表現，或者至少不被他排斥。我們一旦認識募款人（比方說贊助的時候），要拒絕捐款並不容易。通常，我們並不會得到來自受贈人的回饋；而且，除非對方是乞丐，我們通常不知道受贈人是誰。當受贈人是陌生人或者他跟我們完全不同的時候，我們並不會產生多少同理心，儘管可能會心生憐憫之情。此外，鄰居或同事可能會帶給我們從衆的壓力，因爲他們或許

知道我們捐了什麼；再者，我們也可能會模仿他人的慷慨行為。最後，捐贈行為也取決於募款人的社交技巧以及募款的方式，並且會受到種種策略（如得寸進尺）的影響。

我們可以從某些東西所帶來的強大影響中目睹利他行為的存在，像是教會成員的身分、道德原則、以及某些鼓勵捐獻的價值觀。這是一種無須同理心即可發生的利他行為。另一種利他行為則可見於人們對內團體成員或社群所表現的慷慨。即使是陌生人，我們說不定也只因為他們屬於更廣的社群，而對他們表現出某種程度的慷慨。此種利他行為可以社會認同理論 (social-identity theory) 的原則來加以解釋，原則是：人們會偏袒內團體的成員，而且因為人們的認同有部份便取決於這個團體的屬性，所以內團體極受重視。在集體主義式的文化當中，此種利他行為則僅僅及於鄰居和親屬這個直接的團體。

要解釋上述兩種利他行為，部份的答案在於下面這項事實：對助人者而言，助人行為與慷慨行為是值得的，那可以讓他心情好。這樣的反應或許是天生的，而且它部份源於同理心，部份則源於社會化歷程——社會化歷程教導人們要關心宗教原則、關心社群。

第十章 大富翁

許多人發財之後，煩惱並未因而結束，只是換了一種。

--Lucius Annaeus Seneca--

一個人要是賺錢賺瘋了，以至於生命中其他的目的都不顧，那他大概也放棄了上天堂的機會。

--Jimmy Carter--

多跟富翁來往吧！這樣就可以等著撿支票了。

--Stanley Walker--

我不會說百萬富翁吝嗇，他們只不過對錢保有一份健康的敬意罷了！我反而注意到，不尊敬錢的人一毛錢也沒有。

--Paul Getty--

你的財產一旦超過一百萬英磅，財富就不是那麼重要了。它倒
是讓人覺得好笑，因為它看起來就是有那麼點可笑。

--Richard Branson--

任何人－－不分年紀、不分種族－－都聽過一句最粗俗的格
言：時間就是金錢。把這句話倒過來，你會獲得一個寶貴的真
理：金錢就是時間。

--George Gissing--

財富是人類思考能力的成果。

--Ayn Rand--

想知道神對錢的看法嗎？看看祂把錢給了什麼人吧！

--Maurice Baring--

引言

　　幾乎每個人都想知道，有錢人是哪些人？他們是如何致富的？爲
什麼他們想成爲有錢人？他們在發了財之後，又如何處理他們的財
富？此外還有社會學上的問題：這些人是否發揮了某些有效的社會功
能或經濟功能？應不應該對他們課以極高的稅率？

　　表10.1顯示所得在前10％的家庭的消費型態，這些家庭在1994
至1995年間的平均所得爲32000英磅，是後10％的家庭的7.62倍。
這些家庭固然富有，但不是非常富有。因爲財富就像貧窮，是相對
的；我們也可以從社會調查中，所謂第一社會階層成員的狀況得
知。通常，這些人或其家中主要賺錢者所從事的工作爲專業或高階管
理的工作，他們佔總人口的5％。平均來說，他們的所得爲全國平均

的 2 到 3 倍 (Reid, 1989)。不過，在本階層當中，有些職業的收入遠勝於此。 1995 年，全國平均所得為 17,000 英磅，但有 10% 的醫師年所得超過 60,000 英磅，另外，有超過 10% 的證券承購人和股票經紀人所得在 77,000 英磅以上 (New Earnings Survey, 1995)。除此之外，有些有錢人卻通常不被社會科學家，或他們的鄰居認定為第一社會階層的成員。這些人包括了小企業主以及建築業或製造業起家的企業家（他們原本通常是技術性勞工）。再來還有彩券中獎人——如今在英國，每週有一名百萬富翁誕生。

因此，儘管有部份第一社會階層的人是富有的，但並非全都如此。接下來我們要更仔細地來看看所得在前 1%、前 0.1%、以及擁有和賺取鉅額款項的那少數幾千人。賺有高額收入的人不只一種。在英國，公眾對於國有企業主管的極高薪資一直十分關切，儘管大家也知道，所有大公司的主管都領有差不多的高薪，某些人的年薪甚至超過一百萬英磅。近年來，英國這方面的薪資更是有了大幅成長。此外，有些人的高薪則來自某些商業活動，像是股票買賣、投資新企業，有些人的高所得則賺自他們所繼承或開創的事業。

薪資的分配情形可見圖 10.1。跟我們所熟悉的智力分配或其他人類能力與特質的分配一樣，它也屬於鐘形的常態分配；唯一不同的地方在於，它的左右並不對稱——右端拖了條長長的尾巴。造成此偏態分配的主因是高階主管的薪資，它在曲線的最右端形成了一條長尾。不過，有些律師和財務人員的薪資也落在此區——表上的最高處代表年薪 62,400 英磅。圖 10.2 顯示，高階主管的所得是最低所得組（農民）的 8 到 32 倍；換言之，是平均所得的 5 到 21 倍，有 30 萬英磅以上。不過，根據 Wedgwood (1929) 的說法，在這些高所得當中，有許多屬於未實現所得 (unearned income)， 1920 年，在前 1% 所得者的所得當中，它就佔了 68%。

在過去，所得不均的情況甚至更為嚴重。在 1688 年，主教之外

的貴族家庭一年賺得3,200英磅；相對的，農場工人和貧民的所得只有 6.5 英磅，兩者的比例為 492 比 1；至於流浪漢、乞丐、吉普賽人、竊賊和娼妓，他們的收入則為 2 英磅 (Rubinstein, 1986)。再看到更早的時期，英王理查一世和約翰王的收入相當於 24,000 名農奴的總所得，而這些農奴的日薪只有 1 便士 (Lenski, 1966)。

相較於所得不均的狀況，財產不均的情形更為顯著。Townsend (1979) 發現，1968 年到 1969 年間，所得最高的 1% 人口，其所得佔總所得 6.2%；而財產額最高的 1% 的人口，其財產則佔總財產的 26%。1989 年，若包括房屋和年金權利，財產額最高的 1% 人口擁有全國財產的 11%；若僅計算可銷售財產 (marketable wealth)，這些人的財產則佔總財產的18%。他們每人擁有19萬英磅的財產額，與財產較少的後 50% 人口比較起來（後者的平均為 845 英磅），有 225 倍之多。讓我們再看看前 0.1% 這個人口更少、財富更多的族群：他們擁有全國財產額的 7%，每人 74 萬英磅，與後 50% 人口的平均值比較起來，有867倍之多。一如 Galbraith 在「富裕社會」(The Affluent Society) (1984) 一書中所說，社會上或許應該要有一些有錢人，但這樣卻太過誇張了。也就是這最高的0.1%，這些人和他們的家庭構成了所謂「企業階層」(business class)，擁有並掌控了 1000 家最大的公司 (Scott, 1982)。

而一如所得差距，財產差距在過去也是更為嚴重。1989年，最富有的 1% 擁有總財產的 18%；但在 1911 到 1913 年間，此比例為 69% (Central Statistical Office, 1992)。1858 年，有人針對認證過的遺囑進行了一項研究，結果發現，有80%的男性和90%的女性未留下任何財產——事實上是，留下的財產不到 100 英磅。然而，有 440 名地主各留下 53,000 英磅，其中有 13 名甚至各留下 5,700 萬英磅 (Rubinstein, 1986)。

不過當然，所得會被重新分配。英國在 1994 至 1995 年間，薪資最高的20%人口，平均薪資所得為16,720英磅，扣除稅金和津貼之後則為15,570英磅。相對的，就最窮的20%人口而言，其平均所得則從2,040英磅提高到7,720英磅。因此，就最終所得而言，總人口中最富的 1/5 與最窮的 1/5 兩者相較，比例僅為 2 比 1。以上便是所得重分配的效果：最窮者的所得大大提高了，最富者的所得卻只有些微的減少。

這樣的分配對社會來說，究竟公不公平、健不健康？這個問題引發了不少政治和經濟上的熱烈辯論。兩種立場各有擁護者：有人認為，分配不均非但無可避免，而且有益於經濟；有人則認為，政府應該加以干預，以免此種不公平的現狀持續下去。

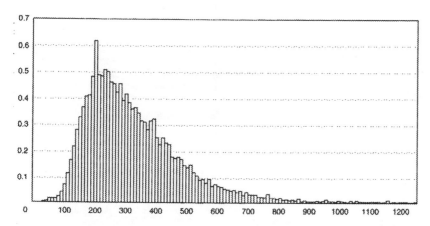

圖 10.1　每週毛所得之分配狀況（全職受雇者）
資料來源：HMSO（1996）

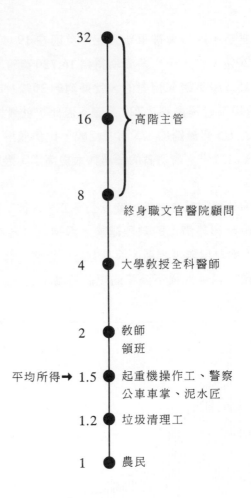

圖 10.2　所得樹狀圖（僅就男性而言）

資料來源：Atkinson（1983）

幾種不同的致富之道

　　Rubinstein (1987) 探查了英國近代史上三大精英族群的發展歷程。其一為傳統貴族，這些人出身侯門，土地是他們主要的財產。其

二為倫敦的資本家以及大公司的老闆和經理人，他們本身大多繼承了祖先的財產，19世紀時則大走商業運。再來是自行創業的企業家，這些人大多住在英國北部，他們自己創立小公司，公司大多屬製造業或紡織業。貴族階層和商業族群有較多的共同點，往來也較頻繁，因為兩者都住在英國南部，通常都屬英國國教徒，而且上同樣的學校。至於白手起家的人，他們的文化背景不同；不過，這些人的子女有的後來也接受教育，成為鄉紳，結果便造成所謂人才流失的現象。到了1914年，三個精英族群匯集在一起，於是形成了單一的財產階層。從18世紀開始，財富便和敘勳發生了關聯，之後一直有人「賣官鬻爵」；因此，有錢人也可以受封爵位。不過，那些財產繼承者往往認為，「暴發戶」所賺的錢再怎麼樣都比不上「老祖先」的錢。

> 一個人做生意通常是為了累積財富，以便讓自己或子孫能夠躋身有地階級，參與有地階級的制度和生活方式。因此，追求利益的本身只是手段，並非目的。
>
> （Scott, 1982, 第 61-62 頁）

英國這兩種新富有階級的差異，在 Harbury 與 Hitchens (1979) 的研究當中獲得了證實。白手起家者所經營的事業大多為煉金業、建築業、化工業、成衣業、印刷業、運輸業以及金融業，在這些行業裡頭，小公司是有成功的可能。繼承者則多半經營農業、紡織業、食品飲料業、金屬製造業、經銷業，或者從事公共行政等專業。至於貴族，土地當然還是他們賺錢的來源。本研究或其它研究都發現，繼承是致富的一個重要因素；本研究的發現是，在那些留下了10萬英磅以上遺產的男性當中，有2/3的人在1956到1973年間就繼承了至少25,000英磅，有 1/3 則繼承了 25 萬英磅。

至於那些白手起家的人，他們則是開創自己的事業，在沒有繼承任何遺產的情況下致富。舉例來說，綠盾 (Green Shield) 郵票的創

始人、全錄 (Xerox) 的發明人、蘭德 (Land) 照相機的發明人、以及亨利福特和努非爾得爵士（Lord Nuffield〔譯者註：努非爾得爵士為英國 Morris 汽車的創始人〕），他們後來都成了億萬富翁。社會流動 (social mobility) 研究顯示，在英國，出生在第七社會階層的人當中，有 7.1% 的人最後進入了第一社會階層 (Goldthorpe et al., 1987)。那麼，究竟是什麼樣的人能夠獲得成就，並在社會階層中移動呢？智力是其中一個因素，不過它的影響是間接的，方式是接受良好教育 (Heath, 1981；見圖 10.3)。如果智力或其他能力是重要的，那我們會預期，所得的分配狀況應該跟智力的分配狀況一樣；然而我們已經看到，事實並非如此，所得分配有條長長的尾巴，經濟學家還為此提出了各式各樣的解釋 (Atkinson, 1983)。財富的差距可以用下面這個事實來解釋：金錢會隨著時間而增值，因此繼承來的財產之所以會增加，除了做出正確的投資，有部份並無須多餘的努力。顯著的所得差距就更難解釋了。一旦有了競爭（這在商場上相當常見），贏家可能佔盡好處。一旦有人在技術上領先，競爭同業將輸掉這場比賽。同樣地，有人要是想出一個商業的新點子（如綠盾郵票），概念的發明人可能會發大財。又或者，是各種因素的綜合——包括智力、社交技巧、動機、教育和家庭的幫助——讓個人得以領先群倫。

教育也很重要。研究發現，學位是一項有利的投資；在現今的英國（過去或許也是如此），一個人只要夠聰明，可以通過考試，教育是社會流動的一條主要管道。英國的社會學研究就常常告訴我們，有過半數的公司董事長、高層文官、主教和大學副校長上過公立學校，而且往往是些特定的學校，例如 Eton、Harrow，或者牛津、劍橋；也有人上特定的學院，像基督教會學院或三一學院。然而，一如 Rubinstein (1987) 所指出的，這些有成就的人之所以上得了這些學校，有許多是因為獲得了獎學金，或者父母已經存夠了教育經費；另外，有不少人的父親則是，比方說，牧師或教師，因此已經透過教

育而在社會階層中移動了。此外，這些有錢人的子女也會上這些學校唸書――不過，也有人指出，「牛津人有兩種」。

　　研究發現，動機（如成就動機）跟智力一樣，也是社會流動的一項良好的預測指標；這樣的發現可見 Cassidy 與 Lynn (1991) 的一項縱貫式研究（見圖 10.3）。這也顯示了智力透過教育所發揮的間接影響。

　　Furnham 與 Rose (1987) 主張，人們有賺錢的動機，他們把這種動機叫做「財富倫理」(wealth ethic)。他們設計了一套量表，並發現它具備了三個因素――財務獨立、財富地位（繼承來的錢讓人更有尊嚴）、財富滿足感（為了迴避沒有錢的困擾）。量表上有些項目跟「為了賺錢而賺錢」有關，而這一點或許是富翁們所具備的動機之一。

　　至於自行創業的企業家（這些人最有可能憑一己之力而致富），研究發現，他們具備了高度的成就動機和新教工作倫理 (McClelland et al., 1953)。研究還發現，這些人個性頗為獨特。根據一些個案研究，這些人往往不循世俗常規行事，他們叛逆、不信任權威、不願與他人共事；在他們的原生家庭中，他們往往不受重視；有的則出身於社會邊緣的少數族群；上述種種給了他們極大的動力，讓他們亟欲成功，建立新的認同 (Kets de Vries 1977)。此外，他們在財富倫理量表上財務獨立的部份，得分似乎也相當高。

　　另一種致富方式是，在專業上或管理上有成功的表現――我們先前已經看到，有少數人便是這樣賺取高薪的。不過，這樣的人除非也投資成功，否則不太可能成為富翁。一個所得為平均數字三倍的人，如果他從25歲開始就不斷把所得的25%存下來，到了60歲的時候，他的財富將躋身於前 0.1% ――只要他之前非常地省吃儉用 (Atkinson, 1983)。Runciman (1966) 報導過一個案例：一名公車司機在1972年過世時，留下了62,388英磅的遺產。他沒有子女，沒休

過一天的假，買東西也只買生活必需品。

　　致富還有其它的方式。彩券中獎人因為運氣好而致富。流行歌手的致富方式是，塑造出時下年輕人所喜愛的某種歌聲或形象。網球選手、職業拳擊手或其他運動選手的方式則是，在獲勝者可以獲得高報酬的領域上培養某種特定的技術。尋寶者可能一夜致富，發明家亦然。貪官污吏的收入極為優渥，暢銷作家亦然。致富的方式不少，有合法的，有違法的，有社會所容許的，也有社會所不容的。

有錢人是怎麼花錢的？

　　有數據資料可以告訴我們，最高所得家庭（前10%）是如何消費的；至於非常有錢的家庭，這方面的資料卻付之闕如。表10.1列示了最低所得家庭（後10%）、平均所得家庭、以及最高所得家庭（前10%）的支出狀況，另外則是最高與平均所得家庭在各項支出上的相對比例。

　　許多最高所得家庭都擁有自己的房子，因此相關費用應該會少一點；儘管如此，最高所得家庭（前10%）的住宅支出仍為平均所得家庭的兩倍。最高所得家庭的住宅較大，地點也較好；至於非常有錢的人，他們住的是鄉間的豪宅，而且往往不只一棟。在家庭用品的支出上，因為最高所得家庭的住宅設備較佳，因此他們的出是平均所得家庭的2.33倍；他們在「家庭服務」上的支出金額差不多，所謂家庭服務就是僕人，例如保母或園丁。至於「私人用品與服務」項目，指的是其它的受雇人員，例如私人醫師和理髮師，此項支出的費用則不到家庭用品支出的一半。

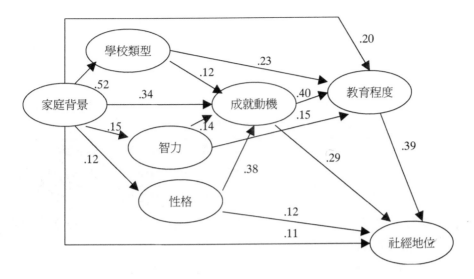

圖 10.3　關於成就動機等變項如何影響社會流動之通路分析

資料來源：Cassidy and Lynn（1991）

在休閒服務支出方面，兩組的差距頗大，比例為 2.89 比 1。所謂「休閒服務」，包括有餐廳、飯店以及休假。「休閒用品」則包括有遊艇、馬、旅行車以及電子器材，兩組在這個項目上的支出比例為 2.42 比 1。在「行車」支出方面，比例為 2.25，其他交通費用方面，比例則為 3.02；之所以有這樣大的差距，一部份的原因在於，有錢人通常住在較遠的市郊或村鎮，因此開車上班的路程較長。

本表並未涵蓋公立學校或大學的教育費用，不過，對其中的許多家庭而言，這都是一項主要的支出。1996 年，公立學校一年的學費大約 14,000 英磅，而且某些家庭同時有數名子女正在就學當中。

對於人（或者有些人）為什麼想要發財這個問題，上述資料提供了一個非常簡單的答案。有了錢，你可以住得更豪華，並且讓佣人來伺候；有了錢，你可以上餐廳、上飯店，還可以購買休閒用品、享受休閒服務，大大拓展自己的生活；有了錢，你可以買艘船出海遨遊，

或者買匹馬享受馳騁之樂。不過,部份有錢人太過忙錄,導致沒有時間把錢拿來休假、騎馬、或乘船出遊。有些則只把錢用來購買地產或藝術品。

表10.1 英國在1994-1995年間,最高所得組(前10%)及最低所得組(後10%)之每週家庭支出

	最低的 10%	平均	最高的 10%	最高與平均 之相對比例
住宅	12.05	46.42	102.02	2.20
燃料、電力	8.96	12.95	18.51	1.43
食物、不含酒精的飲料	20.89	50.43	89.36	1.77
含酒精的飲料	3.11	12.32	26.54	2.15
香菸	3.78	5.61	6.10	1.09
衣物、鞋襪	3.6	17.13	40.26	2.35
家庭用品	6.92	22.66	52.89	2.33
家庭服務	4.65	15.08	35.46	2.35
私人用品與服務	2.86	10.78	22.60	2.10
行車	4.06	36.17	81.24	2.25
車費及其他交通	2.50	6.64	20.07	3.02
休閒用品	3.06	13.89	33.64	2.42
休閒服務	5.35	31.20	90.11	2.89
雜項支出	0.26	2.30	6.23	2.71
總計	82.05	283.58	625.03	2.22

資料來源:HMSO(1996)

財富對生活的影響

　　上述消費模式只說明部份狀況。英國的富翁研究顯示，富翁們形成一個獨特而封閉的社會團體，血緣與婚姻聯結起團體內部的成員，他們彼此擁有對方公司的股份，其董事職位也密切相關。外人要加入這個團體並不容易，部份的原因是因為，在這裡，子女是團體成員自己調教的，他們會被送到貴族學校就讀，富家子弟於是相互結識，然後慢慢建立起老同學的關係網絡。這個團體有其獨特、奢華的文化及生活方式；他們舉辦講究的舞會和晚宴、昂貴的體育活動（例如：帶槍打獵、打馬球）、以及各種年度儀式（例如：Ascot賽馬大會、Henley國際賽船大會）〔譯註：Ascot賽馬大會每年六月於Berkshire的 Ascot Heath 賽馬場舉行，Henley 國際賽船大會每年則於Oxfordshire 的 Henley-on-Thames 舉行〕。比起先前的上層貴族階級，這些人雖然不一樣，但還是有不少人坐擁土地和鄉間大宅，有些人甚至透過他們跟政治、產業界或慈善機構的關係來取得爵位(Argyle 1994)。在美國，有錢人的狀況十分類似。像那些最富有的0.5%人口，他們所屬的俱樂部不輕易對外開放，外人要不是繳不起會費，要不就是入會申請遭到拒絕；年輕男女則上上那些為初進社交界的少女所舉辦的舞會，並參加「正確的」兄弟會和姊妹會 (Kerbo, 1983)。

　　金錢對幸福有什麼樣的影響呢？財富會讓人更快樂、更健康嗎？後面我們將看到，對處於所得階層上半段的人而言，更高的所得儘管不會影響到他們的快樂；但對非常有錢的人來說，那卻會稍稍提昇他們的快樂。一項針對百萬富翁所做的研究證實了以上的說法；研究中，這些富翁認為自己比控制組的成員更為快樂。所得的效應之所以會降低，也許是因為，隨著所得的提昇，能購買的東西利益也會降低，舉例來說，古董的利益就低於食物。不過，高所得的效應仍有待

解釋。原因或許在於，社會階層較高者擁有較高的自尊，而這一點可能是因為他們覺得自己有成就，又或者是因為他們受到人們的服從與尊敬。

一般的研究發現，收入會對健康產生正面的影響 (Argyle 1994)。然而，根據「健康與生活方式」(Health and Lifestyle) 這項調查 (Blaxter, 1990)——在英國，這是規模最大、態度最審慎的研究之一——在1984到1985年間，對週收入超過250英磅的人而言，收入卻帶來相反的影響。主要原因是一些有害健康的行為，尤其是酗酒——此種行為主要出現在年輕男性以及小企業管理人和老闆身上，倒不見於專業人員或技術人員。在英國，確實有一些富家子弟（通常是貴族子弟）染上酒癮或藥癮。可能的原因有：他們比較容易取得金錢；他們缺乏工作及競爭的誘因；要不就是因為，他們結交了一些悶得發慌的有錢人，而嘗試新事物正是這些人的生活方式。

大眾對所得差距及貧富差距的看法

英國的調查發現，有過半數的人 (71%) 認為，目前的差距並不公平，儘管也有一半的人認為，這個差距「大概沒什麼不對勁」(Marshall et al., 1988)；還有 48% 的人認為，那些有錢人不配擁有這麼多錢 (Gallie 1983)。比起工黨支持者，保守黨支持者比較滿意於現狀。另外，較窮的人會希望，窮人能夠變得更有錢；關於這一點，Evans (1992) 斷定，它代表的是工具性的自利，而非平等主義。

在澳洲，Headey (1991) 也進行了這方面的調查。他發現，有80% 的人希望獲得更多的平等，然而，對於實際的分配狀況，他們的知覺並不正確；事實並不如他們想像的那麼平等。當知覺者與被知覺者的所得差距愈大時，這樣的錯誤就愈嚴重；可見，窮人低估了有錢人的薪資。再者，儘管多數人都贊成更多的平等，有錢人卻也希

望,高階工作能夠獲得高薪。

在美國, Alves 與 Rossi (1978) 則先讓受試者讀一些描述性的短文,文中總共形容了50個人,然後再請這些受試者判斷這50人的薪資。結果,受試者認為,工作的技術性愈高,薪水就應該愈多;工作者如果是男性,薪水應該多出5,600美元。本研究還發現,教育的價值一年為195美元,最多總共為1,379美元。工作者如果有子女,每名子女應該多付325美元;如果有老婆,應該多付1700美元。從本研究及其他研究當中,我們都可以清楚地發現到,大多數人都認為,職業地位必須給予酬賞,人們的需求也必須加以滿足。

在 Mitchell 等人 (1993) 的研究當中,研究參與者必須在各種所得分配狀況間作選擇。結果顯示,受試者比較贊成在下面兩者之間取得折衷:一為所得的階層組織——有人認為,它可以為社會帶來經濟利益;二為照顧弱勢者的需求。當我們告訴受試者,唯才主義是存在的,也就是說,只要付出努力與才能,個人將獲得酬賞,那麼受試者會更傾向於上述想法。然而,如果告訴受試者,酬賞與努力之間並無關聯,他們則比較贊成一個「對最不幸的人最有利」的政策。不過,無論是哪一種情況,受試者都不希望見到弱勢族群陷於貧窮基準線之下。

對於顯著的貧富差距,部份社會學家和大多數的經濟學家都抱持支持的態度,理由是,它在社會上發揮了某些「功能」。從經濟觀點來看,最重要的一項功能是,它提供了誘因:受到這些誘因的獎勵和鼓勵,企業家們於是將更勇於冒險、籌措資金、進行投資、並勤奮地工作,連帶地,這創造了更多的工作機會,整體經濟也因而獲益。人們普遍相信,此種誘因的存在決定了一個社會的經濟成就;人們也預期,企業家的經濟成就將向下流淌,造福其他許多企業主。然而,這並未說明,為什麼那些財產繼承者需要加以獎勵,為什麼那些在非經濟領域有所成就的人也需要獎勵。非資本主義的環境同樣需要

誘因。在共產主義時代的蘇聯，史達林便在1930年代引進了工資差額的作法，以便鼓勵人們學習較高階行政職務或技術職務的技術，並鼓勵他們為這些工作負責。結果，技術工作人員的薪資比勞力工作者高出50個百分比，至於前10%的白領階級知識分子，他們的薪資則高出更多 (Parkin, 1971)。以往常有學者提到，非洲人有一項習慣阻礙了他們的工業發展，這項習慣是，一個人要是發了財，他的親戚便想分一杯羹 (Herskovitz, 1952)。清教徒工作倫理規定，一個事業成功的人不應該獨享其利潤，而應該把它再投資到事業上——這樣的作法確實出現在公司的發展初期；然而，有人或許會懷疑，如果過了這段發展期，如果這些人的錢是繼承來的，還有多少人會這樣做？

有人認為，有錢人發揮了另外一項功能，就是這群有才幹的精英份子可以扮演一個為整體社會謀福利的獨立領導來源。有若干美國社會學家支持上述說法，但其他社會學家認為，有錢人的影響力主要是用來為自己、家人以及公司圖利的 (Kerbo, 1983)。還有人認為，有錢人發揮某種文化上的主導性，因為他們是第一批擁有汽車、電視等新產品的人，要不是這些有能力的人先買了這些產品並加以試用，這些東西或許根本不會大發利市（G. Richardson, 私下的意見交換）。上述情況就發生在一些新型態的休閒活動上，比方說，到國外旅遊、滑雪、乘遊艇，以及數種體育活動，像是橄欖球和網球。不過，儘管部份的休閒活動會滲透到其他社會階層，有些休閒活動卻過於昂貴，例如馬球和乘遊艇 (Argyle, 1994)。另外，有些新產品並不須有錢人來帶領大眾，像是電視機、洗衣機等等。

另一種為有錢人辯護的說詞是，據說他們會捐錢給慈善機構，或自己籌設慈善機構。在美國，慈善捐贈是可以抵稅的。年所得超過一百萬美元的人，每年捐贈 44,000 美元（中位數），而當中前 1/4 的人，每年則捐贈 132,000 美元，佔所得 10% 以上。在英國，慈善捐贈無法用來抵稅；對平均所得者而言，捐贈與所得的相對比例為 1.

4%，對有錢人而言，此比例也不高，只增加到1.75%。至於會捐出所得之10%的人，人數必定相當少。不過，有幾位巨富倒設立了幾個對教育和健康貢獻良多的基金會，如Wolfson基金會、Nuffield基金會以及Rowntree基金會。以Rowntree基金會為例，其慈善行為就符合了教友派信徒(Quaker)的信念。對捐贈者來說，上述作法還有一個好處，就是可以保持財富的完整性，無須分割給不同的繼承人。有錢人要支持慈善機構，還有其他方式；他們可以擔任慈善機構的領導人，他們也可以參加慈善舞會——而這本身又是上流社會的象徵。在19世紀，從事義務工作的大多是有閒階級的婦女，這些婦女本身還有僕人來伺候。不過，莊園女主人所做的義務工作少於中產階層的婦女，當時，這些婦女在主日學校教勞工階層兒童識字，她們試圖改善勞工的休閒生活，並設立了許多慈善機構 (Argyle, 1994)。

在過去，某些有錢人會捐款給學校，因此在教育上扮演了一個重要的角色；在英國近代史上，Wolfson 基金會及 Nuffield 基金會仍維持著這項傳統，貢獻了許多金錢在醫藥及其他方面的科學研究。不過，許多有錢人並不以他們對教育的關切或捐獻而著稱。藝術方面，有錢人以往同樣是重要的資助者，他們或許贊助宮廷音樂家，或許出錢購買藝術品。比方說，Sainsbury基金會這幾年就出資興建了兩座美術館。此外，有錢人也會贊助一些重要的興建計畫，包括教堂、城堡、皇宮及許多鄉間大宅的興建——要是沒有這些建築物，我們的文化遺產將失色許多。但是在今天，此類計畫的出資人大多是政府或大型的機構。

結論

一般人都同意，我們需要財務報酬作為誘因，不過大多數人都認為，其間的差距可以再縮小；不過，有錢人到底多有錢，許多人並不

了解。這些人的致富之道有好幾種，主要的方式有，事業成功所帶來的高薪，當一名成功的企業家，或者繼承和投資祖先的遺產。有2/3的百萬富翁都繼承了大筆的遺產。而這些錢則被他們用來過奢華、上流的生活，於是他們擁有豪宅、僕役、名貴的汽車、休假以及社交生活。有人聲稱，由於有錢人會捐款給慈善機構、作善事、並資助藝術和教育，因此有利於社會——對少數的有錢人來說，這樣的說法似乎沒錯。人們之所以想要發財，主要似乎是為了加入或待在有錢人這個有地位的團體，不過，或許對某些人來說，錢本身就是賺錢的目的。而上述種種，是否有任何一種可以被視為不理性的呢？如果我們把財富當作是追求地位的一種手段，那它並非不理性的行為，除非我們也把追求地位當作是不理性的。在牛津地區，一個著名的物理學家如果被人們發現他在豪宅裡追求女公爵（相對的，他的同事講話應該比較風趣，而且物理必然懂得比較多），一般人會把它當作笑話來看。社會流動是要付出成本的：一個人可能會因而不再跟自己昔日所愛的人來往，不再從事自己以往所喜愛的活動，而且可能會遭到更高階層成員的輕視與排斥。另一方面，我們也看到，在那些非常有錢的人當中，有一半以上的人先前就繼承了大筆的財產，有的人則早已屬於上流社會；因此他們的動機或許是，繼續待在這兒。

第十一章 經濟學模式

錢帶來了多少快樂？又提供了多大的誘因？

光是錢，並不能帶給你快樂；光是錢，也從未讓我不快樂。我
不會說我那些前夫只想到我的錢，不過對他們來說，錢確實有
某種魅力。

--Barbara Hutton

金錢是抽象的快樂；一個人要是失去了享受具體快樂的能力，
他只好完全獻身於金錢。

-- 叔本華 (Arthur Schopenhauer)--

一個人的天性如果狹隘而卑微，那愛錢將是最好的證明；相反
的，最高貴而崇高的人格則是，即使一貧如洗，仍視金錢如糞

土。因此你如果有錢，請慷慨解囊，行善助人。

-- 西塞羅 (Cicero)--

用金錢來衡量一個人的成就是很愚蠢的，但是不幸地，它卻又
是人類唯一的共同判準。

--Charles Steinmetz--

貪財是萬惡之根，有人貪戀錢財，就被引誘離了真道，用許多
愁苦把自己刺透了。

-- 聖經：提摩太前書 --

無論個人或國家，金錢一旦成了生命中主要的目的，錢財便悖
入悖出；而且出入之際，個人或國家往往因而受害。

--John Ruskin--

我有個鄰居很有錢，但是他從早忙到晚，連笑一下都沒空。他
活著只為了賺錢，賺錢，賺更多的錢。他沒有考慮到，錢沒有
辦法讓人快樂。俗話說得好：「有錢沒錢，苦難一樣多。」

--Izaak Walton--

如果你做什麼事都是為了錢，那你不會成功的。

--Barry Hearn--

有人說，錢買不到快樂。但是，有了錢，快樂變得更加容易。
因此我向每個人大力推薦：錢愈多愈好。

--Malcolm Forbes--

財富帶來榮耀、朋友、征服與國土。

-- 約翰米爾頓 (John Milton)--

引言

本章將帶領我們探索心理學與經濟學之關係的核心。經濟學家與政府普遍假設，人民所需要的就是可以滿足他們的產品與服務，而這些產品與服務他們負擔得起多少，可以用金錢來衡量；因此，所得愈高，人民就應該愈快樂。但事實上，上述這些假設並未獲得相關研究發現的支持。經濟學家假定，就某種意義而言，動機只有一種；然而對大多數的心理學家來說，在他們為人類動機所列出的清單上，上述動機並不存在——唯一的例外是佛洛依德。

在本章一開始，我們會先思考下面的問題：錢帶給人快樂嗎？錢又能帶來多少快樂呢？接下來我們要思考，金錢的心理需求存不存在？如果存在，那麼它跟其他更著名的誘因制度有什麼樣的關係呢？最後，我們將整合前面幾章的主要研究發現，看看它們和經濟學家的假設、以及所謂「經濟人」的概念是否吻合。我們會發現，答案大多是否定的。

錢帶給人快樂嗎？

有錢人比窮人快樂嗎？在回答這個問題之前，讓我們先問問另一個問題：薪資對滿意度有什麼樣的影響？關於這兩者的關係，已有若干研究進行探討，結果都得出 .25左右的相關度，例如Campell等人 (1976) 的「美國生活品質」(The Quality of American Life) 研究。Headey (1993) 的研究得出了一個因果模式，在此，家庭所得可以預測所得滿意度 (.36)，而所得滿意度則可預測幸福程度 (.36)，然而，所得對幸福程度卻沒有多少直接的、因果式的影響。至於薪資滿意度，除了薪資，還有其他變項會加以影響；比方說，員工如果在其他方面獲得了滿足，他們對自己的薪資會比較滿意 (Weitzel et al.,

1977)。由於薪資與薪資滿意度之間的相關度極低，不少研究者因此猜測，相對薪資比絕對薪資來得重要——這個想法，後面我們會加以討論。

之所以如此，有四個好理由：

- **適應**：雖然每個人都會因為加薪、獲得意外之財或贏得足球簽賭而覺得「比較快樂」，不過，他很快就會適應新狀況，而快樂的效應也就迅速地消失無蹤。由於人們相當快就適應加薪，因此，加薪若要發揮效用，它必須是定期性的，但這樣一來，成本就未免太高了。
- **比較**：一個人認定自己富不富有的方式是，跟他人作比較。然而，一個人的財富一旦增加，他通常會移往消費水準更高的社交圈，但是在這裡，往往有人比他富有。
- **替代方案**：一如經濟學家所說，貨幣邊際效用遞減的意思是，錢愈多，其他的東西就顯得愈有價值（例如：自由、真正的友誼）。
- **憂慮**：所得一旦提高，個人所關切的對象通常會從金錢轉移到生命中更難以支配的東西上（例如自我發展），這或許是因為，金錢跟個人命運的支配感有關。

經濟學家論述，金錢確實可以作為工作的誘因；然而，金錢大多只能發揮短期的效用，而且效用因人而異；再者，它往往有損組織的士氣。不過，金錢只是多種行為誘因之一，而且不能發揮長期的效用。此外，在高稅捐的國家，錢的吸引力通常比不上實體性的財產-儘管這類財產或許也要課稅，如商業車。再者，一個人日子過得愈舒服，金錢的影響力就愈小。不過，如果是在政治動盪（甚至經濟不穩定）的時期或地區，錢或許會變得特別重要——原因是，錢攜帶起來極為方便。

那麼，所得與快樂之間的關係又如何呢？在若干以全國性樣本所做的大規模調查當中，研究者針對所得及快樂度或滿意度進行了測量。其中大多研究都發現，兩者間存在著低度而顯著的正相關，相關係數在 .15 到 .20 之間。在美國的一項早期研究當中，Bradburn (1969) 發現，所得對正面情緒的影響大於對負面情緒的影響。近來的研究則發現，對較低所得者來說，所得的影響較大；對較高所得者而言，所得的影響就小得多了。Diener 等人 (1993) 也發表了一項美國的調查，在 1971 至 1975 年間，這項調查的對象有 6,913 名；同一調查在 1981 至 1984 年間又進行了一次，這次的對象有 4942 名 (見圖 11.a 和 11.b)。

在這兩段時期中，我們可以發現，對窮人而言，所得與幸福之間關係密切，對經濟情況較佳的人而言，兩者間的關係趨於平緩；但對非常有錢的人來說，曲線卻再度上升。在 1981 到 1984 年間，所得在超過 15,000 美元以後，快樂的程度便不再提高了。不過，關於富翁們的發現，倒是在另一份研究當中獲得了證實；這份研究的對象有 49 人，年收入都超過一千萬；他們表示，自己有百分之77的時候是感到快樂的，然而對照組只有 62% 的時候是快樂的 (Diener et al., 1988)。圖 11.1 表示，在美國，所得的影響會漸趨平緩；然而在印度、巴西這些國家——在這裡，大多數人民都比較窮，所得差距也相當大——所得與幸福的關係比較明顯 (Cantril, 1965)。事實上，經濟學家時常假設有所謂「貨幣邊際效用遞減」的現象，意思是說，所得的影響力隨著所得的增加而減低。

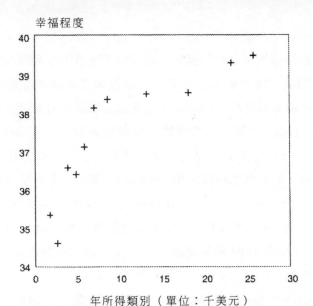

圖 11.1a　美國的所得與幸福程度（時期一）

資料來源：Diener et al.（1993）

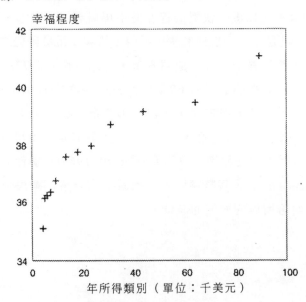

圖 11.1b　美國的所得與幸福程度（時期二）

資料來源：Diener et al.（1993）

然而，有兩組人並不符合這個大致的關係。有許多窮人過得非常快樂，看起來也相當滿意自己的處境，並不會試圖加以改變－這便是所謂「滿足感的矛盾」(satisfaction paradox)。有學者把它解釋為某種適應及學來的無助，因為他們長期以來都無力控制自己的狀況 (Olson and Schober, 1993)。除此之外，還有不快樂的有錢人－－這並不令人意外，因為我們知道，金錢與快樂的相關度原本就相當微弱 (r = .15 - .20)，何況快樂還有其他幾個更重要的來源－－這些我們稍後將會加以描述。

　　當我們比較國與國之間的平均快樂度或滿意度時，可以發現類似的型態。Inkeles與Diamond (1986) 比較了一些職業地位相同的人，結果發現，幸福程度與全國經濟成長之間有 .60的相關。另外，在一系列國際研究的最新一份研究當中，Diener 等人 (1995) 運用數種測量工具來測量55個國家的所得與快樂程度。其中，所得是用國民平均生產毛額以及購買力來加以測量的，另外還有一個測量基本心理需求之滿意度的工具。結果，全部的所得及快樂程度的測量方式都發現了相當高的相關度，有 .50以上－－跟國內的相關係數比較起來(.15 到 .20 之間)，高出不少（見圖 11.2 ）。

　　人們會預期，隨著整體景氣的提升，全國平均快樂程度也會跟著提高，近幾十年來許多國家就是如此。若干國家已對快樂度與滿意度進行了好幾次的調查。結果，認為自己「非常快樂」的人數一直在消長變化，而經濟蕭條確實也對快樂產生了短期的影響。比利時在1978到1983年間，民眾所自陳的快樂程度大幅滑落，正呼應了全國景氣的衰退 (Inglehart and Rabier, 1986)。根據Veenhoven (1994) 的研究報告，巴西、愛爾蘭以及日本在全國平均快樂程度上也有類似的滑落現象。在歐洲，1980 到 1982 年間的經濟衰退也導致了民眾的快樂程度在一年內小幅滑落。不過，跟擁有特定水準之所得的情況比較起來，所得低於一向的水準又是另一回事－－它代表了某種形式的

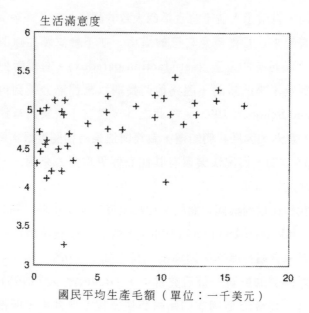

生活滿意度

圖 11.2　55 國的國民平均生產毛額及生活滿意度
資料來源：Diener et al.（1995）

挫折。

　　美國也進行了多次的快樂度調查。圖 11.3 所顯示的是，自認
「非常快樂」的人口比例之消長，以及 1950 至 1990 年間的個人平均
所得。從圖上可以看到，儘管所得一直增加，快樂度卻不斷地上下波
動。顯然，所得的加倍並未帶來快樂的加倍。這種現象同樣見於其他
國家：日本在 1958 到 1987 年間，國民生產毛額增加了五倍，快樂
度卻未受影響；1973 年到 1989 年的九個歐洲國家也是如此
(Easterlin, 1995)。經濟變動之所以不會對幸福度帶來長期效應，可
能的原因來自於適應，意思是說，當人們習慣了變動後的景氣水準，
他便不再覺得那可以提供更多的滿足感。在美國，期望的提升或許是
另外一個因素；美國人的想法很樂觀，他們總認爲，事情會變得愈來
愈好。再者，如果每個人都變得更有錢，個人與他人的比較便無法提

高－－這一點，我們稍後會看到，是快樂的一個重要來源（Lane 1991）。

　　除了所得之外，財產也是快樂的可能來源。Mullis (1992) 發現，財產淨值能夠對快樂度作出獨立的預測，儘管其預測力同樣不高。不過，若能同時考量財產和所得，這樣一個綜合性的測量指標或許能夠對快樂度或滿意度做出較佳的預測。

　　要了解所得可能會對快樂造成什麼樣的影響，彩券中獎人的研究提供了另一種資料來源。有項英國的研究調查了191名足球簽賭的贏家，這些人全都贏得了16萬英磅以上，當中有許多人表示，自己比先前稍微快樂了一點 (Smith and Razzell, 1975)；美國的一項彩券中獎人研究也發現了相當小的差異。有些學者以上述發現來作為適應現象的佐證，他們認為，由於人們很快就適應新狀況，滿意度便回復到原先的水準。不過，英國的研究還報導了些嚴重的問題：有70%的中獎人放棄原先的工作，結果損失了工作滿足感和同事；有些人搬進更寬敞的住宅，結果卻遭到一些自以為高人一等的新鄰居排斥；有人因為親友想分一杯羹而有所爭執。另外，有人則出現認同的問題－－只有 28% 的人很清楚，自己屬於那個社會階層。

　　此外，報上也報導了許多國家彩券 (National Lottery) 中獎人的訪問。其中有一則令人相當難過：受訪女子當年24歲，贏得了137萬5千英磅獎金的她，生活並未因而發生多大的改變：她仍然找不到工作；她買了一部車，但是不會開；她買了許多衣服，但都得束之高閣；她不喜歡山珍海味，還是比較愛吃那種外面裹有麵包屑的指形魚片。聽起來，她的生活依舊十分空虛，並不能讓她滿足 (Sunday Telegraph, 1997 年 2 月 22 日)。

　　那麼，要如何解釋所得對快樂所造成的影響呢？所得之所以會帶來正面效應，有一些很明顯的理由－－我們在後面會看到，有了錢，我們可以買到我們想要的東西，滿足我們基本的需求，從事休閒活

動，或許還可以買到健康與社會地位。 Diener 與 Diener (1995) 比
較了 101 個國家，結果發現，在 32 個可能的生活品質指標當中，有
26 個跟財富相關，這當中不只是生理需求的滿足，還包括了所得的
平等、公民權、環保、識字率以及知識成就。真正需要解釋的是，所
得的影響爲何如此微弱？至少，就國家內部及歷史的角度來看，確實
如此。這可能是因爲，相對所得比絕對所得來得重要；又或許是因
爲，其他的快樂來源更爲重要。而這兩點，正是我們接下來所要探討
的對象。

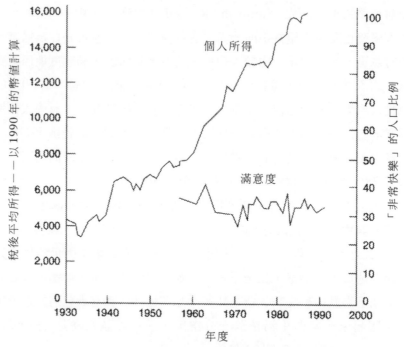

圖 11.3　美國在 1950 至 1990 年間的所得與快樂度
資料來源：Myers and Dieners（1996）

比較與預期

　　長期以來，經濟學家一向認為，帶給人滿足感的並非絕對所得，而是相對所得，也就是與他人所得相較之下的個人所得。於是，學者再度引用社會比較理論來解釋所得對快樂所造成的影響，此種影響雖然明顯，但是非常微弱，特別是在國家內部，其相關係數在 .15 到 .20 之間。無疑地，實際所得確實會影響物質生活及其他生活狀況；我們的關切重點在於，當所得維持不變時，快樂是否會隨著可比較團體而改變。在第九章我們看到，「比較」是影響薪資滿意度的重要因素；此外，我們引用了 Runciman (1966)、Clark 與 Oswald (1993) 的研究，我們也提到了「比較」在工資議價中所扮演的角色。

　　Michalos (1985) 發展了密西根模式 (Michigan model)，在這套模式中，快樂度和滿意度是「目標與成就間差距」(goal-achievement gap) 的函數；所謂「目標與成就間差距」，指的是現有的薪資或其他津貼與個人的希望或期待之間的差距。這個差距又來自兩種比較：一是與過去生活的比較，二是與一般人的比較。研究發現，這項差距對整體滿意度的預測力，高於它對各種不同領域或來源之滿意度的預測力，而「財務安全」這個領域則擁有整體快樂度之最有力的預測指標。在此，部份的比較來自於跟過去的比較，其他研究也有這樣的發現。例如，Strack 等人 (1985) 在研究中先讓受試者回想過去的一些負面、不愉快的事件，結果令受試者在當下感到比較快樂、比較滿足——至少暫時如此。Harwood 與 Rice (1992) 便在這樣的概念架構下進行研究，結果發現，相較於個人薪資與同事薪資間的差距，實際薪資與希望或期望薪資間的差距跟滿意度有更高的相關。不過，本研究的對象為學生，他們的工作經驗大概有限。Smith 等人 (1989) 則發現，「社會比較」與滿意度之間的相關度（平均為 .64）高過「近來變化」與滿意度之間的相關度 (.30)。在近來變化方面，影響

力最大的是課程和成績上的改變。由於受試者是學生，所得在此並不適用；不過，「比較」對生活水準所帶來的影響為 .27，「近來變化」所帶來的影響則為 .06。然而，Fox 與 Kahneman (1992) 卻發現，在他們的受試者所做的評量上，「近來變化」的重要性高過「社會比較」 - 尤其是私領域中的變化。不過，金錢屬於公領域。

Diener 等人 (1993) 比較了美國富民區與貧民區所得相同者的幸福程度；根據比較理論的預測，貧民區的人應該比較快樂；但事實不然。在一項類似的研究當中，Diener 等人 (1995) 則探討了鄰國較富有或者較貧窮會對全國幸福程度產生什麼樣的影響，結果同樣找不出差異。不過，我們並不曉得，人們在作這些比較的時候，作到一個怎樣的程度。有若干研究發現，窮人並不了解有錢人到底多有錢，因此他們所作的比較大概也不正確 (Headey, 1993)。至於比較的基礎是什麼呢？可能是生活方式、房屋大小、車齡、家用設備、度假、學費、以及其他錢買得起的東西。

根據社會比較理論，我們會預期，人們如果真的做這樣子的比較，則國內的所得範圍愈小，快樂度就愈高。Veenhoven (1994) 發現，在瑞典這種所得分配 (gini 指數) 較小的國家，平均快樂度會比較高 - 在 28 個國家當中，快樂與貧富不均的相關係數為－－.45。Diener 等人 (1995) 也發現，當所得差距較小時，全國平均快樂度會比較高，55 個國家的相關係數為－－.43，極接近 Veenhoven 所得到的數字。另一套比較理論的觀點則是，人們對應得收入有自己的解釋，實際收入若高於應得收入，他們便感到滿意，實際收入若低於應得收入，他們便不滿意。大眾都非常清楚，各類工作者應該領多少薪水。Alves 與 Rossi (1978) 的研究運用了短文描述法，受試者必須判斷，短文中所描述的人，薪水大概是過高或過低。結果，職業造成了 5,600 美元的薪資差異（對男性而言），每一年的教育造成 195 美元的差異，大學教育則再加上 779 美元，每名子女增加 325 美元，

婚姻則再多出 1700 美元。

Diener 等人 (1993) 以 6913 名美國人為樣本進行了一項研究，研究主題為：教育可能會帶來什麼樣的負面效應。他們的預期是，誠如薪資研究，當所得維持不變時，教育應該會帶來負面的效應；然而事實卻顯示，教育其實帶來些微的正面效應。因此，兩項研究分析都顯示了些微的差異，只不過，差異的正負值恰恰和比較理論的預測相反。

比較理論在英國的研究中被運用得最為成功，這或許是因為，工資議價與工會在英國有其重要的地位。相對的，在美國的研究中，比較理論就不是那麼成功了，遑論國際的研究。在國際的研究中，較重要的是實際收入與實質的滿意度。

快樂的其他來源－－這些東西錢買得到嗎？

金錢或許會影響快樂和幸福的其他層面。然而，快樂還有若干其他而且或許更為重要的來源。接下來，我們將探討這些來源；我們還將思考，金錢對這些來源又有多大的影響。Headey 與 Wearing (1992) 在澳洲所做的研究顯示了當中某些來源跟其他變項的相關程度，包括生活滿意度、正面情緒、以及焦慮和憂鬱這兩項不快樂的指標。其中，相關度最高的為休閒滿意度，因此我們就從這裡開始討論起。

休閒

這是快樂的一大來源，也是人們最能夠有所作為的領域。有若干研究發現，休閒滿意度是整體生活滿意度最有力的預測指標之一 (Argyle, 1996)。Headey 等人 (1994) 的研究發現，與朋友共同進行的娛樂活動－－這些幾乎都是休閒活動－－能夠預測個人在兩年期間

表 11.1　各領域滿意度與幸福和心理壓力間的關係：相關係數

各領域滿意度	生活滿意度指數	正面情緒	焦慮	憂鬱
休閒	.42	.28	-.29	-.29
婚姻	.39	.17	-.29	-.32
工作	.38	.26	-.27	-.36
生活水準	.38	.20	-.18	-.26
友誼	.37	.19	-.15	-.12
性生活	.34	.17	-.19	-.33
健康	.25	.11	-.23	-.14

資料來源：Headey and Wearing（1992）

內快樂的提升。學者們便以此觀點研究不同的休閒活動，於是發現到，運動可以讓人迅速獲得好心情，如果持續進行，更能提高快樂，減少憂鬱 (Biddle and Mutrie 1991)。宗教也可以讓人更快樂，尤其對老年人而言；這是因為，宗交涉群可以提供社會支持，宗教可以讓人覺得跟神接近，再者，某些信念（比方說，神會幫助我們）可以讓人更樂觀。休閒團體所給予的陪伴及其他社會支持是快樂的一個主要來源。看肥皂劇之所以會讓人更快樂，似乎是因為它提供了人們一群想像的朋友；至於度假，則讓人放鬆，因而帶來好心情。不過，最深的滿足感卻來自一些較辛苦的活動，在這些活動當中，參與者往往需要運用技巧，面臨挑戰，但也能獲得具體的成就 (Argyle, 1996)。再者，休閒活動通常有益健康；比方說，運動對健康有多重的影響，教會可能嚴格規定不准抽煙、不准喝酒，甚至其他的清規戒律，結果或許可能因此多活四年。而先前我們也看到，運動有助於減輕憂鬱。

　　缺錢或許會限制一個人的休閒活動；不過，大多休閒活動都是免費或幾乎免費的－例如夜間進修課程、散步、上公立圖書館、當義工

等等。圖 11.4 便讓我們看到，當中的一些活動會對快樂帶來什麼樣的影響。

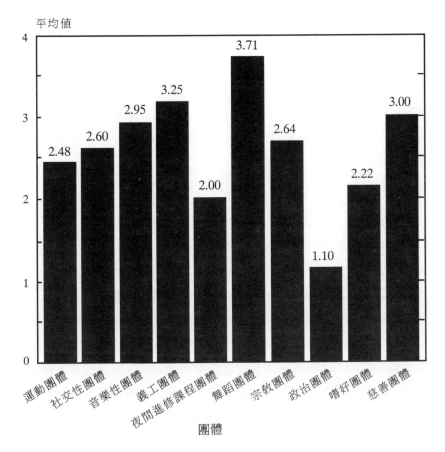

圖 11.4　不同團體所帶來的快樂程度
資料來源：Argyle（1996）

　　許多運動成本極低，尤其對退休者及失業者來說。同樣地，看電視、聽收音機也是如此。正如 Scitovsky (1992) 所說，此種活動和滿足感大多並未「進出市場經濟」。有些休閒活動成本較高，尤其是度假、旅遊、上館子、看戲、聽歌劇、滑雪、駕帆船、騎馬等運動

以及某些嗜好。1994年，英國人民在各項休閒活動上的平均每週支出為45.04英磅，佔了預算的16.6%；其中，支出金額最高的為上館子、飲酒和度假——以上可見表11.2。當中有許多休閒活動成本都非常的低。不過，度假顯然是個例外，它確實可以提振心情，而且是富豪們所盡情享受的一項活動。

然而，在Riddick與Steward (1994) 針對退休者樣本所做的研究當中，研究者卻發現，收入無法預測受試者的休閒滿意度；事實上，在黑人受試者（非裔美國人）身上，兩者間的相關係數甚至為－－.20。不過，休閒滿意度倒是可以用健康與休閒活動來預測。

社會關係

社會關係是快樂的第二大來源，不過，相較於休閒活動，社會關係就比較勉強不來了。在各種社會關係當中，談戀愛是喜悅的最大來源。不過，跟朋友在一起同樣可以帶來喜悅，這種喜悅可能來自共同從事的娛樂活動，也可能來自朋友的微笑或正面回應。對大多數人而言，婚姻或其他親密關係都會帶來快樂，尤其是美滿的婚姻，因為伴侶的陪伴、伴侶的情感支持及物質幫助都可以提供社會支持。親戚通常也是援助的一大來源，尤其在緊要關頭；對勞工階層而言，親戚的援助也特別重要。相對的，中產階層的人就比較常跟朋友見面。之所以如此，是因為勞工階層通常會待在同一地區，而中產階層在空間上的流動性就比較高 - 他們可能會到外地求學、上班，他們也可能會透過工作或休閒團體而結識更多的朋友 (Willmott 1987)。

表 11.2 休閒支出（每戶每週花了多少英磅？）

1. 電視節目收看費用和租金	7.59
2. 收音機、音樂、電影、看戲	1.62
3. 書報雜誌	3.84
4. 外出用餐、飲酒	13.89
5. 家中修理工作等等	3.96
嗜好	0.07
家用電腦	0.61
6. 運動	2.02
7. 看球賽	0.24
8. 上教堂	3.00
9. 義務工作	--
10.度假	11.21
總額	48.05

資料來源：Argyle（1996）

附註：若以百分比表示，休閒總支出則佔家庭支出的 17.7%

　　那麼，金錢是否有助於關係呢？中產階層的配偶――也就是比較富有的配偶――婚姻通常維持得較久，離婚率也低得多。個中的一個原因是，他們通常比勞工階層的配偶晚婚，而且新娘在結婚時就已懷孕的機率較低，再者，他們從婚後到生頭胎的時間間隔也較長。因此，中產階層配偶的婚姻在開始時往往輕鬆許多，而且，他們在選擇伴侶上或許也更為謹慎。此外，他們的財務問題較少，比較可能擁有自己的房子而無須跟父母同住。對沒有嚴重財務問題的伴侶來說，婚姻的壓力是比較小的；相對的，在婚姻衝突當中，財務問題卻是一個普遍的起因 (Argyle and Henderson, 1985)。

　　同樣地，金錢也有助於交友。Willmott (1987) 曾利用一個迴歸

方程式來預測可能的朋友數，結果列示於表 11.4 。令人驚訝的是，擁有一部車會讓人多交 2.36 個朋友，擁有第二部車則再帶來同樣多的朋友。這也許是因爲有了車後，要跟朋友見面或出去比較容易；或許是因爲，車子方便我們載人一程。除此之外，跟朋友交往，我們或許還需支付喝酒、吃飯或其他娛樂的費用。失業的人常抱怨，他們沒錢去從事各種活動，事實上，酒他們通常喝得很多 (Argyle 1996)。金錢雖然沒辦法爲我們買得友誼或其他的關係，但是卻讓關係更容易維持。不過，正確的社交技巧才是更重要的。

　　窮人比有錢人更常利用兩種關係。一是親戚：窮人比較常跟親戚見面，而且親戚也提供他們較多的幫助。第二是鄰居：勞工階層跟鄰居見面的機會也高出許多，比方說，他們每天會到鄰居家閒聊。相對的，在中產階層當中，眞正的鄰居大多不被理睬，反而是其他一些住得更遠、經過挑選的人才會被他們視爲朋友 (Argyle, 1994)。因此，就親戚或鄰居關係而言，金錢非但不是必要條件；事實上，金錢甚至還會削弱這些關係。

表 11.3　朋友和親戚的幫忙

		中產階層	白領階層	勞工階層
對私人事務提出建議	朋友	64	67	39
	親戚	34	33	58
借貸的來源	朋友	26	23	9
	親戚	74	73	86
子女生病時的主要	朋友	39	45	19
協助來源	親戚	56	55	77

資料來源：Willmott（1987）

表 11.4　每種來源所帶來的朋友數

來源	朋友數
朋友的基本數目	5.85
成人教育	6.74
中產階層的職業	4.59
第一部車	2.36
第二部車	2.36

資料來源：Willmott（1987）

健康

　　大家都知道，快樂和健康有某種程度的相關。表11.1便列示了澳洲一項大型研究所得到的相關係數。有學者針對多項研究進行整合分析，結果發現，整體的相關度為 .32 (Okun et al., 1984)。對女性而言，兩者的相關度更高；而運用主觀式健康測量的研究也獲得同樣的結果，因為不快樂的人會誇大自己的症狀。然而，究竟是健康帶來快樂還是快樂帶來健康？事實顯示，這兩種方向的因果關係在研究中都有所發現 (Feist et al., 1995)。有若干研究顯示，當年齡、社會階層等其他變項獲得控制時，健康是預測快樂的一個良好指標 (Edward and Klemmack, 1973)。常有研究發現，對老年人而言，健康是預測快樂的最有力指標 (Willtis and Crider, 1988)。

　　健康對快樂的影響其實無須多做解釋。當一個人健康狀況良好時，他便能夠做更多事，而這一點正是健康的功能式定義；再者，他也會感覺更舒服。

　　那麼，有錢人比較健康、比較長壽嗎？健康狀況並不容易測量，不過死亡率倒是夠清楚的一項指標。對1972年出生的英國人而言，如果父母屬於第一社會階層，則其平均壽命較父母屬第五社會階層的

人高出 7.2 年。這項差距多半來自童年期的不同風險，在他們 15 歲的時候，差距只有 4 年 (Reid, 1989)。勞工階層的死亡率之所以較高，原因不少，較重要的有男童的死亡、心理疾病、外傷、中毒、傳染病、呼吸系統疾病、消化系統疾病、心臟病以及癌症 (Occupational Mortality, 1990)。在英國，除了皮膚癌、小兒麻痺和腦瘤之外，大多疾病都是勞工階層死亡率較高的起因 (Black et al., 1988)。本問題的另一研究方式則是以客觀健康的測量指標進行人口普查。Blaxter (1990) 所做的「健康和生活方式」調查便是以這種方式進行的，圖 11.5 列示了當中的一些調查發現。從中我們可以看到，所得對兩種健康測量指標都產生了巨大的效應；不過再一次地，其間的關係在極富者的身上又發生了逆轉。本研究中，所得對健康的影響超過了其他所有的階層指標。不同的國家，階層對所得的影響也隨之不同；舉例來說，最低階層與最高階層慢性病患的相對比例，在瑞典為 1.52，在英國則為 2.65 (Vagero and Lundberg, 1989)。

主觀的健康狀況就不大相同了。所謂主觀的健康狀況，指的是，一個人覺得自己有多健康，它跟實際健康狀況不見得密切相關。舉例來說，神經質的人容易誇大自己的症狀，而某些症狀卻常常遭到忽視，譬如高血壓。不過，這方面也存在有階層差異。認為自己健康狀況尚可或不佳的，勞工階層有 36%，第一社會階層則有 12%；至於老年人，差距更大。此外，認為自己身體出現某種症狀的人，在多種症狀上皆以勞工階層較多。

那麼，這些差異要如何解釋呢？(1)不同的生活方式是主因。在西方文化當中，勞工階層煙抽得較多，運動量較少，肥胖的比例較高，血壓及膽固醇的含量也較高。而這又導因於整體勞工階層不當的飲食文化、壓力以及醫藥教育不足的影響。Marmot 等人 (1984) 研究 17530 名文官，結果發現，死於心臟病的低階文官是最高階文官的 3.6 倍。在此變異當中，有 40% 是調查者能夠加以解釋的；他們

發現，低階文官的血壓、吸煙量、血糖及膽固醇皆較高，他們的身材則較矮小；此外，他們也較少從事活動量大的休閒項目，不過，這一點他們並未加以量化，也並未探討它的影響。上述變項雖解釋了40%的變異，但剩下的60%仍有待解釋。(2)中產階層擁有較好的醫療保健，這一方面是因為他們能夠獲得私人醫療，一方面是因為他們比較常利用全國健康服務中心 (National Health Service)，比方說，他們會做健康檢查，採取預防措施；甚至，醫師在看診的時候，會花更多的時間跟他們談話 (相對於勞工階層)。(3)勞工常常處於惡劣的工作環境，他們要面臨高熱、噪音、灰塵等污染或其他危險的工作環境，例如礦坑。(4)勞工階層的居家環境通常比較不良，像是暖氣設備不佳、空氣品質不良、潮濕、清潔度較低、缺乏安全的兒童遊戲空間、就醫不便等等。(5)社會支持對健康也很重要。處於親密關係中的人不但可以相互扶持，他們的免疫系統也得以增強。在勞工階層當中，由於破碎的婚姻比例高，失業則會造成工作關係的損失，加上他們又比較少參加宗教團體或休閒團體，因此我們不免要預期，這些都會讓他們的健康狀況變得更糟 (Williams, 1990)。(6)我們已經看到，在我們所發現到的階層差異當中，只有部份能夠用健康行為來加以解釋；因此，光是地位，或者光是財富，或許就能夠透過地位或財富所帶來的自尊或自信，進一步影響到健康。

　　一般來說，較富有的人健康狀況較良好，但這比較不是因為他們有能力去買一些什麼東西，而比較是因為他們不同的、比較健康的生活方式。

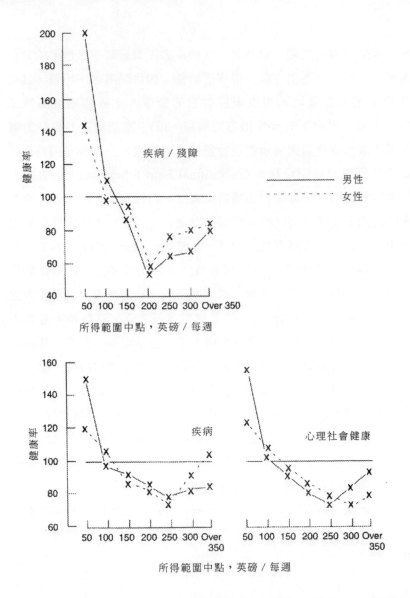

圖 11.5　所得與健康：依年齡標準化後的健康率、疾病、心理社會健康與週所得的關係，顯示家庭所得每增加五十英磅／一週的影響；男女受試者的年齡皆在40到59歲間（每一特定年齡及性別的人數各100名）
資料來源：Blaxter（1990）

心理健康

　　較佳的經濟狀況是否會讓人心理比較健康？又或者，貧窮會讓人發瘋，只因為有錢人和窮人的生活方式或生活狀況不同？在英國的精神病院裡頭，有許多病患來自勞工階層；根據一項在 Aberdeen 所做的研究，有 20.5% 的精神病患來自第五社會階層，但本階層只佔了總人口的9%。在第三、第四的階層當中，研究者也發現了類似的差異 (Birtchnell, 1971)。這些階層是由職業來界定的，比方說，第五階層是由非技術性勞工及其家人所組成；不過，職業階層與收入有密切的關係。如果要針對不同的精神疾病進行探討，則精神分裂症的階層差異最大，在第五階層當中，精神分裂症患者的數目為期望比例的五倍；至於憂鬱症，其人數則為期望比例的 2 到 3 倍。

　　針對心理健康進行人口普查是探討本問題的另一種方式。在「健康和生活方式」的研究當中， Blaxter (1990) 對 7414 名英國成人的心理健康進行評估，結果一如圖 11.5 所示，心理健康跟收入有關。我們從圖上可以看出，窮人的心理健康比有錢人糟得多，不過在極富有的人身上，情形恰恰相反。之所以如此，根據研究發現，原因在於他們飲酒過量。研究者還發現，對年紀較大的人來說，所得對心理健康的影響較大。

　　美國的研究也發現，窮人的心理健康狀況較差。Kessler (1982) 把 1967 到 1976 年間的八次全國普查所獲得的資料再作了分析 (普查總人數為一萬六千人)，並且區別了社會地位的不同層面。結果發現，對男性而言，心理健康的最有力預測指標為所得，特別是已實現所得 (earned income)；對女性而言，最有力的預測指標則是教育程度。至於職業地位，無論男女，其預測力皆低於所得和教育程度。

　　那麼，如何解釋收入所帶來的這些影響呢？首先我們要問，這些是影響嗎？下面我們列舉了四種歷程，在第一種歷程當中，因果方向是相反的，是不健康影響收入；另外三種歷程則假設，收入影響心理

健康──這在概念上比較說得通。以下便是幾種可能的運作歷程：
(1)有心理困擾的人在社會階層中可能會向下流動，或者沒辦法向上流動，尤其是精神分裂症患者；換言之，社會階層和收入是心理困擾所帶來的後果。(2)勞工階層（也就是較窮的人）陳述了較多的壓力，諸如失業、官司、居家環境不良、經濟拮拒、丈夫酗酒、或家中年幼子女眾多。研究發現，這對憂鬱有很大的影響 (Brown and Harris, 1978)；在此，缺錢是原因之一。(3)勞工階層比較容易遭受壓力的侵害，部份的原因在於，他們的因應方式是被動而無效的，而這一點又源於他們無法支配外在事件的經驗 (Kohn and Schooler, 1983)。(4)較有錢的人有能力負擔私人心理治療的費用，而關於心理治療所可能帶來的益處，我們將在下一節討論。

較有錢的人除了身體較健康外，心理也比較健康；這主要是因為，勞工階層的生活壓力較大（而這一點，有部份是因為他們缺錢），但他們的因應方式卻不是那麼效。

工作

工作是快樂的一大來源，也是金錢的主要來源。傳統的經濟學理論假設，有酬勞人們才願意工作，否則他們寧願去做別的事（或無所事事，或做做消遣）。有些工作由於會令人不舒服，或者具有危險性，因此必須支付報酬，而且報酬應該更高。然而一如我們在第九章所看到的，除了酬勞以外，人們工作還有其他的理由；例如，有些人就樂在工作。工作滿足感是快樂的一大來源，但此種滿足不是我們自己花錢買的，而是別人花錢請我們去享有的──真是矛盾──至少，就經濟學家普遍的假設而言是如此。對許多人來說，工作是生命中最重要的東西。

工作滿足感跟生活滿足感及快樂是相關的，儘管我們並不十分清楚，到底是誰影響誰；兩種方向的因果關係都在研究中獲得了證實─

一或許，它們其實源於同樣的狀態 (Near et al., 1983)。工作滿足感包括了數種個別的成分。其中之一是薪資所帶來的滿足感，這我們先前已經討論過。另一部份是「內在工作滿足感」(intrinsic job satisfaction)，也就是工作本身的活動、技術和成果所帶來的滿足。科學家和專業人員的工作能帶來最高的滿足感，非技術性勞工的工作則最低。這方面的差異相當大；當人們被問到自己會不會再選擇同樣的工作時，有91%的數學家、83%的律師以及82%的新聞從業人員回答「會」；然而，只有16%的非技術性煉鋼廠工人，以及21%的非技術性車廠工人作這樣的表示 (Blauner, 1960)。在此，薪資差距並非唯一的原因，因為經理人才是最高薪的工作者，但他們在這方面的意願卻低於科學家和專業人員。工作滿足感部份來自工作上的成就和成功，而工作正是獲得此種經驗的主要來源。 Gecas 與 Seff (1990) 發現，工作會影響自尊，因此連帶影響到快樂；不過，薪資或地位並不是最重要的，最重要的是工作複雜度和工作支配度。

工作滿足感的另一來源是：跟同事相處，隸屬於一個友善、合作的工作團隊，並擁有一個可以提供諮詢、願意照顧下屬的直屬上司。工作通常可以帶來不少樂趣；就像同事之間的玩笑、相互揶揄、八卦消息……等等，都可以強化同事間的關係 (Argyle, 1989)。賺錢固然是工作的主要目的，但多半不是唯一的目的，更不是人們樂在工作的主要原因。

除了生病及心理健康狀況不佳，失業也會令人非常不快樂。在此，金錢並非唯一的原因，因為當所得維持不變時，我們仍發現到上述的差異 (Campbell et al., 1976)。退休的人常說，他們懷念他們的工作，懷念他們的同事，而不光只是薪水而已 (Parker, 1982)。

工作影響健康。工作壓力大的時候，心臟病發作、潰瘍以及關節炎發生的機率會比較高；不過，如果工作滿意度高，工作者會比較健康，壽命也較長 (可參見 Sales and House, 1971)。心理健康也是如

此；在剛從學校畢業的人當中，就業者的健康狀況變得較好，失業者的健康狀況則變得較差 (Banks and Jackson, 1982)。壓力也有損心理健康，不過，工作團隊的支持性關係可以讓壓力獲得緩衝。

還有人工作是不拿薪水的。「義務」工作的定義就是，不支薪的工作。在英國，大約有15%的人在當義工，一個月平均大概五個小時，有些人花的時間更多。義工儘管來自各個社會階層，但以中產階層最多；此外，女性做得比男性稍多，35歲到44歲的人也做得比較多。當義工們被問到，他們爲什麼當義工，以及他們爲什麼喜歡當義工，他們的回答顯示，他們確實十分眞誠地關懷他人；有大約40%的人回答，他們「想要改善現狀或幫助他人」，有大約28%的人回答「社區有需要」，還有50%的人則是因爲，「有人請我幫忙」。再者，義工們眞的樂於從事這樣的工作；總之，有72%的人是如此。主要的原因包括：看見成果令他們感到滿足 (67%)，認識朋友、結交朋友 (48%)，以及獲得個人的成就感 (47%) (Lynn and Smith, 1991)。

其他不支薪的工作者還包括家庭主婦、兒童與學生。不過雖然沒有支薪，他們卻也分享了家庭所得。兒童和學生之所以工作，部份原因是爲了他們往後的支薪工作做準備。

此外，有些人儘管無須工作，卻仍未停止工作。例如，有17%的彩券中獎人在中獎後仍從事原本的全職工作 (Smith and Razzell, 1975)。另外，儘管平均工時已經減少，許多擁有好工作的人反倒花費比過去更多的時間在工作上。對某些人來說，這是因爲他們樂在其中，像是科學家或其他學術工作者，不過這並非唯一的原因。此外，有許多全職工作者已經十分富有，根本無須再賺錢；可見，他們應該是爲了其他理由而工作。

通常，人們無須花錢來取得工作這項「特權」；相反的，別人還得花錢請你來工作。有些休閒活動跟工作十分類似，比方說，義務

 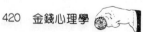

工作的目的不在薪資，許多嗜好（例如園藝）卻需要辛苦而嚴肅的工作，而且有時候別人還得花錢請你來做這份工作。

傳統的經濟學模式認為，工作是為了賺錢，賺錢則是為了換取各種滿足；然而，唯有在工作讓人不舒服或無聊、而工作滿足感又極低的時候，上述說法才算成立。大多工作都可以帶來中、高度的工作滿足感，因此，工作者的報酬是雙重的－既獲得了金錢，還獲得了工作滿足感。因此，他們不但不需要花錢來購買這些滿足，別人還要花錢請他們來獲得這些滿足。

上述這一點或許正是某些人的體認；由於他們熱愛自己所選擇的工作，因此即使能夠找到收入更高的工作，他們仍不改其志。這樣的人包括：學術工作者、神職人員、護士和農人－－他們決定放棄雙重的報酬。

性格

有些人就是比其他人快樂－－而且長期如此，只是偶爾會因為好事壞事而有情緒上的起伏。有證據顯示，快樂有部份來自遺傳(Diener and Lucas, 印刷中)，而且跟某些已知部份屬天生的一般性特質相關。相關度最高的性格變項為「外向性」，它跟快樂的相關係數在 .40 以上。這可能是因為，外向者具備較佳的社交技巧，他們也較常加入團體、俱樂部，或者參加宴會、舞會 (Argyle and Lu, 1990)。Heady 等人 (1984) 發現，外向性可以預測一個人跟朋友共同進行的娛樂活動。相對的，神經質這個一般性特質則朝相反的方向運作，它所預測的是「不快樂」。

性格的若干認知層面也跟快樂有關，包括：寶莉安娜效應(Pollyanna effect - 喜歡看事情的光明面)、樂觀（包括不切實際的樂觀）、內控（認為事件在自己的掌控之下）、正向的歸因風格（覺得自己應該為好事負責，無須為壞事負責）、以及不讓欲望和結果

差距過大。這些性格的認知層面代表了各種不同的世界觀，由於它們都跟快樂有關，因此有多種認知治療法可以幫助個人獲得快樂；比方說，當事人在面臨失敗的時候，我們可以勸他不要自責。而一如我們所看到的，這當中的一些性格層面有部份來自遺傳，其他則導因於個人從環境中所獲得的經驗

那麼，這些正面的──從快樂的角度來說──性格特質是否導因於財富呢？或許有那麼一點。專業工作者和管理工作者通常比較外向，也具備較佳的社交技巧，不過這或許是因為，基於工作的要求，他們必須跟人接觸，他們也有許多這樣的練習機會 (Argyle, 1994)。內控這項特質也出現了階層差異，這或許是因為，中產階層從經驗中發現到，他們是能夠控制外在事件的。

金錢可以為我們買得一個更開朗的個性嗎？有些人花上大把鈔票在精神分析或其他形式的治療上，目的就是為了達成此一目標。結果是否如他們意呢？為了找出答案，學者們著手進行了許多調查。Smith 與 Glass (1977) 將 375 份經控制的研究進行再分析，這些研究比較了接受治療者與未接受治療之控制組的復原率；結果發現，相較於未接受治療的控制組，接受治療的病患在焦慮的降低、自信的提升、適應以及工作成就上都獲得了較顯著的改善。另外，有些人雖非病患，卻也花錢接受心理治療或諮商；但這些非病患者從中獲得了什麼樣的效益，我們的了解就比較有限。不過，要讓個性變得更開朗，還有其他更省錢的方式。Headey 等人 (1984) 在他們於澳洲所做的研究當中發現，交友及工作的正面經驗可以改變個性，比方說，讓人變得更外向──而外向則是與快樂最為有關的相關變項。至於其它的社會經驗，例如婚姻，或許也可以產生類似的效果。

自尊也是快樂的一大來源，有時候甚至被視為快樂的一部份。問題是，自尊是否取決於財富呢？就兒童及學生而言，財富與自尊之間的相關度相當低，相關係數在 .15 到 .20 之間；這主要可能是因為，

家境較富裕的兒童，學業成就也較高。不過，Rosenberg 與 Pearlin (1978) 在他們針對2300名芝加哥成人所做的研究中卻發現，對那些把收入看得至為重要的人來說，財富與自尊間的相關為 .52，但對那些比較重視事業的人而言，相關度只有 .25。

　　性格也可以透過增進健康而間接影響到快樂。舉例來說，下面幾種性格的人健康狀況通常較差：一是著名的 A 型性格者（或者至少具備其中的敵對性格者），這些人心臟病發作的機率較高；二是 C 型性格者（即順從、被動的因應者），他們比較容易罹患癌症；再來是神經質的人，他們就是覺得自己病了。相對的，有強烈親和傾向的人，其免疫系統因而得以強化；個性強韌的人則能夠抵抗壓力。不過，正確的生活方式比上述任何一種性格都更加重要，所謂正確的生活方式，包括運動、不抽煙、飲酒不過量、健康的飲食，以及避免發胖。同樣地，上述差異事實上源於不同的生活方式以及父母的教養方式，而非財富的影響 (Argyle, 1992)。

正面的生命事件及情緒的誘發

　　正面的生命事件可以提升快樂。不過，快樂與事件頻率的相關度高過它跟事件強度的相關度；例如，在 Kanner 等人 (1981) 的研究中，相關度各別為 .33 及 .25，在 Diener 等人 (1991) 的研究中，相關度則各別為 .50 及 .25。人們表示，讓人情緒最好的事件包括：跟朋友聚會、性、飲食、休閒活動以及成功 (Scherer et al., 1986)。真實生活中的成功經驗大多來自工作，不過有些人則可從休閒活動中獲得，例如在運動比賽中獲勝。幽默是快樂的另一來源，而且是通俗娛樂中常見的要素。研究發現，快樂跟朋友數、性交頻率、參加宴會等相關，即使控制了年齡、教育等變項，這些相關依然存在。然而這些是因果效應嗎？還是因為個性開朗的人選擇花更多的時間跟朋友相處呢？根據研究情緒誘發的實驗室實驗，許多事件都可以誘發正面的

情緒，例如：聽悅耳的音樂、看喜劇片、在實驗室測驗或作業中表現良好、撿到一筆小錢、贏得一筆小錢等等。不過，這些效應通常十分短暫，只能維持十到十五分鐘。但我們前面所談到的，運動的效應就持續得比較久，十分鐘的快走可以提振心情達兩個小時。此外，有證據顯示，人們可以自己創造好事和壞事。Headey等人 (1984) 發現，外向的人在朋友間和工作上就經驗到比較多這樣的事件。

重大的生命事件可就不同了。先前我們看到，彩券中獎會帶來複雜、而且往往是負面的效應。其他重大的正面事件也是如此，像是孩子出世、升遷等等。這些事件雖然會帶來立即的正面效應，但也會逐漸消褪；而且無可避免的，生活方式也會因這些事件而有所改變 - 這又是進一步的效應了。

正面的生命事件還被人用來作爲提升快樂的方式。在「愉快活動療法」(pleasant-activities therapy) 當中，案主必須記一個月的日記，日記中所記錄的是，他每天做了哪些愉快的事，他當天結束時的心情又是如何。結果，這些事大多是休閒活動。透過計算，我們可以知道每位案主最喜歡什麼活動，然後再鼓勵他多做這些活動。研究發現，無論是憂鬱症患者或一般人，這種作法都是有效的 (Lewinsohn et al., 1982)。

那麼，財富是否能夠提高正面生命事件發生的可能性呢？有些高成本的事件 (例如上餐廳、上歌劇院) 或許如此，但大多不然；事實上，大多數還是免費的——例如跟朋友見面、性以及多數的休閒活動，這些我們先前已經看到過。另外，在實驗研究中，唯一一種跟錢有關的情緒誘發手段是「撿到」硬幣；不過，聽悅耳的音樂、看喜劇片等其他方法，其實更爲有效。

金錢是人類主要的動機嗎？

　　有件事很奇怪，就是心理學家雖然為人類的動機列出了長長的清單，例如 Maslow (1970) 和 Kabanoff (1982)，他們卻從未把金錢的需求或欲望列入其中（佛洛依德除外）。沒有任何清單提到，金錢是人類動機的一種。儘管如此，有證據顯示，很多人都有此需求。經濟學家假設，人們想要更多的錢來購買更多快樂的來源。不過他們也注意到，休閒活動也能令人滿足，但是要從事休閒活動，賺錢的時間就勢必要減少。

　　大多數人都表示想賺更多錢。在美國一項早期的普查當中，中度所得者表示，所得如果能夠提高 60%，他們就心滿意足了；所得較低者要的更多，他們希望提高 162% (Centers and Cantril 1946)。另一方面，只有 12% 的美國人認為，快樂就是「錢、足夠的錢、不錯的待遇和財產」；相對的，在一群法國人的樣本當中，卻有 52% 的人這麼想 (Cantril, 1951)。 Rokeach (1974) 發現，美國人把金錢的重要性排在其他九種價值之後：排名第一的為和平，其次為家庭安全、自由與平等。其它的調查研究則發現，承認自己把金錢當作生命中重要目標的人為數極少 (Lane, 1991)，這或許是因為，人們不願意坦誠自己抱持著這種拜金的、政治不正確的想法。

　　不過當然，錢可以幫助我們滿足其他(至少是一部份)的需求，因此，金錢或許更像是達成目標的手段。「代幣」經濟就成功地運用了金錢式誘因，不過我們不會因此而認定，案主真的「需要」這些塑膠代幣。代幣經濟是行為改變計畫，原本是以智能不足者或學習障礙患者為對象。當患者表現出預定的行為，他們就會獲得一枚金屬代幣或塑膠代幣，而這些代幣可用來換取食物、特權或金錢。無論是什麼樣的行為，我們都可以用這樣的方式來加以獎勵，我們也可以針對不同的人設定不同的行為。本法後來還被用在工作上，比方說，打

消員工吸煙的念頭或者鼓勵他們使用安全設備。許多實驗研究也發現，代幣經濟能夠成功地影響行為，不過有兩個例外：它無法讓藥癮患者停止嗑藥；另外有研究顯示，對 9 到 11 歲的兒童來說，早餐這項立即酬賞影響力更大。研究還發現，即使是非標的行為也會受到影響，特別是社交行為和幸福感。然而，若要造成永久性的行為改變，此種方法並不是那麼有效 (Lea et al., 1987)。在此，需求的對象是早餐而非代幣，不過我們很好奇，長期下來，會不會有一種對代幣的新需求被創造出來？

心理學裡頭有種說法相當常見，就是，初級的生理需求可能衍生出「次級需求」；比方說，當成就經常性地獲得食物或愛的酬賞時，成就便成為一項次級需求。金錢方面是否也會發生同樣的現象呢？金錢是否會變成一項新需求，獨立於其使用目的而存在呢？

有些人確實重視金錢－－而且極端重視。Furnham (1984) 對英國人的金錢態度進行了因素分析，結果找出了六個因素。第一個因素最能夠清楚地衡量一個人對金錢的需求或評價；它包括了以下這些項目：「我總是為自己的財務狀況感到擔憂」；「我堅信錢可以解決我所有的問題」；「為了錢，任何合法的事我都願意做，只要酬勞夠高」；「我把錢看得比享樂還重要」。 Lynn (1991) 把本量表的簡化版運用在一項國際研究中，結果發現，英國的得分 (6.11) 低於美國 (10.69) 和日本 (11.01)。愈貧窮的國家，得分愈高 （分數與國民生產毛額的相關係數為 - .52 ）；愈重視金錢的國家，經濟成長率也愈高。另外，男性的得分也高於女性。其他的研究則發現，金錢需求跟清教式工作倫理是相關的。

然而，研究發現，財務目標的追求會對其他目標產生負面的影響。Kasser 與 Ryan (1993) 就發現，重視或期望獲得財務成就的人，他們的幸福感與自我實現度都比較低，憂鬱和焦慮的程度則比較高。相反的，那些追求較高之自我接納、社群感及連結度的人，他們的幸

福感比較高。兩位作者認為，金錢這一類外在目標只能提供表面上的滿足，並不能滿足重要的需求，也無法促進個人成長或提升個人的幸福。在第六章中我們看到，人們也是以類似的方式在追求財產的。

心理學家不講金錢這項動機固然奇怪，經濟學家只探討金錢這項動機同樣奇怪。不過至少，在本章所回顧的這些研究當中，有一點不容置疑：人類對錢的渴望是普遍存在的，至少，在已開發國家是如此。此外，有普遍的證據顯示，人類還擁有其它需求，而且這些需求往往更為重要。同樣地，也有證據顯示，人們之所以渴望金錢，不單單只是為了得到金錢所能買到的東西。

金錢行為的幾種變奏

如今，經濟學家已經不再討論「經濟人」理論了，因為它立論不夠精確、難以檢驗、而且或許無法證明為錯 (Sen, 1977)。儘管如此，根據經濟學家所賴以運作的那套工作假設 (working assumptions) 來看，經濟學家所探討的仍是「理性經濟人」的行為。這些假設大概包括了下列幾項：(1)個人或家庭所追求的是自我利益；(2)個人或家庭都試圖要擴大效用（即滿足感），方式則是，用錢買；(3)對於要如何實現這些滿足感，他們擁有充分（雖非完整）的資訊；(4)金錢是獲得這些效用的唯一途徑，因此金錢是種基本動機；(5)大多人藉由工作來取得金錢，而這也正是他們工作的原因。

在過去，上述想法已遭到諸多批評（見 Furnham and Lewis, 1996)，這些論證此處不再贅述。本書涵蓋了金錢行為的各個不同面向，也描述了這些人類活動領域的狀況。在此，我們將彙整這些從理性經濟人觀點所獲得的主要研究發現，看看理性經濟人究竟成不成功。

1．金錢的象徵價值

我們在第一章探討了金錢本身，我們也看到了，金錢的意義和價值並不光取決於貨幣價值。無論是硬幣、紙鈔、支票或禮券，它們的運作方式都不大相同，意義也不一樣。舉例來說，現金通常不能用來當禮物，但禮券可以。此外，人們可能會對不同來源的金錢加以指定，只讓特定的人使用，或者只用於某些特定支出。

2．各種不同的金錢態度

根據研究者對金錢態度問卷項目所做的統計分析，我們得出若干因素，其中有的反映理性經濟人的想法，但多半不然。有人認為，金錢是邪惡的；有人認為，金錢是成就的象徵；有人十分享受花錢的滋味；也有人非常擔心他的錢；有人被錢迷了心竅；有人則為了在他人面前炫耀而花錢。上述這些行為，理性經濟人應該都不會做。

3．社會化與金錢

根據一些探討兒童如何學習金錢知識的研究，許多東西還有待兒童學習和了解，因此，他們沒有辦法扮演理性經濟人的角色。但即使是成年人，對於這些課題，例如投資、納稅和養老金，他們大多也一知半解，因此上述說法同樣適用在他們身上。

4．儲蓄、消費、賭博和納稅

人們之所以儲蓄，一方面是理性地為將來作準備（為了養老、購屋等等），一方面是為了儲蓄而儲蓄（這時候，儲蓄沒有道理可言）。儲蓄人的行為並不符合理性經濟人的作法；儲蓄人不在利率高的時候提高儲蓄額，也不在通貨膨脹率高的時候降低儲蓄額。所謂十賭九輸，強迫性的賭徒甚至毀了自己。大多賭徒只贏得了一件東西，那就是，贏錢的美夢。

5．金錢病理

　　有研究者調查人們的金錢態度，結果發現，人們一點也不理性。舉例來說，有三分之一的人表示，他們會在「焦慮、無聊、心煩、沮喪或憤怒」的時候去買東西；也有百分之十九的人說，他們會買一些自己並非真正需要的東西，只因為這些東西很便宜。研究還發現了數種金錢病理，例如守財奴、揮霍者、賭徒、大亨(這種人一心一意要賺錢)、貪小便宜者（這種人會強迫性地去尋找便宜貨）。不過當然，還有些人是比較理性的。

6．財產

　　有些財產顯然是用來滿足各種需求的，像是衣服、汽車、房子。有些財產可以拓展生活，像是電視機、船。財產也具備了象徵意義；它可以象徵財富，象徵一個人跟得上時代，因而導致時尚的不斷改變－然而，新款式的服裝不見得比舊的更好。在最受重視的財產當中，有些並無經濟價值，如家傳物、相片。再者，最重視物質財產的人對生活反而比較不滿意。

7．家庭內的金錢

　　經濟學家有時候會把家庭當作基本的消費單位；除此之外，家庭內的金錢還有一些有趣的特徵。做太太的雖然做了大多的家事，她們卻不拿薪水。兒童領有零用錢，但它並非工作的報酬，而且，父母往往供他們吃住，直到他們20多歲。至於老年人，他們或許也可以得到類似的對待。主要賺錢者用他的薪水來撫養家庭，但其他人並不覺得自己能夠隨意使用這些錢。然而，房子和屋內的財產往往被認為是家人所共有的，將來也會被近親所繼承。此外，家人是耶誕禮物或生日禮物的主要贈送對象，尤其是孩子－－無論他們有沒有做什麼事，無論之前有沒有見到他們。除了經濟價值之外，禮物還帶有其他意

義。最後，人們多半認為錢不適合用來當禮物。

8. 慈善捐贈

在英國，慈善捐贈平均佔所得的 1.4%；在美國，這項比例為 2%，有些人甚至高達10%。其中大多是以匿名的方式捐給主要的慈善機構。這是一種無經濟報酬的行為，但在美國可以獲得減稅；此外，並無證據顯示，同理心可以因此獲得滿足。人們之所以從事慈善

參考文獻

Abrahams, M. F. and Bell, R. A. (1994). Encouraging charitable contributions: an examination of three models of door-in-the-face compliance. *Communications Research, 21*, 131–53.

Abramovitch, R., Freedman, J. and Pliner, P. (1991). Children and money: getting an allowance, credit versus cash, and knowledge of pricing. *Journal of Economic Psychology, 12*, 27–46.

Adams, B. N. (1968). *Kinship in an Urban Setting*. Chicago: Markham.

Agnew, J.-C. (1993). Coming up for air: consumer culture in historical perspective. In J. Brewer and R. Porter (eds), *Consumption and the World of Goods* (pp. 19–39). London: Routledge.

Allingham, M. and Sandmo, A. (1972). Income tax evasion: a theoretical study. *Journal of Public Economics, 1*, 323–8.

Allport, G. W., Vernon, P. E. and Lindzey, G. (1951). *Study of Values*. Boston, MA: Houghton Mifflin.

Alves, W. M. and Rossi, P. H. (1978). Who should get what? Fairness judgments of the distribution of earnings. *American Psychologist, 84*, 541–64.

Anand, P. (1993). *Foundation of Rational Choice Under Risk*. Oxford: Oxford University Press.

Anderson, M. (1980). *Family Structure in Nineteenth Century Lancashire*. Cambridge: Cambridge University Press.

Anikeeff, A. (1957). The effect of parental income upon attitudes of business administrators and employees. *Journal of Social Psychology, 46*, 35–9.

Argyle, M. (1987). *The Psychology of Happiness*. London: Methuen.

Argyle, M. (1988). *Bodily Communication* (second edn). London: Methuen.

Argyle, M. (1989). *The Social Psychology of Work* (second edn). London: Penguin.

Argyle, M. (1991). *Co-operation.* London: Routledge.

Argyle, M. (1992). *The Social Psychology of Everyday Life*, London: Routledge.

Argyle, M. (1994). *The Psychology of Social Class*. London: Routledge.

Argyle, M. (1996). *The Social Psychology of Leisure*. London: Penguin.

Argyle, M. and Henderson, M. (1985). *The Anatomy of Relationships*. Harmondsworth: Penguin.

Argyle, M. and Lu, L. (1990). The happiness of extraverts. *Personality and Individual Differences, 11*, 1011–17.

Arocas, R., Pardo, I. and Diaz, R. (1995). *Psychology of Money: Attitudes and Perceptions within Young People*. Valencia, Spain: UPPEC.

Atkinson, A. B. (1983). *The Economics of Inequality*. Oxford: Clarendon Press.

Auten, G. and Rudney, G. (1990). The variability of individual charitable giving in the U.S. *Voluntas, 1*, 80–97.

Ayllon, T. and Azrin, N. (1968). *The Token Economy*. New York: Appleton-Century-Crofts.

Aylton, T. and Roberts, M. (1974). Eliminating discipline problems by strengthening academic performance. *Journal of Applied Behaviour Analysis, 7,* ?1–6.

Babin, B. and Darden, W. (1996). The good and bad shopping vibes: Spending and patronage satisfaction. *Journal of Business Research, 35,* 201–6.

Bailey, W. and Gustafson, W. (1991). An examination of the relationship between personality factors and attitudes to money. In R. Frantz, H. Singh and J. Gerber (eds), *Handbook of Behavioral Economics* pp. 271–85. Greenwich, CT: JAI Press.

Bailey, W. and Lown, J. (1993). A cross-cultural examination of the aetiology of attitudes toward money. *Journal of Consumer Studies and Home Economics, 17,* 391–402.

Bailey, W., Johnson, P., Adams, C., Lawson, R., Williams, P. and Lown, J. (1994). An exploratory study of money beliefs and behaviours scale using data from 3 nations. *Consumer Interests Annual* pp. 178–85. Columbia, MO: ACCZ.

Banks, M. H. and Jackson, P. R. (1982). Unemployment and risk of minor psychiatric disorder in young people: cross-sectional and longitudinal evidence. *Psychological Medicine, 12,* 789–98.

Batson, C. D. (1991). *The Altruism Question*. Hove: Erlbaum.

Baumann, D. J., Cialdini, R. B. and Kenrick, D. (1981). Altruism as hedonism: helping and self-gratification as equivalent responses. *Journal of Personality and Social Psychology, 40,* 1039–46.

Beaglehole, E. (1931). *Property: A Study in Social Psychology*. London: Allen & Unwin.

Beggan, J. K. (1991). Using what you own to get what you need: the role of possessions in satisfying control motivations. In *To Have Possessions: A Handbook on Ownership and Property, Special issue of Journal of Social Behavior and Personality, 6,* 129–46.

Behrend, H. (1988). The Wage–Work bargain. *Managerial and Decision Economics, 18,* 51–7.

Belk, R. W. (1984). Three scales to measure constructs related to materialism: reliability, validity, and relationships to measures of happiness. In T. C. Kinnear (ed.), *Advances in Consumer Research*, Vol. 11 (pp. 291–7). Provo, UT: Association for Consumer Research.

Belk, R.W. (1991). The ineluctable mysteries of possessions. In *To Have Possessions: A Handbook on Ownership and Property, Special issue of Journal of Social Behavior and Personality, 6,* 17–55.

Belk, R. and Wallendorf, M. (1990). The sacred meaning of money. *Journal of Economic Psychology, 11,* 35–67.

Bell, R. A., Cholerton, M., Fraczek, K. E. and Rohifs, G. S. (1994). Encouraging donations to charity: a field study of competing and complementary factors in tactic sequencing. *Western Journal of Communication, 58,* 98–115.

Bellack, A. and Hersen, M. (1980). *Introduction to Clinical Psychology*. Oxford: Oxford University Press.

Beloff, H. (1957). The structure and origin of the anal character. *Genetic Psychology Monograph, 55,* 141–72.

Benson, P. L. and Catt, V. L. (1978). Soliciting charity contributions: the parlance of asking for money. *Journal of Applied Social Psychology, 8,* 84–95.

Benton, A. A., Kelley, H. H. and Liebling, B. (1972). Effects of extremity of offers and concession rate on the outcome of bargaining. *Journal of Personality and Social Psychology, 24,* 73–82.

Berdyev, M.-S. and Il'yasov, F.-N. (1990). When a wedding partner is bought. *Sotsiologicheskie-Issledovaniya, 17,* 58–65.

Bergler, E. (1958). *The Psychology of Gambling*. London: Hanison.

Bergström, S. (1989). Economic phenomenology: Naive economics in the adult population in Sweden. Conference Paper.

Berkowitz, L., Fraser, C., Treasure, F. P. and Cochran, S. (1987). Pay, equity, job qualifications, and comparisons in pay satisfaction. *Journal of Applied Psychology, 72*, 544–51.

Bertaux, D. and Bertaux-Wiame, I. (1988). The family enterprise and its lineage: inheritance and social mobility over five generations. *Récits de Vie, 4*, 8–26.

Berti, A. and Bombi, A. (1979). Where does money come from? *Archivio di Psicologia, 40*, 53–77.

Berti, A. and Bombi, A. (1981). The development of the concept of money and its value: a longitudinal analysis. *Child Development, 82*, 1179–82.

Berti, A. and Bombi, A. (1988). *The Child's Construction of Economics*. Cambridge: Cambridge University Press.

Berti, A., Bombi, A. and Beni, R. (1986). Acquiring economic notions: profit. *International Journal of Behavioural Development, 9*, 15–29.

Berti, A., Bombi, A. and Lis, A. (1982). The child's conception about means of production and their owners. *European Journal of Social Psychology, 12*, 221–39.

Biddle, S. and Mutrie, N. (1991). *Psychology of Physical Activity and Exercise*. London: Springer-Verlag.

Binder, L. and Rohling, M. (1996). Money matters: a meta-analytic review of the effects of financial incentives on recovery after closed-head surgery. *American Journal of Psychiatry, 153*, 7–10.

Birdwell, A. E. (1968). A study of the influence of image congruence on consumer choice. *Journal of Business, 41*, 76–88.

Birtchnell, J. (1971). Social class, parental social class, and social mobility in psychiatric patients and general population controls. *Psychological Medicine, 1*, 209–21.

Black, D. (1976). *The Behaviour of Law*. New York: Academic Press.

Black, D. (1988). *Inequalities in Health*. Harmondsworth: Penguin.

Black, S. (1966). *Man and Motor Cars*. London: Secker & Warburg.

Blauner, R. (1960). Work satisfaction and industrial trends in modern society. In W. Galenson and S. M. Lipset (eds), *Labor and Trade Unions*. New York: Wiley.

Blaxter, M. (1990). *Health and Lifestyle*. London: Tavistock/Routledge.

Blood, R. O. (1995). *The Family* (fifth edn.). Fort Worth TX: Harcourt Brace.

Blood, R. O. and Wolfe, D. M. (1960). *Husbands and Wives: The Dynamics of Married Living*. Glencoe, Ill: The Free Press.

Blumberg, P. (1974). The decline and fall of the status symbol: some thoughts on status in a post-industrial society. *Social Problems, 21*, 490–8.

Borneman, E. (1973). *The Psychoanalysis of Money*. New York: Unrizen.

Bradburn, N. (1969). *The Structure of Psychological Well-being*. Chicago: Aldine.

Brenner, M. (1973). *Mental Illness and the Economy*. Cambridge, MA: Harvard University Press.

Brophy, M. and McQuillan, J. (1993). *Charity Trends 1003*. Tonbridge: Charities Aid Foundation.

Brown, G. W. and Harris, T. (1978). *Social Origins of Depression*. London: Tavistock.

Brown, R. (1978). Divided we fall: an analysis of relations between sections of a factory workforce. In H. Tajfel (ed.), *Differentiation between Social Groups*. London: Academic Press.

Bruce, V., Gilmore, D., Mason, L. and Mayhew, P. (1983a). Factors affecting the perceived value of coins. *Journal of Economic Psychology, 4*, 335–47.

Bruce, V., Howarth, C., Clark-Carter, D., Dodds, A. and Heyes, A. (1983b). All

change for the pound: human performance tests with different versions of the proposed UK one pound coin. *Ergonometrics, 26,* 215–21.

Bruner, J. and Goodman, C. (1947). Value and need as organizing factors in perception. *Journal of Abnormal and Social Psychology, 42,* 33–44.

Bull, R. and Gibson-Robinson, E. (1981). The influences of eye-gaze, style of dress, and locality on the amounts of money donated to a charity. *Human Relations, 34,* 895–905.

Bull, R. and Stevens, J. (1981). The effects of facial disfigurement on helping behaviour. *Italian Journal of Psychology, 8,* 25–33.

Burgard, P., Cheyne, W. and Jahoda, G. (1989). Children's representations of economic inequality: a replication. *British Journal of Developmental Psychology, 7,* 275–87.

Burgoyne, C. B. (1990). Money in marriage: how patterns of allocation both reflect and conceal power. *Sociological Review, 38,* 634–65.

Burke, P. (1993). Conspicuous consumption in the early modern world. In J. Brewer and R. Porter (eds), *Consumption and the World of Goods* (pp. 140–61). London: Routledge.

Burris, V. (1983). Stages in the development of economic concepts. *Human Relations, 36,* 791–812.

Burroughs, W. J., Drews, D. R. and Hallman, W. K. (1991). Predicting personality from personal possessions: a self-presentational analysis. In F. W. Rudmin (ed.), *To Have Possessions: A Handbook on Ownership and Property, Special Issue of Journal of Social Behavior and Personality, 6,* 147–63.

Campbell, A., Converse, P. E. and Rogers, W. L. (1976). *The Quality of American Life.* New York: Sage.

Campbell, C. (1992). The desire for the new. In R. Silverstone and E. Hirsch (eds), *Consuming Technologies.* London: Routledge.

Canter, D. (1977). *The Psychology of Place.* London: Architectural Press.

Cantril, H. (ed.). (1951). *Public Opinion 1935–1946.* Princeton, NJ: Princeton University Press.

Cantril, H. (1965). *The Pattern of Human Concerns.* New Brunswick, NJ: Rutgers University Press.

Caplow, T. (1982). Christmas gifts and kin networks. *American Sociological Review, 47,* 383–92.

Caplow, T. (1984). Rule enforcement without visible means: Christmas gift giving in Middletown. *American Psychologist, 89,* 1306–23.

Carrier, J. G. (1995). *Gifts and Commodities.* London: Routledge.

Carruthers, B. and Babb, S. (1996). The colour of money and the nature of value: greenbacks and gold in post bellum America. *American Journal of Sociology, 101,* 1556–91.

Carson, E. D. (1990). Patterns of giving in Black churches. In R. Wuthnow and V. A. Hodgkinson (eds), *Faith and Philanthropy in America.* San Francisco: Jossey-Bass.

Casey, J. (1989). *The History of the Family.* Oxford: Blackwell.

Cassidy, T. and Lynn, R. (1991). Achievement motivation, educational attainment, cycles of disadvantage and social competence: some longitudinal data. *British Journal of Educational Psychology, 61,* 1–12.

Catt, V. and Benson, P. L. (1977). Effect of verbal modeling on contributions to charity. *Journal of Applied Psychology, 62,* 81–5.

Centers, R. and Cantril, H. (1946). Income satisfaction and income aspiration. *Journal of Abnormal and Social Psychology, 41,* 64–9.

Central Statistical Office (1984). *Social Trends.* London: HMSO.

Central Statistical Office (1987). *Social Trends.* London: HMSO.

Central Statistical Office (1992). *Social Trends.* London: HMSO.

Central Statistical Office (1993). *Family Spending*. London: HMSO.
Central Statistical Office (1994). *Family Expenditure Survey*. London: HMSO.
Central Statistical Office (1995). *Family Spending*. London: HMSO.
Central Statistical Office (1996). *Social Trends*. London: HMSO.
Certo, S. (1995). *Human Relations Today*. New York: Austen Press.
Charities Aid Foundation (1990). *International Giving and Volunteering*. Tonbridge: Charities Aid Foundation.
Charities Aid Foundation (1991). *Individual Giving Survey 1990–1*. Tonbridge: Charities Aid Foundation.
Charities Aid Foundation (1993). *Charity Trends 1993*. Tonbridge: Charities Aid Foundation.
Charities Aid Foundation (1994). *International Giving and Volunteering*. Tonbridge: Charities Aid Foundation.
Cheal, D. (1988). *The Gift Economy*. London: Routledge.
Chizmar, J. and Halinski, R. (1983). Performance in the Basic Economic Test (BET) and 'Trade-offs' *Journal of Economic Education*, *14*, 18–29.
Chown, J. (1994). *A History of Money*. London: Routledge.
Cialdini, R. B. (1984). *Influence*. New York: Quill.
Cialdini, R. B. and Schroeder, D.A. (1976). Increasing compliance by legitimizing paltry contributions: when a penny helps. *Journal of Personality and Social Psychology*, *34*, 599–604.
Cialdini, R. B., Houlihan, D., Arps, K., Fultz, J. and Beaman, A. L. (1987). Empathy-based helping: is it selflessly or selfishly motivated? *Journal of Personality and Social Psychology*, *52*, 749–58.
Cialdini, R. B., Vincent, J. E., Lewis, S. K., Catalan, J., Wheeler, D. and Danby, B. L. (1975). Reciprocal concessions procedure for inducing compliance: the door-in-the-face technique. *Journal of Personality and Social Psychology*, *31*, 206–15.
Clark, A. E. and Oswald, A. J. (1993). Satisfaction and comparison income, University of Essex, Dept of Economics Discussion Paper. Series No. 419.
Clark, M. S. (1986). Evidence for the effectiveness of manipulation of communal and exchange relationships. *Personality and Social Psychology Bulletin*, *12*, 414–25.
Clark, M. S. and Reis, H. T. (1988). Interpersonal processes in close relationships. *Annual Review of Psychology*, *39*, 609–72.
Clydesdale, T. T. (1990). Soul winning and social work: giving and caring in the evangelical tradition. In R. Wuthnow and V. A. Hodgkinson (eds), *Faith and Philanthropy in America*. San Francisco: Jossey-Bass.
Cohen, A. and Gattiker, U. E. (1994). Rewards and organisational commitment across structural characteristics: a meta-analysis. *Journal of Business*, *9*, 137–57.
Cohen, J. (1972). *Psychological Probability*. London: Allen & Unwin.
Collard, D. A. (1978). *Altruism and Economics*. Oxford: Martin Robertson.
Conger, R. D. Ge, X., Elder, G. H., Lorenz, F. O. and Simons, R. L. (1994). Economic stress, coercive family process, and developmental problems of adolescents. *Child Development*, *65*, 541–61.
Cordes, J., Galper, H. and Kirby, S. (1990). Causes of over-withholding: Forced saving, transaction costs? Unpublished paper. Economics Dept, George Washington University.
Cornish, D. (1978). *Gambling: A Review of the Literature*. London: HMSO.
Corrigan, P. (1989). Gender and the gift: the case of the family clothing economy. *American Journal of Sociology*, *23*, 513–34.
Coulborn, W. (1950). *A Discussion of Money*. London: Longmans, Green & Co.
Couper, M. and Brindley, T. (1975). Housing classes and housing values. *Sociological Review*, *23*, 563–76.

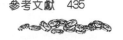

Cowell, F. (1990). *Cheating the Government*. Cambridge, MA: MIT Press.

Cox, C. and Cooper, C. (1990). *High Flyers*. Oxford: Blackwell.

Cram, F. and Ng, S. (1989). Children's endorsements of ownership attributes. *Journal of Economic Psychology*, *10*, 63–75.

Croome, H. (1956). *Introduction to Money*. London: Methuen.

Crosbie-Burnett, M. and Giles-Sims, J. (1991). Marital power in stepfather families: a test of normative-resources theory. *Journal of Family Psychology*, *4*, 484–96.

Crusco, A. H. and Wetzel, C. G. (1984). The Midas touch: the effects of interpersonal touch on restaurant tipping. *Personality and Social Psychology Bulletin*, *10*, 512–17.

Csikszentmihalyi, M. and Csikszentmihalyi, I. S. (eds) (1988). *Optimal Experience*. Cambridge: Cambridge University Press.

Csikszentmihalyi, M. and Rochberg-Halton, E. (1981). *The Meaning of Things: Domestic Symbols and the Self*. Cambridge: Cambridge University Press.

Cummings, S. and Taebel, D. (1978). The economic socialization of children: A neo-Marxist analysis. *Social Problems*, *26*, 198–210.

Cunningham, M. R. (1979). Weather, mood, and helping behavior: quasi-experiments with the sunshine Samaritan. *Journal of Personality and Social Psychology*, *37*, 1947–56.

Cunningham, M. R., Steinberg, J. and Grev, R. (1980). Wanting and having to help: Separate motivations for positive mood and guilt-induced helping. *Journal of Personality and Social Psychology*, *38*, 181–92.

Dahlbäck, O. (1991). Saving and risk taking. *Journal of Economic Psychology*, *12*, 479–500.

Dalton, G. (1971). Economic theory and primitive society. *American Anthropologist*, *63*, 1–25.

Daly, M. and Wilson, M. (1988). Evolutionary social psychology and family homicide. *Science*, *242*, 519–24.

Danziger, K. (1958). Children's earliest conceptions of economic relationships. *Journal of Social Psychology*, *47*, 231–40.

Davidson, O. and Kilgore, J. (1971). A model for evaluating the effectiveness of economic education in primary grades. *Journal of Economic Education*, *3*, 17–25.

Davies, E. and Lea, S. (1995). Student attitudes to student debt. *Journal of Economic Psychology*, *16*, 663–79.

Davis, J. (1972). Gifts and the UK economy. *Man*, *7*, 408–29.

Davis, J. (1992). *Exchange*. Buckingham: Open University Press.

Davis, K. and Taylor, R. (1979). *Kids and Cash*. La Jolla, CA: Oak Tree.

Davison, J. P., Sargent Florence, P., Gray, B. and Ross, N. S. (1958). *Productivity and Economic Incentives*. London: Allen & Unwin.

Dawson, J. (1975). Socio-economic differences in size – judgements of discs and coins by Chinese Primary VI children in Hong Kong. *Perceptual and Motor Skills*, *41*, 107–10.

Deci, E. L. (1980). *The Psychology of Self-determination*. Lexington, MA: D. C. Heath.

Deci, E. L. and Ryan, R. (1985). *Intrinsic Motivation and Self-determination in Human Behavior*. New York: Plenum Press.

Delphy, C. and Leonard, D. (1992). *Familiar Exploitation*. Cambridge: Polity Press.

Denny, J., Kemper, V., Novak, V., Overby, P. and Young, A. P. (1993). George Bush's ruling class. *International Journal of Health Services*, *23*, 95–132.

Devereux, E. (1968). Gambling in psychological and sociological perspective. *International Encyclopedia of the Social Sciences*, *6*, 53–62.

 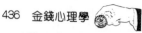

D'Hondt, W. and Vandewiele, M. (1984). Beggary in West Africa. *Journal of Adolescence*, 7, 59–72.

Dickins, D. and Ferguson, V. (1957). Practices and attitudes of rural white children concerning money. Technical report No. 43. Mississippi State College.

Dickinson, J. and Emler, N. (1996). Developing ideas about distribution of wealth. In P. Lunt and A. Furnham (eds), *Economic Socialization* (pp. 47–68). Cheltenham: Edward Elgar.

Diener, E. and Diener, C. (1995). The wealth of nations revisited: income and quality of life. *Social Indicators Research*, 36, 275–86.

Diener, E. and Lucas, R. E. (in press). Personality and subjective well-being. In D. Kahneman, E. Diener and N. Schwarz (eds), *Understanding Well-being: Scientific Perspectives on Enjoyment and Suffering*, New York, Russell Sage.

Diener, E., Diener, M. and Diener, C. (1995). Factors predicting the subjective well-being of nations. *Journal of Personality and Social Psychology*, 69, 851–64.

Diener, E., Horwitz, J. and Emmons, R.A. (1988). Happiness of the very wealthy. *Social Indicators Research*, 16, 263–74.

Diener, E., Sandvik, E. and Pavot, W. (1991). Happiness is the frequency, not the intensity, of positive versus negative effect. In F. Strack, M. Argyle and N. Schwarz (eds), *Subjective Well-being*, Oxford, Pergamon.

Diener, E., Sandvik, E., Seidlitz, L. and Diener, M. (1993). The relationship between income and subjective well-being: relative or absolute? *Social Indicators Research*, 28, 195–223.

Dilliard, J. P., Hunter, J. E. and Burgoon, M. (1984). Sequential request persuasive strategies: meta-analysis of foot-in-the-door and door-in-the-face. *Human Communication Research*, 10, 461–88.

Dismorr, B. (1902). Ought children to be paid for domestic services? *Studies in Education*, 2, 62–70.

Dittmar, H. (1992). *The Social Psychology of Material Possessions*. Hemel Hempstead: Harvester Wheatsheaf.

Dittmar, H. (1994). Material possessions as stereotypes: material images of different socio-economic groups. *Journal of Economic Psychology*, 15, 561–85.

Dittmar, H. and Pepper, L. (1994). To have is to be: materialism and person perception in working-class and middle-class British adolescents. *Journal of Economic Psychology*, 15, 233–51.

Dodd, N. (1994). *The Sociology of Money*. New York: Continuum.

Doob, A. N. and McLaughlin, D. S. (1989). Ask and you shall be given: request size and donations to a good cause. *Journal of Applied Social Psychology*, 19, 1049–56.

Dooley, D. and Catalano, R. (1977). Money and mental disorder: toward behavioral cost accounting for primary prevention. *American Journal of Community Psychology*, 5, 217–27.

Douglas, M. (1967). Primitive rationing. In R. Firth (ed.), *Themes in Economic Anthropology*. (pp. 119–46) London: Tavistock.

Douglas, M. and Isherwood, B. (1979). *The World of Goods: Towards an Anthropology of Consumption*. London: Allen Lane.

Douty, C. M. (1972). Disasters and charity: some aspects of cooperative economic behavior. *The American Economic Review*, 62, 580–90.

Downes, D., Davis, B., David, M. and Stone, P. (1976). *Gambling, Work and Leisure*. London: Routledge.

Duesenberry, J. (1949). *Income, Saving and the Theory of Consumer Behaviour*. Cambridge, MA: Harvard University Press.

Dunn, P. (1983). *The Book of Money Lists*. London: Arrow Books.

Easterlin, R. (1973). Does money buy happiness? *The Public Interest*, 30, 3–10.

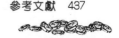

Easterlin, R. A. (1974). Does economic growth improve the human lot? Some empirical evidence. In P. A. David and M. Abrovitz (eds), *Nations and House-holds in Economic Growth*. New York: Academic Press.

Easterlin, R. A. (1995). Will raising the incomes of all increase the happiness of all? *Journal of Economic Behavior and Organization, 27*, 35–47.

Eayrs, C. B. and Ellis, N. (1990). *British Journal of Social Psychology, 29*, 349–66.

Edgell, S. (1980). *Middle-class Couples*. London: Allen & Unwin.

Edgell, S. and Duke, V. (1982). Reactions to the public expenditure cuts: occupational class and part realignment. *Sociology, 16*, 431–5.

Edgell, S. and Duke, V. (1991). *A Message of Thatcherism*. London: Harper-Collins.

Edwards, W. (1953). Probability-preferences in gambling. *American Journal of Psychology, 66*, 349–64.

Edwards, J. N. and Klemmack, D. L. (1973). Correlates of life satisfaction: A re-examination. *Journal of Gerontology, 28*, 497–502.

Eisenberg, N., Haake, R. J. and Bartlett, K. (1981). The effects of possessions and ownership on the sharing and proprietary behaviors of preschool children. *Merrill-Palmer Quarterly, 27*, 61–8.

Eisenberger, R. (1992). Learned Industriousness. *Psychological Review, 99*, 248–67.

Ellis, L. (1985). On the rudiments of possessions and property. *Social Science Information, 24*, 113–43.

Elston, M. A. (1980). Medicine: half our future doctors? Cited in I. Reid and E. Stratta, *Sex Differences in Britain*. Aldershot: Gower.

Emler, N. and Anderson, J. (1985). Children's representation of economic inequality: the effects of social class. *British Journal of Developmental Psychology, 3*, 191–8.

Emler, N. and Dickinson, J. (1985). Children's representation of economic inequality. *British Journal of Developmental Psychology, 3*, 191–8.

Emler, N. P. and Rushton, J. P. (1974). Cognitive-developmental factors in children's generosity. *British Journal of Social and Clinical Psychology, 13*, 277–81.

Emswiller, T., Deaux, K. and Willits, J. E. (1971). Similarity, sex, and requests for small favours. *Journal of Applied Social Psychology, 1*, 284–91.

Evans, G. (1992). Is Britain a class-divided society? A reanalysis and extension of Marshall *et al.*'s study of class consciousness. *Sociology, 26*, 233–58.

Evans-Pritchard, E. E. (1940). *The Nuer*. Oxford: Clarendon Press.

Eysenck, H. (1976). The structure of social attitudes. *Psychological Reports, 39*, 463–6.

Eysenck, M. and Eysenck, M. (1982). Effects of incentive on cued recall. *Quarterly Journal of Experimental Psychology, 34*, 191–8.

Faber, R. and O'Guinn, T. (1988). Compulsive consumption and credit abuse. *Journal of Consumer Policy, 11*, 97–109.

Fank, M. (1994). The development of a money-handling inventory. *Personality and Individual Differences, 17*, 147–52.

Feather, N. (1991). Variables relating to the allocation of pocket money to children: Parental reasons and values. *British Journal of Social Psychology, 30*, 221–34.

Feist, G. J., Bodner, T. E., Jacobs, J. F. and Miles, M. (1995). Integrating top-down and bottom-up models of subjective well-being: a longitudinal investigation. *Journal of Personality and Social Psychology, 68*, 138–50.

Felson, M. (1978). Invidious distinctions among cars, clothes and suburbs. *Public Opinion Quarterly, 42*, 49–58.

Fenichel, O. (1947). The drive to amass wealth. In O. Fenichel and O. Rapoport (eds), *The Collected Papers of O. Fenichel*. New York: Norton.

Ferenczi, S. (1926). *Further Contributions to the Theory and Techniques of Psychoanalysis*. New York: Norton.

Fischer, L. (1983). Mothers and mothers-in-law. *Journal of Marriage and the Family*, *45*, 187–192.

Fischer, E. and Arnold, S. J. (1990). More than a labor of love: Gender roles and Christmas gift shopping. *Journal of Consumer Research*, *17*, 333–45.

Fletcher, R. (1966). *The Family and Marriage in Britain*. Harmondsworth: Penguin.

Foa, U. G., Converse, J., Tornblom, K.V. and Foa, E.B. (1993). *Resource Theory: Explorations and Applications*. San Diego: Harcourt Brace Jovanovich.

Forman, N. (1987). *Mind over Money: Curing your Financial Headaches with Money Sanity*. Toronto, Ontario: Doubleday.

Formanek, R. (1991). Why they collect: collectors reveal their motivations. In *To Have Possessions: A Handbook on Ownership and Property, Special Issue of Journal of Social Behavior and Personality*, *6*, 275–86.

Forsythe, S. M. N., Drake, M. F. and Hogan, J. H. (1985). Influence of clothing attributes on the perception of personal characteristics. In M. R. Solomon (ed.), *The Psychology of Fashion*. Lexington: Heath.

Fournier, S. and Richins, M.L. (1991). Some theoretical and popular notions concerning materialism. In *To Have Possessions: A Handbook on Ownership and Property, Special issue of Journal of Social Behavior and Personality*, *6*, 403–14.

Fox, C. R. and Kahneman, D. (1992). Correlations, causes and heuristics in surveys of life satisfaction. *Social Indicators Research*, *27*, 221–34.

Freedman, J. L. and Fraser, S. C. (1966). Compliance without pressure: the foot-in-the-door technique. *Journal of Personality and Social Psychology*, *4*, 195–202.

Freedman, R., Moots, B., Sun, T. -H. and Weinberger, M. B. (1978). Household composition and extended kinship in Taiwan. *Population Studies*, *32*, 65–80.

Freud, S. (1908). *Character and Anal Eroticism*. London: Hogarth.

Freud, S. (1928). Dostoevsky and parricide. In J. Strachey (ed.), *The Standard Edition of the Complete Psychological Works of Sigmund Freud*, *21*, 177–96. London: Hogarth.

Friedman, H. (1957). *A Theory of the Consumption Function*. Princeton, NJ: Princeton University Press.

Furby, L. (1978). Possessions: toward a theory of their meaning and functions throughout the life-cycle. In P. B. Baltes (ed.), *Life Span Development and Behavior* (pp. 297–336). New York: Academic Press.

Furby, L. (1980a). The origins and development of early possessive behaviour. *Political Psychology*, *1*, 3–23.

Furby, L. (1980b). Collective possession and ownership. *Social Behaviour and Personality*, *8*, 165–84.

Furnham, A. (1982). The perception of poverty among adolescents. *Journal of Adolescence*, *5*, 135–47.

Furnham, A. (1983). Inflation and the estimated sizes of notes. *Journal of Economic Psychology*, *4*, 349–52.

Furnham, A. (1984). Many sides of the coin: the psychology of money usage. *Personality and Individual Differences*, *5*, 95–103.

Furnham, A. (1985a). A short measure of economic beliefs. *Personality and Individual Differences*, *6*, 123–6.

Furnham, A. (1985b). The perceived value of small coins. *Journal of Social Psychology*, *125*, 571–5.

Furnham, A. (1985c). Why do people save? *Journal of Applied Social Psychology*, *15*, 354–73.

Furnham, A. (1990). *The Protestant Work Ethic*. London: Routledge.

Furnham, A. (1992). *Personality at Work*. London: Routledge.

Furnham, A. (1995). The just world, charitable giving and attitudes to disability. *Personality and Individual Differences*, *19*, 577–83.

Furnham, A. (1996a). *The Myths of Management*. London: Whurr.

Furnham, A. (1996b). Attitudinal correlates and demographic predictors of monetary beliefs and behaviours. *Journal of Organizational Behaviour*, *17*, 375–88.

Furnham, A. (1997). *The Psychology of Behaviour at Work*. London: Psychology Press.

Furnham, A. and Bochner, S. (1996). *Culture Shock*. London: Methuen.

Furnham, A. and Cleare, A. (1988). School children's conceptions of economics: prices, wages, investments and strikes. *Journal of Economic Psychology*, *9*, 467–79.

Furnham, A. and Jones, S. (1987). Children's views regarding possessions and their theft. *Journal of Moral Education*, *16*, 18–30.

Furnham, A. and Lewis, A. (1996). *The Economic Mind*. Brighton: Wheatsheaf.

Furnham, A. and Lunt, P. L. (1996). *Economic Socialization*. Cheltenham: Edward Elgar.

Furnham, A. and Rose, M. (1987). Alternative ethics. *Human Relations*, *40*, 561–74.

Furnham, A. and Stacey, B. (1991). *Young People's Understanding of Society*. London: Routledge.

Furnham, A. and Stringfield, P. (1994). Congruence of self and subordinate ratings of managerial practices as a correlate of supervisor evaluation. *Journal of Occupational and Organizational Psychology*, *67*, 57–67.

Furnham, A. and Thomas, P. (1984a). Adult perceptions of the economic socialization of children. *Journal of Adolescence*, *7*, 217–31.

Furnham, A. and Thomas, P. (1984b). Pocket-money: a study of economic education. *British Journal of Developmental Psychology*, *2*, 205–12.

Furnham, A. and Weissman, D. (1985). Children's perceptions of British coins. Unpublished paper.

Furth, H. (1980). *The World of Grown-ups*. New York: Elsevier.

Furth, H., Baur, M. and Smith, J. (1976). Children's conceptions of social institutions: A Piagetian framework. *Human Development*, *19*, 351–74.

Fussell, P. (1984). *Caste Marks: Style and Status in the USA*. London: Heinemann.

Galbraith, J. K. (1984). *The Affluent Society* (4th edn). Boston, MA: Houghton Mifflin.

Gallie, D. (1983). *Social Inequality and Class Radicalism in France and England*. Cambridge: Cambridge University Press.

Garner, T. I. and Wagner, J. (1991). Economic dimensions of household gift giving. *Journal of Consumer Research*, *18*, 368–79.

Gecas, V. and Seff, M. A. (1990). Social class and self-esteem: psychological centrality, compensation, and the relative effects of work and home. *Social Psychology Quarterly*, *53*, 165–73.

Gianotten, H. and van Raaij, W. (1982). Consumer credit and saving as a function of income and confidence. Paper at 7th Economic Psychology Conference.

Gibbins, K. (1969). Communication aspects of women's clothing and their relation to fashionability. *British Journal of Social and Clinical Psychology*, *8*, 301–12.

Gilovitch, T. (1983). Biased evaluation and persistence in gambling. *Journal of Personality and Social Psychology*, *6*, 1110–26.

Godfrey, N. (1995). *A Penny Saved: Teaching your Children the Values of Life Skills they will Need to Live in the Real World*. New York: Fireside.

Goffman, E. (1956). *The Presentation of Self in Everyday Life*. Edinburgh: Edinburgh University Press.

Goffman, E. (1961). *Asylums*. Garden City, NY: Doubleday Anchor.

Goldberg, H. and Lewis, R. (1978). *Money Madness: The Psychology of Saving, Spending, Loving and Hating Money*. London: Springwood.

Goldthorpe, J. H., Llewellyn, C. and Payne, C. (1987). *Social Mobility and Class Structure in Modern Britain*. Oxford: Clarendon Press.

Gouldner, A. W. (1960). The norm of reciprocity: a preliminary statement. *American Sociological Review*, 25, 161–78.

Graham, H. (1987). Being poor: perception and coping strategies of lone mothers. In J. Brannen and G. Wilson (eds), *Give and Take in Families: Studies in Resource Distribution*. London: Allen & Unwin.

Gresham, A. and Fontenot, G. (1989). The different attitudes of the sexes toward money: an application of the money attitude scale. *Advances in Marketing*, 8, 380–4.

Grusec, J. E., Kuczynksi, L., Rushton, J.-P. and Simutis, Z. M. (1978). Modelling, direct instruction, and attributions: Effects on altruism. *Developmental Psychology*, 14, 51–7.

Grygier, T. (1961). *The Dynamic Personality Inventory*. Windsor: NFER.

Gulerce, A. (1991). Transitional objects: a reconsideration of the phenomenon. In F. W. Rudmin (ed.), *To Have Possessions: A Handbook on Ownership and Property*. *Special Issue of Journal of Social Behavior and Personality*, 6, 187–208.

Guzzo, R., Jette, R. D. and Katzell, R. A. (1985). The effects of psychologically based interventions programs on worker productivity: a meta analysis. *Personnel Psychology*, 38, 275–91.

Hackman, J. R. and Oldham, G. R. (1980). *Work Redesign*. Reading, MA: Addison-Wesley.

Hagen, P. J. (1982). *Blood: Gift or Merchandise*. New York: Alan R. Liss.

Haines, W. (1986). Inflation and the real rate of interest. *Journal of Economic Psychology*, 7, 351–7.

Halfpenny, P. and Lowe, D. (1994). *Individual Giving and Volunteering in Britain* (7th ed). Tonbridge: Charities Aid Foundation.

Halfpenny, P. and Petipher, C. (1994). *Individual Giving and Volunteering in Britain* (7th edn). Tonbridge, Kent: Charities Aid Foundation.

Hamid, P. N. (1968). Style of dress as a perceptual cue in impression formation. *Perceptual and Motor Skills*, 26, 904–6.

Hanf, C. and von Wersebe, B. (1994). Price quality and consumers' behaviour. *Journal of Consumer Policy*, 17, 335–48.

Hanley, A. and Wilhelm, M. (1992). Compulsive buying: An exploration into self-esteem and money attitudes. *Journal of Economic Psychology*, 13, 5–18.

Hansen, H. (1985). The economics of early childhood education in Minnesota. *Journal of Economic Education*, 16, 219–24.

Hanson, J. (1964). *Money*. London: English Universities Press.

Harbury, C. D. and Hitchens, D. M. W. M. (1979). *Inheritance and Wealth Inequality in Britain*. London: Allen & Unwin.

Harp, S. S., Stretch, S. M. and Harp, D. A. (1985). The influence of apparel on responses to television news anchor women. In M. R. Solomon (ed.), *The Psychology of Fashion*. Lexington: Heath.

Harris, M. (1995). Waiters, customers and service: some tips about tipping. *Journal of Applied Social Psychology*, 25, 725–44.

Harris, M. B., Benson, S. M. and Hall, C. L. (1975). The effects of confession on altruism. *Journal of Social Psychology*, 96, 187–92.

Harwood, M. K. and Rice, R. W. (1992). An examination of referent selection processes underlying job satisfaction. *Social Indicators Research*, 27, 1–39.

Haste, H. and Torney-Purta, J. (1992). *The Development of Political Understanding*. San Francisco: Jossey-Bass.

Haynes, J. and Wiener, J. (1996). The analyst in the counting house: money as a symbol and reality in analysis. *British Journal of Psychotherapy*, *13*, 14–25.

Headey, B. (1991). Distributive justice and occupational incomes: perceptions of justice determine perceptions of fact. *British Journal of Sociology*, *42*, 581–96.

Headey, B. (1993). An economic model of subjective well-being: integrating economic and psychological theories. *Social Indicators Research*, *28*, 97–116.

Headey, B. and Wearing, A. (1992). *Understanding Happiness*. Melbourne: Longman Cheshire.

Headey, B. W., Holmstrom, E. L. and Wearing, A. (1984). Models of well-being and ill-being. *Social Indicators Research*, *17*, 211–34.

Heath, A. (1976). *Rational Choice and Social Exchange*. Cambridge: Cambridge University Press.

Heath, A. (1981). *Social Mobility*. London: Fontana.

Heer, D. M. (1963). The measurement and bases of family power: an overview. *Marriage and Family Living*, *25*, 133–9.

Henley Centre for Forecasting (1985). *Leisure Futures*, London: Quarterly.

Henry, H. (1958). *Motivation Research*. London: Lockwood.

Herskovitz, M. J. (1952). *Human Problems in Changing Africa*. New York: Knopf.

Herzberg, F., Mausner, B. and Snyderman, B. B. (1959). *The Motivation to Work*. New York: Wiley.

Hill, A. (1976). Methodological problems in the use of factor analysis. *British Journal of Medical Psychology*, *49*, 145–59.

Hill, R. (1970). *Family Development in Three Generations*. Cambridge, MA: Schenkman.

Hinchcliffe, T. (1992). *North Oxford*. New Haven, CT: Yale University Press.

Hitchcock, J., Munroe, R. and Munroe, R. (1976). Coins and countries: the value-size hypothesis. *Journal of Social Psychology*, *100*, 307–08.

HMSO (1996). Labour market trends. *Employment Gazette*, November, 480.

Hobhouse, L., Wheeler, G. and Ginsberg, M. (1915). *The Material Culture and Social Institutions of the Simpler Peoples: An Essay in Correlation*. London: Chapman & Hall.

Hoffman, S. W. and Manis, J. D. (1982). The value of children in the United States. In F. I. Nye (ed.), *Family Relationships*. Beverly Hills, CA: Sage.

Homans, G. (1961). *Social Behaviour: its Elementary Forms*. New York: Harcourt Brace Jovanovitch.

Horrell, S. (1994). Household time allocation and women's labour force participation. In M. Anderson, F. Bechhofer and J. Gershuny (eds), *The Social and Political Economy of the Household*, (pp. 198–224). Oxford: Oxford University Press.

Howarth, E. (1980). A test of some old concepts by means of some new scales: Anality or psychoticism, oral optimism or extraversion, oral pessimism or neuroticism. *Psychological Reports*, *47*, 1039–42.

Howarth, E. (1982). Factor analytic examination of Kline's scales for psychoanalytic concepts. *Personality and Individual Differences*, *3*, 89–92.

Hui, C. H. and Triandis, H. C. (1986). Individualism-collectivism: a study of cross-cultural researchers. *Journal of Cross-Cultural Psychology*, *17*, 225–48.

Hurlock, E. B. (1929). Motivation in fashion. *Archives of Psychology*, *3*, 18–27

Hyman, H. (1942). The psychology of status. *Archives of Psychology*, *269*, 147–65.

Inglehart, R. and Rabier, J.-R. (1986). Aspirations adapt to situation – but why are the Belgians so much happier than the French? A cross-cultural analysis of the subjective quality of life. In F. M. Andrews (ed.), *Research on the Quality of*

 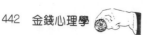

Life, (pp. 45–6). Ann Arbor, MI: Institute for Social Research, University of Michigan.

Inkeles, A. and Diamond, L. (1986). Personal development and national development: a cross-cultural perspective. In A. Szalai and F.M. Andrews (eds), *The Quality of Life: Comparative Studies*, (pp. 73–109). Ann Arbor, MI: Institute for Social Research, University of Michigan.

Isen, A. M. and Noonberg, A. (1979). The effect of photographs of the handicapped on donations to charity: when a thousand words may be too much. *Journal of Applied Social Psychology*, 9, 426–31.

Isen, A. M., Horn, N. and Rosenhan, D. L. (1973). Effects of success and failure on children's generosity. *Journal of Personality and Social Psychology*, 27, 239–47.

Jackson, K. (ed.) (1995). *The Oxford Book of Money*. Oxford: Oxford University Press.

Jackson, L. A. (1989). Relative deprivation and the gender wage gap. *Journal of Social Issues*, 45, 117–33.

Jahoda, G. (1979). The construction of economic reality by some Glaswegian children. *European Journal of Social Psychology*, 9, 115–27.

Jahoda, G. (1981). The development of thinking about economic institutions: The bank. *Cashiers de Psychologic Cognitive*, 1, 55–73.

Jencks, C. (1987). Who gives to what? In W.W. Powell (ed.), *The Nonprofit Sector*. New Haven: Yale University Press.

Johns, G. (1991). *Organizational Behavior: Understanding Life at Work*. New York: HarperCollins.

Johnson, D. B. (1982). The free-rider principle, the charity market and the economics of blood. *British Journal of Social Psychology*, 21, 93–106.

Joshi, H. (1992). The cost of caring. In C. Glendinning and C. Millar (eds), *Women and Poverty in Britain: The 1990s* (pp. 110–25). London: Harvester Wheatsheaf.

Judge, D. S. and Hardy, S. B. (1992). Allocation of accumulated resources among close kin: inheritance in Sacramento, California, 1890–1984. *Ethology and Sociobiology*, 13, 495–522.

Kabanoff, B. (1982). Occupational and sex differences in leisure needs and leisure satisfaction. *Journal of Occupational Behaviour*, 3, 233–45.

Kaiser, S. B. (1990). *The Social Psychology of Clothing and Personal Adornment* (second edn). London: Macmillan.

Kamptner, N.L. (1991). Personal possessions and their meanings: a life-span perspective. In F. W. Rudmin (ed.), *To Have Possessions: A Handbook on Ownership and Property. Special Issue of Journal of Social Behavior and Personality*, 6, 209–28.

Kanfer, R. (1990). Motivation theory and industrial and organisational psychology. In M. D. Dunnette and L. M. Hough (eds), *Handbook of Industrial and Organizational Psychology*, (pp. vol 1, 75–170). Palo Alto, CA: Consulting Psychologists Press.

Kanner, A. D., Coyne, J. C. and Lazarus, R. S. (1981). Comparison of two methods of stress measurement: hassles and uplifts versus major life events. *Journal of Behavioural Medicine*, 4, 1–39.

Kasser, T. and Ryan, R. M. (1993). A dark side of the American dream: correlates of financial success as a central life aspiration. *Journal of Personality and Social Psychology*, 65, 410–22.

Katona, G. (1960). *The Powerful Consumer*. New York: McGraw-Hill.

Katona, G. (1975). *Psychological Economics*. New York: Elsevier.

Kelman, H. (1965). Manipulation of human behavior: An ethical dilemma for the social scientist. *Journal of Social Issues*, 21, 31–46.

Kemp, S. (1987). Estimates of past prices. *Journal of Economic Psychology*, 8, 181–9.

Kemp, S. (1991). Remembering and dating past prices? *Journal of Economic Psychology*, *12*, 431–45.

Kennedy, L. (1991). Farm succession in modern Ireland: elements of a theory of inheritance. *Economic History Review*, *44*, 477–99.

Kerbo, H. R. (1983). *Social Stratification and Inequality*. New York: McGraw-Hill.

Kessler, R. C. (1982). A disaggregation of the relationship between socioeconomic status and psychological distress. *American Sociological Review*, *47*, 752–64.

Kets de Vries, M. (1977). The entrepreneurial personality: a person at the crossroads. *Journal of Management Studies*, *14*, 34–57.

Keynes, J. (1936). *The General Theory of Employment, Interest and Money*. London: Macmillan.

Kinsey, A. C., Pomeroy, W. B. and Martin, C. E. (1953). *Sexual Behavior in the Human Female*. London: Saunders.

Kirton, M. (1978). Wilson and Patterson's Conservatism Scale. *British Journal of Social and Clinical Psychology*, *12*, 428–30.

Kline, P. (1967). *An investigation into the Freudian concept of the anal character*. Unpublished Phd, University of Manchester.

Kline, P. (1971). *Ai3Q Test*. Windsor: NFER.

Kline, P. (1972). *Fact and Fantasy in Freudian Theory*. London: Methuen.

Kohler, A. (1897). Children's sense of money. *Studies in Education*, *1*, 323–31.

Kohler, W. (1925). *The Mentality of Apes*. London: Kegan Paul, Trench & Trubner.

Kohn, M. L. and Schooler, C. (1983). *Work and Personality*. Norwood, NJ: Ablex.

Kourilsky, M. (1977). The kinder-economy: A case of kindergarten pupils' acquisition of economic concepts. *The Elementary School Journal*, *77*, 182–91.

Kourilsky, M. and Campbell, M. (1984). Sex differences in a smaller classroom economy. *Sex Roles*, *10*, 53–66.

Kraut, R. E. (1973). Effects of social labelling on giving to charity. *Journal of Experimental Social Psychology*, *9*, 551–62.

Lambert, W., Soloman, R. and Watson, P. (1949). Reinforcement and extinction as factors in size estimation. *Journal of Experimental Psychology*, *39*, 637–71.

Lane, R. E. (1991). *The Market Experience*. Cambridge: Cambridge University Press.

Langford, P. (1984). The eighteenth century. In K. O. Morgan (ed.), *The Oxford Illustrated History of Britain*. Oxford: Oxford University Press.

Laslett, P. (1983). *The World We Have Lost; Further Explored* (third edn). London: Methuen.

Lassarres, D. (1996). Consumer education in French families and schools. In P. Lunt and A. Furnham (eds), *Economic Socialization* pp. 130–48. Cheltenham: Edward Elgar,

Lawler, E. (1981). *Pay and Organization Development*. Reading, MA: Addison-Wesley.

Lea, S. (1981). Inflation, decimalization and the estimated size of coins. *Journal of Economic Psychology*, *1*, 79–81.

Lea, S. and Webley, P. (1981). Théorie psychologique de la Monnaie. Paper presented at 6th International Symposium on economic psychology. Paris.

Lea, S., Webley, P. and Walker, C. (1995). Psychological factors in consumer debt: money management, economic socialization, and credit use. *Journal of Economic Psychology*, *16*, 681–701.

Lea, S. E. G., Tarpy, R. M. and Webley, P. (1987). *The Individual in the Economy*. Cambridge: Cambridge University Press.

Leahy, R. (1981). The development of the conception of economic inequality. *Child Development*, *52*, 523–32.

Lee, N. (ed.) (1989). *Sources of Charity Finance*. Tonbridge: Charities Aid Foundation.

 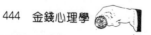

Lee, N., Halfpenny, P., Jones, A. and Elliot, H. (1995). Data sources and estimates of charitable giving in Britain. *Voluntas*, 6, 39–66.

Legal and General (1987). *The Price of a Wife*. London: Legal & General Press Office.

Leicht, K. T. and Shepelak, N. (1994). Organizational justice and satisfaction with economic rewards. *Research in Social Stratification and Mobility*, 13, 175–202.

Leiser, D. (1983). Children's conceptions of economics – the constitution of the cognitive domain. *Journal of Economic Psychology*, 4, 297–317.

Leiser, D. and Ganin, M. (1996). Economic participation and economic socialization. In P. Lunt and A. Furnham (eds), *Economic Socialization* pp. 93–109. Cheltenham: Edward Elgar,

Leiser, D., Sevón, G. and Lévy, D. (1990). Children's economic socialization: summarizing the cross-cultural comparison of ten countries. *Journal of Social Psychology*, 12, 221–39.

Lenski, G. E. (1966). *Power and Privilege: A Theory of Social Stratification*. New York: McGraw-Hill.

Leonard, D. (1980). *Sex and Generation*. London: Tavistock.

Lewinsohn, P. M., Sullivan, J. M. and Grosscup, S. J. (1982). Behavioral therapy: clinical applications. In A. J. Rush (ed.), *Short-term Therapies for Depression*. New York: Guildford.

Lewis, A. (1982). *The Psychology of Taxation*. Oxford: Martin Robertson.

Lewis, A., Webley, P. and Furnham, A. (1995). *The New Economic Mind*. London: Harvester.

Lindgren, H. (1991). *The Psychology of Money*. Odessa, FL: Krieger.

Linquist, A. (1981). A note on determinants of household saving behaviour. *Journal of Economic Psychology*, 1, 39–57.

Livingstone, S. (1992). The meaning of domestic technologies: a personal construct analysis of familial gender relation. In R. Silverstone and E. Hirsch (eds), *Consuming Technologies* (pp. 113–30). London: Routledge.

Livingstone, S. and Lunt, P. (1993). Savers and borrowers: strategies of personal financial management. *Human Relations*, 46, 963–85.

Loscocco, K. A. and Spitze, G. (1991). The organizational context of women's and men's pay satisfaction. *Social Science Quarterly*, 72, 3–19.

Lozkowski, T. (1977). *Win or Lose: A Social History of Gambling in America*. New York: Bobbs Merril.

Luft, J. (1957). Monetary value and the perceptions of persons. *Journal of Social Psychology*, 46, 245–51.

Luna, R. and Quintanilla, I. (1996). *Attitudes towards money: influence in consumption patterns*. Research Paper. University of Valencia, Spain.

Lunt, P. (1996). Introduction: Social aspects of young people's understanding of the economy. In P. Lunt and A. Furnham (eds), *Economic Socialization* (pp. 1–10). Cheltenham: Edward Elgar.

Lunt, P. and Furnham, A. (eds) (1996). *Economic Socialization: The Economic Beliefs and Behaviours of Young People*. Cheltenham: Edward Elgar.

Lunt, P. and Livingstone, S. (1991a). Everyday explanations for personal debt: a network approach. *British Journal of Social Psychology*, 30, 309–23.

Lunt, P. and Livingstone, S. (1991b). Psychological, social and economic determinants of saving. *Journal of Economic Psychology*, 12, 621–41.

Lunt, P. K. and Livingstone, S. L. (1992). *Mass Consumption and Personal Identity*. Buckingham: Open University Press.

Lynn, M. (1988). The effects of alcohol consumption on restaurant tipping. *Personality and Social Psychology Bulletin*, 14, 87–91.

Lynn, M. (1991). Restaurant tipping: A reflection of customers' evaluations of a service? *Journal of Consumer Research*, 18, 438–48.

Lynn, M. and Bond, C. (1992). The group size effect on tipping. *Journal of Applied Social Psychology*, *22*, 327–41.

Lynn, M. and Grassman, A. (1990). Restaurant tipping: an examination of three 'rational' explanations. *Journal of Economic Psychology*, *11*, 169–81.

Lynn, M. and Latane, B. (1984). The psychology of restaurant tipping. *Journal of Applied Social Psychology*, *14*, 551–63.

Lynn, M. and Grassman, A. (1990). Restaurant tipping: an examination of three 'rational' explanations. *Journal of Economic Psychology*, *11*, 169–81.

Lynn, P. and Smith, J. D. (1991). *Voluntary Action Research*. London: The Volunteer Centre.

Lynn, R. (1994). *The Secret of the Miracle Economy*. London: Social Affairs Unit.

McClelland, D. C. (1987). *Human Motivation*. Cambridge: Cambridge University Press.

McClelland, D., Atkinson, J., Clark, R. and Lowell, E. (1953). *The Achievement Motive*. New York: Appleton-Century-Crofts.

McClure, R. (1984). The relationship between money attitudes and overall pathology. *Psychology*, *21*, 4–6.

McCracken, A. (1987). Emotional impact of possession loss. *Journal of Gerontological Nursing*, *13*, 14–19.

McCracken, G. (1988). *Culture and Consumption*. Indianapolis: Indiana University Press.

McCracken, G. (1990). *Culture and Consumption*. Indianapolis: Indianapolis University Press.

McCurdy, H. (1956). Coin perception studies in the concept of schemata. *Psychological Review*, *63*, 160–8.

McDonald, W. (1994). Psychological associations with shopping. *Psychology and Marketing*, *11*, 549–68.

McKenzie, R. (1971). An exploratory study of the economic understanding of elementary school children. *Journal of Economic Education*, *3*, 26–31.

McLuhan, M. (1964). *Understanding Media*. New York: Barton Books.

Machlowitz, M. (1980). *Workaholics*. Reading, MA: Addison-Wesley.

Marmot, M. G., Shipley, M. J. and Rose, G. (1984). Inequalities in death – specific explanations of a general pattern. *The Lancet*, *1*, 1003–6.

Marriott, R. (1968). *Incentive Payment Systems*. London: Staples.

Marsh, P. and Collett, P. (1986). *Driving Passion*. London: Cape.

Marshall, G., Newby, H., Rose, D. and Vogler, C. (1988). *Social Class in Modern Britain*. London: Hutchinson.

Marshall, H. (1964). The relation of giving children an allowance to children's money knowledge and responsibility, and to other practices of parents. *Journal of Genetic Psychology*, *104*, 35–51.

Marshall, H. and Magruder, L. (1960). Relations between parent money education practices and children's knowledge and use of money. *Child Development*, *31*, 253–84.

Marx, K. (1977). *Selected Writings*. Oxford: Oxford University Press.

Maslow, A. H. (1970). *Motivation and Personality*. New York: Harper.

Maton, K. I. (1987). Patterns and psychological correlates of material support within a religious setting: the bidirectional support hypthesis. *Journal of Community Psychology*, *15*, 185–207.

Matthaei, J. (1982). *An Economic History of Women in America*. New York: Schocken.

Matthews, A. (1991). *If I Think about Money so much, Why Can't I Figure it out*. New York: Summit Books.

Mauss, M. (1954). *The Gift*. New York: W. W. Norton.

 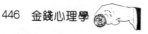

Mead, M. (ed.). (1937). *Cooperation and Competition among Primitive Peoples.* New York: McGraw-Hill.

Medina, J., Saegert, J. and Gresham, A. (1996). Comparison of Mexican–American and Anglo–American attitudes towards money. *Journal of Consumer Affairs, 30,* 124–45.

Merton, R. and Rossi, A. (1968). Contributions to the theory of reference group behaviour. In K. Merton (ed.), *Social Theory and Social Structure.* New York: Free Press.

Michalos, A. C. (1985). Multiple discrepancies theory. *Social Indicators Research, 16,* 347–414.

Micromegas, N. (1993). *Money.* Paris: Micromegas.

Millenson, J. S. (1985). Psychosocial strategies for fashion advertising. In M. R. Solomon (ed.), *The Psychology of Fashion.* Lexington: Heath.

Miller, J. and Yung, S. (1990). The role of allowances in adolescent socialization. *Youth and Society, 22,* 137–59.

Miner, J. (1993). *Industrial–Organizational Psychology.* New York: McGraw-Hill.

Mitchell, G., Tetlock, P. E., Mellers, B. S. and Ordonez, L. D. (1993). Judgements of social justice: compromises between equality and efficiency. *Journal of Personality and Social Psychology, 65,* 629–39.

Modigliani, F. and Brumberg, R. (1954). Utility analysis and the consumption factor: an interpretation of the data. In K. Kurihara (ed.), *Post-Keynesian Economics.* New Brunswick, NJ: Rutgers University Press.

Morgan, E. (1969). *A History of Money.* Harmondsworth: Penguin.

Morris, L. (1990). *The Working of the Household.* Oxford: Polity Press.

Morsbach, H. (1977). The psychological importance of ritualized gift exchange in modern Japan. *Annals of the New York Academy of Science, 293,* 98–113.

Mortimer, J. and Shanahan, M. (1994). Adolescent experience and family relationships. *Work and Occupation, 21,* 369–84.

Mortimer, J. T. and Lorence, J. (1989). Satisfaction and involvement: disentangling a deceptively simple relationship. *Social Psychology Quarterly, 52,* 249–65.

Mullis, R. J. (1992). Models of economic well-being as predictors of psychological well-being. *Social Indicators Research, 6,* 119–35.

Munro, M. (1988). Housing wealth and inheritance. *Journal of Social Policy, 17,* 417–36.

Murdoch, G.P. (1949). *Social Structure.* New York: Macmillan.

Myers, D.G. (1992). *The Pursuit of Happiness.* New York: Morrow.

Myers, D.G. (1993). *Social Psychology* (fourth edn). New York: McGraw-Hill.

Myers, D.G. and Diener, E. (1996). The pursuit of happiness. *Scientific American,* May, 54–6.

Near, J. P., Smith, C., Rice, R. W. and Hunt, R.G. (1983). Job satisfaction and nonwork satisfaction as components of life satisfaction. *Journal of Applied Psychology, 13,* 126–44.

New Earnings Survey (1995). London: HMSO.

Newlyn, W. and Bootle, R. (1978). *Theory of Money.* Oxford: Clarendon Press.

Newson, J. and Newson, E. (1976). *Seven Year Olds in the Home Environment.* London: Allen & Unwin.

Ng, S. (1983). Children's ideas about the bank and shop profit. *Journal of Economic Psychology, 4,* 209–21.

Ng, S. (1985). Children's ideas about the bank: a New Zealand replication. *European Journal of Social Psychology, 15,* 121–3.

Nightingale, B. (1973). *Charities.* London: Allen Lane.

Nimkoff, M. F. and Middleton, R. (1960). Types of family and types of economy. *American Psychologist, 66,* 215–25.

Oakley, A. (1974). *The Sociology of Housework*. Oxford: Martin Robertson.

O'Brien, M. and Ingels, S. (1987). The economic inventory. *Research in Economic Education, 18*, 7–18.

O'Neill, R. (1984). Anality and Type A coronary-prone behaviour patterns. *Journal of Personality Assessment, 48*, 627–8.

O'Neill, R., Greenberg, R. and Fisher, S. (1992). Humour and anality. *Humour: International Journal of Human Research, 5*, 283–91.

Occupational Mortality. (1990). *The Registrar General's Centennial Supplement*. London: HMSO.

Offer, A. (in press). Between the gift and the market: The economy of regard.

Okun, M. A., Stock, W. A., Haring, M. J. and Witten, R. A. (1984). Health and subjective well-being. *International Journal of Aging and Human Development, 19*, 111–32.

Olmsted, A.D. (1991). Collecting: leisure, investment or obsession? In F. W. Rudmin (ed.), *To Have Possessions: A Handbook on Ownership and Property. Special issue of Journal of Social Behavior and Personality, 6*, 287–306.

Olson, G. I. and Schober, B. I. (1993). The satisfied poor. *Social Indicators Research, 28*, 173–93.

OPCS (1996). *Living in Britain*. London: HMSO.

Oropesa, R. S. (1995). Consumer possessions, consumer passions, and subjective well-being. *Sociological Forum, 10*, 215–44.

Osborne, K. and Nichol, C. (1996) Patterns of pay: results of the 1996 New Earnings Survey. *Employment Gazette, 104*, 477–85.

Pahl, J. (1984). *Divisions of Labour*. Oxford: Blackwell.

Pahl, J. (1989). *Money and Marriage*. London: Macmillan.

Pahl, J. (1995). His money, her money: Recent research on financial organisation in marriage. *Journal of Economic Psychology, 16*, 361–76.

Pahl, R. E. (1984). *Divisions of Labour*. Oxford: Blackwell.

Parker, S. (1982). *Work and Retirement*. London: Allen & Unwin.

Parkin, F. (1971). *Class Inequality and Political Order*. London: MacGibbon and Kee.

Pearce, J. L. (1993). *Volunteers*. London: Routledge.

Petipher, C. and Halfpenny, P. (1991). The 1990/91 individual giving survey. In S. K. E. Saxon-Harrold and J. Kendall (eds), *Researching the Voluntary Sector*. Tonbridge: Charities Aid Foundation.

Phelan, J. (1994). The paradox of the contented female worker: an assessment of alternative explanations. *Social Psychology Quarterly, 57*, 95–107.

Pierce, A. (1967). The economic cycle and the social suicide rate. *American Sociological Review, 32*, 457–62.

Pieters, R. G. M. and Robben, H. S. J. (1992). Receiving a gift: evaluating who gives what when. In S. E. G. Lea, P. Webley and E. M. Young (eds), *New Directions in Economic Psychology*. Aldershot: Elgar.

Pliner, P., Freedman, J., Abramovitch, R. and Darke, P. (1996). Children as consumers: in the laboratory and beyond. In P. Lunt and A. Furnham (eds), *Economic Socialization*. Cheltenham: Edward Elgar, pp. 35–46.

Poduska, B. E. and Allred, G. (1990). The missing link in MFT training. *American Journal of Family Therapy, 18*, 161–8.

Pollio, H. and Gray, T. (1973). Change-making strategies in children and adults. *Journal of Psychology, 84*, 173–9.

Prentice, D. A. (1987). Psychological correspondence of possessions, attitudes and values. *Journal of Personality and Social Psychology, 53*, 993–1003.

Prevey, E. (1945). A quantitative study of family practices in training children in the use of money. *Journal of Educational Psychology, 36*, 411–28.

Price, M. (1993). Women, men and money styles. *Journal of Economic Psychology*, *14*, 175–82.

Pritchard, R. D., Dunnette, M. D. and Jorgenson, D. O. (1972). Effects of perception of equity and inequity on worker performance and satisfaction. *Organizational Behavior and Human Performance*, *10*, 75–94.

Quinn, R., Tabor, J. and Gordon, L. (1968). *The Decision to Discriminate*. Ann Arbor, MI: Survey Research Center, University of Michigan.

Radley, A. and Kennedy, M. (1992). Reflections upon charitable giving: a comparison of individuals from business, manual and professional backgrounds. *Journal of Community and Applied Social Psychology*, *2*, 113–29.

Raiddick, C. C. and Stewart, D. G. (1994). An examination of the life satisfaction and importance of leisure in the lives of older female retirees: a comparison of blacks to whites. *Journal of Leisure Research*, *26*, 75–87.

Ramsett, D. (1972). Toward improving economic education in the elementary grades. *Journal of Economic Education*, *4*, 30–5.

Randall, M. (1996). *The Price You Pay: The Hidden Cost of Women's Relationship to Money*. London: Routledge.

Regan, D. T. (1971). Effects of a favour and liking on compliance. *Journal of Experimental Social Psychology*, *7*, 627–39.

Reid, I. (1989). *Social Class Differences in Britain* (third edn). London: Fontana.

Reid, I. and Stratta, E. (1989). *Sex Differences in Britain*. Aldershot: Gower.

Reingen, P. H. (1982). Test of a list procedure for inducing compliance with a request to donate money. *Journal of Applied Psychology*, *67*, 110–18.

Rendon, M. and Kranz, R. (1992). *Straight Talk about Money*. New York: Facts on File.

Rex, J. and Moore, R. (1967). *Race, Community and Conflict*. London: Oxford University Press.

Richardson, J. and Kroeber, A. L. (1940). Three centuries of women's dress fashions: a quantitative analysis. *Anthropological Records*, *5*, 111–53.

Richins, M. and Dawson, S. (1992). Materialism as a consumer value: measure, development and validation. *Journal of Consumer Research*, *19*, 303–16.

Richins, M. and Rudrin, F. (1994). Materialism and economic psychology. *Journal of Economic Psychology*, *15*, 217–31.

Riddick, C. C. and Stewart, D. G. (1994). An examination of the life satisfaction and importance of leisure in the lives of older female retirees: a comparison of Blacks and Whites. *Journal of Leisure Research*, *26*, 75–87.

Rim, Y. (1982). Personality and attitudes connected with money. Paper given at Economic Psychology Conference, Edinburgh.

Rimor, M. and Tobin, G. A. (1990). Jewish giving patterns to Jewish and non-Jewish philanthropy. In R. Wuthnow and V. A. Hodgkinson (eds), *Faith and Philanthropy in America*. San Francisco: Jossey-Bass.

Rind, B. and Bordia, P. (1995). Effect of server's 'thank you' and personalization on restaurant tipping. *Journal of Applied Social Psychology*, *25*, 745–51.

Rind, B. and Bordia, P. (1996). Effect of restaurant tipping of male and female servers drawing a happy, smiling face on the backs of customers' checks. *Journal of Applied Social Psychology*, *26*, 218–25.

Robben, H. and Verhaller, T. (1994). Behavioral costs as determinants of cost perception and preference formation for gifts to receive and gifts to give. *Journal of Economic Psychology*, *15*, 333–50.

Robertson, A. and Cochrane, R. (1973). The Wilson–Patterson Conservatism scale: a reappraisal. *British Journal of Social and Clinical Psychology*, *12*, 428–30.

Robinson, J. P. (1977). *How Americans Use Time*. New York: Praeger.

Rohling, M., Binder, L. and Langhinmchsen-Rohling, J. (1995). Money matters. *Health Psychology*, *14*, 537–47.

Rokeach, M. (1974). Change and stability in American value systems, 1968–1971. *Public Opinion Quarterly*, *38*, 222–38.

Roland-Levy, C. (1990). Economic socialization: basis for international comparisons. *Journal of Economic Psychology*, *11*, 469–82.

Rosenberg, M. (1957). *Occupations and Values*. Glencoe, Ill: Free Press.

Rosenberg, M. and Pearlin, L. L. (1978). Social class and self-esteem among children and adults. *American Psychologist*, *84*, 53–77.

Ross, A.D. (1968). Philanthropy. *Encyclopedia of the Social Sciences*, *12*, 72–80.

Rubinstein, W. D. (1981). Survey report on money. *Psychology Today*, *5*, 24–44.

Rubinstein, W. D. (1986). *Wealth and Inequality in Britain*. London: Faber & Faber.

Rubinstein, W. D. (1987). *Elites and the Wealthy in Modern British History*. Brighton: Harvester.

Rudmin, F. W. (1990). Cross-cultural correlates of the ownership of private property. Unpublished MS, cited by Dittmar (1992).

Runciman, W. G. (1966). *Relative Deprivation and Social Justice*. London: Routledge & Kegan Paul.

Rusbult, C. E. (1983). A longitudinal test of the investment model: the development (and deterioration) of satisfaction and commitment in heterosexual involvement. *Journal of Personality and Social Psychology*, *45*, 101–17.

Sabini, J. (1995). *Social Psychology*, (second edn). New York: W. W. Norton.

Sales, S. M. and House, J. (1971). Job dissatisfaction as a possible risk factor in coronary heart disease. *Journal of Chronic Diseases*, *23*, 861–73.

Scanzoni, J. (1979). Social exchange and behavioral interdependence. In R. L. Burgess and T. L. Huston (eds), *Social Exchange in Developing Relationships*. New York: Academic Press.

Scherer, K. R., Walbott, H. G. and Summerfield, A. B. (1986). *Experiencing Emotion*. Cambridge: Cambridge University Press.

Scherhorn, G. (1990). The addiction trait in buying behaviour. *Journal of Consumer Policy*, *13*, 33–51.

Schoemaker, P. (1979). The role of statistical knowledge in gambling decisions. *Organizational Behaviour and Human Performance*, *24*, 1–17.

Schug, M. and Birkey, C. (1985). The development of children's economic reasoning. Paper given at American Educational Research Association, Chicago.

Schverish, P. G. and Havens, J. J. (1995). Explaining the curve in the U-shaped curve. *Voluntas*, *6*, 203–25.

Scitovsky, T. (1992). *The Joyless Economy*, (revised edn). New York: Oxford University Press.

Scott, J. (1982). *The Upper Classes*. London: Macmillan.

Scott, J. W. and Tilly, L. A. (1975). Women's work and the family in nineteenth century Europe. *Comparative Studies in Society and History*, *17*, 36–64.

Scott, W.D., Clothier, R.C. and Spriegel, W.R. (1960). *Personnel Management*. New York: McGraw-Hill.

Seeley, J., Kajura, E., Bachengana, C., Okongo, M., Wagner, U. and Mulder, D. (1993). The extended family and support for people with AIDS in a rural population in South West Uganda: A safety net with holes? *AIDS-Care*, *5*, 117–22.

Sen, A. (1977). Rational fools: A critique of the behavioral foundations of economic theory. *Philosophy and Public Affairs*, *6*, 317–44.

Sevon, G. and Weckstrom, S. (1989). The development of reasoning about economic events: A study of Finnish children. *Journal of Economic Psychology*, *10*, 495–514.

Shefrin, H. and Thaler, R. (1988). The behavioural life-cycle hypothesis. *Economic Inquiry*, *26*, 609–43.

 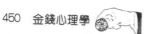

Sherman, E., and Newman, E.S. (1977–8). The meaning of cherished personal possessions for the elderly. *International Journal of Aging and Human Development*, 8, 181–92.

Simmel, G. (1957). Fashion. *American Journal of Sociology*, 62, 541–58.

Simmel, G. (1978). *The Philosophy of Money*. London: Routledge & Kegan Paul.

Smelser, N. (1963). *The Sociology of Economic Life*. Englewood Cliffs, NJ: Prentice-Hall.

Smith, A. (1975). *An Inquiry into the Nature and Causes of the Wealth of Nations*. New York: Modern Libras.

Smith, H., Fuller, R. and Forrest, D. (1975). Coin value and perceived size: a longitudinal study. *Perceptual and Motor Skills*, 41, 227–32.

Smith, K. and Kinsey, K. (1987). Understanding tax paying behaviour. *Law and Society Review*, 21, 639–63.

Smith, P. M. and Glass, G. V. (1977). Meta-analysis of psychotherapy outcome studies. *American Psychologist*, 32, 752–60.

Smith, R. H., Diener, E. and Wedell, D. H. (1989). Intrapersonal and social comparison determinants of happiness: a range–frequency analysis. *Journal of Personality and Social Psychology*, 56, 317–25.

Smith, S. and Razzell, P. (1975). *The Pools Winners*. London: Caliban Books.

Smithback, J. (1990). *Money Talks: A Glossary of Idioms, Terms and Standard Expressions on Money*. Singapore: Federal Publications.

Snelders, H., Hussein, G., Lea, S. and Webley, P. (1992). The polymorphous concept of money. *Journal of Economic Psychology*, 13, 71–92.

Sonuga-Barke, E. and Webley, P. (1993). *Children's Saving: A Study in the Development of Economic Behaviour*. Hove: Lawrence Erlbaum Associates.

Stacey, B. (1982). Economic socialization in the pre-adult years. *British Journal of Social Psychology*, 21, 159–73.

Stacey, B. and Singer, M. (1985). The perception of poverty and wealth among teenagers. *Journal of Adolescence*, 8, 231–41.

Stanley, T. (1994). Silly bubbles and the insensitivity of rationality testing: an experimental illustration. *Journal of Economic Psychology*, 15, 601–20.

Staub, E. and Noerenberg, H. (1981). Property rights, deservingness, reciprocity, friendship: the transactional character of children's sharing behavior. *Journal of Personality and Social Psychology*, 40, 271–89.

Steers, R. M. and Rhodes, S. R. (1984). Knowledge and speculation about absen-teeism. In P. S. Goodman, R. S. Atkin and associates (eds), *Absenteeism*. San Francisco: Jossey-Bass.

Stokvis, R. (1993). Entrepreneurs, markets and environment: The fate of the Model T Ford. *Sociologishe-Gids*, 40, 34–48.

Stone, E. and Gottheil, E. (1975). Factor analysis of orality and anality in selected patient groups. *Journal of Nervous and Mental Diseases*, 160, 311–23.

Strack, F., Schwarz, N. and Gschneidinger, E. (1985). Happiness and reminiscing: the role of time perspective, affect, and mode of thinking. *Journal of Personality and Social Psychology*, 49, 1460–9.

Strauss, A. (1952). The development and transformation of monetary meaning in the child. *American Sociological Review*, 53, 275–86.

Strickland, L., Lewichi, R. and Katz, A. (1966). Temporal orientation and per-ceived control as determinants of risk-taking. *Journal of Experimental Social Psychology*, 2, 143–51.

Summers, T. P. and Hendrix, W. H. (1991). Modelling the role of pay equity perceptions: a field study. *Journal of Occupational Psychology*, 64, 145–57.

Sutton, R. (1962). Behavior in the attainment of economic concepts. *Journal of Psychology*, 53, 37–46.

Swift, A., Marshall, G. and Burgoyne, C. (1992). Which road to social justice. *Sociology Review*, 2, 28–31.

Tajfel, H. (1977). Value and the perceptual judgement of magnitude. *Psychological Review*, *64*, 192–204.

Takahashi, K. and Hatano, G. (1989). Conceptions of the Bank: A Developmental Study. JCSS Technical Report No. 11.

Tang, T. (1992). The meaning of money revisited. *Journal of Organizational Behaviour*, *13*, 197–202.

Tang, T. (1993). The meaning of money: extension and exploration of the money ethic scale in a sample of University students in Taiwan. *Journal of Organizational Behaviour*, *14*, 93–9.

Tang, T. (1995). The development of a short money ethic scale: attitudes toward money and pay satisfaction revisited. *Personality and Individual Differences.* ' *19*, 809–16.

Tang, T. (1996). Pay differentials as a function of rater's sex, money, ethnic, and job incumbent sex: a test of the Matthew effect. *Journal of Economic Psychology*, *17*, 127–44.

Tang, T. and Gilbert, P. (1995). Attitudes towards money as related to intrinsic and extrinsic job satisfaction, stress and work-related attitudes. *Personality and Individual Differences*, *19*, 327–32.

Tang, T., Furnham, A. and Davis, G. (1997). A cross-cultural comparison of the money ethic, the Protestant Work Ethic and job satisfaction. Unpublished paper.

Thaler, R. (1990). Saving, fungibility and mental accounts. *Journal of Economic Perspectives*, *4*, 193–205.

Thibaut, J. W. and Kelley, H. H. (1959). *The Social Psychology of Groups*. New York: Wiley.

Thornton, B., Kirchner, G. and Jacobs, J. (1991). The influence of a photograph on a charitable appeal: a picture may be worth a thousand words when it has to speak for itself. *Journal of Applied Social Psychology*, *21*, 433–45.

Thurnwald, A. (1932). *Money*. London: Methuen.

Titmuss, R. M. (1970). *The Gift Relationship*, London: Allen & Unwin

Townsend, P. (1979). *Poverty in the United Kingdom*. Harmondsworth: Penguin.

Turkle, S. (1984). *The Second Self: Computers and the Human Spirit*. New York: Simon & Schuster.

Vagero, D. and Lundberg, O. (1989). Health inequalities in Britain and Sweden. *The Lancet*, July 1st, 35–6.

van Raaij, W. and Gianotten, H. (1990). Consumer confidence, expenditure, saving and credit. *Journal of Economic Psychology*, *11*, 269–90.

Veblen, T. (1899). *The Theory of the Leisure Class*. New York: Viking.

Veenhoven, R. (1994). Is happiness a trait? Tests of the theory that a better society does not make people any happier. *Social Indicators Research*, *32*, 101–60.

Veenhoven, R. (1996). Developments in satisfaction research. *Social Indicators Research*, *37*, 1–46.

Veenhoven, R. and co-workers (1994). *World DataBase on Happiness*. Rotterdam: Rotterdam University Press.

Vlek, C. (1973). A fair betting game as an admissible procedure for assessment of subjective probabilities. *British Journal of Mathematical and Statistical Psychology*, *26*, 18–30.

Vogel, J. (1974). Taxation and public opinion in Sweden. *National Tax Journal*, *27*, 499–513.

Vogler, C. (1994). Money in the household. In M. Anderson, F. Bechhofer and J. Gershuny (eds), *The Social and Political Economy of the Household*, (pp. 225–66). Oxford: Oxford University Press.

Wicklund, R. A. and Gollwitzer, P. M. (1982). *Symbolic Self-Completion*. Hillsdale, NJ: Erlbaum.

Wiesenthal, D. L., Austrom, D. and Silverman, I. (1983). Diffusion of responsibility in charitable donations. *Basic and Applied Social Psychology*, 4, 17–27.

Williams, D. R. (1990). Socioeconomic differentials in health: a review and redirection. *Social Psychology Quarterly*, *53*, 81–99.

Willits, F. K. and Crider, D. M. (1988). Health rating and life satisfaction in the later middle years. *Journal of Gerontology*, *43*, 172–S176.

Willmott, P. (1987). *Friendship Networks and Social Support*. London: Policy Studies Institute.

Willmott, P. and Young, M. (1960). *Family and Class in a London Suburb*. London: Routledge & Kegan Paul.

Wilson, E. O. (1975). *Sociobiology: The New Synthesis*. Cambridge, MA: Harvard University Press.

Wilson, G. (1973). *The Psychology of Conservation*. London: Academic Press.

Wilson, G. and Patterson, J. (1968). A new measure of conservatism. *British Journal of Social and Clinical Psychology*, *7*, 264–8.

Winocur, S. and Siegal, M. (1982). Adolescents' judgement of economic arguments. *International Journal of Behavioral Development*, *5*, 357–65.

Wiseman, T. (1974). *The Money Motive*. London: Hodder & Stoughton.

Witryol, S. and Wentworth, N. (1983). A paired comparisons scale of children's preference for monetary and material rewards used in investigations of incentive effects. *Journal of Genetic Psychology*, *142*, 17–23.

Wolfe, J. (1936). Effectiveness of token-rewards for chimpanzees. *Comparative Psychological Monographs*, *12*, No.5.

Wosinski, M. and Pietras, M. (1990). Economic socialization of Polish children in different macro-economic conditions. *Journal of Economic Psychology*, *11*, 515–29.

Wyatt, E. and Hinden, S. (1991). *The Money Book: A Smart Kid's Guide to Savvy Saving and Spending*. New York: Somerville House.

Yamauchi, K. and Templer, D. (1982). The development of a money attitude scale. *Journal of Personality Assessment*, *46*, 522–8.

Yang, H. and Chandler, D. (1992). Intergenerational grievances of the elderly in rural China. *Journal of Comparative Family Studies*, *23*, 431–53.

Young, M. and Willmott, P. (1973). *The Symmetrical Family*. London: Routledge & Kegan Paul.

Zabukovec, V. and Polic, M. (1990). Yugoslavian children in a situation of rapid economic changes. *Journal of Economic Psychology*, *11*, 529–43.

Zelizer, V. (1985). *Pricing the Priceless Child: The Changing Social Value of Children*. New York: Basic Books.

Zelizer, V. (1989). The social meaning of money: 'Special monies'. *American Journal of Sociology*, *95*, 342–77.

Zinser, O., Perry, S. and Edgar, R. (1975). Affluence of the recipient, value of donations, and sharing behaviour in pre-school children. *Journal of Psychology*, *89*, 301–5.

Zweig, F. (1961). *The Worker in an Affluent Society*. London: Heinemann.

金錢心理學／Adrian Furnham, Michael
　　Argyle ;許晉福譯. -- 初版 -- 台北市
　　:弘智文化, 2000〔民89〕
　　　面 ; 公分. -- （心理學系列叢書;7）
　　譯自:The Psychology of Money
　　ISBN 957-0453-02-8(精裝)

　　1.金錢心理學

561.014　　　　　　　　　　　89009016

金錢心理學 The Psychology of Money　心理學系列叢書⑦

【原　　　著】Adrian Furnham & Michael Argyle
【校 閱 者】董旭英
【譯　　者】許晉福
【出 版 者】弘智文化事業有限公司
【登 記 證】局版台業字第 6263 號
【地　　　址】台北市丹陽街 39 號 1 樓
【 E-Mail 】hurngchi@ms39.hinet.net
【郵政劃撥】19467647　　戶名:馮玉蘭
【電　　　話】(02) 23959178 . 23671757
【傳　　　眞】(02) 23959913 . 23629917
【發 行 人】邱一文
【總 經 銷】旭昇圖書有限公司
【地　　　址】台北縣中和市中山路 2 段 352 號 2 樓
【電　　　話】(02) 22451480
【傳　　　眞】(02) 22451479
【製　　　版】信利印製有限公司
【版　　　次】2000 年 7 月初版一刷
【定　　　價】500 元

ISBN 957-0453-02-8

本書如有破損、缺頁、裝訂錯誤,請寄回更換!(Printed in Taiwan)